개신교가사

개신교가사

이 복 규

學古房

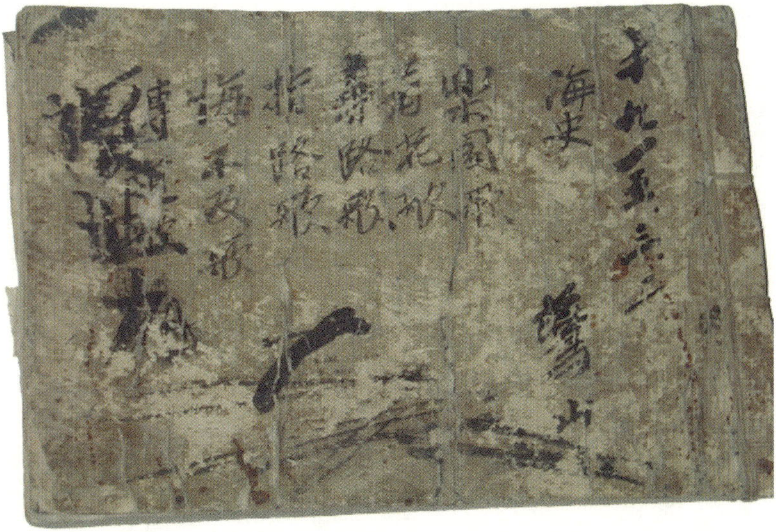

『연산전도문서』의 표지 (장신대 소장 : 본서, 321쪽)

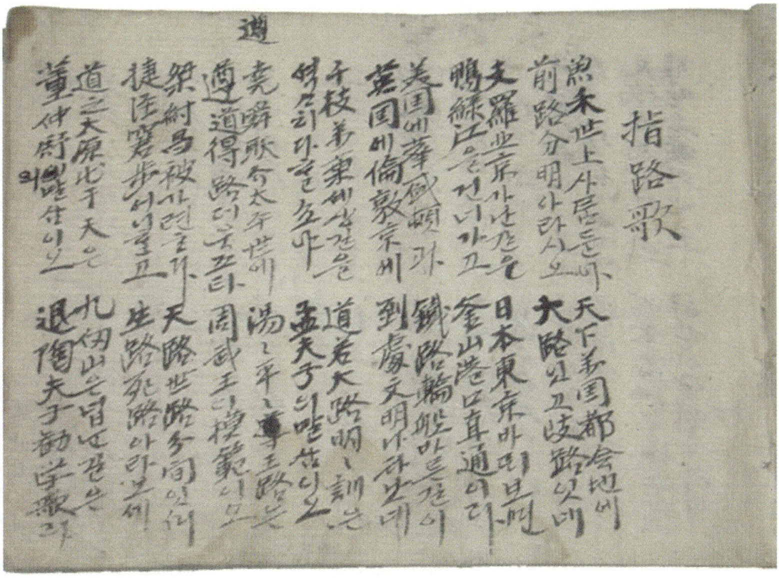

〈지로가〉의 서두 (본서, 21쪽)

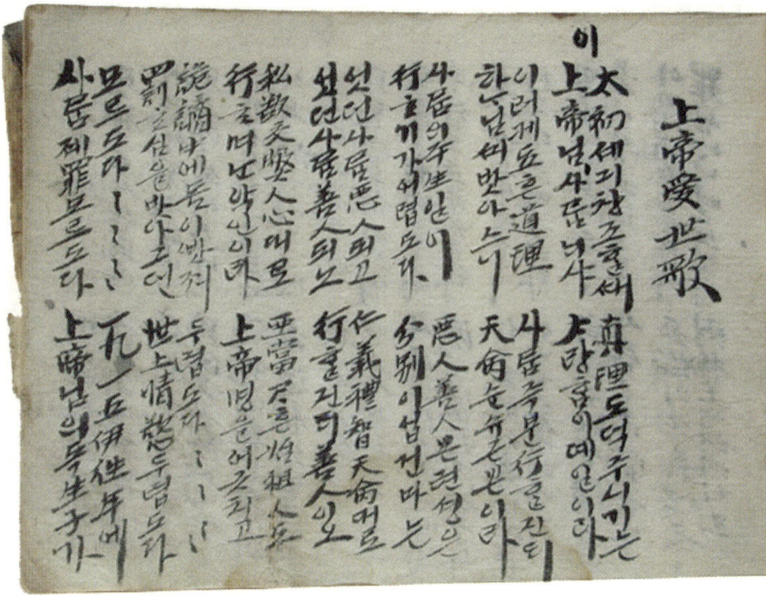

〈상제애세가〉의 서두 (본서, 24쪽)

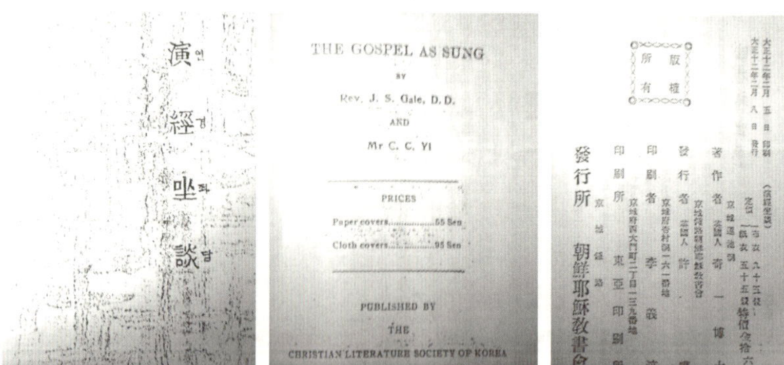
演經坐談
연경좌담

THE GOSPEL AS SUNG
BY
Rev. J. S. Gale, D.D.
AND
Mr C. C. YI

PRICES
Paper covers..................65 Sen
Cloth covers..................95 Sen

PUBLISHED BY
THE
CHRISTIAN LITERATURE SOCIETY OF KOREA
1923

〈연경좌담〉

서 문

우리나라 문학사에는 문학작품을 통해 종교논쟁을 벌인 사례가 있어 이채롭다. 유교가사, 불교가사, 천주가사, 동학가사 등 이른바 종교가사의 존재가 그것이다. 하지만 개신교가사(改新敎歌辭)에 대해서는 아직까지 국문학자간에 논의된 바 없다. 아예 없는 것으로 알아왔기 때문이다. 천주교가 어렵게 신앙을 전파할 때는 이렇게 천주교가사를 지었는데, 신앙의 자유가 확보된 후로는 개신교 쪽에서 가사 짓기를 포기했다고 여겼기 때문이다.

현재까지 출간된 국문학개론이나 국문학사 어디에도 '개신교가사' 항목은 마련되어 있지 않다. 고전시가론이나 종교가사 관련 논저도 마찬가지이다. 개신교는 가사가 필요하지 않았고 그래서 가사를 창작하지 않았다는 통념이 국문학계를 지배한 결과일 것이다.

하지만 개신교가사는 존재한다. 홍정수 교수가 엮어낸 『한국교회음악사료집』에 영인되어 실려 있는 초기 기독교신문 수록 작품(영계 길선주 목사, 동강 주병호 등의 작품) 및 『연산전도문서(鷰山傳道文書)』(1915년~1921년) 수록 작품들을 우선 들 수 있다. 게일 선교사와 이창직(李昌稙)이 1922년에 지은 <연경좌담(演經座談)>(조선야소교서회, 1923) 및 백사겸의 <회심행도가(回心行道歌)>도 개신교가사이다. 지금까지 저자가 확인한 것만 모두 170편이다.

이들 170편의 개신교가사 가운데에서 일부는 교회음악 전공자들에 의해서 이미 소개된 적이 있다. 홍정수 교수의 『한국교회음악사료집』에 이어, 거기 수록된 자료 중에서 9편을 대상으로 연구한 고민정의 논문[1]이 그것이다. 하지만 홍 교수의 자료집이 교회음악사료집으로서 일반에 시판되지 않은 채 그 분야의 인사들 사이에서만 유통되고, 고민정의 논문도 음악석사논문이면서 신학교 학위논문이다 보니, 국문학계에서는 지금까지도 전혀 모르고 있는 실정이다.

저자는 우연한 기회에 홍 교수의 자료집과 고민정의 석사논문을 보게 되었으나, 시가 전공자들이 그 후속논문을 쓸 것이라 생각해 한동안 잊고 지냈다. 최근에 다시 확인해 보니 아직도 국문학계에서는 모르고 있는 게 분명하여, 이 사실을 알려야겠다고 맘먹었다.

저자가 본격적으로 다시 검토하는 과정에서 새로운 사실도 확인하였다. 특히 중요한 자료인 <행산전도가(鶯山傳道歌)>는 <연산전도가(鳶山傳道歌)>를 오독한 것이었고, 그 작자인 '연산'은 고려위(高麗偉)의 호임도 알아냈으며, 작자 가운데 주동강(朱東岡)의 본명이 주병호(朱秉豪)라는 사실도 알아냈고, 다른 개신교가사 작품도 추가로 발견하는 등 성과를 얻었다. 이에 이들 개신교가사를 둘러싼 몇몇 가지 중요한 사실에 대해 정리하여 『온지논총』 18집에 "개신교가사에 대하여"라는 제목으로, <연경좌담> 수록 149편 작품을 제외한 개신교작품 21편의 원문도 『국제어문』 41집에 각각 발표한 바 있다.

이제 『연경좌담』 수록 149편까지 모두 170편의 개신교가사를 이

1) 고민정, 앵산 전도가에 관한 연구(서울 : 장로회신학대학교 대학원 교회음악과 석사논문, 2000).

책에 담아 소개한다. 차제에 이전의 발표에서 잘못 표기한 것들을 바로 잡았다. 이 책을 통하여 개신교가사에 대한 관심이 촉발되었으면 하는 바람이다. <연산전도가>의 촬영을 비롯해 여러모로 도와주신 장신대 홍정수 교수님, 흔쾌히 이 책을 내주신 학고방 하운근 사장님께 감사한다.

2010년 새해를 열며

서경대 청운관 408호 연구실에서

이 복 규

차 례

제2부 개신교가사에 대하여 _ 319

참고문헌 _ 347

찾아보기 _ 349

제1부
개신교가사

Ⅰ. 연산(鳶山) 고려위(高麗偉)의 작품

1. 〈지로가(指路歌)〉[2](1915~1921)

어화 세상 사름들아 전로(前路) 분명(分明) 아라시오

천하만국 도회지(都會地)에 대로(大路) 잇고 기로(岐路) 잇네

지라북경(支羅北京) 가난 길은 압록강을 건너가고

일본(日本東京) 바리보면 부산항구 직통이라

미국에 화성돈(華盛頓)[3]과 영국에 륜돈경(倫敦京)[4]에

철로윤선(鐵路輪船) 바른 길이 도처문명(到處文明) 나타낫네

천지만엽(千枝萬葉) 세상길을 역역히 다홀쇼냐

도약대로(道若大路)[5] 명명훈(明明訓)[6]은 맹부자(孟夫子)[7]의 말삼이오

요순(堯舜)[8] 경개(耿介)[9] 태평세(太平世)에 준도득로(遵道得路)[10]

---

2) 필사본 『연산전도문서』에 실려 있음. 원문을 존중하되, 국문으로 바꾸어 적고 필요한 한자는 괄호 안에 병기하였으며, 더러 판독하기 어려운 글자에는 (?) 표시를 하였으며 띄어쓰기도 하였고, 원문의 한자 표기가 명백한 오자로 보이는 경우는 바꾸었음. 이 원칙은 다른 작품에도 동일함.

3) 화성돈(華盛頓) : 워싱턴.

4) 륜돈경(倫敦京) : 런던.

5) 도약대로(道若大路) : 큰 길과도 같은 도(道).

6) 명명훈(明明訓) : 밝고 밝은 가르침.

7) 맹부자(孟夫子) : 맹자(孟子)를 높여 이르는 말.

8) 요순(堯舜) : 요 임금과 순 임금.

더욱 조타

탕탕평평(蕩蕩平平)[11] 도왕로(導王路)[12]는 주무왕(周武王)[13]의 모범이오

걸주(桀紂)[14]창피(昌被) 가련ᄒᆞ다 첩경군보(捷徑窘步)[15] 어이홀고

천로세로(天路世路)[16] 분간잇셔 생로사로(生路死路)[17] 아라보세

도지대원(道之大原) 출우천(出于天)[18]은 동중서(董仲舒)[19]의 말삼이오

구인산(九仞山)은 넙ᄂᆞᆫ 길은 퇴도부자(退陶夫子)[20] 권학가(勸學歌)라

죄악길이 지ᄂᆡ가고 은혜 길이 압히 잇네

밤즁ᄀᆞᆺ흔 세상 ᄉᆞ람 선악 길의 분간 업시

효제충신(孝悌忠信)[21] 됴흔 길을 알고 가지 아니ᄒᆞ고

---

9) 경개(耿介) : 시류에 영합하지 않고 굳게 지조를 지킴.

10) 준도득로(遵道得路) : 도를 지키고 길을 얻음.

11) 탕탕평평(蕩蕩平平) : 싸움, 시비, 논쟁 따위에서 어느 쪽에도 치우침이 없이 공평함.

12) 도왕로(導王路) : 왕을 왕답게 인도하는 길.

13) 주무왕(周武王) : 중국 주 나라의 초대 왕으로서 은 나라를 정벌하였음.

14) 걸주(桀紂) : 중국 하(夏) 나라의 폭국인 걸왕(桀王)과 은(殷) 나라의 폭군인 주왕(紂王).

15) 첩경군보(捷徑窘步) : 지름길이 있는데도 궁색한 행보.

16) 천로세로(天路世路) : 하늘의 길과 세상의 길.

17) 생로사로(生路死路) : 살 길과 죽을 길.

18) 도지대원 출우천(道之大原出于天) : 도의 큰 근원은 하늘에서 나옴.

19) 동중서(董仲舒) : 중국 전한(前漢)의 유학자(?B.C.176~B.C.104). 호는 계암자(桂巖子). 춘추 공양학(春秋公羊學)을 수학하여 하늘과 사람의 밀접한 관계를 강조하였다. 무제(武帝)로 하여금 유교를 국교로 삼도록 설득하였다. 저서에 ≪춘추번로(春秋繁露)≫가 있다.

20) 퇴도부자(退陶夫子) : 퇴계(退溪) 이황(李滉)을 높여서 이르는 말.

21) 효제충신(孝悌忠信) : 어버이에 대한 효도, 형제끼리의 우애, 임금에 대한 충성과 벗 사이의 믿음을 통틀어 이르는 말.

주색잡기(酒色雜技) 멸망길은 알고 피치 아니ᄒᆞ네

백척간두(百尺竿頭) 진보안코 만악근원(萬惡根原) 모색(茅塞)[22]이라

오호(嗚呼) 우리 동포들아 명명정로(明明正路) 아자 ᄒᆞ면

상제(上帝)님의 구세도(救世道)에 세례요한(洗禮約翰) 선로(先路) 되고

미새아(彌賽亞)[23]의 진리로서 독생자(獨生子)의 영광 중에

약단강(約但江)[24] 건너편에 나산성(倻山城)[25] 올나갈 길

음부분(陰府門)[26]을 두색(杜閉)[27]ᄒᆞ고 천당문(天堂門)을 널니 여러

만세반석(萬世磐石) 개통처(通開處)에 십자가이 지남(指南)[28]이라

우리 구주 인도ᄒᆞ니 밋는 사ᄅᆞᆷ ᄯᅡ라가세

십이사도((十二使徒) 작반(作伴)ᄒᆞ고 천만성도 ᄒᆞᆷᄭᅴ 가네

중생(重生)길을 지너나니 부활길이 압헤 잇네

천지변역(天地變易) ᄒᆞᆯ지라도 이 길은 변치 안코

세말심판(世末審判) ᄒᆞᆯ ᄯᅢᄭᆞ지 이 길이 분명ᄒᆞ리

세상천하 됴흔 길이 이 길 우에 ᄯᅩ 잇는가

이 길을 차잣ᄒᆞ면 성경복음 공부ᄒᆞ오

의인을 불너가고 죄인은 못 드러가네

애전(埃田)[29]동산 뎌 낙원에 아당(亞當)[30] 작죄(作罪) ᄶᅩᆺ겨나고

---

22) 모색(茅塞) : 길이 띠로 인하여 막힌다는 뜻으로, 마음이 물욕에 가리어 어리석고 무지함을 비유적으로 이르는 말.

23) 미새아(彌賽亞) : 메시아(Messiah). 구약 성경에서, 초인간적 예지를 가지고 이스라엘을 통치하는 왕. 신약 성경에서, '예수 그리스도'를 이르는 말.

24) 약단강(約但江) : 요단강.

25) 나산성(倻山城) : 미상.

26) 음부분(陰府門) : 저승문.

27) 두색(杜塞) : 구멍이나 길목 따위를 막음.

28) 지남(指南) : 가리켜 지시함. 또는 이끌어 가르침.

가남(迦南)[31]복지 허락홈은 아백납한(亞佰拉罕)[32] 밋음이라
차선피악(此善彼惡) 양로간(兩路間)에 천당지옥 분간이라
구악구습(舊惡舊習) 다 바리고 신천신지(新天新地) 바릭보세
침침장야(沈沈長夜)[33] 가지 말고 명명백일(明明白日) 가자서라
신령지경(神靈地境) 지닉오니 천성문(天城門)이 갓가왓네
생명수(生命水)에 목욕호고 유리가(琉璃街)를 바릭보니
십이대문(十二大門) 차제(次第) 여러 광명정대(光明正大) 황홀호다
홍보석 녹보석에 수정진주 아름답다
상제(上帝)빗치 자연잇셔 낫만 잇고 밤은 업네
우리 구주 호신 말삼 예비혼 곳 이 아닌가
어화 우리 동포들아 지체 말고 속히 와셔
사망 길을 빨니 써나 영생 길을 차자 가세

2. 〈상제애세가(上帝愛世歌)〉[34](1915)

태초셰긔(世界) 창조홀때 상제(上帝)님 사룸 닉샤
진리도덕 주시기는 ᄉ랑홈이 뎨일이라
이러케 됴흔 도리 하ᄂ님씌 밧아스니
사룸즉분 행홀진뒤 천명(天命) 순슈 근본이라
사룸의 평생일이 행ᄒ기가 어렵도다

---

29) 애전(埃田) : 에덴.
30) 아당(亞當) : 아담.
31) 가남(迦南) : 가나안.
32) 아백납한(亞佰拉罕) : 아브라함.
33) 침침장야(沈沈長夜) : 깊고 깊으며 기나긴 밤.
34) 필사본 『연산전도문서』에 실려 있음.

악인선인(惡人善人)은 텬셩은 분별이 업건마는
엇던 ᄉᆞᄅᆞᆷ 악인 되고 엇던 ᄉᆞᄅᆞᆷ 선인되노
인의예지(仁義禮智) 천명(天命)대로 행ᄒᆞᆯ진ᄃᆡ 선인이오
사욕교폐(私慾交弊) 인심(人心)대로 행하며ᄂᆞᆫ 악인이라
아당(亞當)갓ᄒᆞᆫ 시조인(始祖人)도 상제(上帝) 명을 어긋치고
궤휼중(詭譎中)에 몸이 ᄲᅡ져 벌ᄒᆞ심을 밧아그던
두렵도다 두렵도다 세상정욕 두렵도다
모르도다 모르도다 ᄉᆞᄅᆞᆷ 졔 죄 모르도다
일구일오(一九一五) 이왕년(已往年)에 상제(上帝)님의 독생자가
세계중앙 유태국에 성신(聖神)으로 ᄉᆞᄅᆞᆷ되야
세상죄악 담당ᄒᆞ야 십자가에 고난으로
ᄉᆞᄅᆞᆷ의 원본죄(源本罪)를 모도 다 씨써스니
감사ᄒᆞ고 감샤ᄒᆞᆷ이 형님갓고 친구갓다
우리 구쥬 ᄒᆞ신 말삼 나를 밋고 회ᄀᆡᄒᆞ면
영혼육신(靈魂肉身) 모도 들어 영원복락(永遠福樂) 엇게다고
제자의게 말삼ᄒᆞ고 성경으로 전ᄒᆡᄉᆡ되
행실 보소 행실 보소 세상 ᄉᆞᄅᆞᆷ 행실 보소
악독ᄒᆞ고 험악ᄒᆞ며 무셥고도 무셥도다
ᄉᆞᄅᆞᆷ의 행실 보면 멸망심판 불원(不遠)ᄒᆞ다
지금세상 ᄉᆞᄅᆞᆷ들의 행ᄒᆞᆫ 대로 말ᄒᆞ리라
인의예지 효제충신 아ᄂᆞᆫ 거시 전혀 업다
남자던지 여자든지 노소를 무론ᄒᆞ고
자과부지(自過不知)[35] 습관으로 ᄉᆞᄅᆞᆷ ᄉᆞᄅᆞᆷ 미각(未覺)ᄒᆞ나

35) 자과부지(自過不知) : 자신의 허물을 모름.

이 셰상에 속ᄒᆞᆫ 몸이 죄업ᄂᆞ니 별노 업다

오륜의 큰 의리는 재물상(財物上)에 ᄯᅥ러지고

주가청루(酒家靑樓)[36] 곳곳마다 망신매개(亡身媒介) ᄲᅮᆫ이로다

청년이나 노인이나 본정신(本精神)이 하ᄂᆞ 업다

엇지ᄒᆞ며 멸망인지 엇던 거시 생활로(生活路)[37]지

영원무궁 지옥벌을 조타ᄒᆞ고 희락(喜樂)ᄒᆞᆫ다

올흔 말을 인도(引導)ᄒᆞᄆᆡ 귀에 담지 아니ᄒᆞ니

어이ᄒᆞᆯ고 어이ᄒᆞᆯ고 우리 인종(人種) 어이ᄒᆞᆯ고

선ᄒᆞ며ᄂᆞᆫ 복이 잇고 악ᄒᆞ며ᄂᆞᆫ 화 이슴은

목전(目前)에 거울이라 뉘가 능히 갈울쇼야

애전(埃田)동산 만세전(萬歲前)에 우리 인생 생긴 후로

하ᄂᆞ님의 인자ᄒᆞ심 악ᄒᆞᆫ 인생 ᄉᆞ랑ᄒᆞ샤

참아 멸망 못 식히고 성인(聖人)을 보ᄂᆡ옵셔

억조창싱 군사(軍師) 삼아 천성(天性) 회복(回復) ᄀᆞᄅᆞ치니

요순(堯舜)의 계천입극(繼天立極)[38] 사도(司徒)[39] 전악(典樂)[40] 베프시고

인민의 셩긔(性氣)대로 화육만민(化育萬民) ᄀᆞᄅᆞ치고

대우(大禹)[41]의 적공누인(積功累仁) 출현죄인(出見罪人) 울어시며

---

36) 주가청루(酒家靑樓) : 술집과 기생집.

37) 생활로(生活路) : 살 길.

38) 계천입극(繼天立極) : 하늘의 뜻을 계승하여 왕위에 오름.

39) 사도(司徒) : 삼공의 하나. 고대 중국에서 호구(戶口) · 전토(田土) · 재화(財貨) · 교육에 관한 일을 맡아보던 벼슬이다.

40) 전악(典樂) : 궁중의 고아(高雅)한 음악.

41) 대우(大禹) : 우 임금을 높이는 말. 중국 고대 전설상의 임금. 곤(鯀)의 아들로서 치수에 공적이 있어서 순(舜)으로부터 왕위를 물려받아 하(夏)나라를 세웠다고 한다.

성탕(成湯)[42]의 ᄒᆞ신 말삼 위(爲)ᄒᆞ기가 백성이라

사ᄅᆞᆷ으로 제천(祭天)할ᄶᅢ 자기 몸을 대신ᄒᆞ며

이명대의(以明大義)[43]ᄒᆞ자고셔 공자성인 ᄂᆡ셧도다

획죄어천(獲罪於天)[44] ᄒᆞ고 보면 무소도(無所禱)[45]를 ᄀᆞᄅᆞ쳣다

천강증민(天降蒸民)[46] ᄒᆞ셧스니 유물유칙(有物有則)[47] 말삼힛다

안증사맹(顏曾思孟)[48] 성도(聖徒)들과 하남정씨(河南程氏)[49] 양부자(兩夫子)와

주부자(朱夫子)[50] 주렴계(周濂溪)[51]와 소강절(邵康節)[52] 선지성현(先知聖賢)

모도 다 텬종(天縱)[53]으로 상제(上帝)님의 놉흔 도를

---

42) 성탕(成湯) : '탕왕(湯王)'의 다른 이름. 중국 은나라의 초대 왕(?~?). 원래 이름은 이(履) 또는 대을(大乙). 박(亳)에 도읍을 정하고 국호를 상(商)이라 칭하였으며, 제도와 전례(典禮)를 정비하였다. 13년간 재위하였다.

43) 이명대의(以明大義) : 대의(大義)를 밝힘.

44) 획죄어천(獲罪於天) : 하늘에 죄를 지음.

45) 무소도(無所禱) : 기도할 대상이 없음.

46) 천강증민(天降蒸民) : 하늘이 뭇 백성을 내심.

47) 유물유칙(有物有則) : 사물이 있으면 반드시 그 법칙이 있음.

48) 안증사맹(顏曾思孟) : 안연(顏淵), 증자(曾子), 자사(子思), 맹자(孟子).

49) 하남정씨(河南程氏) : 정명도(程明道)와 정이천(程伊川) 형제를 가리킴.

50) 주부자(朱夫子) : 주자(朱子) 즉 주희(朱熹).

51) 주렴계(周濂溪) : 주돈이(周敦頤). 중국 북송의 유학자(1017~1073). 자는 무숙(茂叔). 호는 염계(濂溪). 당대(唐代)의 경전 주석의 경향에서 벗어나 불교와 도교의 이치를 응용한 유교 철학을 창시하였다. 저서에 ≪태극도설≫, ≪통서≫ 따위가 있다.

52) 소강절(邵康節) : '소옹(邵雍)'의 성(姓)과 시호를 함께 이르는 이름. 중국 북송의 학자(1011~1077). 자는 요부(堯夫). 호는 안락선생(安樂先生). 시호는 강절(康節). 상수(象數)에 의한 신비적 우주관과 자연 철학을 제창하였다. 저서에 ≪관물편(觀物篇)≫, ≪이천격양집(伊川擊壤集)≫, ≪황극경세서≫ 따위가 있다.

53) 천종(天縱) : 하늘에서 허락하여 무엇이든 마음대로 하게 한다는 뜻으로, 하늘에서 준 덕(德)을 갖춤을 이르는 말. 또는 그런 성격을 이르는 말.

사룸마다 ᄀᆞᄅᆞ치며 방곡(坊曲)[54]에 법을 삼아

지금ᄭᆞ지 전ᄒᆞ스나 인망도망(人亡道亡) 할길업다

소위사자(所謂士者)[55] 명칭ᄒᆞᆫ 쟈 도학(道學)이 다르다고

영학(英學)[56]이니 미학(美學)[57]이니 공자교(孔子教)니 불교(佛教)이니

웨 그리도 무식ᄒᆞ며 웨 그리도 모르난고

상제님의 권능으로 기인종(其人種)의 견문대로

인도ᄒᆞ기 쉬운 길노 백범사(凡百事)를 알긔 ᄒᆞ되

대지(大旨)가 무엇신고 상제명(上帝命)을 순종ᄒᆞ고

영복(永福)을 밧으랴고 사서오경(四書五經) 다 잇도다

공자도(孔子徒)라 ᄒᆞ는 사룸 나의 말이 의심커던

자자획획 차자들고 자세히 살펴보소

놉히고 다른 거시 천성천명(天性天命) ᄲᅮᆫ이어늘

수모수모(誰某誰某)[58] ᄒᆞᆫ 사룸 대지(大旨)ᄂᆞᆫ 도로 일코

노불양묵(老佛楊墨)[59] ᄲᅮᆫ을 바다 망할 풍속 ᄯᅡ라간다

사신악귀(邪神惡魔) 숭봉(崇奉)케ᄂᆞᆫ 금고문(今古文)에 업ᄂᆞᆫ 바라

마소 마소 그리 마소 죄악짓기 그리 마소

인자ᄒᆞ신 상제온들 너무 그리 비반ᄒᆞ매

진노ᄒᆞ심 업스릿가 밧을 거시 형벌이라

구년홍수 칠년한(七年旱)도 죄로 ᄒᆞ여 이슴이오

---

54) 방곡(坊曲) : 단위의 마을.

55) 소위사자(所謂士者) : 소위 선비라고 하는 자.

56) 영학(英學) : 영국의 학문.

57) 미학(美學) : 미국의 학문.

58) 수모수모(誰某誰某) : 아무개 아무개.

59) 노불양묵(老佛楊墨) : 노자와 부처와 양주(楊朱)와 묵적(墨翟).

서국(西國)에 모든 선지(先知) 상제님을 말ᄒᆞ기를
동학(東學) 모든 선지(先知)들과 여합부절(如合符節) ᄒᆞ것마는
세상사ᄅᆞᆷ 악ᄒᆞᆫ 사상 죄(罪)길노 조차가니
권능 마는 하ᄂᆞ님이 징계 종종 잇셧도다
나아(挪亞)[60] ᄯᅢ 홍수로셔 세상죄를 ᄀᆞᄅᆞ치고
소다성(所多城)[61] 벌ᄒᆞ실 ᄯᅢ 나득(羅得)[62] 의인 ᄲᅮᆫ이로다
요인군(堯人君)의 구년수(九年水)와 탕인군(湯人君)의 칠년한(七年旱)이
이와 피차 일반되와 죄(罪)ᄀᆞᆸ스로 형벌이라
두렵도다 두렵도다 죄란 거시 두렵도다
들어보소 들어보소 우리 동포 들어보소
구ᄒᆞᆸ세다 구ᄒᆞᆸ세다 영생복(永生福)을 구ᄒᆞᆸ세다
우리 구주 ᄒᆞ신 말삼 진실이 밋는 사ᄅᆞᆷ
살아도 살 거이와 죽어도 살 거시라
지옥 침륜(沈淪)[63] 면ᄒᆞ고셔 천당 영복(永福) 엇으리라
이러케 ᄒᆞ셧스니 반갑고도 반갑도다
어셔 어셔 회개ᄒᆞ고 어셔 어셔 주(主)를 밋소
오늘 내일 밋지 마소 오날이 사망인지
내일이 사망인지 그날을 당코 보면
뉘우쳐도 ᄒᆞᆯ 수 업고 멸망밧게 ᄒᆞᆯ 수 업다
디옥을 예비ᄒᆞ야 죄인을 벌ᄒᆞ실 ᄯᅢ에

60) 나아(挪亞) : 노아.
61) 소다성(所多城) : 소돔성.
62) 나득(羅得) : 롯.
63) 침륜(沈淪) : 침몰.

천당을 예비ᄒᆞ야 의인을 상 안 주리
다 ᄀᆞᆺ흔 우리 동포 하ᄂᆞ인들 웨 망ᄒᆞ리
십자가 부활도리 방방곡곡 다 전ᄒᆞ야
개인개인 들어스니 핑계ᄒᆞ리 ᄒᆞ나 업소
어셔 속히 회개ᄒᆞ야 구원도리 ᄇᆡ운 후에
인자ᄒᆞ신 상제은덕 애통ᄒᆞᆫ ᄆᆞᆷ ᄂᆞᆯ노 ᄉᆡᆼ겨
구주 야소(耶蘇)[64] 품안에셔 성신(聖神)님의 구원밧아
한번 사는 이 셰상에 도덕지심(道德之心) 배양ᄒᆞ야
자자손손 교수ᄒᆞ며 계왕계래(繼往繼來)[65] 이 아닌가
천당 종을 한번 치면 만국에 오ᄂᆞᆫ 백성
종려가지 손에 들고 우리 주님 ᄇᆡ오리다

3. 〈회불급가(悔不及歌)〉[66](1915~1921)

어렵도다 어렵도다 천당길이 어렵도다
머다ᄒᆞ야 어렵는가 놉다ᄒᆞ야 어렵는가
션지쟈들 ᄒᆞ신 말삼 텬당길이 머다ᄒᆞ나
구쥬예수 의지ᄒᆞ면 각갑고 쉽다ᄒᆡ소
각갑고 쉬울진ᄃᆡ 복락 엇기 쉽사오나
십육억만 인ᄌᆞᆼ 중에 사ᄅᆞᆷ마다 못 엇기ᄂᆞᆫ
무삼연고 ᄯᅩ 잇ᄂᆞᆫ가 잘못 찻ᄂᆞᆫ 연고로다
셰상 사ᄅᆞᆷ 탄탄대로 쥬식잡기 광활로라

64) 야소(耶蘇) : 예수.

65) 계왕계래(繼往繼來) : 계왕성개래학(繼往聖開來學). 옛 성인들의 가르침을 이어받아서 후세의 학자들에게 가르쳐 전함.

66) 필사본 『연산전도문서』에 실려 있음.

망신폐가 못 ᄉᆡᆼ각고 쉬운 길노 만히 간다
청루방에 기ᄉᆡᆼ노ᄅᆡ 류황불노 ᄌᆡ축ᄒᆞ고
ᄒᆡᆼ화촌(杏花村)에 모든 취정(醉情) 망신가를 불너 ᄂᆡ고
잡기장에 ᄌᆡ물 욕심 모든 죄를 자랑ᄒᆞᆫ다
셰상만샤 ᄉᆡᆼ각ᄒᆞ니 일톄허허(一切虛虛) 이이로다
욕심즁 부귀ᄀᆡᆨ(富貴客)은 너히 부귀 자랑마라
불과 ᄇᆡᆨ년 사는 륙신 만년 령혼 어이ᄒᆞ랴
심판날을 당ᄒᆞᆯ ᄯᅢ는 ᄌᆡ물노도 못 면ᄒᆞᆫ다
못 면ᄒᆞᆯ 쥴 ᄉᆡᆼ각그던 회ᄀᆡ(悔改)ᄒᆞ소 회ᄀᆡᄒᆞ소
회ᄀᆡᄒᆞ소 회ᄀᆡᄒᆞ소 우리 동포 회ᄀᆡ하소
동양셔양 모도 보니 하느님이 두렵도다
나라마다 사ᄅᆞᆷ마다 인의예지(仁義禮智) 젼혀 업고
아는 거시 졍욕이오 ᄉᆡᆼ각긔가 졍욕이라
무셥도다 무셥도다 사ᄅᆞᆷ 정욕 무셥도다
쳔셕(千石)두면 만셕(萬石)ᄉᆡᆼ각 졔후(諸侯)되면 텬자(天子)ᄉᆡᆼ각
갓ᄒᆞᆫ 인류 다 죽이도 져의 몸만 리(利)케 ᄒᆞᄂᆡ
총 만들고 활 만들고 갑옷 짓고 투고 써셔
무삼 ᄉᆡᆼ각 ᄯᅩ 잇는가 사ᄅᆞᆷ 죽일 ᄉᆡᆼ각이라
이러타시 악ᄒᆞᆫ 사상 긔지업시 잍을진ᄃᆡ
하느님의 진로(震怒)ᄒᆞ심 머리우에 업슬쇼냐
농부들이 밧츨 ᄆᆡᆯ졔 됴ᄒᆞᆫ 곡식 북도두고
악ᄒᆞᆫ 지심 추리다가 불에 든져 소화(燒火)ᄒᆞ니
분명ᄒᆞᆫ 거 증거는 우리 모다 보는 바라
ᄉᆡᆼ각ᄒᆞ소 ᄉᆡᆼ각ᄒᆞ소 우리 동포 ᄉᆡᆼ각ᄒᆞ소
십륙억만 우리 민족 ᄒᆞ나님의 농샤 되고

예수씨는 농부되야 갈고 ᄆᆡ고 추슈ᄒᆞ네
어나 ᄯᅢ가 추슈 ᄡᅢᆫ고 잇ᄯᅢ 진지 추슈 ᄯᅢ라
됴흔 곡식 거두워다 고간(庫間)즁에 져축ᄒᆞ고
악ᄒᆞᆫ 지심 씨갑씨는 소화(燒火)즁에 든지린니
죄진 사ᄅᆞᆷ 무엇됫고 악ᄒᆞᆫ 지심 씨갑씨라
예수 농부 어이ᄒᆞ랴 류황불노 명령ᄒᆞ리
두렵도다 두렵도다 륙신힝샤(肉身行事) 두렵도다
육신힝샤 잘못ᄒᆞ고 령혼구원 잘ᄒᆞᆯ쇼냐
들어보소 들어보소 비유ᄒᆞᆫ 말 들어보소
늘근 사ᄅᆞᆷ 면경(面鏡) 보면 점긔[67] 빌 수 젼혀 업고
얼근 사ᄅᆞᆷ 면경 보면 잘나 빌 수 젼혀 업고
육신을 션케ᄒᆞ면 령혼도 착히지고
육신을 악히ᄒᆞ면 령혼도 악히진다
세상행사(世上行事) 잘못ᄒᆞ고 텬당 영복(永福) 바릴쇼냐
쓸프도다 우리 쥬님 만민구속(萬民救贖) ᄒᆞ시려고
십자가의 밧은 곤난 우리 은혜 중(重)ᄒᆞ거ᄂᆞᆯ
무삼 죄인 되려랴고 예수씨를 아니 밋소
어렵도다 어렵도다 육신마귀(肉身魔鬼) 어렵도다
부모형뎨 친쳑붕우 안 밋으면 원수갓다
예수은혜 ᄉᆡᆼ각ᄒᆞ면 근심안코 거졀ᄒᆞ되
셰상사ᄅᆞᆷ 연약ᄒᆞ니 그도 역시 어렵도다
어렵다고 아니ᄒᆞᆯ가 나아오기 어렵도다
밋을 ᄆᆞ음 부족ᄒᆞᆫ가 ᄆᆞ음 업고 말ᄲᅮᆫ인가

67) 점긔 : 젊게.

가이업다 가이없다 생전샤후 가이업다
디옥불에 만년고난 밧을 밧게 가망업네
쓸프도다 동포들아 자복(自服)ᄒᆞ고 회ᄀᆡᄒᆞ소
시호시호 부재래(不再來)라 이ᄯᅢ 가면 못오ᄂᆞ니
육세계(六世界) 당ᄒᆞ엿셔 칠세계(七世界) 각갑도다
눈물헐닐 죄인들아 자복(自服)ᄒᆞ고 회개ᄒᆞ여
주 예수의 재림ᄒᆞᆯ ᄶᅢ 담대ᄒᆞ게 압헤 셔셔
무진복락(無盡福樂) 밧아여셔 만세만세(萬歲萬歲) 만만세(萬萬歲)로
영원무궁(永遠無窮) 뎌텬당에 깃븜으로 누리보세

4. 〈국화가(菊花歌)〉[68](1915~1921)

ᄇᆡᆨ옥누(白玉樓) 놉흔 집에 녹포청금(綠袍青衿) 일 학동이
만권셔(萬卷書) 업을 삼고 물리(物理)[69]를 강론할제
시유구월(時維九月) 이ᄯᅢ로셔 형형식식 긔묘ᄒᆞ다
풍엽(楓葉)은 소소(蕭蕭)[70]ᄒᆞ야 만산(萬山)에 단청(丹靑)ᄒᆞ고
녹죽(綠竹)은 의의(依倚)[71]ᄒᆞ야 천촌(千村)에 도화(桃花)로다
경치를 구경코져 산보로 ᄇᆡ회ᄒᆞᆯ제
동리(東籬[72])하 드러가니 향긔도 가ᄋᆡ(可愛)로다
구추(九秋)에 느진 절긔(節槪) 도연명 홍이 되고
ᄇᆡ회에 고든 가지 굴삼여(屈三閭)[73]의 혼이로다

68) 필사본 『연산전도문서』에 실려 있음.
69) 물리(物理) : 만물의 이치.
70) 소소(蕭蕭) : 바람이나 빗소리 따위 쓸쓸함.
71) 의의(依倚) : 의지하여 기댐.
72) 동리(東籬) : 동쪽 울타리 즉 국화를 심은 곳을 일컫는 말.

작작(灼灼)ᄒᆞᆫ ᄃᆡ숭브티 가지가지 춘ᄉᆡᆨ(春色)이라
구십소광(九十韶光)[74] 아니어던 이 엇던 봄쏫치야
헌연이 감탄ᄒᆞ고 ᄌᆡ삼차 ᄉᆡᆼ각ᄒᆞ니
조화로 마련ᄒᆞᆯ제 만물이 유시(有時)로다
남국에 항ᄆᆡ수는 셜즁ᄀᆡ 무삼 일고
동원(東園)에 도리화(桃李花)는 편시춘(片時春) 가이업다
춘삼월 됴흔 ᄣᅢ에 ᄇᆡᆨ화(百花)가 ᄌᆡᆼ연ᄒᆞᆯ ᄣᅢ
이국수 볼작시면 엄연이 ᄉᆡᆼ장ᄒᆞ야
풍우가 포요ᄒᆞ고 우양(牛羊)이 쳔답(踐踏)호되
모든 고난 다 지닌 후 오늘날 영화로다
소실(蕭瑟)ᄒᆞᆫ 이 추풍에 복사ᄒᆞᆫ(?) 향긔쏫치
룡산에 락모할 ᄣᅢ 축신을 웃는 듯고
젼원에 부귀할 ᄣᅢ 쳐ᄉᆞ(處士)를 ᄶᅡᆨ을 지어
청슈ᄒᆞᆫ 이 가지에 화려ᄒᆞᆫ 이 쏫숑이
뉘 안니 구경ᄒᆞ며 뉘 아니 층찬ᄒᆞ리
깃브다 이 국화야 너화 나 노라보세
너와 나와 만ᄂᆡ긔도 이 역시 ᄣᅢ로구나
내 만약 업셔스면 나의 청항 뉘가 알며
네 만약 아니데면 나의 흥미 뉘가 알이
금지옥엽 찬란한 ᄣᅢ 혼자 안자 히롱할 ᄣᅢ

---

73) 굴삼여(屈三閭) : 굴원(屈原). 중국 전국 시대 초나라의 정치가 · 시인(?B.C.343~?B.C.277). 이름은 평(平), 자는 원(原). 초사(楚辭)라고 하는 운문 형식을 처음으로 시작하였다. 모함을 입어 자신의 뜻을 펴지 못하다가 마침내 물에 빠져 죽었다. 작품은 모두 울분이 넘쳐 고대 문학에서는 드물게 서정성을 띠고 있다. 작품에 <이소(離騷)>, <천문(天問)>, <구장(九章)> 따위가 있다. 그 벼슬이 삼려대부(三閭大夫)였기에 '굴삼려'라고 한다.

74) 구십소광(九十韶光) : 90일간의 춘광(春光).

옥슈를 다시 씻고 옷깃슬 정제ᄒᆞ며
칠현금 놉피 들고 곡됴로 화창할 ᄯᅢ
한소ᄅᆡ 두 소ᄅᆡᄋᆡ 봉황이 오ᄂᆞᆫ 듯고
초음(初音)과 종곡(終曲)즁에 부운도 ᄆᆞ문 듯네
ᄇᆡᆨ아(伯牙)[75]도 아니오니 내 소ᄅᆡ 뉘가 알니
ᄯᅳᆺ잇ᄀᆡ ᄇᆡ운 소ᄅᆡ 너 ᄃᆡᄒᆞ여 칭츌할가
홀연이 ᄯᅥᆫ져 놋코 ᄭᅩᆺ가지 다시 잡아
머리에도 ᄭᅩᆸ아보고 품에도 품어보며
입에도 먹으보며 코에도 맛하보고
이러타시 깃브ᄒᆞ니 져 비록 미물이나
은건이 유정ᄒᆞ고 은연이 함소(含笑)ᄒᆞ야
나다려 ᄒᆞᄂᆞᆫ 말이 하ᄂᆞ님이 인쟈ᄒᆞ사
초목군ᄉᆡᆼ(草木群生) 마련ᄒᆞ야 우로(雨露)로 기르실 ᄯᅢ
사시(四時)가 질셔(秩序)ᄒᆞ매 ᄀᆡ락(皆樂)이 ᄯᅢ를 ᄯᅡ라
청홍흑ᄇᆡᆨ 오ᄉᆡᆨ 즁에 면목(面目)이 각이(各異)ᄒᆞ다
만고강산 둘너보니 가련ᄒᆞᆫ 것 쵸목이라
어진 쥬인 만ᄂᆡ여셔 ᄇᆡᆨ셰유방(百世遺芳)[76] ᄒᆞ난구나
녯글을 열남(閱覽)ᄒᆞ야 역역히 볼작시면
당요(唐堯)[77]의 지영초는 군자(君子) 소인 분간ᄒᆞ야
평치텬ᄒᆞ(平治天下) 오십년에 억됴(億兆)가 원ᄃᆡᄒᆞ고

---

75) 백아(伯牙) : 중국 춘추 시대의 거문고의 명인(?~?). 그의 거문고 소리를 즐겨 듣던 친구 종자기(鍾子期)가 죽자 자기의 거문고 소리를 이해하는 사람을 잃었다고 슬퍼한 나머지 거문고의 줄을 끊고 일생 동안 거문고를 타지 않았다고 한다.

76) 백세유방(百世遺芳) : 후세에 오래도록 빛나는 명예를 남김. 또는 그 명예.

77) 당요(唐堯) : 중국의 요임금을 달리 이르는 말. 당(唐)이라는 곳에서 봉(封)함을 받은 데서 유래한다.

공부자(孔夫子)의 란초가는 심산즁에 독수ᄒᆞ야
인부지이불온(人不知而不慍)[78]으로 시샤를 ᄀᆞᄅᆞ쳣네
풍운졔회(風雲際會)[79] 됴흔 세상 어수환졍(魚水歡情)[80] 만날 ᄯᅢ에
남양(南陽)에 뎌 ᄆᆡ화는 졔갈양(諸葛亮)의 싱식이오
금실에 은졍으로 간담이 상조(相照)ᄒᆞ고
오동국 말근 곡됴 됴웅의 노릐로다
항산에 현쟈 죽은 ᄇᆡᆨ낙텬(白樂天)을 맛나엿고
함관에 ᄃᆡ부 송은 진시황이 봉ᄒᆞ엿ᄂᆡ
요지(瑤池)에 왕모도(王母桃)[81]는 쳔셰슈(千歲壽)를 밧아엿고
강남에 목단화는 화즁왕(花中王)이 되어도다
귀비화(貴妃花) 미인초는 나 취할 바 아니로되
촉규화 지신초는 셩심에 소원이라
헛부다 이 일신이 공원의 독립ᄒᆞ야
봉졉(蜂蝶)도 무졍ᄒᆞ고 풍우도 가외(可畏)로다
귀공ᄌᆞ 만ᄂᆡ고져 쥬소(晝宵)로 바릐든니
오늘날 만난 일은 우연ᄒᆞᆫ 바 아니로다
우리 셔로 ᄉᆞ랑ᄒᆞᆫ 뜻 영원히 잇지 마소
동쟈가 들은 후에 금문고 다시 들고
쳥포로 눈을 ᄯᅡᆨ고 곡됴로 다시 타며
츄연이 ᄒᆞ는 말이 십년등운 창ᄒᆞ에
글공부 힘셔ᄒᆞ여 입신양명 바릐노라

---

78) 인부지이불온(人不知而不慍) : 남이 알아주지 않아도 성내지 아니함.
79) 풍운제회(風雲際會) : 바람과 구름이 좋은 때를 당하여 만남. 임금과 신하 사이에 뜻이 잘 맞음.
80) 어수환정(魚水歡情) : 물고기와 물이 정을 나눔.
81) 왕모도(王母桃) : 서왕모(西王母)의 반도(蟠桃).

ᄯᅢ 아니며는 영웅 업고 영웅외의 ᄯᅢ 업디
만샤가 유시(有時)홈은 너와 나와 일반이라
청춘 년수 네가 되고 ᄇᆡᆨ면셔ᄉᆡᆼ(白面書生) 나로구나
너히 이슬 밧아가져 일곡청가(一曲淸歌) 지의리라
황금이 만신(滿身)ᄒᆞ니 부귀화가 네 아니며
분ᄃᆡ(粉黛)가 만면ᄒᆞ니 데ᄌᆞ화가 네 아니냐
남산에 봉션화는 헛일흠 봇ᄀᆡ럽고
북ᄆᆡᆨ에 금슈화는 외면(外面) 슈습 가소(可笑)로다
화혜화혜(花兮花兮)여 현도관((玄都觀)) 가지 마라
도화(桃花)의 구소(九霄)82) 춘풍에 문장이 한을 짓고
화혜화혜여 낙양셩(洛陽城) 피치 마라
ᄒᆡᆼ봉낙화 장탄식83)에 아녀ᄌᆞ 눈물이라
화혜화혜(花兮花兮)여 셔촉(西蜀) 강산 잇지 마라
두자미(杜子美)84) 글귀우에 봄마다 근심이라
화혜화혜(花兮花兮)여 너와 나와 방인(放人)85)ᄒᆞ야
복지(福地)에 탁근ᄒᆞ고 감로(甘露)로 ᄒᆡ갈ᄒᆞ야
독립(獨立)닙슈 터를 닥고 문명화(文明花) 결실ᄒᆞ야
나도 영화 너도 영화 너도 春風 나도 春風
영원영화(永遠榮華) 밧아가져 영원춘풍(永遠春風) 노라보세

---

82) 구소(九霄) : 높은 하늘.

83) ᄒᆡᆼ봉낙화 장탄식(行逢落花長歎息) : 우두커니 지는 꽃에 길게 한숨 진다.

84) 두자미(杜子美) : 두보(杜甫, 712 ~ 770). 중국 최고의 시인으로서 시성(詩聖)이라 불렸던 성당시대(盛唐時代)의 시인. 널리 인간의 심리, 자연의 사실 가운데 그 때까지 발견하지 못했던 새로운 감동을 찾아내어 시를 지었다. 장편의 고체시(古體詩)는 주로 사회성을 발휘하였으므로 시로 표현된 역사라는 뜻으로 시사(詩史)라 불린다. 주요 작품에는 ≪북정(北征)≫, ≪추흥(秋興)≫ 등이 있다.

85) 방인(放人) : 산과 들을 방랑하는 사람.

5. 〈낙원가(樂園歌)〉[86](1915~1921)

어화 셰상 사ᄅᆞᆷ들아 낙원가를 들어보소
영원무궁 뎌 텬당(天堂)은 극낙원이 이 아닌가
고금텬ᄒᆞ(古今天下) 인싱들아 락원(樂園)길을 차자가세
포풍환우 차강산에 어대로 가잔 말고
동편에 구의산((九疑山))은 졀벽천층 막아잇고
셔편의 탐낭슈는 만경창파 깁허구나
북악에 로인셩(老人星)은 백년인사(百年人事) 한탄ᄒᆞ고
남원의 쳥됴(靑鳥)ᄉᆡ는 편시춘(片時春)을 ᄌᆞᆼ미ᄒᆞᆫ다
종일녹녹 뎌 쳔부(賤夫)는 젼로의 등용ᄒᆞ고
일시 잠낙 이 귀ᄀᆡᆨ(貴客)은 환ᄒᆡ(宦海)[87]에 부침(浮沈)ᄒᆞᆫ다
구곡쳔정 황망ᄒᆞᆫᄃᆡ 정도(正道)가 어ᄃᆡ 잇소
상하로 소회ᄒᆞ나 긔연미연 알 수 업네
셕로(釋老)[88]ᄋᆡ 놉흔 자취 셰상을 멀니ᄒᆞ고
극낙셰계 논다 ᄒᆞ나 밋을 슈 젼혀 업고
공명[89]ᄋᆡ 너른 말삼 솔셩슈도(率性修道) ᄒᆞ고 보면
요순(堯舜)디위 간다ᄒᆞ나 힝할 힘 바이 없다
믁믁히 탄식ᄒᆞ니 내 갈 길이 어ᄃᆡ른고
길 나선 졔 오ᄅᆡ로되 쳑디(尺地)[90]에 방황ᄒᆞᆫ다
고금인셰(古今人世) 둘너보니 날ᄀᆞᆺ흔 이 뉘뉘든고

---

86) 필사본 『연산전도문서』에 실려 있음.
87) 환해(宦海) : 관리의 사회. 흔히 험난한 벼슬길을 이른다.
88) 석로(釋老) : 석가모니와 노자를 아울러 이르는 말.
89) 공명 : '공맹(孔孟)'의 잘못이 아닌가 함.
90) 척지(尺地) : 얼마 안 되는 좁은 땅.

적막ᄒᆞᆫ 궁한 길에 완젹(阮籍)[91]ᄀᆞᆺ치 한탄ᄒᆞᆫ다

선각선지(先覺先知) 잇다ᄒᆞ나 그역반도 어폐로다

행로난(行路難)[92] 행로난(行路難)는 나를 두고 이름이오

촉도난(蜀道難)[93] 촉도난(蜀道難)는 이 셰상이 젹당ᄒᆞ다

뎌 됴흔 락원 길을 뉘가 잇셔 인도ᄒᆞ리

이러타시 슬허ᄒᆞᆯ ᄯᅢ 몽혼(夢魂)이 표표(飄飄)ᄒᆞᆫ다

홀연간에 빗츠 잇셔 ᄆᆞ옴눈이 붉아온다

바라보니 일텬ᄉᆞ(天使)가 십ᄌᆞ가(十字架)를 등에 지고

천국(天國)문을 ᄀᆞᄅᆞ치며 나를 놉혀 부르시되

드러오소 드러오소 문을 열 ᄯᅢ 드러오소

구원길이 여긔 잇고 영ᄉᆡᆼ문(永生門)을 이리 가네

쾌락ᄒᆞ고 됴흔 락원 너를 위히 예비ᄒᆞ고

젼능ᄒᆞ신 샹뎨님ᄭᅴ 너희 오기 원ᄒᆞ신다

존귀ᄒᆞ신 독ᄉᆡᆼ쟈ᄭᅴ 커신 권능(權能) 맛겻셧네

너희 죄를 ᄃᆡ속(代贖)ᄒᆞ야 십ᄌᆞ가에 죽으시고

너희 령혼 구원코져 디옥권셰 파ᄒᆞ엿네

너희 다시 살니고져 부활승텬 ᄒᆞ셧시고

너희 션악 심판코져 ᄭᅳᆺ날 셰상 강림ᄒᆞ리

텬인즁보 이ᄀᆞᆺᄒᆞ니 네가 깁히 ᄉᆡᆼ각ᄒᆞ고

락원길이 이ᄀᆞᆺᄒᆞ니 네가 자셰 들어보라

---

91) 완적(阮籍) : 중국 삼국 시대 위(魏)나라의 사상가·문학자·시인(210~263). 자는 사종(嗣宗). 죽림칠현의 한 사람으로, 노장(老莊)의 학문을 연구하였으나 정계에서 물러난 후, 술과 청담(淸談)으로 세월을 보냈다. 저서에 ≪완사종집≫, ≪달장론(達莊論)≫ 따위가 있다.

92) 행로난(行路難) : 세상에서 살아가는 과정이 험하고 어려움.

93) 촉도난(蜀道難) : 촉으로 가는 길이 험난함.

아담에 미혹으로 만세(萬歲) 죄악 미쳣도다
텬ᄒᆞ 만국 만민등이 왜 이ᄀᆞᆺ치 불상ᄒᆞᆫ지
인도ᄒᆞ니 죄악이오 드러가니 사망이라
골륙간에 징투ᄒᆞ고 동족간에 상식ᄒᆞᆫ다
션인보고 뮈워ᄒᆞ고 악인보고 층찬ᄒᆞ네
창셰브터 이ᄂᆞᆯᄭᆞ지 소위(所謂) 인생 이ᄀᆞᆺᄒᆞ니
대ᄌᆞ대비 ᄒᆞ신 상뎨 엇지 이것 참아 보리
ᄒᆞᆫ번의 의(義) 나타ᄂᆡ샤 구주(救主)님이 오셧도다
천상천하(天上天下) 귀한 일ᄒᆞᆷ 너희의게 생명(生命)이라
너이 셰상 나온 후로 시험곤란(試驗困難) 만히 밧고
락원길을 일허스니 내 말대로 드러오라
이 길이 탄탄ᄒᆞ되 드러오리 젹으리라
빈쳔ᄒᆞᆫ 자 드러올 졔 부귀ᄒᆞᆫ 자 니를 갈고
애통ᄒᆞᆫ 쟈 드러올 졔 희락(喜樂)ᄒᆞᆫ 자 눈물이라
천당지옥(天堂地獄) 두 사이는 지쳑이 천리로다
세상정욕(世上情慾) 동행(同行)말고 악ᄒᆞᆫ 사ᄅᆞᆷ 짝을 마라
내가 이 말 드른 후에 업ᄃᆡ여 기도ᄒᆞ고
홀디에 생각ᄒᆞ니 회개문(悔改門)을 드러왓네
적수(赤手) 공권(空拳) 빈몸으로 일보이보(一步二步) 드러가니
낙원(樂園)이 여긔른가 쾌(快)ᄒᆞᆷ도 쾨ᄒᆞ도다
좌우에 생명수(生命水)는 영원무궁(永遠無窮) 힐너 잇고
젼후에 진쳔 셩문 휘황찬란 빈쳐오네
존음(尊嚴)ᄒᆞᆫ 보좌 압헤 쳔만셩도 힌옷 닙고
황금 면류관 쓰고 우리 쥬와 ᄒᆞᆷᄭᅴ 안쟈
할넬뉴야 찬숑소릐 무궁셰계 진동ᄒᆞ네

모든 괴롬 간디 업고 히락ᄒᆞ고 평안ᄒᆞ다
우리ᄀᆞᆺ치 쳔ᄒᆞᆫ 인싱 이런 복디 뉘덕인고
억쳔만셰 영원토록 깃븜으로 살이로다
디ᄒᆞ에 뎨왕들아 이른 복락 밋츨쇼야
인간만샤 싱각ᄒᆞ니 부운유슈(浮雲流水) 가이업다
렬셩뎐(列聖前)에 ᄇᆡ샤(拜謝)ᄒᆞ고 비몽사몽 ᄊᆡ다른니
망망ᄒᆞᆫ 이 셰상에 륙신이 글여잇네
여보시오 동포들아 락원소식 드러보소
텬ᄒᆞ를 다 엇으도 락원만 못ᄒᆞ리라
금싱힝락(今生行樂) 됴타ᄒᆞ되 릭싱복만 못ᄒᆞ리라
백세(百歲)에 육신이오 만세(萬歲)에 영혼이라
동동촉촉(洞洞燭燭)[94] 일심으로 이 셰상에 잇슬 동안
낙원길을 예비ᄒᆞ야 영원복락(永遠福樂) 밧아보세

6. 〈심로가(尋路歌)〉[95](1915~1921)

인생사세(人生斯世) 사ᄂᆞᆫ 길이 천만기로(千萬岐路) 되얏스니
어나 길노 차자가면 복된 이로(利路) 맛나볼고
단장(短杖)으로 행리(行李)[96]잡아 길을 ᄒᆞᆫ 번 차자보세
탄탄일로(坦坦一路) 들어셔니 세상사ᄅᆞᆷ 만히 간다
길머리의 들어셔니 이정표목(里程標木) 셔와스되
정욕부(情慾府)는 일리구간(一里九間) 기엄군(欺掩郡)는 이리육정

94) 동동촉촉(洞洞燭燭) : 공경하고 삼가며 매우 조심스러움.
95) 필사본 『연산전도문서』에 실려 있음.
96) 행리(行李) : 행장(行裝).

(二里六町)

음주정(飮酒亭)은 삼리오정(三里五町) 도박장(賭博場)은 사리팔간(四里八間)

청루동(靑樓洞)과 가무대(歌舞抬)는 오리육간(五里六間)이라

사룸보고 뭇는 말이 이 길노 들어가면

무삼구경 만히 잇소 여러사룸 뒤답ᄒᆞ되

구경(求景)도 됴커니와 놀기도 자미(滋味)잇소

ᄀᆞᆺ치 가자 ᄒᆞᄂᆞᆫ 말을 반기듯고 들어가셔

음주정(飮酒亭) 당도ᄒᆞ야 도박장을 바뤼보세

만흔 사룸 노난 곳에 악ᄒᆞᆫ 내암[97] ᄎᆞᆷ비ᄒᆞᆫ다

육신영혼(肉身靈魂) 부패ᄒᆞ야 셕는 닉암 악ᄒᆞ도다

청루동(靑樓洞)과 가무대(歌舞抬)에 월석화조(月夕花朝) 모든 사룸

외모(外貌)야 됴타마는 자세히 아라보면

담혼정신(淡魂精神) 상실ᄒᆞ고 우인(偶人)ᄀᆞᆺ흔 형상이라

그 길노 바로들가 한곳을 당도ᄒᆞ니

문명(門名)은 패문(敗門)이오 동명(洞名)은 망신(亡身)이라

그곳의 사ᄂᆞᆫ 사룸 양가자제(良家子弟) 사룸들노

음주정(飮酒亭) 도박장(賭博場)과 청루동(靑樓洞) 가무대(歌舞抬)를

주야불변(晝夜不辨) 단니다가 부모세업(父母世業) 탕패(蕩敗)ᄒᆞ고

남루의복(襤褸衣服) 헌 신세(身勢)로 후회ᄒᆞ고 안자고나

그기셔 곳은 길노 십리마차(十里馬車) 바뤼보니

의희(依俙) 묘망(杳茫) 삼사처(三四處)에 연기나고 불도 잇다

점점 차자 드러가셔 동구(洞口) 근처 다다른니

---

97) 내암 : 냄새.

죽장(竹杖) 깁푼 일소년(一少年)이 밧부기 나오거놀
인사ᄒᆞ고 길 뭇기를 뎌곳이 어ᄃᆡ미뇨
나ᄂᆞᆫ 뎌기 쳐음이라 자세히 ᄀᆞᄅᆞ치오
그 소년 대답ᄒᆞ되 여보시오 잘 만낫소
나도 역시 행객(行客)으로 이 길을 아니 노코
차차로 거름ᄒᆞ야 뎌곳 근처 더러가셔
아차아차 ᄭᅵ다라셔 후회ᄒᆞ고 도라오오
오른팔 바로들어 그곳 길 ᄀᆞᄅᆞ치되
뎌긔는 마굴(魔窟)이오 여긔는 묵향(墨鄕)이라
연기불 나ᄂᆞᆫ 곳은 무저갱(無底坑)이 뎌기로다
우리 인생 뎌기 가면 영혼육신 다 죽으니
우리 두리 동힝ᄒᆞ야 어셔 밧비 나갑세다
그 말 듯고 겁이 나셔 그 길을 도라나와
ᄯᅩᄒᆞᆫ 길 차자가니 그 길 일홈 ᄆᆡ우 조타
원통도량(圓通道場) 닥근 길이 극락간다 ᄒᆞ엿거놀
고로(苦勞)이 사ᄂᆞᆫ 몸이 극락(極樂)일홈 반겨 듯고
석양천(夕陽天) 밧분 날에 작지 쓸고 들어가니
백납가사(白衲袈裟) 일노승(一老僧)이 그 길을 지졈(指點)할 졔
이 길노 들어가셔 뎌긔 뵈ᄂᆞᆫ 뎌 곳 가면
보광마니(普光摩尼) 향수해(香水海)에 종종광명(種種光明) 슬향동(藥香幢)에
십이제천(十二諸天) 됴흔 곳의 화세계(花世界)가 그곳이며
쟁영법우(崢嶸法宇) 됴흔 곳의 도솔천궁(兜率天宮) 잇ᄉᆞ오며
남무아미타불(南無阿彌陀佛)이며 관세음보살(觀世音菩薩)로셔
세상윤회(世上輪回) 아니들고 법계장생(法界長生) 부치되야

극락(極樂)이 거기라고 가기를 인도(引導)커놀

반겨 듯고 더러가셔 자세히 차자보니

문기명즉(聞其名則) 시야(是也)런니 고기행직(考其行則) 비야(非也)로다[98]

당상백발(堂上白髮)[99] 다 바리고 처자(妻子)소박 아조 ᄒᆞ고

오륜(五倫)에 범죄(犯罪)되고 삼강퇴폐(三綱頹廢) 모든 사ᄅᆞᆷ

산중(山中)으로 들어와셔 극락(極樂)왓다 자랑ᄒᆞᆫ들

상제(上帝) 소소(昭昭) 계시오니 신후형벌(身后刑罰) 업슬쇼냐

머물 ᄆᆞ옴 아조 업셔 도라셔서 나올 적에

ᄯᅩ ᄒᆞᆫ곳 당도ᄒᆞ야 불로장생(不老長生) 사ᄂᆞᆫ 길을

신선(神仙)이 잇다고셔 말로난 ᄒᆞ지마는

육오골(六鰲骨)이 위상(爲霜)ᄒᆞ니 삼산(三山)을 볼 수 업고

왕모(王母)[100]의 천년도(千年桃)와 안기생(安期生)[101]의 ᄃᆡ조(大棗)나무

전지자(傳之者) 오야(誤也)로다[102] 고금(古今)에 뉘 보왓나

정호(鼎湖)에 희져므니 기룡상천(騎龍上天) 헌젹 업고

진시황(秦始皇) 구선신세(求仙身勢) 여산숙초(驪山宿草) 가련ᄒᆞ다

한무제(漢武帝) 초년허사(初年虛事) 빈수(汾水) 추풍(秋風) 자회(自悔)ᄒᆞ고

---

98) 문기명즉(聞其名則) 시야(是也)런니 고기행직(考其行則) 비야(非也)로다 : 그 이름을 들은즉 옳더니, 그 행위를 살펴본즉 그르더라.

99) 당상백발(堂上白髮) : 늙으신 부모님.

100) 왕모(王母) : 서왕모(西王母).

101) 안기생(安期生) : 신선 안기생은 진시황이나 한무제가 몹시 만나기를 갈구하던 신선의 이름인데, 대추를 먹고 산다고 알려져 있다. 봉래산 가운데 살면서, 마음에 맞지 않는 이가 찾아오면 숨어 버린다고 한다.

102) 전지자(傳之者) 오야(誤也)로다 : 이 이야기를 전하는 자가 잘못이로다.

아동국(我東國) 천로왕(天老王)[103]이 백일청(伯一淸)의 말을 듯고
절골산(絶骨山)에 구선대(求仙坮)를 공연(空然)히 놉히 짓고
비류강(沸流江) 영선악(迎仙樂)[104]을 허(虛)도히 ᄒᆞ엿스며
단약(丹藥)을 먹다가셔 불이 나셔 죽으시니
유무신선(有無神仙) 묘망사(杳茫事)를 부ᄃᆡ히 듯지 마소
한가지로 볼지라도 거짓말이 젹실ᄒᆞ다
당(唐)나라 이태백(李太白)이 술을 잔덕 취ᄒᆞᆫ 후에
채석강(采石江) 명월야(明月夜)에 물에 ᄲᅡ져 죽은 이를
신선(神仙)되야 갓다 ᄒᆞᆫ덜 뉘가 능히 밋을리오
그 길 갈 ᄆᆞᆷ 젼혀 업셔 도라셔 오는 길에
ᄯᅩ ᄒᆞᆫ곳 당도ᄒᆞ야 참 됴흔 길 맛ᄂᆞ도다
인의예지(仁義禮智) 지심(地心) 삼고 효제충신(孝悌忠信) 곳기닷가
삼강(三綱)으로 다리 놋코 오륜(五倫)으로 방천(防川)[105]ᄒᆞ며
도덕으로 이수(里數)삼아 성현(聖賢)으로 장승 셔와
요순우탕(堯舜禹湯) 문무(文武)로셔 주공공맹(周公孔孟) 전ᄒᆞ오든
탄탄대로(坦坦大路) 됴흔 길이 현인군자(賢人君子) 길이것만
아차아차 생각ᄒᆞ니 소망문(所望門)이 젼혀 업다
호생오사(好生惡死) 우리 인생 영생길이 막혀스니
아모리 길 됴흔들 ᄂᆡᄂᆡ히 갈 슈 업다
심진오입(尋眞誤入)[106] 이 ᄂᆡ 거름 주저방황(躊躇彷徨) ᄒᆞ올 차에

---

103) 천로왕(天老王) : 기자조선의 제21대 임금.
104) 영선악(迎仙樂) : 천로왕이 비류강에 나들이를 하여 악공을 시켜 연주하게 했다는 음악인데, 궁녀를 시켜 영선무를 추게 하였다고 한다.
105) 방천(防川) : 둑을 쌓거나 나무를 많이 심어서 냇물이 넘쳐 들어오는 것을 막음. 또는 그 둑.
106) 심진오입(尋眞誤入) : 참을 찾다가 그른 데로 들어감.

삼인동행(三人同行) ᄒᆞ는 길에 필유아사(必有我師)[107] 업슬쇼냐
엇더ᄒᆞᆫ 일교인(一敎人)이 단정ᄒᆞᆫ 기상(氣像)으로
십자가(十字架)를 등에 지고 천로지귀(天路指歸) 가는 길을
자세히 ᄀᆞᄅᆞ치니 나의 귀가 열리도다
그 길 안에 들어셔니 ᄆᆞᆰ기 나는 풍악소릐
심신(心神)도 쾌락ᄒᆞ며 지넌 신고(辛苦) 위로ᄒᆞ듯
멀니멀니 갓더니 처량ᄒᆞ고 곤ᄒᆞ며
슯흐고도 외로와 정처(定處)업시 단이니
예수예수 내 쥬여 곳갓가히 오소셔
쉬 ᄯᅥ나지 맙시고 부형(父兄)ᄀᆞᆺ치 됩소셔
구주(救主)의 젼ᄒᆞᆫ 복음(福音) 자세히 들어보니
젼에 행ᄒᆞᆫ 허(虛)된 길이 가삼치고 눈물난다
느졋도다 느졋도다 이 길 찻기 느졋도다
영생세계(永生世界) 이 길노셔 천당(天堂)가는 길이로다
교인(敎人)보고 뭇는 말이 나를 조곰 ᄀᆞᄅᆞ치오
나의 몸이 포탕ᄒᆞ야 지은 죄(罪)가 만샤오나
뎌르한 됴흔 길노 갈 슈가 이슬릿가
그 사ᄅᆞᆷ 거동(擧動) 보소 마가 이장 십칠절
나를 닐너 ᄀᆞᄅᆞ칠 졔 그 말삼에 ᄒᆞ엿스되
의원(醫員)의 목적(目的)되야 병든 사ᄅᆞᆷ 곳치ᄂᆞ니
우리 구주(救主) 이 길 두고 죄인(罪人)을 부르시네
어셔 어셔 들어가셔 병든 영혼 곳쳐보소
여보시오 교인님뇨 ᄯᅩᄒᆞᆫ 말삼 무삽니다

107) 필유아사(必有我師) : 반드시 내 스승이 있게 마련이다.

내가 이 길 차자가기 이러케 느졋스니
먼져 가는 사름들과 동등복락(同等福樂) 밧으릿가
그 교인(教人) 나를 보고 복음(福音)으로 ᄀᆞᄅᆞ치되
마태복음 이십장 일절로셔 십절ᄭᆞ지
닐너셔 듯긴 후에 쓧으로 해석ᄒᆞ되
천국주인(天國主人) 우리의게 포도원(葡萄園) 역군(役軍)ᄀᆞ치
식벽에셔 유시(酉時)ᄭᆞ지 일체(一體)로 삭[108]을 주니
염려말고 드러가셔 동등상(同等賞)을 밧으소셔
정녕히 그를진ᄃᆡ 여보시오 우리 형님
뎌 길 곳기 가는 도리(道理) 나를 조곰 ᄀᆞᄅᆞ치오
그 교인 거동(擧動) 보소 감사(感謝)ᄒᆞᆫ ᄆᆞᄋᆞᆷ으로
기도(祈禱)ᄒᆞ고 이러나셔 역역(歷歷)히 ᄀᆞᄅᆞ치되
이 길에 드러셔면 유혈점점(流血點點) 잇ᄉᆞ오니
그 피를 표ᄃᆡ 삼아 바로 곳기 들어갈 졔
뒤에 일을 생각ᄒᆞ야 도라보지 마옵시오
성신(聖神)쥴을 전보(電報)노와 천국통신(天國通信) 잇ᄉᆞ오니
그 쥴을 아니 놋코 바로 곳기 가시다가
무를 곳 업습그든 복음(福音)으로 기별듯고
시장한기 잇습거든 성찬(聖餐)으로 요기(饒飢)ᄒᆞ고
서산일락(西山日落) 져물그든 성전(聖殿)집을 차자 자고
노곤(路困)이 혹 잇거든 찬미(讚美)로셔 흥(興)을 도며
ᄆᆞᄋᆞᆷ 눈을 자조 들어 그 길 좌우(左右) 살혀 보소
무수(無數)ᄒᆞᆫ 과목(果木)나무 춘하추동 과실 잇소

---

108) 삭 : 삯. 품삯.

그 과실 일홈 죠타 생명수(生命樹) 과실이오

목마를가 염려마소 나무 밋ᄒᆡ 강이 잇소

수정(水晶)ᄀᆞᆺ치 흐르ᄂᆞᆫ 물 생명수(生命水)에 강이오며

ᄇᆡ곱흘가 념려 마소 마나(嗎嗱)[109] ᄯᅥᆨ 잇ᄂᆞ니라

유태선지(猶太先知) 마서(摩西)[110]ᄭᅴ셔 이색렬(以色列)[111] 자손으로

광야(曠野)에 나올 적에 먹을 거시 업슴으로

하ᄂᆞ님이 생각ᄒᆞ샤 나려주신 ᄯᅥᆨ으로셔

감초와 두시고셔 우리 오기 기다린다

이 길을 곳기 ᄂᆡ고 필흘니고 가신 이가

지로자(指路者)도 되시오며 선각자(先導者)도 되셔스며

재제좌우(在帝左右)[112] 계시오며 손을 들고 바ᄅᆡ오니

그이의 가신 길노 나도 곳기 들어가면

영생(永生)ᄒᆞᄂᆞᆫ 천국(天國)에셔 무궁복락(無窮福樂) 누리리다

어화 세상사ᄅᆞᆷ들아 생각ᄒᆞ소 생각ᄒᆞ소

허(虛)된 길을 차자가셔 수고만 ᄒᆞ지 말고

이리 오소 이리 오소 아모나 와도 됴소

---

109) 마나(嗎嗱) : 만나.

110) 마서(摩西) : 모세.

111) 이색렬(以色列) : 이스라엘.

112) 재제좌우(在帝左右) : 임금의 좌우에 있음.

7. 〈팔복시(八福詩)〉[113](1916)

허심차표(虛心車票) 사가지고 애통장(哀痛場)에 빨니 나와
온유대(溫柔坮)에 기ᄃᆞ리다 모의등(慕義等)에 션듯 올나
자비석(慈悲席)에 편히 안자 청심창(淸心窓)을 여러 노코
화목강산(和睦江山) 구경ᄒᆞ고 핍박타도(逼迫墜道) 지나가셔
영락성(永樂城)에 도착ᄒᆞ니 나의 본향(本鄕) 여긔로다

8. 〈팔덕시(八德詩)〉[114](1916)

신앙기지(信仰基址) 굿게 닥고 덕주초(德柱礎)를 마련ᄒᆞ며
지식동량(智識棟樑) 준비ᄒᆞ야 절제(節制)롭게 예산(預算)ᄒᆞ고

---

113) 이 작품은 필사본 『연산전도문서』에 실려 있는데, 『기독신보』 1916년 11월 15일자 '詞藻(ᄉᆞ죠)'란에 동일한 제목과 내용으로(단지 몇 글자만 다를 뿐), '宣川 高麗偉' 작품으로 발표되어 있다. 이를 근거로, 연산전도문서』의 '연산'을 '고려위'의 호임을 알 수 있다. 하지만 고려위가 과연 누구인지는 아직 알 수 없다. 필명일 가능성도 있다. '선천'은 투고할 당시의 거주지가 선천이었던 것이 아닌가 한다. <대한가>를 보거나 이 전도문서의 속 표지에 적힌 '밀양군', '양산군'이란 표기 및 이 전도문서를 소장하다가 기증한 이의 고향이 밀양임을 고려할 때 그렇다.

虛心車票 사가지고 溫柔臺셔 기ᄃᆡ리다
慕義等에 선듯올나 慈悲席에 편히안져
淸心窓을 밀고보니 和睦江山 景慨됴타
逼迫墜道 지ᄂᆞ가셔 永樂城에 到着ᄒᆞ니 나의本鄕 여긔로다

114) 위 <팔복시>와 마찬가지로, 필사본 『연산전도문서』에 실린 작품인데, 『기독신보』 1916년 11월 15일자 '詞藻(ᄉᆞ죠)'란에 동일한 제목과 내용으로, '宣川 高麗偉' 작품으로 발표되어 있다.

信仰基址 굿게닥고 德柱礎를 磨鍊ᄒᆞ며
智識棟樑 準備ᄒᆞ야 節制롭게 預算ᄒᆞ고
忍耐蓋瓦 구어니여 敬處[1]木手 불러다가
和睦墻을 둘너치고 ᄉᆞ랑舘을 지여노니
天上榮光 咫尺이오 地上風景 眼下로다

인내개와(忍耐盖瓦) 구어니여 경건목수(敬虔木手) 불너다가
화목장(和睦墻)을 둘너치고 ᄉᆞ랑관(舘)을 지어노니
천상영광(天上榮光) 지쳑(咫尺)이오 지상풍경(地上風景) 안하(眼下)로다

9. 〈대한가(大韓歌)〉[115](1915~1921)

틱극(太極)이 조판(肇判)[116]ᄒᆞ니 양의(兩儀)[117]가 싱겻도다
일월(日月)은 순환ᄒᆞ고 ᄉᆞ시(四時)는 질셔(秩序)ᄒᆞᆫ딕
연어가 유동(流動)ᄒᆞ니 상ᄒᆞ를 가찰(可察)이오
초목이 ᄀᆡ락(開落)ᄒᆞ니 셩쇠(盛衰)를 가지(可知)로다
그즁에 사ᄅᆞᆷ이 이셔 만물지령(萬物之靈) 일ᄂᆞ시되
션악을 막변(莫辨)이오 화복을 뉘가 알니
과거사는 보려니와 미릭사는 망연ᄒᆞ니
고금사를 열남(閱覽)ᄒᆞ야 딕강 들어 말ᄒᆞ리다
틱초에 하ᄂᆞ님ᄭᅴ셔 남녀를 조셩ᄒᆞᆯ 제
무셩무취(無聲無臭) 화를 주어 사망질병 젼혀 업고
ᄌᆞᄌᆞ손손 이르도록 수복무강(壽福無疆) 마련턴니
마귀의 유혹으로 죄얼(罪孽)을 자취(自取)ᄒᆞ고
만셰에 유혹으로 우리ᄭᆞ지 미쳐도다

---

115) 필사본 『연산전도문서』에 실려 있음. 원전에는 제목이 없는데, 논의의 편의상 저자가 붙인 것임. 작품 안에 "대한국이 렬도 되니 국치와 민욕이라"는 대목이 나오는 등 강한 애국 애족 및 반일적인 내용이 나오므로 그 특성을 드러내기 위해 이렇게 명명하였음.

116) 조판(肇判) : 처음 쪼개어 갈라짐. 또는 그렇게 가름.

117) 양의(兩儀) : 양(陽)과 음(陰). 또는 하늘과 땅.

셩품이 악히지고 ᄋᆡ오(愛惡)가 무상(無常)이라
슝상ᄒᆞ니 페역(悖逆)이오 ᄉᆡᆼ각ᄂᆞ니 사특(邪慝)이라
이 일신 도라보면 셰상에 건너온 후
죄악에 혼미ᄒᆞ야 삼십 평ᄉᆡᆼ 업을 일코
사망에 이르도록 도라올 쥴 몰나든니
하ᄂᆞ님ᄋᆡ 은쟈(恩慈)로셔 예수 압헤 드러와셔
지은 죄를 회ᄀᆡᄒᆞ고 일흔 ᄉᆡᆼ명 차자도다
몽혼(夢魂)을 다시 ᄭᆡ여 왕샤(往事)를 ᄉᆡᆼ각ᄒᆞ니
부앙간(俯仰間)[118] 이 텬디에 용신(容身)할 곳 젼혀 업소
반ᄌᆞ(班者)[119]의 일홈으로 ᄇᆡᆼ가에 츌립ᄒᆞ야
즁년에 지은 죄를 응당 긔억ᄒᆞ시리다
회ᄀᆡ(會計)쳐럼 긔록ᄒᆞ야 다시 ᄒᆞᆫ번 고ᄒᆞᄂᆞ니
져져히 살피시고 셔탕(恕蕩)ᄒᆞ여 주옵소셔
황금이 유취ᄒᆞ야 졍ᄋᆡ를 져바리고
ᄇᆡᆨ마가 무안토록 왕ᄅᆡ가 빈번할 졔
반일유한 이 동상에 민쥬가 염시ᄒᆞ고
이리(二里)길 뎌 공문에 이민(吏民)이 구셜ᄒᆞᆫ다
이러타시 지ᄂᆡ시니 엇지 아니 상졍ᄒᆞ리
긔왕(旣往)은 물논(勿論)ᄒᆞ고 용셔ᄒᆞ여 주옵소셔
ᄐᆡ화강 너른 물은 은혜가 깁허지고
십이봉(十二峰) 놉흔 산에 신초(信草)가 편만토록
오ᄂᆞᆯ노 시작ᄒᆞ야 인도(人道)를 셔우리다
셰샤를 둘너보니 이 창ᄉᆡᆼ(蒼生) 가련ᄒᆞ오

---

118) 부앙간(俯仰間) : 굽어다보고 올려다보는 사이.

119) 반자(班者) : 양반.

삼천리(三千里) 검수강산(錦繡江山) 면목(面目)이 달나지고
오ᄇᆡᆨ년(五百年) 선리(仙李)건곤(乾坤) 춘ᄉᆡᆨ(春色)이 휘황ᄒᆞ다
샤ᄒᆡ(四海)가 소요(騷擾)ᄒᆞ고 조야(朝野)가 은우(隱憂)ᄒᆞ다
츙신이 유괴(有愧)ᄒᆞ고 장ᄉᆞ가 무용(無用)이라
천리(千里)길 긔차소릐 장부심을 격긔(擊起)ᄒᆞ고
샤ᄒᆡ(四海)에 뎌 함ᄃᆡ(艦隊)는 렬사혼(烈士魂)을 경동(驚動)ᄒᆞ네
셔셰(西勢)가 동졈(東漸)ᄒᆞ니 약육(弱肉)과 강식(强食)이오
대한국(大韓國)이 렬도(裂倒) 되니 국치(國恥)와 민욕(民辱)이라
ᄇᆡᆨ두산이 무ᄉᆡᆨᄒᆞ고 한강슈가 오렬(嗚咽)ᄒᆞᆫ다
텬디는 광ᄃᆡ(廣大)ᄒᆞ나 슈죡(手足)은 둘곳 업고
일월은 광명ᄒᆞ나 환난을 풀 수 업다
셰샤가 이갓흐니 민족을 어이ᄒᆞᆯ고
창ᄉᆡᆼ(蒼生)을 보젼ᄒᆞ리 상제(上帝)밧게 다시 업소
죄악관영(罪惡貫盈) 이 셰상을 참아 멸망 못 식히고
텬ᄒᆞ 즁앙 유ᄐᆡ국에 독ᄌᆞ예수 강ᄉᆡᆼ식혀
세상죄(世上罪) 담당ᄒᆞ야 십자가의 고난으로
사람ᄋᆡ 원본죄(源本罪)를 모도 다 씨써스니
생전(生前)에 쾨락 잇고 사후(死後)에 영생(永生)ᄒᆞ리
한번 가셔 권고ᄒᆞ려 이 달 져 달 경영ᄒᆞ되
이러케 느져스니 괴육지심 가이업다
황화구월(黃花九月) 됴흔 ᄯᅢ에 문후(問候)하려 가오리다

10. 〈아(我)의 요구(要求)〉[120](1917)

원만(圓滿) 무류(無謬)훈 철리(哲理)도 아니오
삼엄(森嚴) 위대(偉大)훈 교의(敎義)도 아니라
수산(壽山) 복해(福海)의 부(富)도 불요(不要)호오
선녀(仙女) 미색(美色)의 유소(誘笑)도 불구(不求)라
예리(銳利)훈 논필(論筆)에도 부재(不在)

11. 〈인(人)이란 인(人)을〉[121](1917)

세계평화 식히고져 군비전폐(軍備全廢) 뉘맛흐며
동서문명 조화문제(調和問題) 어느누가 담임(擔任)홀가
세계언어 통일책(統一策)과 빈민백치(貧民白痴) 교육안(敎育案)과
세계공화 건국계획(建國計畫) 공창사창(公娼私娼) 박멸운동(撲滅運動)
위생상(衛生上)에 금주금연(禁酒禁煙) 양육원(養育院)을 설립호며
사민평등(四民平等) 우마대우(牛馬待優) 천국인하(天國引下) 지상건설(地上建設)
이상문제(以上問題) 성취훈者 그사룸을 요구(要求)코저

---

120) 기독신보 1917.9.5. 詞藻
121) 기독신보 1917.9.5. 詞藻

Ⅱ. 영계(靈溪) 길선주(吉善宙)[122]의 작품

1. 〈츄풍셕음가(秋風惜陰歌)〉[123](1912)

이 노ᄅᆡ는 가을바람에 광음(光陰)을 앗기ᄂᆞᆫ노ᄅᆡ라 평양 길목ᄉᆞ가 련동견도실에 머므시다가 븍챵틈으로 드러오ᄂᆞᆫ 가을바람에 답답턴 심ᄉᆞ가 믄득 감동되여 지으신 ᄒᆞ로앗춤 노ᄅᆡ인ᄃᆡ 이 노ᄅᆡ는 청븍수심가(淸北愁心歌) 곡됴에 맛출거시로소이다

광음이 흐르ᄂᆞᆫ 물ᄀᆞᆺᄒᆞ야 인졍을 기ᄃᆞ리지 아니ᄒᆞ매

발셔 양츈가졀(陽春佳節)이 다지나고 삼복염텬(三伏炎天)을 ᄯᅩ지나니 구츄단풍(九秋丹楓)이 다 다랏네

ᄀᆡᆨ회가 울적ᄒᆞᆫ즁 심ᄉᆞ도 쳐량ᄒᆞ다

셔창(書窓)을 활작열고 교ᄌᆞ에 의지ᄒᆞ야 막막히 ᄇᆞ라보니

만리챵텬(萬里蒼天)에 구름이 흣허지고

남산봉우에 찬긔운 새로워라

차고찬 셔리빗치 초목을 엄습ᄒᆞ니

122) 길선주[吉善宙] : 1869~1935. 자는 윤열(潤悅), 호는 영계(靈溪). 평안남도 안주 출신. 장로교 목사.

123) 예수교회보 1912.10.8.

붉고 누른 단풍닙흔 누른빗츨 씌여잇다
나무닙 바람소릐 시간가ᄂᆞᆫ 탄식이요
국화에 맷친이슬 셰월앗겨 눈물이라 어화 셰월 ᄲᅡ르구나
거울을 벗텨놋고 얼골을 볼작시면
청츈쇼년 이내몸이 ᄇᆡᆨ발로인 웬일인가
어화 셰월 ᄲᅡ르구나 ᄉᆞ랑ᄒᆞᄂᆞᆫ 학ᄉᆡᆼ들아
유년ᄋᆞ동(幼年兒童) 어제러니 쳥년쟝부 오ᄂᆞᆯ일셰
ᄉᆞ랑ᄒᆞᄂᆞᆫ 형님들과 ᄉᆞ랑ᄒᆞᄂᆞᆫ ᄌᆞᄆᆡ들아
청츈쇼년 어제러니 ᄇᆡᆨ발로인 오ᄂᆞᆯ이라 어화 셰월 ᄲᅡ르구나
쳥년쟝부 이내몸이 인간ᄉᆞ업 셩취젼에
속절업시 늙엇스며 강쟝ᄒᆞᆫ 거름발이
쥬의복음 젼파젼에 텬국길이 갓가왓네 어화 셰월 ᄲᅡ르구나
울울ᄒᆞᆫ 심ᄉᆞ즁에 쳥산다려 뭇ᄂᆞᆫ말이
오ᄂᆞᆫ 셩현 가ᄂᆞᆫ 영웅 몃ᄌᆞ최나 지낫ᄂᆞᆫ고
무언(無言) 강산 쥬인되고 왕릐인물 나그녤셰
앗겨보셰 앗겨보셰 류슈광음(流水光陰) 앗겨보셰
금은보셕 일코라도 엇어볼수 잇지만은
귀ᄒᆞᆫ광음 ᄒᆞᆫ번가면 다시찻든 못ᄒᆞ리라
청츈시ᄃᆡ 지ᄂᆞ가면 엇지다시 맛날손가 어화 셰월 ᄲᅡ르구나
복음진리 못젼ᄒᆞ고 라발소릐 나고보면
무궁영광 보좌압헤 붓그러음 누가볼가
ᄉᆞ랑ᄒᆞᄂᆞᆫ 형뎨들아 의(義)의ᄯᅴ를 졸나묵고
거름발을 ᄲᆞᆯ니ᄒᆞ야 구셰쥬의 복음으로 가련동포 구원ᄒᆞ세
ᄲᅡ르구나 ᄲᅡ르구나 어화셰월 ᄲᅡ르구나
앗겨보셰 앗겨보셰 귀ᄒᆞᆫ광음 앗겨보셰

Ⅲ. 오교 나준수의 작품

1. 〈십계가〉[124](1912)

밋는쟈의긔관(?) ᄉᆞ랑ᄒᆞᆷ으로써 열쳐녀와ᄀᆞᆺ치 예비ᄒᆞᆸ세다
하ᄂᆞᆯ가ᄂᆞᆫ로졍 셩경복음이니 셩신인도ᄯᆞ라 나가봅세다
교우합심ᄒᆞᆷ은 보원(補元)단약(丹藥)이니 ᄉᆡᆼ명슈에타셔 마시리로다
젼도ᄒᆞᄂᆞᆫ책임 나의본분 농ᄉᆞ 장기 잡은사ᄅᆞᆷ 압만볼지라
구쥬예수 군병ᄃᆡ답ᄒᆞ엿시니 밋음으로 투구놉히 씁세다
ᄉᆞ도ᄀᆞᆺ치 텬국열쇠맛하시니 ᄆᆞᆷ과몸을밧쳐 직분다ᄒᆞ라
아바지에동산 품군되엿시니 공력ᄃᆡ로삭을 만히주시리
일을ᄆᆞᆺ초놋코 곡식거둘ᄣᅢ에 깃븜으로단을 가져오리라
우리들을닐너 조롱ᄒᆞᆯ지라도 락심말고거긔 굿게셧거라
교회혈ᄆᆡᆨ류통 회보(會報)ᄒᆞᆫ장일세 부즈러히일ᄒᆡᆨ 사셔보리라

124) 예수교회보 1912.3.

Ⅳ. ㅂㄷㅇ生의 작품

1. 〈숫자풀이〉[125](1913)

一텬디하 사룸홀일
二군봉亽 못호느니
三위一톄 하느님만
四시쟝텬 의지호며
五경으로 거울삼어
六일동안 일호다가
七일에는 안식호세
八즈됴면 텬당가셔
九켠지샹 놉흔곳에
十즈뎡亽 구쥬뵙네

125) 대한그리스도인회보 1913.11.24. 亽조(詞藻). 원전에서는 제목이 없는데, 내용을 보아, 저자가 붙인 제목임.

Ⅴ. 작자 미상의 작품

1. 〈젼도가〉[126](1913)

부유ᄀᆞᆺ흔 이셰상에 초로ᄀᆞᆺ흔 인ᄉᆡᆼ들이
쳔년만년 살줄알고 셰상영화 됴타ᄒᆞ나
녯적일을 열람컨ᄃᆡ 일쟝츈몽(一場春夢) 아닐넌가
만고영웅 진시황도 려산고혼(驪山孤魂) 되엿스며
팔년풍진 초패왕도 오강슈(烏江水)를 못건넛고
한무뎨(漢武帝)의 셰력으로 쟝ᄉᆡᆼ불ᄉᆞ(長生不死) 못ᄒᆡᆺ거든
부귀영화 쓸ᄃᆡ업고 안빈락도(安貧樂道) 뎨일(第一)일셰
류슈광음(流水光陰) 지나보니 ᄲᆞ르기가 살ᄀᆞᆺ고나
어졔날에 쳥츈들이 오ᄂᆞᆯᄇᆡᆨ발 되엿스니
칠팔십을 살지라도 이셰상은 허화시라
우환질병 다졔ᄒᆞ면 깃븐날이 몃날인가
셰상소식 드러보소 부ᄌᆞ형뎨 불목(不睦)ᄒᆞ오
질투반목 고사ᄒᆞ고 분ᄌᆡᆼ구타 ᄲᅮᆫ이로다
예수씨의 계명즁에 삼강오륜 분명ᄒᆞ오
쟝망셩(將亡城)을 속히ᄯᅥ나 텬셩으로 ᄲᆞᆯ니가고
사특즁에 ᄲᅡ져잇셔 지톄ᄒᆞ지 마샤이다

---

126) 예수교회보 1913.7.22.

정금(精金)ᄀᆞᆺ치 ᄉᆞ모ᄒᆞᆯ것 여호와의 말ᄉᆞᆷ이오
슌죵ᄒᆞ고 쥰힝ᄒᆞᆯ것 그리스도 진리로다
예수말ᄉᆞᆷ ᄒᆞ시기를 죄진쟈는 내게오라
어둔곳을 ᄇᆞ린후에 ᄇᆞᆰ은ᄃᆡ로 나아가세
의인말고 죄인불너 회ᄀᆡᄒᆞ라 ᄒᆞ셧스니
구셰쥬를 밋으시오 셰샹락도 됴커니와
영싱셰계 오ᄅᆡ로다 공슈ᄅᆡ(空手來)와 공슈거(空手去)는
사ᄅᆞᆷ마다 일반이니 셰샹영욕 다ᄇᆞ리고
우리쥬만 밋으시오 죽ᄂᆞᆫ거슬 ᄃᆡ신ᄒᆞᆯ쟈
어ᄂᆞ누가 당ᄒᆞ리오 오직예수 우리위ᄒᆡ
십ᄌᆞ가에 죽엇스니 이은공을 싱각ᄒᆞ면
엇지밋기 지톄ᄒᆞᆯ가 부활승텬 ᄒᆞ신후에
하ᄂᆞᆯ에셔 즁보되고 셰샹ᄭᅳᆺ날 다시오샤 싱쟈ᄉᆞ쟈 심판ᄒᆞ리
하ᄂᆞ님의 놉흔ᄉᆞ랑 태산보다 놉흐시고
쥬예수의 깁흔은혜 하ᄒᆡ보다 더깁도다
여보시오 우리동포 어셔밧비 밋읍시다
놉흔ᄉᆞ랑 깁흔은혜 한량업시 베프시니
금셰ᄅᆡ셰 무진복락 우리신도 누리겟네
감샤ᄒᆞ고 감샤ᄒᆞᆯ샤 쥬의은혜 감샤ᄒᆞ다 영원무궁 찬송ᄒᆞ셰

VI. 치촌(痴村)의 작품

1. 〈사악시(四惡詩)〉[127]

〈四惡詩〉 (드前六○四)

질투안(嫉妬岸)을 발아보니 파로(巴老)무리 여긔일세

분쟁석(分爭席)에 눈을드니 헤롯[128]무리 좌충우돌(左衝右突)

훼방지(毁謗地)에 처(處)치말라 가인[129]압헤 동생(同生)잇소

2. 〈팔복시(八福詩)〉(1920)

〈八福詩〉 막五○三~十

허심선(虛心船)에 충만ᄒᆞ게 화목풍(和睦風)을 환영합세

모의실(慕義室)에 만찬(晩餐)할제 자비자(慈悲者)에 눈물노써

결심천(潔心泉)을 환성(幻成)ᄒᆞ야 온유문(溫柔門)을 안고흘너

핍박촌(逼迫村)을 싯쳐나가 영생원(永生園)을 경영ᄒᆞ네

---

127) 기독신보 1920.11.10.

128) 헤롯 : 유대의 왕(?B.C.73~B.C.4). 친로마 정책을 펴 유대 왕국을 발전하게 하였으나, 예루살렘 성전과 극장을 건축하여 무거운 세금을 부과하고 폭정을 일삼았다. 그리스도의 탄생을 두려워하여 베들레헴의 두 살 이하의 유아를 모조리 죽였다고 한다. 재위 기간은 기원전 37년~기원전 4년이다.

129) 카인 : 구약 성경 <창세기>에 나오는 아담과 하와의 맏아들. 자기의 제물이 하나님 야훼에게 받아들여지지 않고 아우 아벨의 제물이 받아들여지자, 이를 시기하여 동생을 돌로 쳐서 죽였다.

VII. 동강(東岡) 주병호(朱秉豪)[130]의 작품

1. 〈언문전도가(諺文傳道歌)〉[131]

1. ㄱ억 기묘ᄒᆞ다 텬당복디
ㄴ은 니즐수가 젼혀업네
ㄷ긋 디구상에 잇ᄂᆞᆫ사ᄅᆞᆷ
ㄹ을 리익될일 ᄒᆞ여보셰

2. ㅁ음 미드시요 미드시요
ㅂ읍 비ᄎᆞᆸ중에 잇ᄂᆞᆫ빅셩
ㅅ옷 시셰형편 살펴보고
ㅇ힝 이말솜을 들으소셔

3. 가갸 가련ᄒᆞ다 우리인싱

130) "盈德蒼水에 朱東岡"으로 표기되어 있어, '영덕면 창수리' 사람임을 알 수 있다. 그 동안의 연구에서는 '주동강'을 이름으로 알아왔으나, 기독신보 1922년 1월 18일자에 "東岡 朱秉豪"로 나와 있어, '병호'가 본명, '동강'은 호임이 확인된다.

131) 기독신보 1921.11.9.

거겨 거거익심(去去益甚) 죄를짓네
고교 고ᄉᆡᆼ즁에 잇ᄂᆞᆫᄇᆡᆨ셩
구규 구원할자 그누군가

4. 나냐 나도가셔 젼도ᄒᆞ고
너녀 너도나가 구원ᄒᆞᆯ제
노뇨 노지말고 인도ᄒᆞ지
누뉴 누구의게 의지ᄒᆞ리

5. 다댜 다라나ᄂᆞᆫ 이셰월을
더뎌 더ᄃᆡᄒᆞᆯ쟈 그누구며
도됴 도탄즁에 빠진민족
두듀 두호ᄒᆞᆯ이 뉘잇스리

6. 라랴 라발소ᄅᆡ 나기젼에
러려 럴니럴니 젼ᄒᆞ여셔
로료 로소남녀 물논(勿論)ᄒᆞ고
루류 루락업시 구합시다

7. 마먀 마귀사업 엇더ᄒᆞᆫ가
머며 머리들고 살펴보소
모묘 모든인ᄉᆡᆼ 귀ᄒᆞᆫ령혼
무뮤 무더항에 인도ᄒᆞ네

8. 바뱌 바다ᄀᆞᆺᄒᆞᆫ 이셰상에

버벼 버려잇는 모든만물
보뵤 보호ᄒᆞ는 텬부님을
부뷰 부ᄃᆡ부ᄃᆡ 밋으시요

9. 사샤 사천여년 오랜죄악
서셔 서양사ᄅᆞᆷ 션교로셔
소쇼 소곰갓게 되엿스니
수슈 수고ᄒᆞ신 결과로다

10. 아야 아름답다 예수님은
어여 어려옴을 견ᄃᆡ시고
오요 오대양에 인싱들과
우유 우리들을 구쇽ᄒᆡᆺ네

11. 자쟈 자든밋음 속히ᄭᆡ셔
저져 저마귀를 ᄃᆡ젹ᄒᆞ고
조죠 조션민족 이쳔만을
주쥬 주님압헤 인도ᄒᆞ셰

12. 차챠 차츰차츰(?) 젼도ᄒᆞ야
처쳐 처처마다 교회셰워
초쵸 초로갓흔 우리동포
추츄 추후고싱 면케ᄒᆞ셰

13. 카캬 카이제루 사업보소

커켜 커셔ᄒᆞᆫ일 무어시요
코쿄 코를들고 셜수업고
쿠큐 쿠원ᄒᆞᆯ길 전혀업네

14. 타탸 타락심을 곳친후에
터텨 터를굿게 뎡ᄒᆞ고셔
토툐 토론강셜 련습ᄒᆞ야
투튜 투철ᄒᆞ게 쥬일ᄒᆞ셰

15. 파퍄 파도즁에 빠진인싱
퍼펴 펴시ᄂᆞᆫ것 쥬의말삼
포표 표ᄉ대 속히 차즈오
푸퓨 푸르나니 도의씨라

16. 하야 하ᄂᆞ님을 잘밋으면
허혀 허락ᄒᆞᆫ복 엇으리니
호효 호명ᄒᆞᆯᄯᅢ 참례ᄒᆞ야
후휴 후셰영복 누려보셰(1921. 9. 26)

2. 〈볼지어다 지금은 은혜 주실 ᄯᆡ요 구원ᄒᆞᆯ 날이로다〉[132](1922)

볼수업ᄂᆞᆫ 죄악셰상 지셩으로 구합시다
어리셕은 빅셩에게 다젼복음 ᄒᆞ여보셰
지구샹에 잇ᄂᆞᆫ사ᄅᆞᆷ 금보다 귀한밋음을

132) 기독신보 1922.1.18. 國文詩歌

은금으로 못사ᄂᆞ니 은밀긔도 ᄒᆞ여엇세
혜아릴수 업ᄂᆞᆫ은혜 주시마고 ᄒᆞ엿스니
실수업시 잘밋어서 ᄯᆡ되거든 복을밧어
요란ᄒᆞᄂᆞᆫ 이셰샹을 구쥬예수 알게할ᄯᆡ
원ᄒᆞᄂᆞ니 부형모ᄆᆡ 할수업다 ᄒᆞ지마소
날이졈졈 갓가오니 이긔회를 일치말고
로소남녀 물론ᄒᆞ고 다구원을 엇읍셰다

Ⅷ. 게일(Gale)·이창직(李昌稙)[133]의 〈연경좌담(演經座談[134])〉(1922)[135]

연경좌담

셔문(序文)

그윽히 싱각건대 시 삼빅편(詩三百篇) 은 일언이폐지왈(一言而蔽之曰) ᄉᆞ무샤(思無邪)라 홈으로 동양인ᄉᆞ가 숑독(誦讀)ᄒᆞ며 음영(吟詠)홈을 마지아니ᄒᆞ거니와 구쥬예수의 일ᄃᆡ셩젹(一代聖蹟)이야 엇지 숑독ᄒᆞ며 음영홈뿐이리오마ᄂᆞᆫ ᄉᆞ복음의 간편(簡編)이 호한(浩

133) <연경좌담>의 작자는 게일과 이창직이다. 맨뒤의 한국어 판권지 저작자 표시란에 '英國人 奇一博士'라고 되어 있으나, 맨앞의 영문 판권지에 'by Rev.J.S.Gale,D.D AND Mr C.C.Yi'라고 기록되어 있기 때문이다. 이창직은 게일이 한국에 왔을 때 한글과 풍습에 대하여 배웠던 선생이고 한국 고전 번역에 함께 종사한 인물이다. 이진호, 한국성서백년사 Ⅰ(대한기독교서회, 1996), 394~395쪽 참조.

134) 원문에는 한문 병기를 '演經坐談'이라 하였으나, '座談'의 잘못으로 보아 바로잡았음.

135) 이 작품을 조선야소교서회에서 출판한 해는 1923년이지만, 그 서문을 적은 해가 1922년 이므로, 여기에서는 1922년으로 처리하였음. 이하 표기법은 원문대로 하는 것을 원칙으로 하되, 명백한 오자는 바로잡았으며, 일부 숫자도 편의상 아라비아 숫자로 바꾸고, 괄호 안에 한자를 원문보다 더 확대해 병기하며, 가사로서의 율격을 드러내기 위해 줄 바꾸기를 하였음. 띄어쓰기는 가능한 대로 1행 4음보를 유지하여 가사 형식을 지니게 하려 노력하였으나 무리가 따라 그러지 않은 것도 많음.

汗)ᄒᆞ고 ᄉᆞ실이 즁복ᄒᆞ며 년ᄃᆡ가 도착(倒錯)ᄒᆞ야 두셔(頭緖)를 찻기 어려운고로 이에 뜻이잇슨지 다년이나 겨를치못ᄒᆞ엿더니 하ᄂᆞ님이 편리를주샤 적은틈을엇고 ᄉᆞ복음을 가져 년ᄃᆡᄎᆞ셔로 요긴ᄒᆞᆫ 뎨목을 턱ᄒᆞ야 좌담(坐談)테로 찬슐(纂述)ᄒᆞ야 연경좌담(演經坐談)이라 일홈ᄒᆞ니 쵸동목수(樵童牧叟)라도 ᄒᆞᆫ번보면 료연(瞭然)히 ᄭᆡ닷고 력연(歷然)히 긔억ᄒᆞᆯ지라 이에 구쥬의진리가 뇌수(腦髓)에 깁히드러가 니져ᄇᆞ리고져ᄒᆞ여도 잇지못ᄒᆞ며 ᄇᆞ리고져ᄒᆞ여도 능치못ᄒᆞ고 고난시에 노래ᄒᆞ야 위로를 엇으며 즐거울ᄯᆡ에 불너 락을 엇으리니 엇지 아름답지 아니리오 다만 문ᄉᆞ(文辭)가 황무(荒蕪)ᄒᆞ고 의ᄉᆞ가 졸삽(拙澁)ᄒᆞ야 진도의 만일을 쳔발(闡發)치 못홈을 ᄒᆞᆫᄒᆞ거니와 죠션인ᄉᆞ의 령셩슈양상(靈性修養上) ᄒᆞᆫ 도움만 될진대 나의 슉셕(宿昔)의 지원(志願)이 필(畢)ᄒᆞᆫ줄노아노라

영국문학박ᄉᆞ 긔일
쥬강싱일쳔구빅이십이년십일월 일

목ᄎᆞ(目次)

16. 산샹보훈가 뎨이
17. 산샹보훈가 뎨삼
18. 산샹보훈가 뎨ᄉᆞ
19. 산샹보훈가 뎨오
20. 산샹보훈가 뎨륙
21. 산샹보훈가 뎨칠
22. 산샹보훈가 뎨팔
23. 산샹보훈가 뎨구
24. 과부ᄌᆞ부싱가(寡婦子復生歌)
누가7 : 11~17
25. 셰례요한칭찬가(稱讚歌)
누가7 : 18~29
26. 져주가(詛呪歌) 마태11 : 20~30
27. 주고가(注膏歌) 누가7 : 36~50
28. 롱아귀축출가(聾啞鬼逐出歌)
마태12 : 22~45
29. 텬국비유가(天國譬喩歌)
마태13 : 1~53
30. 파도안졍가(波濤安定歌)
마태8 : 19~27
31. 샤귀축츌가(邪鬼逐出歌)
마가5 : 1~21
32. 마태의 쳥연가(請宴歌)
마태9 : 10~19
33. 야이로 녀ᄋᆞ부싱가(女兒復生歌)
마가5 : 22~43
34. 의밍가(醫盲歌) 뎨일 마태9 : 27~34
35. 예수의 피축가(被逐歌) 뎨이
마가6 : 1~6
36. 십이뎨ᄌᆞ파송가(十二弟子派送歌)
마태9 : 35~10 : 1, 10 : 5~11
37. 셰례요한 치명가(致命歌)
마가6 : 14~16, 21~29
38. 오병이어가(五餠二魚歌)
마가6 : 30~44
39. 히샹답보가(海上踏步歌)
마태14 : 22~36
40. 싱명량식가(生命糧食歌)
요한6 : 22~7 : 1
41. 바리식인 칙망가(責望歌)
마태15 : 1~20
42. 수로보니게
녀ᄌᆞ병유가(女子病癒歌)
마태15 : 21 -28
43. 롱아병유가(聾啞病癒歌)
마가7 : 31~37
44. 칠병이어가(七餠二魚歌)
마가8 : 1~9
45. 이젹빈쳑가(異蹟擯斥歌)
마태15 : 39~16 : 4
46. 방교가(防酵歌) 마가8 : 13~21
47. 의밍가(醫盲歌) 뎨이
마가8 : 22~26
48. 베드로의
신앙고빅가(信仰告白歌)
마태16 : 13~20
49. 부활표시가(復活表示歌) 뎨일
마태16 : 21~28
50. 산샹변화가(山上變化歌)
마태17 : 1~13
51. 쇼ᄋᆞ병유가(小兒病癒歌)
마가9 : 14~29
52. 부활 표시가 뎨이 마가9 : 30~31
53. 셩뎐셰가(聖殿稅歌)
마태17 : 24~27

54. 겸손과 용셔가 마태18 : 1~36
55. 비리아 젼도가(傳道歌)
요한7 : 2~10
56 장막졀가(帳幕節歌) 요한11 : 1~52
57. 음부피착가(淫婦被捉歌)
요한11 : 53~8 : 11
58. 예루살넴젼도가 요한8 : 12~59
59. 의밍가(醫盲歌) 데삼 요한9 : 1~41
60. 션목가(善牧歌) 10 : 1~21
61. 칠십뎨ᄌ 파송가(派送歌)
누가10 : 1~16
62. 션혼사마리아인가 누가10 : 25~37
63. 마리아 문도가(聞道歌)
누가10 : 38~42
64. 긔도모범가(祈禱模範歌)
누가11 : 1~13
65. 칙망가(責望歌) 누가11 : 37~54
66. 교훈가(敎訓歌) 누가12 : 1~59
67. 갈닐니인살륙가(殺戮歌)
누가13 : 1~5
68. 안식일치병가(安息日治病歌)
누가13 : 10~21 고창병
69. 예수샹경가(上京歌) 데일
누가13 : 22~35
70. 고창병유가(蠱脹病癒歌)
누가14 : 1~6
71. 바리식인경계가(警戒歌)
누가14 : 7~24
72. 결심죵쥬가(決心從主歌)
누가14 : 25~35
73. 칠십뎨ᄌ복명가(復命歌)
누가10 : 17~24

74. 슈뎐졀가(修殿節歌) 요한10 : 22~42
75. 휴셔가(休書歌) 마태19 : 3~12
76. 망양가(忘羊歌) 누가15 : 1~7
77. 망금가(忘金歌) 누가15 : 8~10
78. 탕ᄌ가(蕩子歌) 누가15 : 11~32
79. 청직이가 누가16 : 1~18
80. 거지나사로가 누가16 : 19~31
81. 용셔가(容恕歌) 누가17 : 1~10
82. 나사로 부싱가(復生歌)
요한11 : 1~46
83. 피왕(被往)에브라임가
요한11 : 47~54
84. 십문둥이 병유가(病癒歌)
누가17 : 11~19
85. 텬국셩립가(天國成立歌)
누가17 : 20~37
86. 과부신원가(寡婦伸寃歌)
누가18 : 1~8
87. 바리식인 긔도가(祈禱歌)
누가18 : 9~14
88. 영ᄋ축복가(嬰兒祝福歌)
마가10 : 13~16
89. 청년부쟈가 마태19 : 16~30
90. 포도원 비유가(比喩歌)
마태20 : 1~16
91. 부활표시가 데삼 마가10 : 32~34
92. 부졍당요구가(不正當要求歌)
마가10 : 35~45
93. 량밍명목가(兩盲明目歌)
마가10 : 46~52
94. 삭개오가 누가19 : 1~10
95. 은 혼 근 비유가 누가19 : 11~28

96. 벳아니마리아주고가(注膏歌)
요한11 : 55～12 : 11
97. 예수샹경가 데이 마가11 : 1～11
98. 무화과슈져주가(無花果樹咀呪歌)
마가11 : 12～14, 20～26
99. 결뎐가(潔殿歌) 데이
마태21 : 12～17
100. 졔ᄉ쟝등의 질문가(質問歌)
마가11 : 27～33
101. 슌명가(順命歌) 마태21 : 28～32
102. 악농부비유가(惡農夫譬喩歌)
마태21 : 33～46
103. 왕ᄌ의 쳥연가(請宴歌)
마태22 : 1～14
104. 셰납시험가(稅納試驗歌)
마태22 : 15～22
105. 사두기의
부활시험가(復活試驗歌)
누가20 : 27～40
106. 률법박ᄉ(律法博士)의
계명시험가(誡命試驗歌)
마가12 : 28～34
107. 예수의 반문가(反問歌)
마태22 : 41～46
108. 위션쟈의 힝위(行爲)
지뎍가(指摘歌) 마태23 : 1～39
109. 과부(寡婦)의 연보가(捐補歌)
마가20 : 41～44
110. 헬나인의 쳥견가(請見歌)
요한12 : 20～36
111. 유대인의 반항가(反抗歌)
요한12 : 36～50
112. 지림표시가(再臨表示歌)
마태24 : 1～51
113. 십쳐녀가(十處女歌) 마태25 : 1～13
114. 은비유가(銀譬喩歌)
마태25 : 14～29
115. 심판일예고가(審判日豫告歌)
마태25 : 31～46
116. 모살협의가(謀殺協議歌)
마태26 : 1～5, 14～16
117. 유월졀예비가 마가14 : 12～16
118. 유월졀연가 누가22 : 14～18
119. 뎨ᄌ의 분징가 누가22 : 24～30
120. 셰족가(洗足歌) 요한13 : 1～20
121. 지뎍(指摘)유다가 요한13 : 21～38
122. 셩찬례창립가 마태26 : 26～29
123. 베드로의 부인가(否認歌)
누가22 : 31～38
124. 예수의 유언가 요한14 : 1～16
125. 예수의 긔도가 요한17 : 1～26
126. 겟세마네가 마태26 : 30, 36～46
127. 유다반역가 요한18 : 2～12
128. 예수의 피심가(被審歌)
마태26 : 57～27 : 1
129. 빌나도젼 피심가 요한18 : 28～38
130. 헤롯왕젼 피심가 누가23 : 6～12
131. 빌나도젼 지ᄎ피심가
요한18 : 39～19 : 16
132. 유다ᄌ결가 마태27 : 3～10
133. 십ᄌ가헌신가 누가22 : 26～49
134. 예수미장가 요한19 : 31～42
135. 분묘파슈가 마태27 : 62～66
136. 녀도(女徒)의 향품예비가

마가16 : 1
137. 부활후 텬ᄉᆞ현현가 마태28 : 2~7
138. 녀도의 츄묘가(趨墓歌)
마가16 : 2~4
139. 녀도회로견주가(女徒回路見主歌)
마태28 : 8~10
140. 베드로 요한의 츄모가
요한20 : 3~10
141. 막달나 마리아의 견쥬가
요한20 : 11~18
142. 파슈군의 회보가(回報歌)
마태28 : 11~15
143. 엠마오 로ᄎᆞ(路次)에
이문도(二門徒)의 견쥬가
누가24 : 13~35
144. 도마츌타시에 이문도(二門徒)
의 견쥬가 누가24 : 36~49
145. 도마견쥬가 요한21 : 26~29
146. 칠문도(七門徒)의 견쥬가
요한21 : 1~23
147. 십일문도(十二門徒)의 견쥬가
마태28 : 16~20
148. 승텬가 누가24 : 50~53
149. 결말가 요한20 : 30, 31, 21 : 24~25

1. 셩보가(聖譜歌) (별곡) 마태1

일천구ᄇᆡᆨ 십칠년젼 유대국 ᄇᆡᆨ리항[136)]에

탄ᄉᆡᆼᄒᆞ신 쥬의릭력 드러보소

신셩ᄒᆞᆫ 족보(族譜)로ᄂᆞᆫ 무시무죵(無始無終) 샹뎨ᄌᆞ(上帝子)요

혈육의 족보로ᄂᆞᆫ 아브라함 다윗ᄌᆞ손 릭력이 분명코나

대뎌 이셰샹에 범샹ᄒᆞᆫ 인류들도

하ᄂᆞ님 예뎡(豫定)즁에 아니난바 아니지만

장원(長遠)ᄒᆞᆫ 세ᄃᆡ간에 묘연ᄒᆞᆫ 창ᄒᆡ일속(滄海一粟)[137)] 알사ᄅᆞᆷ 뉘 잇슬가

놉고놉흔 우리쥬의 탄강ᄒᆞ신일은 만고이젼브터

---

136) 백리항 : 베들레헴.

137) 창해일속(滄海一粟) : 넓고 큰 바닷속의 좁쌀 한 알이라는 뜻으로, 아주 많거나 넓은 것 가운데 있는 매우 하찮고 작은 것을 이르는 말. 중국 북송의 문인 소식의 <전적벽부(前赤壁賦)>에 나오는 말이다.

률법아ᄅᆡ 잇ᄂᆞᆫ인싱 구쇽ᄒᆞ기 위ᄒᆞ야셔
션지쟈로 반보하니 족보도 쟝ᄒᆞ지만 근원이 멀고멀고
ᄲᅮᆯ희가 깁고깁다 찬숑ᄒᆞ셰 할넬누야

2. 셩탄가(聖誕歌) 뎨일 (별곡) 마태2

요셉과 뎡혼ᄒᆞᆫ 쥬의모친 마리아
셩신에 감동ᄒᆞ야 잉틱가 되엿지만
그런줄 누가알가 이ᄯᆡ형편에ᄂᆞᆫ 률법(律法)이 가외(可畏)로다
그러나 요셉씨가 잠간 분을춤고 한숨쉬며 ᄒᆞᄂᆞᆫ말이
파혼ᄒᆞ면 그만이지 드러내야 무엇ᄒᆞᆯ가
이말을 드러보니 만고의인(萬古義人) 요셉이라
쳔ᄉᆞ 만념(千思萬念)이 심즁에 빈회(徘徊)ᄒᆞᆯ졔
텬ᄉᆞㅣ 현몽ᄒᆞ야 요셉ᄃᆞ려 닐ᄋᆞᆫ말이
쳐녀 마리아ᄂᆞᆫ 셩신에감동ᄒᆞ야 잉틱가되엿스니
셩ᄌᆞ를 탄싱커든 예수라 일홈ᄒᆞ소
의인요셉 그말듯고 마리아를 다려다가
아ᄃᆞᆯ낫키 기ᄃᆞ려셔 예수라 일홈ᄒᆞ니
하ᄂᆞ님의 예뎡(豫定)이라 찬숑ᄒᆞ셰 할넬누야

3. 셩탄가 뎨이(별곡) 누가2

이ᄯᆡᄂᆞᆫ 어ᄂᆞᄯᆡᆫ고 로마뎨국 가이사아구스도 텬하를 통일ᄒᆞ니
아세아쥬 유대국도 판도(版圖)안에 드렀고나
유대왕은 헤롯[138]이오 수리아감독 구레뇨라

가이사 아구스도 텬하에 령을ᄂᆞ려
너디외디 물론ᄒᆞ고 각기 본향본셩(本城)에가
긔한젼에 호젹ᄒᆞ라 로마국세 대진(大振)하니
뉘령이라 거역ᄒᆞ며 뉘분부라 막을손가
이ᄯᅢ 대쇼인민들이 호젹ᄒᆞ러 올나간다
다윗족쇽 요셉씨도 ᄌᆞ긔부인 마리아와
유대로 올나가셔 다윗셩 차자갈제
나귀ᄒᆞᆫ필 못가지고 무거운몸 못이긔어
길에ᄲᅢᆺ처 곤ᄒᆞᆫ모양 가련ᄒᆞ야 못볼너라
다윗셩 다다르니 로비(路費)ᄂᆞᆫ 핍졀ᄒᆞ고 긱실은 협착이라
마구간 차자드러 ᄒᆞᆫ녑헤셔 드샐ᄯᅢ에
만삭된 마리아가 일긔옥동 탄싱ᄒᆞ야
강보로 싸고싸셔 구유안에 누엿스니
이아기 셩ᄌᆞ예수 만국인의 구셰쥬라 찬숑ᄒᆞ셰 할넬누야
우리가 이말보고 그ᄯᅢ의 당ᄒᆞᆫ정형 싱각ᄒᆞ야 볼만ᄒᆞ다
우리의 하ᄂᆞ님이 그리스도 쥬예수를 탄싱식히시량이면
당당ᄒᆞᆫ 뎨국(帝國)에 안내시고 웨쇽국(屬國)된 유대에서 내셧ᄂᆞᆫ고
그것도 그럿치만 그말도 잠간 뎡지ᄒᆞ고
가량 쇽국에 내시더릭도 부귀가에나 내시지
웨 빈곤ᄒᆞᆫ 가족으로 마구간에서 내셧ᄂᆞᆫ고
그것이 웬리치냐 밋ᄂᆞᆫ쟈여 드러보소
하ᄂᆞ님의 긔관(機關)되야 힝정(行政)ᄒᆞᄂᆞᆫ 당국쟈의 호젹령아니런

138) 헤롯 : 유대의 왕(?B.C.73~B.C.4). 친로마 정책을 펴 유대 왕국을 발전하게 하였으나, 예루살렘 성전과 극장을 건축하여 무거운 세금을 부과하고 폭정을 일삼았다. 그리스도의 탄생을 두려워하여 베들레헴의 두 살 이하의 유아를 모조리 죽였다고 한다. 재위 기간은 기원전 37년~기원전 4년이다.

들 ᄇᆡᆨ리항[139] 마구간에 낫슬리치 만무ᄒᆞ고
빈한가에 탄싱홈은 빈한쟈의 ᄃᆡ표(代表)되야
쥬의뜻을 셩취ᄒᆞᄂᆞᆫ 만고젼(萬古前) 예뎡이니
인류의 ᄒᆡᆼ복이라 찬숑ᄒᆞ세 할넬누야

4. 셩탄가 뎨삼 (별곡) 누가2

대뎌 유대국은 온ᄃᆡ(溫帶) 디방이라
목츅으로 위업(爲業)ᄒᆞ야 양을만히 기름으로
양치ᄂᆞᆫ 목쟈들이 밤낫 들에잇기 ᄌᆞ미별노 업지마ᄂᆞᆫ
ᄉᆞᄌᆞ며 호랑이며 곰이며 싀랑ᄯᅢ가
졸디에 올가ᄒᆞ야 광막ᄒᆞᆫ 산야간에 ᄌᆞ긔직분 직히랴고
셩월(星月)은 ᄌᆡ텬(在天)하고 샹풍(霜風)은 만디(滿地)ᄒᆞᆫ데
경야(經夜)ᄒᆞ야 직히더니 쥬의텬ᄉᆞ 강림ᄒᆞ며 쥬의영광 빗초인다
목쟈들이 경겁ᄒᆞ야 엇지ᄒᆞᆯ줄 모로고셔 디면에 업더지니
텬ᄉᆞ의 닐ᄋᆞᆫ말이 두려말고 깃버ᄒᆞ라
몬져 이깃븐쇼식 너희게 젼ᄒᆞ노니 깃버ᄒᆞ고 즐거ᄒᆞ라
오ᄂᆞᆯ날 다윗셩에 너희위히 나신구쥬 구유안에 누엇스니
너희ᄂᆞᆫ 지톄말고 쎌니가셔 경ᄇᆡᄒᆞ라
ᄒᆞᆫ창 이리 웨칠적에 텬군텬ᄉᆞ 나타나셔
깃버화답 ᄒᆞᄂᆞᆫ말이 거룩ᄒᆞ다 이일이어
우에계신 텬부씌도 무한ᄒᆞᆫ 영광이오
아래잇서 슌복ᄒᆞᄂᆞᆫ 무수ᄒᆞᆫ 쟈의게도 평안과 ᄒᆡᆼ복이라
아래로 복쟈브터 우으로 텬군텬ᄉᆞ

139) 백리항 : 베들레헴.

구쥬탄ᄉᆡᆼ 증거ᄒᆞ니 하ᄂᆞ님의 영광이라
찬숑ᄒᆞ세 할넬누야

5. 셩탄가 뎨ᄉᆞ (별곡) 박ᄉᆞ경ᄇᆡ 마태2

이ᄣᅢ 유대ᄇᆡᆨ리항140)에 예수탄ᄉᆡᆼ ᄒᆞ신일은
뉘게뉘게 보엿ᄂᆞᆫ고 첫재ᄂᆞᆫ 텬ᄉᆞ의게 둘재ᄂᆞᆫ 목쟈의게
셋재ᄂᆞᆫ 텬군텬ᄉᆞ의게 넷재ᄂᆞᆫ 박ᄉᆞ의게
증거가 분명ᄒᆞ다 박ᄉᆞ들은 하허인(何許人)고141)
유젼ᄒᆞ야 오ᄂᆞᆫ말 파ᄉᆞ국박ᄉᆞ 라데박ᄉᆞㅣ
엇지 아노 별보고 알앗다네
샹고로 즁고ᄭᆞ지 동양의 텬문학쟈
별보고 아ᄂᆞᆫ일을 ᄉᆞ긔(史記)에셔 보았더니
오ᄂᆞᆯ날 마태복음 역시 ᄇᆞᆰ은증거로다
박ᄉᆞ의 거동보소 텬문ᄃᆡ에 올나가셔
별ᄀᆞᆺ치 ᄇᆞᆰ은눈 지혜롭고 복된눈
셔텬(西天)을 향ᄒᆞ야셔 ᄌᆞ셰히 ᄉᆞᆲ히다가
깃버ᄒᆞ며 ᄒᆞᄂᆞᆫ말이 광채잇ᄂᆞᆫ 뎌별아래 만왕의왕 나셧도다
분야가 어ᄂᆞ곳고 셔방셰계 분명ᄒᆞ다
희망엇은 우리인ᄉᆡᆼ 안져셔만 깃버ᄒᆞᆯ가
단봉약ᄃᆡ 쌍봉약ᄃᆡ 각종폐ᄇᆡᆨ(幣帛) 시러내니
유향(乳香)이며 몰약(沒藥)이며 보ᄇᆡ롭다 황금이라
아라비아 먼사막을 천신만고(千辛萬苦) 지난후에

---

140) 백리항 : 베들레헴.
141) 하허인(何許人)고 : 어떤 사람인고. 어디 사람인고.

유부라데 강을건너 유대국 차자가서

국왕ᄭᅴ 현알(見謁)ᄒᆞ니 그ᄯᅢ국왕 대혜롯

박ᄉᆞ보고 뭇ᄂᆞᆫ말이 원방에셔 ᄀᆡᆨ이오니

깃브지 안을손가 소회가 무엇인고 듯기를 원ᄒᆞ노라

박ᄉᆞ 고두(叩頭)샤례ᄒᆞ고 온공(溫恭)히 ᄃᆡ답ᄒᆞ다

우리ᄂᆞᆫ 파ᄉᆞ국의 텬문학쟈 들일너니

ᄒᆞ로ᄂᆞᆫ 텬문ᄃᆡ에 셔방을 ᄇᆞ라다가

광채(所懷)잇ᄂᆞᆫ 별을보니 뎡녕코 그별아래

영화로운 왕의왕 탄ᄉᆡᆼᄒᆞᆫ줄 뎡녕알고 경비ᄒᆞ러 왓ᄂᆞ이다

대혜롯 그말듯고 심중에 혜오기를

텬무이일(天無二日)이오 디무이왕(地無二王)이라[142] 이를 쟝ᄎᆞᆺ 엇지ᄒᆞᆯ고

이ᄯᅢ형편 ᄉᆡᆼ각ᄒᆞ니 왕의가슴 두근두근

ᄇᆡᆨ셩의ᄆᆞᆷ 술넝술넝 예루살넴 소동ᄒᆞᆫ다

종교에 져즌나라 그와ᄀᆞᆺ치 부패ᄒᆞᆫ가

졔ᄉᆞ쟝아 게잇ᄂᆞ냐 셔긔관(書記官)아 게잇ᄂᆞ냐

당쟝에 불너드려 은근히 뭇ᄂᆞᆫ말이

유대국 새인군이 어ᄃᆡ셔 낫겟ᄂᆞ냐

일구여출(一口如出)[143] ᄒᆞᄂᆞᆫ말이 션지ᄎᆡᆨ에 닐넛스ᄃᆡ

크도다 ᄇᆡᆨ리항아 왕쟈가 네게서나

쥬의ᄇᆡᆨ셩 먹이리라 ᄒᆞ신말슴 분명ᄒᆞ니

의심업시 ᄇᆡᆨ리항이 그로소이다

---

142) 텬무이일(天無二日)이오 디무이왕(地無二王)이라 : 하늘에는 두 해가 없고 땅에는 두 임금이 없다.

143) 일구여출(一口如出) : 여출일구(如出一口). 한 입에서 나온 것과 같음.

대혜롯 그말듯고 떨니고 무셥던ᄆᆞᆷ 봄눈이 슬듯ᄒᆞᆫ다

흉계를 ᄉᆡᆼ각ᄒᆞ고 바로 가지말고

내게와셔 회고(回告)ᄒᆞ소 나도ᄯᅩᄒᆞᆫ 거긔가셔 일심경ᄇᆡ(一心敬拜) ᄒᆞ겟노라

박ᄉᆞ들이 발정(發程)[144]ᄒᆞ야 목뎍지 차자갈제

동방에 보이던별 압길을 인도ᄒᆞ야

영ᄋᆞ(嬰兒)예수 우졉(寓接)[145]ᄒᆞᆫ집 지붕위에 당도ᄒᆞ야 뎡지ᄒᆞ고 아니간다

동방의 박ᄉᆞ들이 깃븜을 못이긔여 그집에 들러가니

셩결ᄒᆞ신 영ᄋᆞ예수 셩모품에 안겨잇다

박ᄉᆞ복디 경ᄇᆡᄒᆞ고 보합을 ᄀᆡ탁(開坼)ᄒᆞ니[146]

황금이며 유향몰약(乳香沒藥) 귀즁홈도 귀즁ᄒᆞ다

귀즁ᄒᆞᆫ 폐ᄇᆡᆨ(幣帛)즁에 다수히 밧은황금 요긴히 쓸곳잇다

이ᄣᆡ에 쥬의텬ᄉᆞ 박ᄉᆞᄃᆞ려 닐ᄋᆞᄂᆞᆫ말

그ᄃᆡ들의 복된눈이 만왕의왕 보앗스니 여ᄒᆞᆫ이 업슬지라

헤롯왕ᄭᅴ 가지말고 다른길노 도라가소

흉악ᄒᆞᆫ 뎌헤롯이 영ᄋᆞ예수 해ᄒᆞᆯ일을

낭즁취물(囊中取物)[147] ᄀᆞᆺ치녁여 ᄌᆞ긔계칙 일울줄노

의심업시 헤아리고 너희오기 기ᄃᆞ리니 헤롯의게 속지말소

박ᄉᆞ들이 회졍(回程)[148]ᄒᆞ야 고국으로 도라간후

---

144) 발정(發程) : 길을 떠남.

145) 우접(寓接) : 우거(寓居). 남의 집이나 타향에서 임시로 몸을 부쳐 삶.

146) 개탁(開坼)ᄒᆞ니 : 열어보니.

147) 낭중취물(囊中取物) : 주머니 속에서 물건을 꺼내듯이 아주 손쉽게 얻을 수 있음을 이르는 말.

148) 회정(回程) : 돌아오는 길에 오름. 또는 그런 길이나 과정.

박ᄉᆞ의게 뵈던텬ᄉᆞ 요셉의게 바로가셔 긴급히 닐ᄋᆞᆫ말이
흉녕ᄒᆞᆫ 대헤롯이 예수를 해ᄒᆞ리니
그흉계에 들지말고 애굽으로 쌜니가소
요셉과 마리아가 ᄒᆡᆼ장(行裝)을 슈습ᄒᆞ야
밧은황금 로ᄌᆞ삼고 나귀등에 올나안자
모야무지(某也無知)간에 망명도주 ᄒᆞᄂᆞᆫᄒᆡᆼ식 구쥬인중 누가알가
애굽국 차자가셔 죵적을 ᄀᆞᆷ촌것도
하ᄂᆞ님 뜻이시오 만고젼 예뎡일다
대헤롯의 거동보소 박ᄉᆞ들을 보낸후에
악ᄒᆞᆫ꾀를 밤낫품고 박ᄉᆞ오기 고ᄃᆡ타가
날이가고 돌이가되 쇼식이 망연ᄒᆞ니
기ᄃᆞ리다 못ᄒᆞ야셔 속은줄 ᄭᆡᄃᆞᆺ고셔 ᄯᅩᄒᆞᆫ계칙 ᄉᆡᆼ각ᄒᆞᆫ다
박ᄉᆞᄂᆞᆫ 오던마던 관계가 무엇이랴
ᄇᆡᆨ리항 원근ᄂᆡ(遠近內)에 허다ᄒᆞᆫ 유ᄋᆞ들을
일망타진 ᄒᆞ엿스면 뎨가엇지 버서날가
팟치 푸러져도 솟안에 잇다ᄂᆞᆫ말 쇽담에 닐너온다
시위ᄃᆡ쟝 분부되라
너희의 쟝졸들은 ᄇᆡᆨ리항 ᄂᆞ려가셔
ᄉᆞ경ᄂᆡ(四境內)에 ᄉᆡᆼ쟝ᄒᆞᄂᆞᆫ 허다ᄒᆞᆫ 유ᄋᆞ들을
낫낫치 됴사ᄒᆞ야 두 살아래 되ᄂᆞᆫ일낭 일시에 도륙ᄒᆞ라
시위쟝졸 분부되고 풍우ᄀᆞᆺ치 달녀가셔
헤롯왕 명령대로 유ᄋᆞ등을 살육ᄒᆞᆯ졔
가가호호 ᄋᆡ통소ᄅᆡ 하ᄂᆞ님ᄭᅴ 샹달ᄒᆞ니
션지쟈의 닐ᄋᆞᆫ예언 여합부졀(如合符節)149) 마잣도다
부형모ᄆᆡ 드르시오 악인의 셰샹지혜 간교ᄂᆞᆫ ᄒᆞ지마ᄂᆞᆫ

무소부지(無所不知)[150] 하ᄂᆞ님이 사ᄅᆞᆷ의게 속으실가

죄악싸힌 이셰ᄃᆡ에 헤롯왕과 ᄀᆞᆺ흔쟈가 몃몃치나 ᄯᅩ잇ᄂᆞᆫ가

우리ᄂᆞᆫ 젼감삼고 하ᄂᆞ님 속일ᄆᆞᄋᆞᆷ 결코먹지 마ᄋᆞᆸ시다

세월이 여류ᄒᆞ니 고당의 ᄇᆞᆰ은거울 ᄇᆡᆨ발이 슯흐도다

ᄌᆞ고로 현인군ᄌᆞ(賢人君子) 아니죽지 못ᄒᆞ거든

ᄒᆞ물며 부귀흔텬(富貴흔天)ᄒᆞ야 잔인무도ᄒᆞ던 원악대ᄃᆡ(元惡大憝)[151]

대헤롯이 관영(貫盈)ᄒᆞᆫ 죄악으로 ᄉᆡᆼ명이 멸절ᄒᆞ니 밧을심판 무셥도다

이ᄯᅢ에 쥬의텬ᄉᆞ 요셉의게 나타나셔

현몽으로 닐ᄋᆞᆫ말이 헤롯이 죽엇스니

아기와 마리아를 고국으로 인도ᄒᆞ소

요셉이 그말듯고 이스라엘 디방으로

가기ᄂᆞᆫ 갓다마ᄂᆞᆫ 아켈나오 왕이되니

여독이 업슬손가 만단으로 구ᄒᆞᆯ제

하ᄂᆞ님의 지시밧고 갈닐니 나사렛에 완연거ᄉᆡᆼ(完然居生) ᄒᆞ게되야

거록ᄒᆞ고 거록ᄒᆞ다 부친의 업을니어

류인간에 동거ᄒᆞ며 비상간고 ᄒᆞᄂᆞᆫ모양 임마누엘 뉘알소냐

거록ᄒᆞ고 거록ᄒᆞ다 텬ᄉᆞ이며 목쟈이며

박ᄉᆞ들의 복된눈이 영광쥬를 몬져보고

이셰상에 반포ᄒᆞᆫ일 장ᄒᆞ고 장ᄒᆞᆯ셰라

찬송ᄒᆞ셰 할넬누야

---

149) 여합부절(如合符節) : 사물이 꼭 들어맞음.

150) 무소부지(無所不知) : 모르는 것이 없음.

151) 원악대대(元惡大憝) : 극히 악하여 온 세상이 미워하는 사람.

6. 셩셰가(聖洗歌) (별곡) 마태3

이때 유대광야간에 황츙야밀(蝗蟲野蜜)[152] 식료(食料)삼고

약대털 옷을닙고 싱활ᄒᆞᄂᆞᆫ 셰례요한

요단강변 나아오니 요단강슈 뭙고뭙아 일뎜지루(一點脂漏) 다시슬씃[153]

하ᄂᆞᆯ빗과 ᄀᆞᆺ치열녀 묘망무졔(渺茫無際)[154] 가이업다

요한의 거동보소 권능의 말ᄉᆞᆷ으로

젼파ᄒᆞ야 닐ᄋᆞᆫ말이 하ᄂᆞᆯ나라 갓가왓다

벽력ᄀᆞᆺ치 웨ᄂᆞᆫ소ᄅᆡ 젼국인민 감화밧아

존비귀쳔 무론ᄒᆞ고 회ᄀᆡᄌᆞ복 ᄒᆞᄂᆞᆫ즁에

영화로은 헤롯이며 바리식인 사두ᄀᆡ인

슈셰(受洗)[155]코져 나아온다 뎌희ᄃᆞ려 ᄒᆞᄂᆞᆫ말이

독샤(毒蛇)ᄀᆞᆺ흔 죵류들아 쟝ᄅᆡ화(將來禍)[156]를 피ᄒᆞ라고

ᄀᆞᄅᆞ친쟈 누구더냐 회ᄀᆡᄒᆞᄂᆞᆫ 열ᄆᆡ밋고

아브라함 ᄌᆞ손이라 ᄌᆞ랑ᄒᆞ지 말지어다

업ᄂᆞᆫ만물 ᄆᆞᆫ드신쥬 돌덩이를가지시고

아브라함 ᄌᆞ여손(子與孫)[157]을 ᄆᆞᆫ드시기 비난ᄉᆞ(非難事)라[158]

잘드ᄂᆞᆫ 새독긔를 나무밋헤 노핫스니

열매업ᄂᆞᆫ 과목나무 찍어ᄇᆞ림 면홀소냐

---

152) 황충야밀(蝗蟲野蜜) : 메뚜기와 야생하는 벌의 꿀.
153) 일점지루(一點脂漏) 다시슬씃 : 한 점의 기름 흐른 것을 다 씻을 듯.
154) 묘망무제(渺茫無際) : 넓고 멀고 아득해 끝이 없음.
155) 수세(受洗) : 세례를 받음.
156) 장래화(將來禍) : 장차 올 화.
157) 자여손(子與孫) : 자녀와 손주.
158) 비난사(非難事)라 : 어려운 일이 아니라.

내세례는 물세례라 회기길을 열뿐이나
뒤에오실 메시야는 신(神)과 불노 주신세례
만국민족 구ᄒᆞ리니 그럴줄노 알지어다
ᄒᆞᆫ창이리 웨칠적에 갈닐니로 오신예수
요단강변 다다라셔 쥬의의(義)를 다ᄒᆞ랴고 세례밧길 쳥ᄒᆞ신다
요한이 ᄉᆞ양타가 강즁으로 ᄂᆞ려가셔 셰례를 봉힝(奉行)ᄒᆞ니
만고젼 쥬의말숨 오늘날 일우엇다
무슴징죠 보엿ᄂᆞᆫ고 슈광(水光)과 졉(接)ᄒᆞᆫ 하늘 경면(鏡面)ᄀᆞᆺ치
열니면서
합됴(鴿鳥)[159]ᄀᆞᆺ치 뵈ᄂᆞᆫ셩신 머리우에 강림터니
즁텬에셔 소릐잇서 크게웨처 ᄒᆞᄂᆞᆫ말이
셰례밧은 이예수ᄂᆞᆫ 나의ᄉᆞ랑 독싱ᄌᆞ요
나의깃븐 메시야라 ᄒᆞ신말솜 드러보니
첫재ᄂᆞᆫ 사룸증거 둘재ᄂᆞᆫ 셩신증거
셋재ᄂᆞᆫ 셩부증거 신긔ᄒᆞ고 오묘ᄒᆞ다
찬송ᄒᆞ셰 할넬누야

7. 시험가 (별곡) 마태4 : 1~11

셰례밧은 구쥬예수 셩신이 인도ᄒᆞ샤
마귀시험 밧게ᄒᆞ니 오묘ᄒᆞ다 이리치(理致)가
신쟈의게 모범되야 지금ᄭᆞ지 ᄂᆞ려온다
이때예수 그리스도 밧은시험 무엇인고
ᄉᆞ십일 ᄉᆞ십야에 식음을 젼폐ᄒᆞ니

---

159) 합조(鴿鳥) : 비둘기.

심령은 신(神)일망뎡 육톄는 사룸이라 주림을 면홀소냐
이때에 마귀사탄 이것을 긔회삼고
쥬끠나와 ᄒᆞ는말이 네만일 샹데ᄌᆞ(上帝子)면
이돌노 쪅믄들기 어렵지 안을지라 권능을 나타내소
쥬끠셔 닐ᄋᆞ신말 신명긔(申命記) 말솜보니
인싱들의 사는일은 쪅으로만 살지안코
하ᄂᆞ님 말솜으로 살니라 ᄒᆞ엿스니 무리ᄒᆞᆫ말 ᄒᆞ지마소
마귀가 홀일업서 예수를 인도ᄒᆞ야
예루살렘 으로가셔 셩뎐쪽닥이에 세고
존경ᄒᆞ며 ᄒᆞ는말이 네만일 샹데ᄌᆞ면 여긔셔 ᄂᆞ려쒸라
구약의 말솜보니 하ᄂᆞ님이 너위ᄒᆞ야
ᄉᆞ쟈를 분부ᄒᆞ샤 돌우에 ᄂᆞ려쒸나
부딋지 안케ᄒᆞᆫ다 ᄒᆞ신말솜 잇ᄉᆞ오니 의심말고 ᄂᆞ려쒸소
예수ㅣ 닐ᄋᆞ샤ᄃᆡ 쥬너희 하ᄂᆞ님
시험말나 ᄒᆞ신말솜 구약에 잇ᄂᆞ니라
마귀쏘ᄒᆞᆫ 홀일업서 예수를 쏘모시고
놉흔산샹 샹부에 ᄂᆞ는듯이 올나가셔
텬하만국 영광들을 활동샤진(活動寫眞) 보이듯이
눈압헤 버려노코 은근히 닐ᄋᆞᆫ말이
내게ᄒᆞᆫ번 절만ᄒᆞ면 모든 것을 다주리라
거절ᄒᆞ야 닐ᄋᆞᆫ말솜 사단아 물너가라
우에계신 춤신외에 절홀ᄃᆡ가 업단말솜 긔록ᄒᆞᆫᄃᆡ 잇ᄂᆞ니라
마귀가 이말듯고 예수를써나가니 텬ᄉᆞ가 슈죵(隨從)든다
형뎨ᄌᆞ믜 드러보소 이세샹에 잇는시험 죵류가 몃가진고
대부분 말ᄒᆞ자면 긔갈쟈(飢渴者)의 식물(食物)시험

영리쟝(營利場)에 명예시험 렬국즁에 영광시험
이세가지 시험즁에 쳔빅시험 포함이라
이세가지 큰시험을 예수가 당ᄒᆞ서셔
ᄒᆞᆫ번크게 이겻스니 연약ᄒᆞᆫ 우리들도
이권예수 밋고보면 심즁에 ᄀᆞᆷ촌시험
현져히 뵈ᄂᆞᆫ시험 이ᄀᆡ기 어렵잔타
찬숑ᄒᆞ세 할넬누야

8. 가나 혼연가(婚宴歌) 요한2 : 1~12

갈닐니 가나짜에 혼인ᄒᆞᄂᆞᆫ 집이잇서
셩모이신 마리아며 예수와 뎨ᄌᆞ들이
잔치에 참예(參預)ᄒᆞ야 혼인을 치하ᄒᆞ니
희락이 만당(滿堂)이오 쥬육(酒肉)이 퇴반이라
오ᄂᆞᆫᄀᆡᆨ은 한이업고 포도쥬ᄂᆞᆫ 한이잇서
ᄌᆞ연경갈(罄竭)[160] ᄒᆞ게되니 엇지이로 지공(支供)[161]ᄒᆞᆯ가
이ᄀᆞᆺ흔 경연석(慶宴席)에 포도쥬 경갈(罄竭)ᄒᆞᆷ은
진실노 무미(無味)ᄒᆞ야 희락을 감ᄒᆞ도다
셩모이신 마리아가 ᄒᆞᆫ참ᄌᆞ져(趑趄)[162] ᄒᆞ시다가
ᄆᆞᄋᆞᆷ에 ᄉᆡᆼ각ᄒᆞᄃᆡ 내아ᄃᆞᆯ 예수ᄂᆞᆫ 범인과ᄂᆞᆫ 판이ᄒᆞᆫ즉
업ᄂᆞᆫ술을 잇게ᄒᆞᆯ 권능이 업슬손가
죠인(稠人)[163] 광좌(廣座)[164]즁에 예수를 도라보며

---

160) 경갈(罄竭) : 돈이나 물건 따위가 바닥이 나 다 없어짐.
161) 지공(支供) : 음식 따위를 대접하여 받듦.
162) 자저(趑趄) : 주저(躊躇).
163) 조인(稠人) : 뭇사람.

죵용히 ᄒᆞᄂᆞᆫ말이 내아ᄃᆞᆯ 예수야
포도쥬 경갈(罄竭)ᄒᆞ니 이를장ᄎᆞ 엇지ᄒᆞᆯ고
예수ㅣ 닐ᄋᆞ샤ᄃᆡ 녀인아 나의일에
샹관이 무엇이뇨 시긔 멀엇스니 함구물어(緘口勿語)[165] ᄒᆞ오
모친 마리아ᄂᆞᆫ 무슴 짐쟉잇서 반포(頒布) ᄒᆞᆫᄂᆞᆫ말이
내아ᄃᆞᆯ 예수의 온갓 지휘대로 ᄯᅡ라 거힝ᄒᆞ라
모든 하인들이 듯고 주의ᄒᆞᆫ다
이ᄯᅢ 유대인의 힝ᄒᆞᆯ 결례(潔禮)[166]잇서
두세통 물담을 여섯돌항아리 압헤 노혀잇다
예수ㅣ 명ᄒᆞ샤ᄃᆡ 여섯돌항아리에
ᄆᆞᆰ은물을 아구ᄭᆞ지 철철넘게 쳐와부라
ᄯᅩ다시 닐ᄋᆞᆫ말슴 그항아리 물을ᄲᅥ다
숙셜(熟設)[167] ᄎᆞ지ᄒᆞᆫ쟈의게 고로고로 ᄂᆞᆫ화주라
그대로 거힝ᄒᆞ니 물맛이 돌변ᄒᆞ야 포도쥬 되엿더라
그러나 이일에ᄂᆞᆫ 아모도 알쟈업고
물ᄲᅥ온 사ᄅᆞᆷ외에 아ᄂᆞᆫ쟈 업섯고나
연셕에 쳥ᄒᆞᆫᄀᆡᆨ이 신랑ᄃᆞ려 ᄒᆞᄂᆞᆫ말이
어ᄂᆞ잔치 물론ᄒᆞ고 됴흔술을 내인후에
ᄂᆞ즌술을 내ᄂᆞᆫ것은 ᄯᅥᆺᄯᅥᆺᄒᆞᆫ 일이어ᄂᆞᆯ
오ᄂᆞᆯ날 이좌셕에 물깃듯 ᄒᆞᄂᆞᆫ술을
예비도 장히ᄒᆞ고 술맛도 훌늉ᄒᆞ오 극구칭찬 한업스니

---

164) 광좌(廣座) : 많은 사람이 앉아 있거나 앉을 만한 넓은 자리.
165) 함구물어(緘口勿語) : 입을 다물고 말하지 않음.
166) 결례(潔禮) : 정결하게 하는 의식(儀式).
167) 숙설(熟設) : 잔치와 같은 큰일이 있을 때에 음식을 만듦.

예수의 이번일은 가나싸 혼연에서 처음힝훈 이젹(異蹟)이라
텬부의 큰영광을 만히 나타내심으로
밋는 뎨즈들이 만히 싱겻더라

9. 결뎐가(潔殿歌) 뎨일 요한 2 : 12~18

그후예수 그리스도 가족들과 뎨즈들을
훈가지로 다리시고 가버나움 차자가셔
얼마동안 계시다가 유월졀 직히랴고
예루살넴을 나가셔 셩뎐문에 당도ᄒᆞ야 훈편을 ᄇᆞ라보니
우양(牛羊)과 비둙이를 무수히 버려노코
각인의 형셰ᄯᆞ라 제물노 매민(賣買)훈다
ᄯᅩ한편을 ᄇᆞ라보니 경비ᄒᆞ러 오ᄂᆞᆫ쟈즁
각국사름 만히잇서 가저온돈 교환ᄒᆞ니
신령훈 셩뎐안이 란쟝판 되엿고나
셩뎐안의 이때형편 외면으로 보기에ᄂᆞᆫ
소와양을 판다던가 돈을교환 ᄒᆞᄂᆞᆫ일이
유조훈듯 ᄒᆞ지마ᄂᆞᆫ 빙공영ᄉᆞ(憑公營私)[168]쁜이로다
폐가되야 ᄂᆞ려오ᄂᆞᆫ 모리비의 만흔세력
금지(禁止)홀쟈 누구이며 통분히 녁이ᄂᆞᆫ쟈 몃몃치나 잇섯던고
간혹잇다 홀지라도 유구무언(有口無言) 쁜이로다
그러나 권능잇고 열심만코 셩결ᄒᆞ고 순젼ᄒᆞ신
우리예수 그리스도 붉으신눈 훈번들어
모리비의 ᄒᆞᄂᆞᆫ양을 훈참 둘너보시다가

168) 빙공영사(憑公營私) : 공공적인 것을 빙자하여 사사로운 것을 챙김.

노로 채찍 문드러셔 후리쳐 쫏츠시며
걸터안는 의즈들과 교환ᄒᆞ는 돈궤작을
둘너업허 ᄇᆞ리시고 의리잇는 말솜으로 칙망ᄒᆞ야 ᄀᆞᆯᄋᆞ샤ᄃᆡ
흉악ᄒᆞᆫ 모리빅야 너희도 량심잇지
아바지의 셩뎐으로 취리장(取利場)169) 삼겟ᄂᆞ냐
졍대(正大)ᄒᆞᆫ 이말숨에 뉘아니 감복ᄒᆞᆯ가
이일도 이젹되야 셩경을 응ᄒᆞᆷ으로
목도한 유대인이 권능을 탄복ᄒᆞᆫ다

10. 니고데모가 요한3

이셰샹에 탄싱하신 우리예수 그리스도
삼십년이 지난후에 ᄉᆞ역ᄒᆞ러 나오서셔
혼인셕에 참예(參預)ᄒᆞ야 포도쥬 문드러셔
이젹을 나타내고 유월졀 직히랴고 셩뎐에 올나가셔
권능의 채찍으로 셩뎐을 청결ᄒᆞ니 그역시 이젹(異蹟)이라
이러ᄒᆞᆫ 이젹들을 목도ᄒᆞᆫ 대쇼인민 뉘아니 감복ᄒᆞᆯ가
바리식 교인즁에 디위놉고 명망잇고
점지안코170) 명철ᄒᆞ야 빅셩의게 츄앙밧는 니고데모 거동보소
스ᄉᆞ로 헤오기를171) 예수라 ᄒᆞ는이의
ᄒᆞ는일을 지내보니 범인이 아니로다
차자가셔 맛날ᄆᆞᄋᆞᆷ 죠셕(朝夕)으로 ᄀᆞᆫ졀ᄒᆞ나

169) 취리장(取利場) : 이를 취하는 장소.
170) 점지안코 : 점잖고.
171) 헤오기를 : 헤아리기를. 생각하기를.

고등관(高等官) 되여나셔 한미ᄒᆞᆫ 예수의계
대낫에 엇지갈가 얼마큼 ᄌᆞ져(赼趄)[172]타가
침침야(沈沈夜) 삼경시(三更時)에 예수ᄭᅴ 나아와셔
공순히 ᄒᆞᄂᆞᆫ말이 랍비여 뭇ᄌᆞᆸ노니
당신의 ᄒᆡᆼᄒᆞ신일 일마다 이젹이오 말마다 철언(哲言)이라
쥬ᄭᅴ로 온쟈외에 그러ᄒᆞᆫ 이젹들을 ᄒᆡᆼᄒᆞᆯ쟈ㅣ 업ᄂᆞ이다
예수ㅣ 닐ᄋᆞ샤ᄃᆡ 로쇼귀쳔(老少貴賤) 무론ᄒᆞ고
거듭나지 안코셔ᄂᆞᆫ 하ᄂᆞ님의 영광나라 볼쟈가 업ᄂᆞ니라
반리ᄉᆡ인 니고데모 지헤ᄂᆞᆫ 만치마ᄂᆞᆫ
구쥬의 닐ᄋᆞ시ᄂᆞᆫ 도리의 깁흔말ᄉᆞᆷ
ᄒᆡ독(解讀)치 못ᄒᆞ고서 의심나셔 뭇ᄂᆞᆫ말이
여보시오 션ᄉᆡᆼ이어 거듭난다 ᄒᆞᄂᆞᆫ말ᄉᆞᆷ
엇지ᄒᆞᆫ 말ᄉᆞᆷ이오 사ᄅᆞᆷ이 셰샹에서
ᄒᆞᆫ번늙어 쇠ᄒᆞᆫ후에 그모친의 복즁으로
ᄯᅩ다시 드러갓다 나온단 말ᄉᆞᆷ이오
예수ㅣ ᄀᆞᆯ아샤ᄃᆡ 진졍으로 닐ᄋᆞ노니
물과 셩신(聖神)으로 나지 아니ᄒᆞ면
텬국에 드러갈쟈 ᄒᆞ나도 업슬지니
셰상지혜 다ᄇᆞ리고 몸과신(神)을 분별ᄒᆞ소
육신으로 나ᄂᆞᆫ것과 셩신으로 나ᄂᆞᆫ것이 분별이 대단ᄒᆞ니
거듭나야 ᄒᆞ겟다ᄂᆞᆫ 오묘ᄒᆞᆫ ᄎᆞᆷ리치를
ᄌᆞ세히 드러보고 의심을 타파ᄒᆞ소
거듭나게 ᄒᆞᄂᆞᆫ것은 셩신의 직무시라

172) 자저(赼趄) : 주저(躊躇).

비유로 말ᄒᆞ자면 임의로 부ᄂᆞᆫ바람
소릐ᄂᆞᆫ 들니지만 어ᄃᆡ로 오며감을
아ᄂᆞᆫ쟈가 업슴ᄀᆞᆺ치 이셰샹의 지혜로ᄂᆞᆫ
신쟈의 거듭남을 아ᄂᆞᆫ쟈가 업ᄂᆞ니라
니고데모 드를ᄉᆞ록 의심을 못ᄭᆡ친다
예수ㅣ 닐ᄋᆞ샤ᄃᆡ 이스라엘 교ᄉᆞ된쟈 이리치를 모로ᄂᆞ냐
아ᄂᆞᆫ것과 보ᄂᆞᆫ것을 말ᄒᆞ고 증거ᄒᆞ되 알아듯지 못ᄒᆞ거든
ᄒᆞ물며 하늘일을 말ᄒᆞ면 밋을소냐
하늘에셔 오셧다가 하늘노 가실이ᄂᆞᆫ
인ᄌᆞ밧게 ᄯᅩ업ᄂᆞ니 나ᄂᆞᆫ곳 인ᄌᆞ로다
그ᄃᆡ도 셩경보고 일즉이 알녀니와
모셰가 광야에셔 빗암을 든것ᄀᆞᆺ치 인ᄌᆞ도 들니리니
누구를 무론ᄒᆞ고 밋ᄂᆞᆫ쟈ᄂᆞᆫ 영싱이라
거룩ᄒᆞ신 하ᄂᆞ님이 이셰샹을 ᄉᆞ랑ᄒᆞ샤 독싱쟈를 주셧스니
누구던지 밋고보면 멸망치 아니ᄒᆞ고 영싱을 엇으리라
독싱쟈 보내심은 구원ᄒᆞ랴 ᄒᆞ심이오
뎡죄(定罪)ᄒᆞ려 ᄒᆞᄂᆞᆫ뜻은 일호도 업ᄂᆞ니라
일언이폐지(一言以蔽之)173) ᄒᆞ고 예수를 밋고보면 죄에셔 나온쟈요
예수를 안밋으면 져주를 밧은쟈니
하ᄂᆞ님의 크신진노 머리우에 잇ᄂᆞ니라

11. 사마리아녀인가 요한4 : 3~30

이때 예수그리스도 뎨ᄌᆞ들을 작별ᄒᆞ고

173) 일언이폐지(一言以蔽之) : 한 마디로 그 전체의 뜻을 다 말함.

유대를 잠간ᄯᅥ나 갈닐니 가실ᄯᆡ에
사마리아 즁앙으로 지나가게 되엿고나
이ᄯᆡ형편 ᄉᆞᆲ혀보니 교만ᄒᆞ다 유대민족
사마리아 온디방을 이방(異邦)으로 ᄇᆡ척(排斥)ᄒᆞ야
돈견(豚犬)174)ᄀᆞᆺ치 녁이ᄂᆞᆫ일 우리들의 아ᄂᆞᆫ바라
슈가셩(城) 당도ᄒᆞ니 야곱이 요셉의게 ᄭᅵ친ᄯᅡ이 여긔로다
야곱우물 다다라셔 피곤ᄒᆞᆷ을 못이긔어 우물겻헤 안젓더니
사마리아 녀인ᄒᆞ나 물을걸너 나왓고나
녀인ᄃᆞ려 닐ᄋᆞᆫ말ᄉᆞᆷ 목ᄆᆞ른 이사ᄅᆞᆷ이 물ᄒᆞᆫ잔 쳥ᄒᆞ노라
녀인의 ᄒᆞᄂᆞᆫ말이 당신이 보아ᄒᆞ니 유대인 분명한데
사마리아 녀인의게 마실물을 쳥ᄒᆞᄂᆞ뇨
예수ㅣ ᄀᆞᆯᄋᆞ샤ᄃᆡ 가련ᄒᆞ다 이녀인아 신령ᄒᆞᆫ말 드러보소
하ᄂᆞ님의 주신일을 네가분명 알앗거나
물달나ᄂᆞᆫ 이사람이 누구인지 알앗더면
ᄀᆞᆫ절히 쳥구ᄒᆞ야 ᄉᆡᆼ수를 엇으리라
어리셕은 이년인이 그말ᄉᆞᆷ 못ᄭᆡᄃᆞᆺ고
ᄯᅩ다시 뭇ᄂᆞᆫ말이 물기를 그릇업고
깁히판 우물에셔 ᄉᆡᆼ수를 엇지기러 마실수 잇스릿가
우리조샹 야곱ᄭᅴ셔 이우물을 주심으로
우리의 녀ᄌᆞ이며 우리의 우양들이
이심의 ᄆᆞᆰ은물노 오늘ᄭᆞ지 살아옴은
남녀로쇼 아ᄂᆞᆫ바라 야곱보다 크신이가
ᄯᅩ어ᄃᆡ 잇슬손가 당신은 누구시오

174) 돈견(豚犬) : 돼지와 개.

예수ㅣ 골ᄋᆞ샤ᄃᆡ 녀인아 말드르라
심물을 먹는쟈ᄂᆞᆫ 일싱 목ᄆᆞ르려니와
나의주ᄂᆞᆫ 싱명슈(生命水)ᄂᆞᆫ 속에셔 식암되야 영싱토록 소스리라
녀인이 이말듯고 이샹ᄒᆞ야 뭇는말이
쥬여제가 여긔와셔 일싱물을 긷는일이
괴롭고 힘드오니 싱명슈를 내게주샤
영원무궁 지나도록 목ᄆᆞ르지 안케ᄒᆞᆷ을 ᄀᆞᆫ졀히 원ᄒᆞᆷ니다
인민의 대쇼ᄉᆞ졍(大小事情) 무소부지(無所不知) ᄒᆞ시ᄂᆞᆫ쥬
녀인을 도라보며 은근히 닐ᄋᆞᆫ말솜
녀인아 ᄲᆞᆯ니가셔 네남편을 불너오라
녀인의 ᄒᆞᄂᆞᆫ말이 남편이 업ᄂᆞ이다
쥬ᄭᅴ셔 닐ᄋᆞ샤ᄃᆡ 네남편 업단말이
올키ᄂᆞᆫ 올타마ᄂᆞᆫ 네일을 내다안다
과연네가 이젼에ᄂᆞᆫ 다섯남편 잇섯스나
시방잇ᄂᆞᆫ 그사ᄅᆞᆷ은 네남편이 아니니라
이녀인의 거동보소 ᄌᆞ긔의 비밀힝위
황연히 앏을보고 겸손히 ᄒᆞᄂᆞᆫ말이
당신은 션지쟈라 션지쟈의 ᄒᆞᄂᆞᆫ말은
우리의 사ᄂᆞᆫᄯᅡᆼ을 이방으로 지목ᄒᆞ고
비쳑ᄒᆞ야 ᄒᆞ난말이 하ᄂᆞ님을 경비ᄒᆞᆯ곳
예루살넴 ᄲᅮᆫ이라니 범위너무 좁지안소
온유ᄒᆞ신 말솜으로 녀인을 도라보며
은근히 닐ᄋᆞ샤ᄃᆡ 녀인아 날밋으라
시긔가 당도ᄒᆞ면 이방유대 무론ᄒᆞ고
각기모혀 례비ᄒᆞᆯ일 하ᄂᆞ님의 ᄠᅳᆺ이시나

오늘날 시딕라도 신령과 촘리치로
절ᄒᆞᄂᆞᆫ 사롬들을 쥬끠셔 찻ᄂᆞ니라
녀인이 감화밧고 예수끠 ᄒᆞᄂᆞᆫ말이
그리스도라 ᄒᆞᄂᆞᆫ 메시야 오실줄은 우리도 알거니와
셰샹에 림ᄒᆞ시면 오묘ᄒᆞᆫ 촘리치를
우리게 닐ᄋᆞ실줄 분명히 아ᄂᆞ이다
녀인을 도라보며 은근히 ᄒᆞ신말솜
너ᄃᆞ려 셜명ᄒᆞᄂᆞᆫ 내가곳 그이로라
녀인이 물동의를 ᄒᆞᆫ곳에 두고
셩즁으로 드러가셔 만인의게 반포ᄒᆞ딕
오늘내가 야곱졍(井)에 물길너 나갓다가
유대에셔 오신이를 쳔만의외 서로맛나
수문수답(隨問隨答)[175] ᄒᆞᄂᆞᆫ즁에 쳔한나의 비밀힝위
령락업시 알아내니 메시야 분명터라
이소문이 젼파되야 예수끠로 나오ᄂᆞᆫ쟈
락역부절[176] ᄒᆞ엿스니 이도ᄯᅩᄒᆞᆫ 이젹이라
찬숑ᄒᆞ셰 할넬누야

12. 병자신유가(病者神癒歌) 요한4 : 43~54

수일이 지난후에 사마리아 리별ᄒᆞ고 갈닐니로 향ᄒᆞ실ᄶᅢ
션지쟈가 고향에셔 존경밧지 못ᄒᆞᄂᆞᆫ일
ᄒᆞᆫ탄ᄒᆞᄂᆞᆫ 말솜으로 무리압헤 증거ᄒᆞ고 갈닐니에 니르시니

---

175) 수문수답(隨問隨答) : 묻는 대로 거침없이 대답함.
176) 락역부절 : 왕래가 잦아 소식이 끊이지 아니함.

갈닐니 사룸들이 지나간 유월졀에
호가지로 참예호야 힝호시는 이젹들을 목도호야 아는고로
환영호는 무리들이 여긔뎌긔 잇섯고나
갈닐니를 쏘떠나셔 돌항아리 뭙은물노
포도쥬 문드시던 가나셩에 니르시니
가버나움 거쥬호는 왕의신하 호사룸이
그아둘의 신병(身病)으로 예수의게 친히와셔
군청호야 호는말이 졔즈식이 신병으로
긔지ᄉ경(幾至死境)[177] 되엿스니 내쥬여 왕림호샤
골슈에 깁히든병 곳처주심 ᄇ랍니다
예수ㅣ 닐ᄋ샤더 패역호 이셰더가
이젹을 보기젼에 밋을쟈 업는것을 내가심히 혼호노라
다시군청 호는말이 젼능호신 나의쥬여
졔즈식이 죽기젼에 속히왕림 호옵쇼서
ᄌ비호신 구쥬끠셔 셩심으로 군구호는
왕의신하 도라보며 명령ᄀᆺ치 닐온말숨
네아둘이 살앗스니 의심말고 도라가라
신실호 왕의신하 밋고 도라가는길에
본집에셔 오는하인 깃븐긔별 가지고셔 ᄂᆞᆫ는드시 달녀온다
즁로(中路)에셔 서로맛나 병나앗다 홈을듯고
나은시간 싱각한즉 네아둘 나앗스니
네집으로 썰니가라 명령호던 그시간이 의심업시 분명호다
왕의신하 온집안이 깃븐ᄆᆞ옴 못이긔어 밋는집이 되엿스니

177) 기지사경(幾至死境) : 거의 죽을 지경에 이름.

이와ᄀᆞ치 큰이젹은 예수ᄭᅴ셔 유다에셔
갈닐니로 오신후에 지ᄎᆞᆷ힝ᄒᆞᆫ 이젹이라
찬숑ᄒᆞ세할넬누야

13. 예수의 피축가(被逐歌) 누가4 : 16~30

쥬예수 그리스도 어려셔 자라나신 나사렛 니르러셔
안식일 당도ᄒᆞ야 회당에 드러가셔
셩경을 닑으랴고 말셕에 참예ᄒᆞ니
회당의 집ᄉᆞ쟈(執事者)가 션지쟈 이사야의
긔록ᄒᆞᆫ 셩경말솜 ᄶᅡ로히 주ᄂᆞᆫ고나
이ᄯᅢ에 유대풍쇽 거룩ᄒᆞᆫ 안식일에
회당에 참예ᄒᆞᆫ쟈 셩경을 닑ᄂᆞᆫ것도 다각기 구별잇서
부로(父老)ᄂᆞᆫ 모세오경 쇼년은 션지셔라
이사야를 펴셔보니 그말솜에 닐넛스되
하ᄂᆞ님 셩신ᄭᅴ셔 내몸에 강림ᄒᆞ샤
기름을 부으시고 간난(艱難)ᄒᆞᆫ 인민의게
복음을 젼파ᄒᆞᄂᆞᆫ 직무를 맛겻스니
포로된 인민들노 노힘을 엇게ᄒᆞ고
세상에 눈먼쟈로 ᄯᅩ다시 보게ᄒᆞ며
압졔를 밧ᄂᆞᆫ쟈로 ᄌᆞ유를 엇게ᄒᆞ고
구쥬의 복된히를 젼파케 ᄒᆞ셧다ᄂᆞᆫ 말솜이 분명ᄒᆞ다
칙덥허 집ᄉᆞ(執事)주고 ᄒᆞᆫ녑헤 안즈시니
회당에 모힌무리 모도다 주목ᄒᆞᆫ다
무리를 도라보며 뎡녕히ᄒᆞ신말삼

이글을 너희귀로 드러셔 알거니와
오늘날 이런일이 응ᄒᆞᆫ줄 네아ᄂᆞ냐
그ᄯᅢ에 듯ᄂᆞᆫ무리 예수의 증거ᄒᆞᄂᆞᆫ
은혜로온 모든말ᄉᆞᆷ 긔이히 녁이어셔
은근히 ᄒᆞᄂᆞᆫ말이 이사ᄅᆞᆷ 누구인고
요셉의 아ᄃᆞᆯ인줄 우리가 다아노라
쥬ᄭᅴ셔 ᄒᆞ신말ᄉᆞᆷ 너희들 ᄒᆞᆼ용(恒用)ᄒᆞᄂᆞᆫ
남녀의 쇽담말에 의원아 드러보라
네뎡녕 의ᄉᆞ어든 네병을 네곳치라
ᄒᆞᄂᆞᆫ말 잇슴ᄀᆞᆺ치 네가 가버나움에셔
여러일 ᄒᆡᆼᄒᆞᆫ것을 우리가 드럿노니
네고향 여긔셔도 ᄒᆡᆼᄒᆞ라 말ᄒᆞᆯ줄을 내임의 알앗노라
진졍으로 닐ᄋᆞ노니 ᄌᆞ고로 션지쟈가
ᄌᆞ긔의 본토에셔 ᄃᆡ졉을 밧은쟈가 ᄒᆞ나도 업ᄂᆞ니라
엘니야 시ᄃᆡ일을 너희도 알녀니와
삼년간 감을어셔 큰흉년 드럿슬ᄯᅢ
이스라엘 온디방에 불샹ᄒᆞᆫ 과부들이 만키ᄂᆞᆫ 만치마ᄂᆞᆫ
하ᄂᆞ님 명령밧은 션지쟈 엘니야가
무수ᄒᆞᆫ 과부의게 나가지 아니ᄒᆞ고
시돈ᄯᅡ 사렙다셩 겸손ᄒᆞᆫ 과부의게
의지ᄒᆞ야 잇슨일과 션지쟈 엘니사ᄯᅢ
이스라엘 문둥이가 만키ᄂᆞᆫ 만치마ᄂᆞᆫ
ᄭᅵᆨ긋ᄒᆞᆷ을 엇은쟈가 그즁에 ᄒᆞ나업고
수리아 군ᄃᆡ장관 나아만 ᄲᅮᆫ이니라
권능의 이말ᄉᆞᆷ이 회당에 모힌쟈의

신혼(神魂)과 골슈속을 ᄶᅵᆯ녀셔 헤치시니
완악ᄒᆞᆫ 무리들이 회ᄀᆡᄂᆞᆫ 고샤ᄒᆞ고
분긔가 츙텬(衝天)ᄒᆞ야 일제히 니러나셔
밧그로 쫏차낸후 셩에셔 ᄯᅥ러터려 죽이랴 ᄒᆞ엿지만
셩신의 도움밧아 악인들 총즁(叢中)에셔
버서나 살앗스니 하ᄂᆞ님 영광이라
찬숑ᄒᆞ세 할넬누야

14. 됴인여어가(釣人如漁歌) 누가5 : 1~11, 마태4 : 18~20

이ᄯᅢ쥬를 좃ᄂᆞᆫ무리 게네사렛 호슈가에
구름ᄀᆞᆺ치 모혀드러 우리쥬의 복된말슴
열심히 듯ᄂᆞᆫ일은 하ᄂᆞ님의 ᄒᆞ심이라
예수ᄭᅴ셔 눈을들어 호슈가를 ᄇᆞ라보니
뷔인어션 두어쳑이 한가ᄒᆞ게 ᄆᆡ여잇다
어부들은 ᄇᆡ를ᄯᅥ나 그믈속의 부정ᄒᆞᆫ것
ᄭᆡ긋ᄒᆞ게 씻고씨서 볏헤널어 몰니우ᄂᆞᆫ 모든일을 ᄉᆞᆲ혀보니
고기잡지 못ᄒᆞᆫ일과 어부집의 담ᄒᆞᆫ싱애 뭇지아코 알니로다
이런일을 긔회삼아 ᄇᆡ에올나 안즈시니
우리쥬의 ᄐᆞ신ᄇᆡᄂᆞᆫ 시몬베드로의 ᄇᆡ로다
ᄇᆡ사ᄅᆞᆷ을 명ᄒᆞ여셔 조곰 ᄯᅢ어노라ᄒᆞ고
언덕우에 둘너섯ᄂᆞᆫ 모든사ᄅᆞᆷ 향ᄒᆞ여서
하ᄂᆞᆯ나라 복된쇼식 젼파하야 들니신후
시몬ᄃᆞ려 ᄒᆞ신말슴 깁흔물노 나아가셔
한가온ᄃᆡ 그믈치면 잡을고기 만흐리라

뎌의ᄃᆡ답 ᄒᆞᄂᆞᆫ말이 거록ᄒᆞ신 션ᄉᆡᆼ이어
우리들이 ᄌᆞᄋᆞ시(自兒時)로[178] 갈닐니에 ᄉᆡᆼ장ᄒᆞ야
게네사렛 온바다의 깁흔골과 엿흔골을
닉슉히 아ᄂᆞᆫ고로 어ᄂᆞ곳에 그믈처셔
고기만히 잡을것과 어ᄂᆞ곳에 그믈처셔
고기잡지 못ᄒᆞᆯ것을 분명히 알ᄲᅮᆫ더러
우리들이 밤새도록 여긔뎌긔 그믈던져
슈고만히 ᄒᆞ엿스되 잡은것이 업ᄂᆞ이다
그러나 내쥬ᄭᅴ셔 이와ᄀᆞᆺ치 명ᄒᆞ시니 명령대로 ᄒᆞ리이다
그믈싯고 나아가셔 깁흔물에 던졋더니
그믈속에 싸힌고기 수가엇지 만핫던지 그믈샹케 되엿고나
다른ᄇᆡ에 잇ᄂᆞᆫ동모 손짓ᄒᆞ야 블너다가
ᄀᆞ득게 든고기를 두ᄇᆡ속에 장치(藏置)ᄒᆞ니
시른짐이 무거워셔 슈침(水沈)ᄒᆞ게 되엿도다
어부 시몬베드로가 쥬의권능 탄복ᄒᆞ야
압헤나와 업드려셔 ᄀᆞᆫ구ᄒᆞ야 닐ᄋᆞᆫ말이
무소무지 ᄒᆞ신쥬여 저희ᄀᆞᆺ흔 죄인들과 셕겨살지 마옵쇼셔
신령ᄒᆞ신 하ᄂᆞ님의 독ᄉᆡᆼ쟈가 아니시면
고기잡ᄂᆞᆫ ᄉᆞ역ᄭᆞ지 엇지알수 잇스릿가
젼지ᄒᆞ고 젼능ᄒᆞ신 메시야로 아ᄂᆞ이다
관광(觀光)ᄒᆞᄂᆞᆫ[179] 무리들이 신긔ᄒᆞ게 녁이ᄂᆞᆫ중
베드로와 업이ᄀᆞᆺ흔 세베대의 아ᄃᆞᆯ 되ᄂᆞᆫ
야고보와 요한이가 크게놀나 탄복ᄒᆞ니

178) 자아시(自兒時)로 : 어릴 때부터.

179) 관광(觀光)ᄒᆞᄂᆞᆫ : 바라보는.

뎌희ᄃᆞ려 ᄒᆞ신말ᄉᆞᆷ 너희들은 안심ᄒᆞ라
이제브터 이후로ᄂᆞᆫ 사ᄅᆞᆷ엇ᄂᆞᆫ 어부되야
죄악즁의 사ᄅᆞᆷ들을 고기잡듯 ᄒᆞ게ᄒᆞᆯ줄 의심업시 알지어다
뎌희들이 ᄇᆡ를써나 잇ᄂᆞᆫ물건 다ᄇᆞ리고 메시야를 좃찻스니
이도ᄯᅩᄒᆞᆫ 이젹이라 찬숑ᄒᆞ세 할넬누야

15. 산샹보훈가(山上寶訓歌) 데일 마태5：~7

그리스도 예수씌셔 무리들의 옴을보고
산에올나 안즈시니 만흔뎨ᄌᆞ ᄯᆞ라온다
뎌희들을 향ᄒᆞ야셔 입을열어 ᄒᆞ신말ᄉᆞᆷ
천만고(千萬古)의 모범삼을 산샹보훈(山上寶訓) 되엿도다 그말ᄉᆞᆷ에 닐넛스ᄃᆡ
ᄆᆞᄋᆞᆷ이 뷔인쟈여 너ᄂᆞᆫ복이 잇ᄂᆞᆫ쟈라
텬국을 엇을쟈가 너아니오 누구인가
ᄋᆡ통(哀慟)을 밧ᄂᆞᆫ쟈여 너ᄂᆞᆫ복이 잇ᄂᆞᆫ쟈라
만흔위로 밧을쟈가 너아니오 누구인가
겸손ᄒᆞᆫ 온유쟈요 너ᄂᆞᆫ복이 잇ᄂᆞᆫ쟈라
토디(土地)를 엇을쟈가 너아니오 누구인가
의를 ᄉᆞ모ᄒᆞᄂᆞᆫ쟈여 너ᄂᆞᆫ복이 잇ᄂᆞᆫ쟈라
쟝ᄅᆡ에 ᄇᆡ부를쟈 너아니오 누구인가
ᄉᆞ랑만흔 ᄌᆞ비쟈여 너ᄂᆞᆫ복이 잇ᄂᆞᆫ쟈라
ᄌᆞ비ᄒᆞᆷ 밧을쟈가 너아니오 누구인가
ᄆᆞᄋᆞᆷ이 ᄆᆞᆰ은쟈여 너ᄂᆞᆫ복이 잇ᄂᆞᆫ쟈라
하ᄂᆞ님 보일쟈가 너아니오 누구인가

화목케 ᄒᆞᄂᆞᆫ쟈여 너ᄂᆞᆫ복이 잇ᄂᆞᆫ쟈라
하ᄂᆞ님 보일쟈가 너아니오 누구인가
셰상에셔 의(義)위ᄒᆞ야 핍박을 밧ᄂᆞᆫ쟈여 너ᄂᆞᆫ복이 잇ᄂᆞᆫ쟈라
텬국을 엇을쟈가 너아니오 누구인가
이셰샹 악당들이 나ᄯᅢ문에 너희들을 후욕(詬辱)180)ᄒᆞ며
핍박ᄒᆞ고 거짓말노 무함(誣陷)ᄒᆞ면
너희의게 복되리라 너희젼의 션지쟈도 온갓핍박 밧앗스니
하늘에셔 엇을샹이 만흘줄노 ᄭᅵᄃᆞ라셔
깃버ᄒᆞ며 즐거ᄒᆞ라 찬숑ᄒᆞ셰 할넬누야

16. 산샹보훈가 뎨이

여러분 드러보오 비유로 말ᄒᆞ쟈면
너희ᄂᆞᆫ 무엇인고 셰샹의 소곰이라
소금이 맛변ᄒᆞ면 그맛을 회복ᄒᆞᆯ가
후에ᄂᆞᆫ 쓸ᄃᆡ업서 밧게내여 ᄇᆞ리리라
신쟈도 이와ᄀᆞᆺ하 밋음이 타락ᄒᆞ면
우리쥬 하ᄂᆞ님ᄭᅴ ᄇᆞ림을 당ᄒᆞ리라
ᄯᅩ흔비유 드러보소 너희즁 밋ᄂᆞᆫ쟈ᄂᆞᆫ
셰샹의 빗도되고 산샹의 셩(城)도되야 숨기지 못ᄒᆞ리라
사ᄅᆞᆷ이 등불켜셔 말아래 두지안코
등경(燈檠)181)판 우에노하 온집에 빗칌ᄀᆞᆺ치
쥬의빗 밧은쟈ᄂᆞᆫ 이셰샹 사ᄅᆞᆷ압헤

---

180) 후욕(詬辱) : 꾸짖어서 욕함.

181) 등경(燈檠) : 등잔걸이.

그빗츨 빗초이라 이셰샹 사ᄅᆞᆷ들이
너희의 션ᄒᆡᆼ보고 하늘에 계신쥬ᄭᅴ 영광을 돌니리라

17. 산샹보훈가 뎨삼

ᄯᅩᄒᆞᆫ교훈 드러보소 메시야의 원취지(原趣旨)ᄂᆞᆫ
률법이나 션지쟈나 업시ᄒᆞ야 폐ᄒᆞ랴고 ᄒᆞᄂᆞᆫ것이 아니로라
완젼ᄒᆞ게 ᄒᆞ기위ᄒᆡ 이셰샹에 림ᄒᆡᆺ노니
이텬디가 폐(廢)키젼에 률법의 일뎜일획(一點一劃)
업서지지 아니ᄒᆞ고 그말대로 일우리라
누구던지 계명중에 적은말ᄉᆞᆷ ᄒᆞ나라도
위반되게 ᄒᆡ셕ᄒᆞ야 사ᄅᆞᆷ들을ᄀᆞᄅᆞ치면
하ᄂᆞ님 나라에셔 적은쟈로 알것이오
누구던지 계명즁의 적은말ᄉᆞᆷ ᄒᆞ나라도 준ᄒᆡᆼᄒᆞ야 ᄀᆞᄅᆞ치면
텬국에셔 크다ᄒᆞᄂᆞᆫ 닐ᄏᆞ름을 드르리라
진졍으로 닐ᄋᆞ노니 너희의 잇ᄂᆞᆫ의리
셔긔관과 바리싀의 의리보다 못나으면
하늘나라 됴흔곳에 드러가지 못ᄒᆞ리라
녯사ᄅᆞᆷ의 닐ᄋᆞᆫ말ᄉᆞᆷ 너희들이 ᄌᆞᄋᆞ시(自兒時)로[182]
눈에닉고 귀에져져 확실히 아ᄂᆞᆫ바라
그말ᄉᆞᆷ에 닐넛스ᄃᆡ 살인ᄒᆞ지 말지어다
누구던지 살인ᄒᆞ면 쥬의심판 밧으리라
ᄒᆞ신말ᄉᆞᆷ 분명ᄒᆞ나 내ᄯᅩ다시명ᄒᆞ노니
형뎨들의 분노심을 격발ᄒᆞ게 ᄒᆞᄂᆞᆫ쟈ᄂᆞᆫ 밧을심판 잇슬지며

---

182) 자아시(自兒時)로 : 어릴 때부터.

동포형뎨 향ᄒᆞ야셔 어리셕은 쟈라ᄒᆞ며
훌ᄲᅮ리ᄂᆞᆫ 사ᄅᆞᆷ들은 디옥불을 당ᄒᆞ리라
그런고로 너희들이 례물을 가져다가
ᄎᆞᆷ신압헤 드리랴고 겸손ᄒᆞ게 나올ᄯᅢ에
형뎨ᄭᅵ리 불화ᄒᆞ야 원망ᄒᆞᄂᆞᆫ일 잇거든
거록ᄒᆞ게 드릴례물 졔단압헤 노하두고
형뎨의게 ᄲᆞᆯ니가셔 됴흔말노 화목ᄒᆞᆫ후
그례물을 쥬씌드려 됴흔례물 되게ᄒᆞ라
내ᄯᅩ다시 명ᄒᆞ노니 너희들이 사ᄂᆞᆫ동안
무ᄉᆞᆷ일에 숑사맛나 원고와 ᄒᆞᆫ가지로
법관압헤 가게될ᄯᅢ 아모됴록 ᄉᆞ화ᄒᆞ야 밧을고싱 면케ᄒᆞ야
일언이폐지(一言以蔽之)[183] ᄒᆞ고 셰샹에셔 빗진쟈ᄂᆞᆫ
옥에갓침 면ᄒᆞᆯ소냐 너희들은 명심ᄒᆞ라

18. 산샹보훈가 뎨ᄉᆞ

ᄯᅩᄒᆞᆫ교훈 드러보소 녯사ᄅᆞᆷ의 ᄒᆞ신말ᄉᆞᆷ
너희들도 드럿ᄂᆞ니 젼ᄅᆡ(傳來)ᄒᆞᄂᆞᆫ 그말ᄉᆞᆷ에 간음말나 ᄒᆞ셧스나
내ᄯᅩ다시 명ᄒᆞ노니 간음은 고샤ᄒᆞ고
ᄂᆞᆷ의녀인 ᄃᆡᄒᆞᆯᄯᅢ에 음욕도 품지말나
음욕 품ᄂᆞᆫ쟈ᄂᆞᆫ 졔가발셔 ᄆᆞᄋᆞᆷ으로 힝음을 ᄒᆞᆫ쟈ㅣ니라
너희들의 올흔눈이 범죄케 ᄒᆞ엿거든 결심ᄒᆞ고 ᄲᅦᄇᆞ리라
ᄇᆡᆨ톄즁 ᄒᆞᆫ가지를 별안간 일ᄂᆞᆫ것이 온지톄(肢體)를 다가지고
디옥불에 ᄲᅡ짐보다 유익ᄒᆞᆷ이 될것이오

---

183) 일언이폐지(一言以蔽之) : 한 마디로 그 전체의 뜻을 다 말함.

너희들의 올흔손이 범죄케 ᄒᆞ엿거든 결심ᄒᆞ고 곳버히라
빅톄(百體)즁 ᄒᆞᆫ가지를 별안간 일는것이
온지톄를 다가지고 디옥불에 ᄲᅡ짐보다 유익홈이 될지니라
녯사ᄅᆞᆷ의 말드ᄅᆞ니 기쳐(棄妻)[184]ᄒᆞ랴 ᄒᆞᄂᆞᆫ쟈ᄂᆞᆫ
휴셔(休書)[185]주라 ᄒᆞ엿스나 내ᄯᅩ다시 명ᄒᆞ노니
상하귀쳔上下貴賤) 무론ᄒᆞ고 음힝업ᄂᆞᆫ 그안히를
ᄆᆞ옴대로 내ᄶᅩᆺ으면 간음ᄒᆞ게 ᄒᆞᄂᆞᆫ쟈요
상하귀쳔 무론ᄒᆞ고 내ᄶᅩᆺ긴 녀인의게
장가드ᄂᆞᆫ 사ᄅᆞᆷ들도 간음죄를 범ᄒᆞᆫ쟈니 너희들은 명심ᄒᆞ라

19. 산샹보훈가 뎨오

ᄯᅩᄒᆞᆫ교훈 드러보소 녯사ᄅᆞᆷ의 ᄒᆞ신말숨
너희들도 드럿ᄂᆞ니 젼리(傳來)ᄒᆞᄂᆞᆫ 그말숨에
무론무숨 밍셰던지 져ᄇᆞ리시 말것이오
쥬압헤셔 잘직히라 명령ᄒᆞ야 닐넛스나
내ᄯᅩ다시 명ᄒᆞ노니 이셰ᄃᆡ에 싱쟝ᄒᆞᄂᆞᆫ
너희의 무리들은 하늘노도 밍셰말나
놉고놉흔 뎌하늘은 하ᄂᆞ님의 보좌이오
ᄯᅡ으로도 밍셰말나 넓고넓은 이디구ᄂᆞᆫ 쥬의 발등상이오
예루살넴 ᄀᆞᄅᆞ쳐서 밍셰ᄒᆞ지 말지어다
거록ᄒᆞᆫ셩 예루살넴 우리쥬의 도셩(都城)이오
머리터럭 ᄀᆞᄅᆞ쳐서 밍셰ᄒᆞ지 말지어다

---

184) 기처(棄妻) : 아내를 버림.
185) 휴서(休書) : 남자가 여자에게 주던 이혼 증서.

너희들의 머리터럭 검고희게 ᄒᆞᄂᆞᆫ능력 너희의게 업ᄂᆞ니라
그런즉 너희들이 이셰샹에 쳐ᄒᆞ야셔
션ᄒᆞᆫ말이 들니거든 다만올소이다ᄒᆞ고
그른말이 들니거든 아니라고 ᄒᆞᆯ뿐이오 다토지ᄂᆞᆫ 말지어다
시비에 ᄃᆡᄒᆞ야셔 과격ᄒᆞ게 ᄒᆞᄂᆞᆫ말은
악ᄒᆞᆫᄃᆡ로 나오ᄂᆞ니 너희들은 명심ᄒᆞ라
ᄯᅩᄒᆞᆫ교훈 드러보소 넷사ᄅᆞᆷ의 ᄒᆞ신말슴
너희들도 드럿ᄂᆞ니 젼릭ᄒᆞᄂᆞᆫ 그말슴에
ᄂᆞᆫ으로 ᄂᆞᆫ을갑고 니로니를 갑ᄂᆞᆫ것이 합당ᄒᆞ엿스나
나ᄂᆞᆫ네게 닐ᄋᆞ노니 악인을 맛나거든 ᄃᆡ뎍(對敵)ᄒᆞ지 말지어다
누구던지 네게와셔 올흔ᄲᅣᆷ ᄯᅡ리거든 왼ᄲᅣᆷ돌녀대고
속옷을 취ᄒᆞ랴고 너를거러 송ᄉᆞ커든 것옷ᄭᆞ지 지내여주고
누구던지 네게와셔 ᄒᆞᆫ참되ᄂᆞᆫ 오리길에
동힝ᄒᆞ자 ᄀᆞᆫ청커든 후ᄒᆞᆫᄯᅳᆺ을 발표ᄒᆞ야 십리동힝 더욱됴코
네게청구 ᄒᆞᄂᆞᆫ쟈를 물니치지 말지어다

20. 산샹보훈가 뎨륙

ᄯᅩᄒᆞᆫ교훈 드러보소 넷사ᄅᆞᆷ의 ᄒᆞ신말슴
너희들도 드럿ᄂᆞ니 젼릭(傳來)ᄒᆞᄂᆞᆫ 그말슴에
리웃은 ᄉᆞ랑ᄒᆞ고 원슈ᄂᆞᆫ 뮈워ᄒᆞ라
명령으로닐넛스나 나ᄂᆞᆫ네게 닐ᄋᆞ노니
원슈를 ᄉᆞ랑ᄒᆞ며 핍박ᄒᆞᄂᆞᆫ쟈 위ᄒᆞ야 긔도만히 ᄒᆞᆯ지어다
이와ᄀᆞᆺ치 ᄒᆞᄂᆞᆫ쟈ᄂᆞᆫ 하ᄂᆞ님의 아ᄃᆞᆯ이라
우에계신 하ᄂᆞ님은 태양빗ᄎᆞᆯ 가지시고

션인악인 무론ᄒᆞ고 빗츠로 빗최시며
하ᄂᆞᆯ에서 비를ᄂᆞ려 의인악인 무론ᄒᆞ고
차별업시 주시ᄂᆞ니 이런뜻을 본밧으라
친ᄒᆞᆫ쟈만 ᄉᆞ랑ᄒᆞ면 무ᄉᆞᆷ샹급(賞給) 잇슬소냐
ᄆᆡ우쳔ᄒᆞᆫ 세리들과 쥬모로ᄂᆞᆫ 이방인도 친ᄒᆞᆫ쟈를 친ᄒᆞᄂᆞ니
하ᄂᆞ님 ᄌᆞ녀들은 하ᄂᆞ님의 온젼ᄒᆞᆫ뜻 본밧아 ᄒᆡᆼᄒᆞ여라

21. 산샹보훈가 뎨칠

ᄌᆞ긔의 올흔것을 ᄇᆞᆰ히드러 내랴ᄒᆞᄂᆞᆫ 이셰샹 사ᄅᆞᆷ들아
놉흔하ᄂᆞᆯ 우에계신 하ᄂᆞ님 아바지ᄭᅴ
쟝ᄅᆡ의 밧을샹을 결코엇지 못ᄒᆞ리라
너희ᄂᆞᆫ 구제ᄒᆞᆯᄯᅢ 외식(外飾)[186]을 ᄒᆞᄂᆞᆫ쟈가
영광을 엇으랴고 회당과 거리에셔
니러서셔 나발불며 만민압헤 ᄒᆡᆼᄒᆞᆷᄀᆞᆺ치 ᄒᆡᆼᄒᆞ지 말지어다
그러ᄒᆞᆫ 사ᄅᆞᆷ들은 이셰샹에 잇ᄂᆞᆫ동안
만히잇ᄂᆞᆫ 명예로써 뎐당에셔 밧을복을 ᄃᆡ신ᄒᆞ야 밧ᄂᆞ니라
그러ᄒᆞᆫ즉 너희들은 사ᄅᆞᆷ을 구제ᄒᆞᆯᄯᅢ
올흔손이 ᄒᆞᄂᆞᆫ것을 왼손이 모로도록 은근히 ᄒᆡᆼᄒᆞ여라
이ᄀᆞᆺ치 ᄒᆡᆼᄒᆞ여야 구제가 은밀ᄒᆞ야
은밀즁에 보시ᄂᆞᆫ쥬 감ᄒᆞ야 ᄉᆞᆲ히시고
은밀ᄒᆞᆫ 복락(福樂)으로 후히갑하 주시리라
ᄯᅩ다시 닐ᄋᆞ노니 너희ᄂᆞᆫ 긔도ᄒᆞᆯᄯᅢ
외식(外飾)[187]을 ᄒᆞᄂᆞᆫ사ᄅᆞᆷ들을 본밧지 말지어다

---

186) 외식(外飾) : 겉치레.

외식을 ᄒᆞᄂᆞᆫ사ᄅᆞᆷ들은 사ᄅᆞᆷ압헤 뵈이랴고
회당과 거리에셔 ᄒᆞᆼ샹긔도 ᄒᆞᄂᆞᆫ것을 ᄆᆡ우됴하 ᄒᆞᄂᆞ니라
내ᄯᅩ다시 닐ᄋᆞ노니 그러ᄒᆞᆫ 사ᄅᆞᆷ들은
ᄌᆞ긔의 밧을샹을 발셔다 밧앗ᄂᆞ니
너희ᄂᆞᆫ 기도ᄒᆞᆯᄶᅢ에 골방에 드러가셔
방문을 ᄭᅪᆨ닷치고 은밀즁에 계신쥬ᄭᅴ 부복(俯伏)ᄒᆞ야 긔도ᄒᆞ면
은밀즁에 보시ᄂᆞᆫ쥬 션히갑하 주시리라
너희의 무리들은 부복ᄒᆞ야 긔도ᄒᆞᆯᄶᅢ
먼이방(異邦) 사ᄅᆞᆷ처럼 즁언부언(重言復言)[188] ᄒᆞ지말나
이방사ᄅᆞᆷ ᄉᆡᆼ각에ᄂᆞᆫ 필시말을 만히ᄒᆡ야
드르실줄 아지마ᄂᆞᆫ 그러치 안으리니라
너희의 무리들이 ᄀᆞᆫ구ᄒᆞ기 젼에라도
너희의 쓸물건을 발셔다 아시ᄂᆞ니
그런즉 너희들은 이러케 긔도하라
하ᄂᆞᆯ우에 계신텬부(天父) 텬부의 크신일홈
거룩ᄒᆞ게 ᄒᆞ옵시며 텬국이 림ᄒᆞ옵시며
쥬의ᄯᅳᆺ이 하ᄂᆞᆯ에셔 크게일운 것과ᄀᆞᆺ치
ᄯᅡ우에 잇서셔도 일우게 ᄒᆞ옵쇼셔
오ᄂᆞᆯ날 우리의게 일용량식 주옵시고
우리가 ᄂᆞᆷ의죄를 샤(赦)ᄒᆞ야[189] 준것ᄀᆞᆺ치
우리죄를 샤(赦)ᄒᆞᆸ시며 흉악ᄒᆞᆫ 시험(試驗)[190]즁에 들지말게 ᄒᆞ옵

187) 외식(外飾) : 겉치레.
188) 중언부언(重言復言) : 이미 한 말을 자꾸 되풀이함. 또는 그런 말.
189) 샤(赦)ᄒᆞ야 : 용서하여.
190) 시험(試驗) : 유혹(誘惑).

시고

다만죄악 가온ᄃᆡ셔 구원ᄒᆞ야 주옵쇼서
나라와 권셰이며 영광이 아바지ᄭᅴ
영원히 잇ᄂᆞ이다 아멘 ᄒᆞᆯ지니라
너희가 ᄂᆞᆷ의죄를 샤(赦)ᄒᆞ야 주량이면
하ᄂᆞᆯ우에 아바지가 너희들의 지은죄도 샤ᄒᆞ야 주려니와
샤ᄒᆞ지 아니ᄒᆞ면 너희죄 샤면(赦免)ᄒᆞᆷ을 엇더케 엇겟ᄂᆞ냐
너희ᄂᆞᆫ 금식ᄒᆞᆯᄯᅢ 외식ᄒᆞᄂᆞᆫ 무리들이
실심ᄒᆞᆫ 것모양을 사ᄅᆞᆷ압헤 나타냄과 ᄀᆞᆺ치ᄒᆞ지 말지어다
뎌러ᄒᆞᆫ 사ᄅᆞᆷ들은 얼골을 변ᄒᆞ야셔
ᄌᆞ긔의 금식ᄒᆞᆷ을 모든셰샹 사ᄅᆞᆷ의게 뵈랴ᄒᆞᄂᆞᆫ 쟈이니라
뎌러ᄒᆞᆫ 사ᄅᆞᆷ들은 맛당히 밧을샹을
이셰샹에 쳐ᄒᆞ야셔 ᄇᆞᆰ아케 밧앗ᄂᆞ니
밋ᄂᆞᆫ너희 무리들은 모혀금식 ᄒᆞᄂᆞᆫ날에
제각기 머리우에 기름을 바를지며
얼골을 졍히씻고 금식ᄒᆞᄂᆞᆫ 것모양을
사ᄅᆞᆷ압헤 뵈지말나 은밀ᄒᆞᆫᄃᆡ 계신텬부
은연지즁 ᄂᆞᆷ모르게 션히갑하 주시리라

22. 산샹보훈가 뎨팔

신쟈여 드러보소 보물을 가져다가
좀먹고 동록(銅綠)[191]쓸고 절도(竊盜)가 드ᄂᆞᆫ곳에 젹치(積置)[192]

---

191) 동록(銅綠) : 구리의 표면에 녹이 슬어 생기는 푸른빛의 물질.
192) 젹치(積置) : 쌓아 둠.

ᄒᆞ야 두지마소

그러면 어ᄃᆡ둘가 좀먹지 아니ᄒᆞ고
동록도 아니쓸고 도적도 아니맛는 하ᄂᆞᆯ에 싸하두소
보물이 잇는곳에 ᄆᆞᄋᆞᆷ도 쏠녀감은 ᄌᆞ연한 인졍일셰
썩어져 업서지는 이셰샹 ᄌᆡ물우에 ᄆᆞᄋᆞᆷ을 두랴는가
텬당에 모ᄒᆞ싸흔 영원ᄒᆞᆫ 긔업(基業)[193]우에 ᄆᆞᄋᆞᆷ을 두랴는가
사ᄅᆞᆷ이 두쥬인을 셤기지 못ᄒᆞᄂᆞ니
이것을 ᄉᆞ랑ᄒᆞ면 뎌것은 뮈워ᄒᆞ고
이것을 즁(重)히알면 뎌것은 경(輕)히안다
그런즉 ᄒᆞᆫ사ᄅᆞᆷ이 두쥬인 셤기는일 겸ᄒᆞ야 못ᄒᆞ리라
너희의게 닐ᄋᆞ노니 ᄉᆡᆼ명을 위ᄒᆞ야셔 무엇을 먹고살가
육신을 위ᄒᆞ야셔 무엇을 닙고살가 걱정ᄒᆞ지 말지어다
ᄉᆡᆼ명은 음식보다 귀즁ᄒᆞᆫ 보ᄇᆡ이오
육신은 의복보다 귀즁ᄒᆞᆫ 것이어ᄂᆞᆯ
너희들이 엇지ᄒᆞ야 날마다 근심으로 세월을 보내는가
ᄂᆞᆯ너가는 새를보라 심으지도 아니ᄒᆞ고 거두지도 아니ᄒᆞ되
텬부가 기르시니 너희는 새들보다 귀즁ᄒᆞ지 아니ᄒᆞ냐
너희즁 어ᄂᆞ누가 념려ᄒᆞᆫ 효력으로
ᄉᆡᆼ명을 일각(一刻)인들 느릴수 잇슬소냐
너희들이 엇지ᄒᆞ야 의복을 위ᄒᆞ야셔 걱정ᄒᆞ고 ᄋᆡ쓰ᄂᆞ냐
들우에 ᄇᆡᆨ합화가 엇더케 자라는가 ᄉᆡᆼ각ᄒᆞ야 볼지어다
슈고길쌈 아니ᄒᆞ나 영광쥬 솔노몬의
화려히 닙던의복 이쏫만 못ᄒᆞ엿다

193) 기업(基業) : 대대로 물려 내려오는 재산과 사업.

밋음이 적은쟈여 잠시간 빗나다가
아궁이에 던질풀도 텬부ᄭᅴ셔 갓고거든
ᄒᆞ물며 너희들을 닙히지 아닐소냐
음식과 의복들을 위ᄒᆞ야 걱졍마라
이러케 걱졍ᄒᆞᆷ은 하ᄂᆞ님을 멀니ᄯᅥ난 이방인의 걱졍이라
일용ᄒᆞᆯ 모든것이 너희의게 뎍당ᄒᆞᆷ을
텬부ᄭᅴ셔 아시ᄂᆞ니 너희몬져 구ᄒᆞᆯ것은
우리쥬 하ᄂᆞ님의 거룩ᄒᆞᆫ 그나라와
공변(公辨)된 그의의(義)를 줍시사 ᄀᆞᆫ쳥ᄒᆞ면
허락ᄒᆞ야 주실ᄯᅢ에 일용ᄒᆞᆯ 물건ᄭᅡ지 더ᄒᆞ야 주시리라
그런즉 ᄅᆡ일일을 념려ᄒᆞ지 말지어다
오ᄂᆞᆯ일 오ᄂᆞᆯᄒᆞ고 ᄅᆡ일일 ᄅᆡ일ᄒᆞᆷ이
신쟈의 본분이니 이런줄 알지어다

23. 산샹보훈가 뎨구

폄론(貶論)[194]밧지 안켓거든 ᄂᆞᆷ을폄론 말지어다
ᄂᆞᆷ을폄론 ᄒᆞᄂᆞᆫ쟈ᄂᆞᆫ ᄂᆞᆷ의폄론 드를지며
ᄂᆞᆷ을 헤아리ᄂᆞᆫ대로 ᄂᆞᆷ도너를 헤아린다
엇지ᄒᆞ야 너희들이 동ᄉᆡᆼ눈의 틔ᄂᆞᆫ보고
ᄌᆞ긔눈에 잇ᄂᆞᆫ들보 ᄭᆡ닷지 못ᄒᆞᄂᆞ뇨
네눈속에 잇ᄂᆞᆫ들보 몬져ᄲᅢ여 ᄇᆞ린후에
형뎨눈에 잇ᄂᆞᆫ틔를 ᄲᅢ여주라 ᄒᆞ시리라
내게잇ᄂᆞᆫ 귀ᄒᆞᆫ셩물(聖物) 개들의게 주지말며

194) 폄론(貶論) : 남을 깎아내려 헐뜯음. 또는 그런 말.

보비로운 진쥬로써 도야지게 주지말나
발노붋고 물어쩨어 샹케홀가 두렵도다
구ᄒᆞ라 주실지며 차즈라 맛날지며
문을쌍쌍 두드리라 곳열어 주시리라
가령너희 아돌들이 먹을떡을 달나ᄒᆞ면 돌을줄쟈 뉘잇스며
싱션을 달나ᄒᆞ면 비암줄쟈 잇스랴
비록악ᄒᆞᆫ 너희라도 극품의 물건으로
ᄌᆞ녀의게 주겟거든 하ᄂᆞ님아바지가
구ᄒᆞᄂᆞᆫ ᄌᆞ녀의게 뎌됸것을 안주시랴
그런즉 너희즁에 ᄃᆡ졉밧고 십은쟈ᄂᆞᆫ 놈을ᄃᆡ졉 홀지어다
률법과 션지쟈의 쥬챵(主唱)ᄒᆞᆫ 대지(大旨)니라
협문(狹門)으로 드러가라 ᄉᆞ망으로 가ᄂᆞᆫ문은
문도크고 길도널너 드러가ᄂᆞᆫ 사룸들이 한업시 만커니와
싱명으로 가ᄂᆞᆫ길은 문도좁고 길험ᄒᆞ야 가ᄂᆞᆫ쟈가 적으니라
위(僞)션지쟈 무리들을 삼가조심 홀지어다
양의옷을 썰쳐닙고 네게로 나아오나
그속을 보량이면 악독ᄒᆞᆫ 일희니라
사룸의 션불션(善不善)은 열ᄆᆡ로 알만ᄒᆞ니
가시나무 썰기에셔 포도를 어이짜며
엉겅퀴 넝쿨에셔 무화과가 어이열가
아름다온 나무마다 아름다온 결실ᄒᆞ고
흉악ᄒᆞᆫ 나무마다 흉악ᄒᆞᆫ 결실ᄒᆞᆫ다
됴흔열ᄆᆡ 업ᄂᆞᆫ나무 불에던져 살오리니
그런즉 너희들은 뎌희의 ᄒᆡᆼ위보고 션악을 분별ᄒᆞ라
신쟈여 드러보소 누구던지 나를보고

쥬여쥬여 ᄒᆞᄂᆞᆫ쟈가 하ᄂᆞ님나라으로 드러가지 못ᄒᆞᆯ쟈요
아바지의 거룩ᄒᆞᆫᄯᅳᆺ 날노 순죵ᄒᆞᄂᆞᆫ쟈가 드러가게 되ᄂᆞ니라
쥬의날이 당도ᄒᆞ면 텬하만국 인민들이
나를보고 닐ᄋᆞ기를 쥬여쥬여 나의쥬여
쥬를밋ᄂᆞᆫ 우리들이 쥬의일홈 의지ᄒᆞ야 션지쟈도 되엿스며
쥬의일홈 의지ᄒᆞ야 샤귀(邪鬼)들도 ᄶᅩᆺ찻스며
쥬의일홈 의지ᄒᆞ야 여러 가지 긔ᄉᆞ이젹 힝ᄒᆞ엿습니다ᄒᆞ며
업ᄃᆡ여 말ᄒᆞᆯᄯᅢ에 내가뎌를 향ᄒᆞ야셔
소ᄅᆡ질너 닐ᄋᆞ기를 나ᄂᆞᆫ너를 모르노라
불법의일 힝ᄒᆞᆫ쟈여 ᄯᅥ나가라 ᄒᆞᆯ터이니
이말ᄉᆞᆷ을 긔억ᄒᆞ라 나의말을 신텽(信聽)[195] ᄒᆞ고 준힝ᄒᆞᄂᆞᆫ 사ᄅᆞᆷ들은
지혜로운 사ᄅᆞᆷ들이 반셕우에 집짐ᄀᆞᆺ하
비가와셔 창슈(漲水)[196]나고 바람불어 요동ᄒᆞ되
문허지지 아니ᄒᆞᆷ은 반셕우에 셰움이요
나의말ᄉᆞᆷ 듯고셔도 힝치아니 ᄒᆞᄂᆞᆫ쟈ᄂᆞᆫ
어ᄅᆡ셕은 사ᄅᆞᆷ들이 모래우에 집짐ᄀᆞᆺᄒᆞ
비와셔 창슈나고 바람불어 요동ᄒᆞ야 크게 문허지ᄂᆞᆫ것은
모래우에 셰움이니 이말대로 준힝ᄒᆞ라

24. 과부ᄌᆞ부ᄉᆡᆼ가(寡婦子復生歌) 누가7 : 11~17

젼능ᄒᆞ신 구쥬ᄭᅴ셔 산상보훈 베프시고
산에셔 ᄂᆞ려오샤 나인셩 다다르니

195) 신청(信聽) : 믿고 곧이들음.
196) 창수(漲水) : 큰물이 져서 넘치는 물.

뎨ᄌ들도 ᄀᆞᆺ치잇고 허다ᄒᆞ게 좃는무리 구름ᄀᆞᆺ치 모혀잇다
나인셩즁 셰력잇는 홀어머니 외아ᄃᆞᆯ이 병드러 죽엇스니
이에셔 비참ᄒᆞᆫ일 ᄯᅩ어딕 잇슬소냐
상여메고 나갈ᄯᅢ에 호상(護喪)[197] ᄒᆞ는 사ᄅᆞᆷ이며
아ᄃᆞᆯ일흔 홀어머니 압흔ᄆᆞᄋᆞᆷ 못이긔어
슯히우는 그졍샹은 ᄎᆞᆷ아보지 못ᄒᆞᆯ너라
ᄌᆞ비ᄒᆞ신 예수ᄭᅴ셔 셩문압헤 오시다가
ᄋᆡ통ᄒᆞ는 광경보고 측은지심(惻隱之心)[198] 발ᄒᆞ여셔
과부ᄃᆞ려 닐ᄋᆞᆫ말ᄉᆞᆷ 우지마라 우지마라
네졍샹 내가안다 여러말노 위로ᄒᆞ고
상여압헤 나아가샤 그상여를 ᄆᆞᆫ지시니 메인쟈가 뎡지ᄒᆞᆫ다
예수ᄭᅴ셔 닐ᄋᆞ신말 쇼년아 말ᄒᆞ노니
당쟝에 니러나라 죽엇던 쇼년이
니러나 안즈면서 입을열어 말을ᄒᆞᆫ다
예수ᄭᅴ셔 그사ᄅᆞᆷ을 과부의게 내여주니
관광(觀光)[199] ᄒᆞ는 사ᄅᆞᆷ들이 신긔히 녁이어셔 찬숑ᄒᆞ며 ᄒᆞ는말이
거록ᄒᆞ신 션지쟈가 우리즁에 오셧스니
ᄌᆞ비ᄒᆞ신 하ᄂᆞ님이 긍휼히 녁이시샤
우리즁에 계신줄을 알겟다 ᄒᆞ는지라
신긔ᄒᆞᆫ 이소문이 유다원근각디방에 두루두루 젼파되니
쥬의힝ᄒᆞᆫ 이젹이라 찬숑ᄒᆞ셰 할넬누야

---

197) 호상(護喪) : 초상 치르는 데에 관한 온갖 일을 책임지고 맡아 보살핌.
198) 측은지심(惻隱之心) : 사단(四端)의 하나. 불쌍히 여기는 마음을 이른다. 인의예지(仁義禮智) 가운데 인에서 우러나온다.
199) 관광(觀光) : 바라봄.

25. 셰례요한칭찬가 누가7 : 18~29

이때에 셰례요한 혜롯[200]왕의 미움받고 옥중에 가쳐잇서
실낫ᄀᆞᆺ흔 그ᄉᆡᆼ명이 죠셕간에 달녓스니 구원ᄒᆞᆯ쟈 업섯더라
요한의 데ᄌᆞ들이 예수의 긔ᄉᆞ(奇事)이젹(異蹟)
ᄒᆡᆼᄒᆞ신줄 아ᄂᆞᆫ고로 ᄌᆞ긔션ᄉᆡᆼ 의게가셔 ᄌᆞ셰히 닐ᄋᆞᆫ말이
예수의 ᄒᆡᆼᄒᆞ신일 우리들이 드럿스니
메시야가 오신줄을 분명히 아ᄂᆞ이다
요한이 이말듯고 데ᄌᆞ를 명령ᄒᆞ야 예수의게 전갈ᄒᆞᆫ다
그말ᄉᆞᆷ에 닐녓스ᄃᆡ 션ᄉᆡᆼ님의 ᄒᆡᆼᄒᆞ신일 내귀에 들녓스나
옥즁에 오래잇서 내ᄆᆞᄋᆞᆷ이 현황(眩慌)ᄒᆞᆫ즁
션ᄉᆡᆼ님ᄭᅴ 뭇ᄌᆞᆸ노니 맛당히 오실이가 션ᄉᆡᆼ님 이시오닛가
우리의 소망쟈가 ᄯᅩ짜로 잇ᄂᆞ잇가
이때에 예수ᄭᅴ셔 병쟈들도 곳치시며
사ᄅᆞᆷ의게 졉ᄒᆞᆫ샤귀 당쟝에 내여ᄶᅩᆺ고
무수ᄒᆞᆫ 쇼경들노 눈ᄯᅳ게 ᄒᆞ시다가
ᄃᆡ답ᄒᆞ야 닐ᄋᆞᆫ말ᄉᆞᆷ 너희들은 도라가셔
보고드른 긔ᄉᆞ이젹 너희션ᄉᆡᆼ 요한의게
자셰히 설명ᄒᆞᄃᆡ 쇼경이 눈을ᄯᅳ며
안즌방이 니러시며 문동이 ᄭᆡᆨ긋ᄒᆞ며
귀먹어리 말드르며 죽은쟈 살아나며
간난(艱難)ᄒᆞᆫ 사ᄅᆞᆷ의게 복음을 젼ᄒᆞᆫ다고

---

200) 혜롯 : 유대의 왕(?B.C.73~B.C.4). 친로마 정책을 펴 유대 왕국을 발전하게 하였으나, 예루살렘 성전과 극장을 건축하여 무거운 세금을 부과하고 폭정을 일삼았다. 그리스도의 탄생을 두려워하여 베들레헴의 두 살 이하의 유아를 모조리 죽였다고 한다. 재위 기간은 기원전 37년~기원전 4년이다.

도라가셔 젼ᄒᆞ여라 내ᄯᅩ다시 닐ᄋᆞ노니
상하귀쳔 무론ᄒᆞ고 씃ᄭᆞ지 나를밋고
안다ᄒᆞᄂᆞᆫ 사ᄅᆞᆷ의게 복락이 잇스리라
이말슴 ᄆᆞᆺ치시고 뎌희가 ᄯᅥ난후에
예수ᄭᅴ셔 요한의일 칭찬ᄒᆞ야 ᄀᆞᆯᄋᆞ샤ᄃᆡ
오ᄂᆞᆯ날 너희들이 무엇을 보랴ᄒᆞ고 광야에 나갓더냐
바람씃헤 움직이ᄂᆞᆫ 갈대를 보랴ᄒᆞ고 광야에 나갓더냐
화려ᄒᆞᆫ옷을 닙은쟈를 볼ᄆᆞ음이 ᄀᆞᆫ졀ᄒᆞ야 광야에 나갓더냐
화려ᄒᆞᆫ옷 닙은쟈ᄂᆞᆫ 대궐안에 잇ᄂᆞ니라
그러면 무얼보러 광야에 나갓더냐
션지자를 보랴ᄒᆞ고 광야에 나갓더냐
네가과연 그러리라 너희의게 닐ᄋᆞ노니
옥에갓친 이사ᄅᆞᆷ은 모든션지자들보다 월등히 큰쟈니라
내증거를 드러보라 여러 쳔년젼에
엇더ᄒᆞᆫ 션지쟈가 셰례요한 증거ᄒᆞ야 긔록ᄒᆞ야 닐넛스ᄃᆡ
내가나의 ᄉᆞ쟈들을 네압헤 보내노니
네길을 예비ᄒᆞᆯ쟈 요한이라 ᄒᆞ얏슨즉
거룩ᄒᆞᆫ 이요한은 션지즁 큰션지나
하ᄂᆞ님 나라에ᄂᆞᆫ 지극히 적은쟈도 뎌보다 큰쟈-니라
셰리와 빅셩들이 이말슴을 드를ᄯᅢ에
우리쥬 하ᄂᆞ님ᄭᅴ 영광을 돌넛스니
이도역시 이젹이라 찬숑ᄒᆞ세 할넬누야

26. 져주가(咀呪歌) 마태11 : 12~30

유대국 벳을네헴 탄싱ᄒᆞ신 구쥬예수
ᄒᆞᆼ샹젼도 ᄒᆞ신곳이 알괘라 어ᄃᆡ인고
예루살넴 도회에나 벳을네헴 셩즁에나
흔히가지 안으시고 갈닐니로 ᄒᆞᆼ샹가샤
어부를 만히불너 뎨ᄌᆞ들을 삼으시고
고라신과 벳새다며 가버나움 셩즁으로
자조자조 ᄃᆞᆫ니시며 만ᄒᆞᆫ권능 베프시니
말마다 권능이오 일마다 긔ᄉᆞ로다
이ᄒᆞᆫ일만 보더ᄅᆡ도 간난ᄒᆞ고 쳔ᄒᆞᆫ자를
더욱 구ᄒᆞ시랴ᄂᆞᆫ줄 황연히 알겟거ᄂᆞᆯ
죄악만ᄒᆞᆫ 고라신과 패역ᄒᆞᆫ 벳새다며
교앙ᄒᆞᆫ 가버나움 ᄌᆞᆼ시회ᄀᆡ 아니ᄒᆞᆫ다
예수ᄭᅴ셔 참다못ᄒᆡ 큰소ᄅᆡ로 져주ᄒᆞᄃᆡ
악ᄒᆞ도다 고라신아 큰앙화 잇스리라
악하도다 벳새다야 큰ᄌᆡ앙을 밧으리라
네게ᄒᆡᆼᄒᆞᆫ 큰권능을 두로와시돈에셔 만히 나타내엿더면
베옷닙고 ᄌᆡ를쓰고 발셔회ᄀᆡ ᄒᆞ엿겟다
내가네게 널ᄋᆞ노니 이후심판 ᄒᆞᄂᆞᆫ날에
두로시돈 밧은벌을 너희쟝ᄎᆞ 밧을벌과
비교ᄒᆞ야 보량이면 오히려 경ᄒᆞ리라
져주를 ᄒᆞ신후에 하ᄂᆞ님을 찬숑ᄒᆞ며
긔도ᄒᆞ야 ᄀᆞᆯᄋᆞ샤ᄃᆡ 널고널은 텬디간에
대쥬ᄌᆡ 아바비여 오묘ᄒᆞᆫ 이런일을

셰샹귀인 들의게는 언제던지 숨기시고
어린ᄋᆞ희 들의게는 ᄒᆞᆼ샹나타 내셧스며
아바지 하ᄂᆞ님이 이셰샹의 모든 것을
내게임의 주셧스니 우리아바지외에는
하ᄂᆞ님의 아ᄃᆞ님을 아는쟈가 업ᄉᆞ옵고
아ᄃᆞ님의 소원대로 지시ᄒᆞᆫ 사ᄅᆞᆷ의게
아바지를 아는쟈가 ᄒᆞ나도 업ᄂᆞ이다
말ᄉᆞᆷ을 ᄆᆞᆺ치시고 소리질너 ᄀᆞᆯᄋᆞ샤ᄃᆡ
밤낫으로 슈고ᄒᆞ며 무거운 짐진쟈들아
내게로 다나오라 내가너희 무리들노 편히쉬게 ᄒᆞᆯ지니라
내ᄆᆞᄋᆞᆷ은 온유ᄒᆞ니 너는나의 멍에메고 열심으로 날ᄇᆡ호라
그리ᄒᆞ면 너희들이 ᄆᆞᄋᆞᆷ의 평안ᄒᆞᆷ을 당장에 엇으리라
내멍에는 메기쉽고 내짐은 가ᄇᆡ얍다
찬숑ᄒᆞ셰 할렐누야

27. 주고가(注膏歌) 누가7：36~50

바리식 교인즁에 시몬이라 ᄒᆞ는쟈가
예수의 명셩듯고 졉ᄃᆡᄒᆞᆯᄆᆞᆷ ᄀᆞᆫ절ᄒᆞ야
어ᄂᆞ날 만찬셕에 만찬을 졉ᄃᆡᄒᆞᆫ다
그집에 드러가셔 ᄀᆞᆺ치안져 잡수실제 이샹ᄒᆞᆫ일 잇섯고나
그셩즁에 죄만키로 됴명(嘲名)[201]난 엇던녀인
구셰쥬 예수ᄭᅴ셔 만찬참예(參預) ᄒᆞ신일을
풍문에 드러알고 그좌셕에 차자가셔

201) 조명(嘲名) : 개인에 대한 좋지 아니한 소문.

향긔로온 기름담은 옥합을 손에들고
예수의 겻헤서셔 ᄌᆞ긔죄를 ᄉᆡᆼ각ᄒᆞ고
슯히통회 ᄒᆞᄂᆞᆫ눈물 쥬의발에 ᄯᅥ러지니
ᄌᆞ긔의 머리털노 씻고씻고 다시씻고
그발에 입맛춘후 옥합에 담은기름
쥬의발에 기우리니 정셩이야 지극ᄒᆞ다
예수를 졉ᄃᆡᄒᆞᄂᆞᆫ 바리ᄉᆡ 교인들이
심즁에 헤오기를 뎌가만일 션지쟈면
ᄆᆞᆫ지ᄂᆞᆫ 그녀인의 은밀ᄒᆞᆫ 셰셰ᄉᆞ졍 알니라
ᄒᆞᄂᆞᆫ줄을 번개ᄀᆞᆺ치 알으시고 뎌희ᄃᆞ려 닐ᄋᆞᆫ말슴
시몬아 시몬아 내가네게 ᄒᆞᆯ말잇다
엇더ᄒᆞᆫ 채권쟈(債權者)가 채무쟈(債務者) 둘이잇서
오ᄇᆡᆨ량 밧을빗과 오십량 밧을빗을 탕감ᄒᆞ야 주엇스니
채무쟈 이인(二人)즁에 채쥬(債主)의게 감샤ᄒᆞᆫ ᄆᆞᆷ
누가더욱 만켓ᄂᆞ냐 시몬이 ᄃᆡ답ᄒᆞᄃᆡ
만히탕감 밧은쟈가 더욱 감샤ᄒᆞ리이다
네말이 올타ᄒᆞ고 녀인을도라보며
시몬의게 ᄒᆞᄂᆞᆫ말슴 시몬아 시몬아
뎌녀인의 ᄒᆡᆼ홈보라 내가네집 차자올ᄯᅢ
발씨슬물 아니주되 뎌녀인은 눈물흘녀 내발을 젹시우고
ᄌᆞ긔의 머리털노 졍ᄒᆞ게 씨서주며
너ᄂᆞᆫ나를 향ᄒᆞ야셔 입맛초지 아니ᄒᆞ되
뎌ᄂᆞᆫ 됴흔기름으로 나의발에 부엇도다
내가네게 닐ᄋᆞ노니 뎌ᄂᆞᆫᄉᆞ랑 만흠으로
만흔죄가 샤힛스니 적게샤홈 밧은쟈ᄂᆞᆫ ᄉᆞ랑역시 적으니라

이말ᄉᆞᆷ ᄆᆞᆺ치시고 녀인ᄃᆞ려 닐ᄋᆞᆫ말ᄉᆞᆷ
만코만흔 너의죄가 샤ᄒᆞ야 졋ᄂᆞ니라
ᄒᆞᆫ가지로 먹ᄂᆞᆫ쟈가 서로의론 ᄒᆞᄂᆞᆫ말이
뎌사ᄅᆞᆷ이 누구완ᄃᆡ 만흔죄를 샤ᄒᆞ리오
ᄒᆞᄂᆞᆫ줄 알으시고 녀인의게 닐ᄋᆞ샤ᄃᆡ
확실ᄒᆞᆫ 네밋음이 너를구원 ᄒᆞ엿스니
안심ᄒᆞ고 도라가라 신긔ᄒᆞ다 이일이여
찬숑ᄒᆞ세 할넬누야

28. 롱아귀축출가(聾啞鬼逐出歌) 마태12 : 22~45

이ᄯᅢ에 긔ᄉᆞ(奇事)이젹(異蹟) 련ᄒᆞ야 나타난다
샤귀의 빌미로셔 쇼경겸 벙어리를
예수ᄭᅴ로 다려오니 예수의 능력닙어
눈도ᄇᆞᆰ고 말도ᄒᆞ야 완인(完人)이 되엿고나
허다ᄒᆞᆫ 관광지인(觀光之人)[202] ᄶᅡᆷᄶᅡᆨ놀나 ᄒᆞᄂᆞᆫ말이
이사ᄅᆞᆷ 누구인고 다윗ᄌᆞ손 그아닌가
의론이 분분ᄒᆞ고 바라ᄉᆡ 교인들은
듯고서로 ᄒᆞᄂᆞᆫ말이 뎡녕코 이사ᄅᆞᆷ은
마귀왕 바알세붑 권세를 빙쟈ᄒᆞ야 샤귀들을 축출ᄒᆞᆫ다
ᄒᆞᄂᆞᆫ줄 알으시고 뎌희ᄃᆞ려 닐ᄋᆞᆫ말ᄉᆞᆷ
나라ᄭᅵ리 분징ᄒᆞ면 피ᄎᆞ서지 못ᄒᆞᆷᄀᆞᆺ치
사단이 니러나셔 사단을 ᄶᅩᆺ차내면
ᄌᆞ즁지란(自中之亂) ᄉᆡᆼ기리니 엇지장구(長久) ᄒᆞᆯ가보냐

---

202) 관광지인(觀光之人) : 바라보던 사람.

가령내가 오ᄂᆞᆯ날에 바알세붑 빙쟈(憑藉)ᄒᆞ야 샤귀를 쫏차낼가
너희말과 ᄀᆞᆺ흘진대 너희를 심판ᄒᆞᆯ쟈 마귀라 ᄒᆞ리로다
너희들이 말ᄒᆞ기를 쥬의샤귀 쫏ᄂᆞᆫ일은 셩신의 능력이라
분명히 증거ᄒᆞ면 영광의 하ᄂᆞᆯ나라 너희의게 림ᄒᆞ리라
비유로 말ᄒᆞ랴면 력ᄉᆞ의 가장즙물(家藏什物)
륵탈(勒奪)코져 ᄒᆞ랴거든 력ᄉᆞ(力士)브터 결박ᄒᆞ소
그러치 안코셔ᄂᆞᆫ ᄒᆞᆯ수가 업스리라
나를멀니 ᄒᆞᄂᆞᆫ쟈ᄂᆞᆫ 나를거역 ᄒᆞᄂᆞᆫ쟈요
범ᄉᆞ에 나와ᄒᆞᆷᄭᅴ 거둘ᄆᆞᄋᆞᆷ 업ᄂᆞᆫ쟈ᄂᆞᆫ
나의일에 방해쟈라 너희의 허물들과
훼방ᄒᆞᄂᆞᆫ 온갓죄를 모다용셔 ᄒᆞᆯ지라도
셩신님을 훼방ᄒᆞ야 바알세붑 이란죄ᄂᆞᆫ 용셔치 못ᄒᆞ리라
과실이 션ᄒᆞ거든 나무ᄭᆞ지 션타ᄒᆞ고
나무가 션ᄒᆞ거든 과실ᄭᆞ지 션타ᄒᆞ라
결실의 션악보고 나무를 아ᄂᆞ니라
독샤ᄀᆞᆺ흔 죵류들아 너희ᄂᆞᆫ 악독ᄒᆞ니
어질고 착ᄒᆞᆫ말이 입에셔 나올소냐
ᄆᆞᄋᆞᆷ에 먹은것이 입으로 발ᄒᆞ리라
어질고 착ᄒᆞ쟈ᄂᆞᆫ 션ᄒᆞᆫᄆᆞᄋᆞᆷ 으로좃차
션ᄒᆞᆫ것을 발표ᄒᆞ고 흉ᄒᆞ고 악ᄒᆞᆫ쟈ᄂᆞᆫ
악ᄒᆞᆫᄆᆞᄋᆞᆷ으로좃차 악ᄒᆞᆫ것을 발표ᄒᆞᆫ다
내가네게 닐ᄋᆞ노니 션악을 무론ᄒᆞ고 심판을 밧으리라
이ᄣᅢ에 셔긔관과 바리ᄉᆡ 교인들이
나아와셔 ᄒᆞᄂᆞᆫ말이 놉흐신 션ᄉᆡᆼ이여 이적을 보이쇼셔
예수ᄃᆡ답 ᄒᆞ신말ᄉᆞᆷ 음란ᄒᆞᆫ 이셰ᄃᆡ가 이적만 요구ᄒᆞ나

녯날요나 이젹밧게 보일것이 업ᄂᆞ니라
ᄆᆞ지막 심판날에 요나의 젼도듯고
회ᄀᆡᄒᆞᆫ 니늬웨며 ᄶᅡ삿헤셔 올나와셔
솔로몬의 쳘언(哲言)듯고 ᄎᆞᆷ신을 분명히안
남방녀왕 니러나셔 이셰ᄃᆡ 사ᄅᆞᆷ들의 죄를심판 ᄒᆞ겟거든
ᄒᆞ믈며 뎌희보다 놉고크신 우리구쥬
너희의 션악들을 신판ᄒᆞ지 아니실가
샤악ᄒᆞᆫ 귀신들이 인가를 하직ᄒᆞ고
메ᄆᆞ른 디방으로 얼마동안 ᄃᆞ니면서
쉴쳐소를 구ᄒᆞ다가 스ᄉᆞ로 ᄉᆡᆼ각기를
이왕잇던 쳐소로나 ᄯᅩ가셔 살어볼가
도로가셔 ᄉᆞᆲ혀보니 집안을 졍히쓸고
다시슈리 ᄒᆞ엿거놀 샤귀(邪鬼)가 즉시가셔
ᄌᆞ긔보다 악ᄒᆞᆫ샤귀 닐곱을 다려다가
ᄒᆞᆫ가지로 거쳐ᄒᆞ니 가련ᄒᆞ다 그의집에 후환이 우심(尤甚)[203]코나
일언이폐지ᄒᆞ고 흉악한 이셰ᄃᆡ가 이런줄노 알지어다

29. 텬국비유가 마태13 : 1~53

이날에 예수ᄭᅴ셔 그집에셔 나아가샤 바다가에 안즈시니
허다ᄒᆞᆫ 무리들이 구름ᄀᆞᆺ치 모혀든다
우리쥬 예수ᄭᅴ셔 ᄇᆡ에올나 안즈시고
다수(多數)ᄒᆞᆫ 민즁들은 언덕우에 둘너서니
예수ᄭᅴ셔 입을열어 여러 가지 비유로써

203) 우심(尤甚) : 더욱 심함.

말슴ᄒᆞ야 ᄀᆞᆯᄋᆞ샤ᄃᆡ 농부가 파죵ᄒᆞᆯᄯᅢ
그즁에 엇던씨ᄂᆞᆫ 길가에ᄯᅥ러지니 새가와셔 주어먹고
그즁에 엇던씨ᄂᆞᆫ 흙이얇은 돌작밧헤 다수히 ᄯᅥ러지니
흙이깁지 못홈으로 나ᄂᆞᆫ싹은 속ᄒᆞ지만
ᄒᆡ볏치 ᄂᆞ려쬔즉 ᄲᅮ리ᄭᅥᆺ지 곳마르고
그즁에 엇던씨ᄂᆞᆫ 가시나무 덤불속에
다수히 ᄯᅥ러져셔 가시덤불 덥힘으로 숨이막혀 못자라고
그즁에 엇던씨ᄂᆞᆫ 옥토에 ᄯᅥ러져셔 결실이 심히만하
삼십ᄇᆡ며 륙십ᄇᆡ로 ᄇᆡᆨᄇᆡᄭᅥᆺ지 니르ᄂᆞ니
귀잇ᄂᆞᆫ 너희들은 명심ᄒᆞ야 드러보라
뎨ᄌᆞ들이 엿자오ᄃᆡ 션싱ᄭᅴ셔 엇지ᄒᆞ야
어리셕은 ᄇᆡᆨ셩들을 ᄀᆞᄅᆞ쳐 주실ᄯᅢ에
알아듯기 쉬운말노 닐ᄋᆞ지 안으시고
어려운 비유로써 ᄀᆞᄅᆞ치시ᄂᆞᆫ잇가
예수 ᄃᆡ답ᄒᆞ시기를 텬국의 오묘ᄒᆞᆫᄯᅳᆺ
ᄐᆡᆨ홈밧은 너희게ᄂᆞᆫ 알아듯기 쉬운말노 분명히 알게ᄒᆞ고
더희 무리들의게ᄂᆞᆫ 얼마큼 숨기노니
잇ᄂᆞᆫ쟈들의게ᄂᆞᆫ 주어 넉넉ᄒᆞ게ᄒᆞ고
업ᄂᆞᆫ자들의게ᄂᆞᆫ 잇ᄂᆞᆫ것도 ᄲᅢ앗노라
녯날션지 이사야가 이러ᄒᆞᆫ 무리들을 예언ᄒᆞ야 닐ᄋᆞᆫ말에
뎌희무리 완악ᄒᆞ야 듯기ᄂᆞᆫ 듯지마ᄂᆞᆫ 도모지 못ᄭᆡᄃᆞᆺ고
보기ᄂᆞᆫ 보지마ᄂᆞᆫ 막ᄆᆡᄒᆞ다 ᄒᆞ엿도다
그러ᄒᆞ나 너희들의 복된눈 복된귀가
잘보고 잘드르니 하ᄂᆞ님ᄭᅴ 감샤ᄒᆞ라
진졍으로 닐ᄋᆞ노니 녯날구약 시ᄃᆡ적에

션지쟈며 의인들이 지금너희 보는것을
볼ᄆᆞ옴 ᄀᆞᆫ졀ᄒᆞ나 본사ᄅᆞᆷ ᄒᆞ나업고
지금너희 듯는것을 드를ᄆᆞ옴 ᄀᆞᆫ졀ᄒᆞ나 드른사ᄅᆞᆷ ᄒᆞ나업다
나의ᄉᆞ랑 너희의게 씨ᄲᅮ리는 이비유를
ᄒᆡ셕ᄒᆞ야 들니리니 텬국의 오묘ᄒᆞᆫᄯᅳᆺ 명심ᄒᆞ야 드러보라
하ᄂᆞ님의 오묘ᄒᆞᆫ도(道) 귀에ᄒᆞᆫ번 드러가면
ᄆᆞ옴에 의심나셔 ᄭᆡᄃᆞᆺ지 못ᄒᆞᆯᄣᅢ에
악ᄒᆞᆫ마귀 틈을타셔 ᄆᆞ옴에 잇는것을 ᄲᅮ리ᄭᆞ지 ᄲᅢ가ᄂᆞ니
이러케 되는것이 길가에 ᄲᅮ린씨요
돌작밧헤 ᄲᅮ린씨는 사ᄅᆞᆷ들이 도를듯고
깃브게 밧앗스나 그속에 ᄲᅮ리업서
잠시잠간 견디다가 환난이 림ᄒᆞ거나
핍박이 드러온즉 ᄌᆞ연히 ᄇᆡ도(背道)ᄒᆞ고
가시나무 덤불속에 ᄯᅥ러져셔 나는씨는
사ᄅᆞᆷ이 셰상에셔 쥬의도를 드럿스나
셰샹에 념려이며 ᄌᆡ리(財利)샹의 만흔욕심
도리를 크게막아 결실을 방해ᄒᆞ고
옥토우에 ᄲᅮ린씨는 사ᄅᆞᆷ이 도를듯고
황연히 ᄭᆡ다르니 결실이 풍셩ᄒᆞ야
삼십ᄇᆡ며 륙십ᄇᆡ로 ᄇᆡᆨᄇᆡᄭᆞ지 되ᄂᆞ니라
그말ᄉᆞᆷ을 ᄆᆞᆺ치시고 ᄯᅩ다시 뎌희의게
비유로 닐ᄋᆞ샤ᄃᆡ 텬국은 엇더ᄒᆞᆫ고
사ᄅᆞᆷ이 됴흔씨를 ᄌᆞ긔밧헤 ᄲᅮ린것과 일반이라 ᄒᆞᆯ지니라
잠든동안 구뎍(仇敵)[204]들이 흉악ᄒᆞᆫ 가라지를
곡식죵ᄌᆞ ᄲᅮ린틈에 ᄲᅮ리고 갓셧스니 그런줄을 뉘알니오

얼마후에 싹이나고 얼마후에 결실ᄣᅢ
가라지가 보임으로 죵이와셔 ᄒᆞᄂᆞᆫ말이
쥬인이여 우리밧헤 됴흔씨를 심엇거ᄂᆞᆯ
엇지ᄒᆞ야 그가온ᄃᆡ 가라지가 낫ᄂᆞ잇가
쥬인의 ᄒᆞᄂᆞᆫ말이 슯흐다 이런일은 구뎍의 희작(戱作)[205]일다
죵의ᄃᆡ답 ᄒᆞᄂᆞᆫ말이 지금가셔 ᄡᅩᆸ으릿가
아셔라 가라지를 ᄡᅩᆸ다가 곡식ᄭᆞ지 ᄡᅩᆸ힐ᄡᅡ 념려ᄒᆞᆫ다
둘다츄슈 ᄒᆞᆯᄣᅢᄭᆞ지 자라게 두엇다가
곡식을 츄슈할ᄣᅢ 흉악ᄒᆞᆫ 가라지ᄂᆞᆫ
단으로 ᄯᅡ로묵거 ᄇᆞᆰ아케 불살오고
곡식은 거두어셔 곡간속에 너흐리라
ᄯᅩᄒᆞᆫ비유 베프러셔 무리ᄃᆞ려 닐ᄋᆞ샤ᄃᆡ
텬국을 말ᄒᆞ자면 사ᄅᆞᆷ이 겨ᄌᆞ씨을 밧헤심음 ᄀᆞᆺ흐니라
겨ᄌᆞ씨라 ᄒᆞᄂᆞᆫ것은 모든ᄎᆡ소 죵ᄌᆞ즁에
극히적은 것이로되 싹이나셔 자란후에
ᄎᆡ소즁에 뎨일커셔 큰나무를 일움으로
공즁의 ᄂᆞᄂᆞᆫ새가 그가지에 깃드림을 너희들도 아ᄂᆞ니라
ᄯᅩᄒᆞᆫ비유 베프러셔 무리ᄃᆞ려 닐ᄋᆞ샤ᄃᆡ
텬국을 말ᄒᆞ자면 엇더ᄒᆞᆫ 녀인네가
누룩을 가져다가 가루서말 속에너허
누룩긔운 다퍼짐과 ᄀᆞᆺ다ᄒᆞᆯ수 잇ᄂᆞ니라
녯날션지 이사야가 예언ᄒᆞ야 닐넛스ᄃᆡ
창셰(創世)이ᄅᆡ 비밀ᄉᆞ졍 비유로 드러낸다

---

204) 구적(仇敵) : 원수.
205) 희작(戱作) : 장난.

뎡녕히 닐음ᄀᆞᆺ치 우리구쥬 예수ᄭᅴ셔
다수ᄒᆞᆫ 민즁의게 도리로써 ᄀᆞᄅᆞ칠ᄯᅢ
비유가 아니면은 말솜아니 ᄒᆞ셧더라
이ᄯᅢ에 예수ᄭᅴ셔 무리를 ᄯᅥ나서셔
집으로 드러가니 뎨ᄌᆞ들이 나아와셔
가라지 비유의 ᄯᅳᆺ알기를 쳥ᄒᆞ거놀
뎌희ᄃᆞ려 닐ᄋᆞ샤ᄃᆡ 됴흔씨를 ᄲᅮ린이ᄂᆞᆫ
너희쥬인 ᄌᆞ이오 뎐디(田地)ᄂᆞᆫ 셰샹이오
밧헤ᄲᅮ린 됴흔씨는 하놀나라 ᄌᆞ민(子民)이오
흉악ᄒᆞᆫ 가라지ᄂᆞᆫ 악인의 ᄌᆞ식이오
가라지를 심은쟈ᄂᆞᆫ 우리구뎍(仇敵) 마귀이라
츄슈ᄒᆞᆯ 그시긔ᄂᆞᆫ 이셰샹 ᄭᅳᆺ날이오
츄슈를 ᄒᆞ는쟈ᄂᆞᆫ 우리쥬의 텬ᄉᆞ이며
가라지를 거두어셔 글(불)속에 너흘ᄯᅢᄂᆞᆫ
이셰샹 ᄭᅳᆺ날이라 인ᄌᆞ가 이후날에
당신의 텬ᄉᆞ들을 다수히 보내서셔
죄범ᄒᆞᆫ 악인들을 일일이 잡아내여
불가온ᄃᆡ 던지리니 슯히울며 갈니라
그ᄯᅢ에 의인들은 아바지 나라에셔 태양ᄀᆞᆺ치 빗최리니
귀가잇ᄂᆞᆫ 사름들은 ᄌᆞ셰히 드러보라
텬국은 엇더ᄒᆞᆫ고 밧가온ᄃᆡ 뭇친보빅
파낸것을 보고깃버 ᄌᆞ긔의 소유물을
몱아케 팔아다가 귀즁ᄒᆞᆫ 그진쥬를 산것과 ᄀᆞᆺ흐니라
텬국은 엇더ᄒᆞᆫ고 바다에 그믈치고 만코만흔 고기ᄧᅦ를
그믈속에 모라너허 ᄀᆞ득히 치온후에

언덕으로 쓸어내여 션악을 갈힘ᄀᆞᆺ치
이셰상 ᄭᅳᆺ날에ᄂᆞᆫ 텬ᄉᆞ가 ᄂᆞ리러셔
의인들의 총즁(叢中)206)에셔 악인을 구별ᄒᆞ야
불가온ᄃᆡ 던지리니 ᄯᅳ거운 불속에셔 통곡ᄒᆞ며 니갈니라
이말ᄉᆞᆷ ᄆᆞᆺ치시고 뎨희ᄃᆞ려 닐ᄋᆞ샤ᄃᆡ
오묘ᄒᆞᆫ 이말ᄉᆞᆷ을 ᄌᆞ셰히 ᄭᆡᄃᆞᆺᄂᆞ뇨
일졔히 ᄃᆡ답ᄒᆞᄃᆡ ᄭᆡᄃᆞ라 아ᄂᆞ이다
예수ᄭᅴ셔 닐온말ᄉᆞᆷ ᄒᆞᄂᆞᆯ나라 뎨ᄌᆞ되ᄂᆞᆫ
셔긔관 무리들은 집쥬인이 고간(庫間)안에
새물건과 녯물건을 내여옴 ᄀᆞᆺᄒᆞ니라
이말ᄉᆞᆷ을 ᄆᆞᆺ치시고 거긔셔 ᄯᅥ나시다

30. 파도안정가 마태8 : 19~27

이ᄯᅢ에 셔긔관이 나아와셔 엿ᄌᆞ오ᄃᆡ
거룩ᄒᆞ신 션ᄉᆡᆼ이여 어ᄃᆡ로 가시던지 좃차가랴 ᄒᆞᄂᆞ이다
예수ㅣ ᄀᆞᆯᄋᆞ샤ᄃᆡ 여호도 굴이잇고
츰새도 집잇스되 고독ᄒᆞᆫ 인ᄌᆞ나ᄂᆞᆫ
머리둘곳 업다ᄒᆞᆯ제 ᄯᅩᄒᆞᆫ뎨ᄌᆞ엿ᄌᆞ오ᄃᆡ
쥬여나를 용납ᄒᆞ야 별셰ᄒᆞᆫ 내부친을
장ᄉᆞᄒᆞ러 가겟스니 허락ᄒᆞ야 주옵쇼셔
쥬ᄭᅴ셔 닐온말ᄉᆞᆷ 죽은쟈로 죽은쟈를 장ᄉᆞᄒᆞ라 위탁ᄒᆞ고
만셰젼 턱ᄒᆞᆫ너ᄂᆞᆫ 날좃츠라 ᄒᆞ시고
즉시비에 오르시니 뎨ᄌᆞ들이좃차온다

---

206) 총중(叢中) : 떼를 지은 뭇사람.

이ᄯᅢ맛참 ᄒᆡ샹에셔 풍랑이 대작ᄒᆞ야
산ᄀᆞᆺ치 좁은물결 ᄇᆡ를넘어 드러와셔
ᄇᆡ간에 ᄀᆞ득ᄒᆞ니 뉘아니 경겁(驚怯)ᄒᆞ리
이ᄯᅢ에 쥬ᄭᅴ셔ᄂᆞᆫ ᄇᆡ머리를 벼ᄀᆡᄒᆞ고 평안히 주무시나
뎨ᄌᆞ들은 크게놀나 ᄭᆡ우며 ᄒᆞᄂᆞᆫ말이
거룩ᄒᆞ신 션ᄉᆡᆼ이여 죽게된 우리인ᄉᆡᆼ 구원ᄒᆞ야 주옵쇼셔
예수ㅣ ᄀᆞᆯᄋᆞ샤ᄃᆡ 무셔워 말지어다
적은밋음 ᄎᆡᆨᄒᆞ시고 풍랑ᄃᆞ려 닐ᄋᆞᆫ말ᄉᆞᆷ
고요ᄒᆞ고 잔잔ᄒᆞ라 그명령 ᄒᆞᆫ마ᄃᆡ에
풍랑이 안졍ᄒᆞ며 바다가 고요ᄒᆞ니
모혀잇ᄂᆞᆫ 무리들이 놀나며 긔히넉여
서로보며 ᄒᆞᄂᆞᆫ말이 엇더ᄒᆞᆫ 사ᄅᆞᆷ이기
풍랑과 바다ᄭᆞ지 순죵ᄒᆞᆫ다 말ᄒᆞ더라

31. 샤귀축출가 마가5 : 1~21

거라사로 가실ᄯᅢ에 츄악ᄒᆞᆫ 샤귀들닌 두사ᄅᆞᆷ을 맛나셧다
두사ᄅᆞᆷ은 사오나와 털사고랑 파쇄(破碎)ᄒᆞ니 뉘능히 제어ᄒᆞ리
ᄆᆡ장디(埋葬地) 셕굴간(石窟間)을 ᄌᆞ긔의 쳐소삼고
밤낫으로 우거ᄒᆞ며 ᄯᅢᄯᅢ로 소ᄅᆡ질너 ᄒᆡᆼ인을 놀래이고
돌을들어 ᄌᆞ긔몸을 쳐셔상케 ᄒᆞᄂᆞᆫ쟈라
예수의 오ᄂᆞᆫ것을 멀니셔 ᄇᆞ라보고
달려와셔 절ᄒᆞ면셔 큰소ᄅᆡ로 ᄒᆞᄂᆞᆫ말이
지극히 존귀ᄒᆞ신 하ᄂᆞ님의 아ᄃᆞᆯ이여
내시긔가 멀엇스니 괴롭게 마옵쇼셔

예수끠셔 무른말숨 네일홈 무엇인다
겸손이 디답ᄒᆞᄃᆡ 무리로 조직되온 일군ᄃᆡ(一軍隊)라 ᄒᆞ옵니다
맛참 만흔 도야지가 산비탈에 편만(遍滿)ᄒᆞ야
ᄢᅦ지어 먹을ᄣᅢ에 샤귀가 ᄏᆞ구ᄒᆞᄃᆡ
우리들을 용납ᄒᆞ야 도야지 무리로나 드러가게 ᄒᆞ옵쇼셔
그리ᄒᆞ라 명ᄒᆞ시니 더러운 샤귀ᄢᅦ가
이쳔마리 도야지게 일시에 드러갓다
그만흔 도야지가 비탈에셔 ᄂᆞ리다라 바다믈에 몰ᄉᆞᄒᆞ니
간검(看儉)ᄒᆞ던 목쟈들은 셩즁에 젼파ᄒᆞ고
군ᄃᆡ귀신 집혓다가 셩케된 그사ᄅᆞᆷ은
옷닙고 졍신ᄎᆞ려 쥬의압헤 안졋스나
그시ᄃᆡ 인심들이 엇도케 흉악ᄒᆞᆫ지
검심(黔心)을 속에품고 예수의 류ᄒᆞ심을 허락ᄒᆞ지 아니ᄒᆞᆫ다
ᄇᆡ에올나 ᄯᅥ나실ᄯᅢ 완인된 그사ᄅᆞᆷ이 ᄀᆞᆺ치가기 ᄏᆞᆫ쳥ᄒᆞ니
뎌ᄃᆞ려 닐ᄋᆞ샤ᄃᆡ 네집으로 바로가셔
쥬끠셔 힝ᄒᆞᆫ일을 일일이 젼파ᄒᆞ라
뎨가볼니 온디경에 이소문이 젼파되니
이말을 듯ᄂᆞᆫ쟈가 긔이히 녁이더라

32. 마태의 청연가(請宴歌) 마태9 : 10~19

마춤예수 마태집에 안져음식 잡수실ᄯᅢ
세리와 죄인들이 ᄒᆞᆫ상에 안즌것을
바라신 교인들이 엿보고 긔회삼아
예수의 뎨ᄌᆞ의게 질문ᄒᆞ야 ᄒᆞᄂᆞᆫ말이

너희의 션싱님은 세리와 죄인들과
음식을 ᄀᆞᆺ치ᄒᆞ니 엇지그리 히괴ᄒᆞ냐
예수ㅣ 드르시고 뎌희ᄃᆞ려 닐ᄋᆞᆫ말솜
건강ᄒᆞᆫ 쟈의게ᄂᆞᆫ 의원이 소용업고
병잇ᄂᆞᆫ 사ᄅᆞᆷ의게 소용이 되ᄂᆞ니라
인ᄌᆞ나ᄂᆞᆫ ᄌᆞ비ᄒᆞᆷ을 평싱에 됴ᄒᆞᄒᆞ고
졔ᄉᆞ만 ᄒᆞᄂᆞᆫ것을 됴하ᄒᆞ지 아니ᄒᆞ니
너희ᄂᆞᆫ 이런뜻을 ᄇᆡ호아셔 알지어다
인ᄌᆞ나의 근본뜻은 의인들을 부르랴고
강림치 아니ᄒᆞ고 무수ᄒᆞᆫ 죄인들을 부르랴 ᄒᆞᆷ이로라
요한의 뎨ᄌᆞ들이 예수ᄭᅴ 뭇ᄌᆞ오ᄃᆡ
우리의 무리들과 바리식 교인들은
자조자조 금식하되 당신의 뎨ᄌᆞ들은
금식을 젼폐(全廢)ᄒᆞ니 엇지ᄒᆞᆫ 리유닛가
예수ᄭᅴ셔 닐ᄋᆞᆫ말솜 혼인치하 간사ᄅᆞᆷ이
신랑과 잇슬ᄯᆡ에 슯허ᄒᆞᆯ 필요업고
신랑과 서로ᄶᅥ날 시긔가 니른후에 금식ᄒᆞ게 되ᄂᆞ니라
비유ᄒᆞ나 드러보라 헌옷을 깁ᄂᆞᆫ쟈가
새감으로 기울손가 새술을 담ᄂᆞᆫ쟈가 헌부ᄃᆡ에 너흘손가
새것을 가져다가 헌것에 ᄊᆞ랑이면
둘이다 샹케됨은 ᄌᆞ연ᄒᆞᆫ 리치니라

33. 야이로녀ᄋᆞ부싱가(女兒復生歌) 마가5 : 22~43

이말솜 ᄒᆞ실ᄯᆡ에 회당쟝 야이로가

예수를 차자보고 발아래 업듸여셔
긴말노 간구ᄒᆞ되 십이셰된 나의ᄯᆞᆯ이
위지ᄉᆞ경(危至死境)[207] 되엿스니 제집에 왕림(枉臨)ᄒᆞ샤 안슈ᄒᆞ야 주옵쇼셔
예수ᄭᅴ셔 이말듯고 ᄒᆞᆫ가지로 가ᄂᆞᆫ길에
십이년 혈루증(血漏症)[208]에 신고(辛苦)ᄒᆞ던 녀인ᄒᆞ나 예수뒤를 ᄯᅡ라온다
가샹ᄒᆞ다 이녀인이 심즁에 혜오기를
능력잇ᄂᆞᆫ 쥬의옷을 ᄆᆞᆫ지기만 ᄒᆞᆯ지라도
즉시 나으리라ᄒᆞ고 ᄯᅡ라가며 ᄆᆞᆫ졋더니
혈루근원 곳ᄆᆞ르며 병셰가 소복(蘇復)[209]ᄒᆞᆫ다
예수ᄭᅴ셔 닐ᄋᆞᆫ말솜 날ᄆᆞᆫ진쟈 누구인고
내몸에 잇ᄂᆞᆫ능력 나간줄 알앗노라
진실ᄒᆞᆫ 이녀인이 숨기지 못ᄒᆞᆯ줄을
스ᄉᆞ로 ᄭᅵᄃᆞᆺ고셔 벌벌ᄯᅥᆯ며 압헤나와
ᄆᆞᆫ진리유 엿준후에 마리압헤 토파(吐破)[210]ᄒᆞ니
쥬ᄭᅴ셔 ᄒᆞ신말솜 안심ᄒᆞ라 나의 ᄯᆞᆯ아
네게잇ᄂᆞᆫ 네믿음이 네몸의 혈루증을 낫게힛다 ᄒᆞ시더라
이말솜을 ᄒᆞ실ᄯᅢ에 회당쟝 본가에셔
누가와셔 ᄒᆞ난말이 악아씨가 죽엇스니
거룩ᄒᆞ신 션싱님을 괴롭게 마옵쇼셔

---

207) 위지사경(危至死境) :위험함이 죽을 지경에 이르렀음.
208) 혈루증(血漏症) : 피가 엉키고 뭉쳐서 등이 굽는 병.
209) 소복(蘇復) : 원기가 회복됨. 또는 원기가 회복되게 함.
210) 토파(吐破) : 마음에 품고 있던 사실을 다 털어 내어 말함.

쥬끠셔 드르시고 뎌ᄃᆞ려 닐ᄋᆞᆫ말숨
두려워 ᄒᆞ지말고 밋기만 ᄒᆞ라ᄒᆞ고
베드로와 야곱요한 다리시고 ᄯᅥ나서셔
그집문에 니르시니 훤화(喧譁)211)와 통곡셩이
온집안에 ᄀᆞ득ᄒᆞ다 드러가셔 ᄒᆞ신말숨
너희들이 엇지ᄒᆞ야 통곡ᄒᆞ며 ᄯᅥ드ᄂᆞ냐
이ᄋᆞ히가 죽지안코 시방깁히 자ᄂᆞ니라
뎌희가 비웃더라 잡인들을 물니시고
ᄋᆞ히의 부모이며 ᄯᆞ라간 뎨ᄌᆞ들만
다리고 드러가샤 ᄋᆞ히손을 잡으시고
ᄋᆞ히야 니러나라 명령ᄒᆞ신 ᄒᆞᆫ말숨에
니러나셔 힝보ᄒᆞ니 그ᄣᅢ에 관광쟈가 긔이히 녁이더라
이일을 젼파말나 지지지삼 당부ᄒᆞ고
ᄋᆞ히의 먹을것을 주라고 ᄒᆞ시니라

34. 의밍가(醫盲歌) 뎨일 마태9 : 27~34

그집에셔 ᄯᅥ나실ᄯᅢ 쇼경들이 ᄯᆞ라오며
소릐질너 ᄒᆞᄂᆞᆫ말이 다윗의 ᄌᆞ손이여
우리ᄀᆞᆺ흔 쇼경들을 불샹히 녁이쇼셔
예수ㅣ 엇던집에 드러가샤 좌뎡ᄒᆞ니
쇼경이 드러온다 뎌희ᄃᆞ려 닐ᄋᆞ샤ᄃᆡ
내가능히 이런권능 힝홀줄노 ᄭᅪᆨ밋ᄂᆞ냐
ᄃᆡ답ᄒᆞᄃᆡ 나의쥬여 확실히 밋ᄂᆞ이다

211) 훤화(喧譁) : 시끄럽게 지껄이며 떠듦.

쥬ᄭᅴ셔 뎌희눈을 ᄆᆞᆫ지시며 ᄒᆞᄂᆞᆫ말ᄉᆞᆷ
너희의 밋음대로 소원을 일우리라
말ᄉᆞᆷᄒᆞ신 그즉시로 두눈이 ᄇᆞᆰ아지니
사ᄅᆞᆷ의게 알게말나 엄히분부 ᄒᆞ셧스나
뎌희가 젼파ᄒᆞ야 온ᄯᅡ에 퍼지니라
여긔셔 ᄯᅥ나실ᄯᅢ 샤귀들녀 벙어리로
불샹ᄒᆞ게 된사ᄅᆞᆷ을 예수ᄭᅴ로 다려오니
샤귀가 ᄶᅩᆺ겨나고 혀가풀녀 말ᄒᆞ거ᄂᆞᆯ
무리가 긔히녁여 칭숑ᄒᆞ며ᄒᆞᄂᆞᆫ말이
이스라엘 젼국즁에 이러ᄒᆞᆫ 긔ᄉᆞ이젹
처음으로 본다ᄒᆞ되 바리식 교인들은
비방ᄒᆞ여 ᄒᆞᄂᆞᆫ말이 마귀왕의 힘을빌어
유력ᄒᆞᆫ 샤귀들을 ᄶᅩᆺ차낸다 말ᄒᆞ더라

35. 예수의 피축가(被逐歌) 뎨이 마가6 : 1~5

고향으로 가실ᄯᅢ에 뎨ᄌᆞ들이 좃차온다
안식일 당ᄒᆞ야셔 회당에셔 교훈ᄒᆞ니
그말ᄉᆞᆷ 듯ᄂᆞᆫ쟈가 긔히녁여 ᄒᆞᄂᆞᆫ말이
이사ᄅᆞᆷ의 지혜권능 어ᄃᆡ셔 엇엇ᄂᆞᆫ고
그모친은 마리아요 그형뎨ᄂᆞᆫ 야고보와
요셉시몬 유다이며 그의모든 ᄌᆞᄆᆡ들은 우리리웃 그아닌가
이러ᄒᆞᆫ 큰권능을 어ᄃᆡ셔 엇엇ᄂᆞᆫ고
ᄌᆞ긔의 고향에나 친젹들 총즁에서
존경을 밧ᄂᆞᆫ일이 ᄒᆞ나도 업다ᄒᆞ고

그곳에셔 만흔권능 힝ᄒᆞ지 아니홈은
다수ᄒᆞᆫ 인민들이 밋지아니 홈이러라

36. 십이뎨ᄌᆞ파송가(派送歌) 마태9 : 35~10 : 1, 10 : 5~11

셩과촌에 ᄃᆞᆫ니시며 회당에 드러가샤
텬국복음 반포ᄒᆞ고 모든병을 곳치시며
약쟈의게 힘을주어 강ᄒᆞ게 ᄒᆞ시니라
ᄌᆞ비ᄒᆞ신 구쥬ᄭᅴ셔 목쟈업ᄂᆞᆫ 양과ᄀᆞᆺ치
류리(遊離)ᄒᆞᄂᆞᆫ 쟈을보고 민망히 녁이시샤
뎨ᄌᆞᄃᆞ려 닐ᄋᆞᆫ말ᄉᆞᆷ 츄슈ᄒᆞᆯ 곡식들은
ᄆᆡ우만히 잇지마ᄂᆞᆫ 일군은 희쇼ᄒᆞ니
츄슈ᄒᆞᄂᆞᆫ 주인의게 일군만히 보내쇼셔
ᄀᆞᆫ구ᄒᆞ라 명ᄒᆞ신후 십이뎨ᄌᆞ 불너세고
병곳치며 샤귀ᄶᅩᆺᄂᆞᆫ 권능을 주시면셔
명령으로 닐ᄋᆞᆫ말ᄉᆞᆷ 이방길노 가지말고
사마리아 고을에도 일졀드러 가지말고
아모됴록 이스라엘 일허ᄇᆞ린 양의게로
드러가셔 말ᄒᆞ기를 텬국이 갓가왓다
분주히 젼파ᄒᆞ고 병든쟈를 곳쳐주며
죽은쟈를 살녀주며 문동이를 낫게ᄒᆞ며 샤귀를 축출ᄒᆞᄃᆡ
ᄒᆞᆫ푼도 슈로금(酬勞金)[212]은 결단코 받지말나
너희들도 밧을ᄯᅢ에 갑업시 밧앗스니
내말대로 준힝ᄒᆞ고 로ᄌᆞ(路資)로 금은동(金銀銅)과

---

212) 수로금(酬勞金) : 노고에 대한 대가로 주는 돈.

량식너흔 자루이나 옷과신과 집힝이도 가지고 가지말나
로력ᄒᆞ야 먹ᄂᆞᆫ것이 ᄉᆞ리에 올흐니라
어ᄂᆞ셩 어ᄂᆞ촌에 드러가 우졉(寓接)[213] ᄒᆞᆯ제
가합(可合)ᄒᆞᆫ집 차자가셔 아조ᄯᅥ나 갈날ᄭᆞ지
그집에셔 머므르며 그집을 츅복ᄒᆞ야
복밧을 만ᄒᆞᆫ집이면 그복을 누릴지나
복밧을집이 못되면은 너희의 빌어준복 너희도로 밧으리라
너희를 박ᄃᆡᄒᆞ며 말도듯지 아니커든
거긔셔 ᄯᅥ날ᄯᅢ에 발아레 몬지ᄭᆞ지 몱아케 ᄯᅥᆯ지어다
진실노 닐ᄋᆞ노니 텬부의 심판날에
서돔과 고모라의 맛당히 밧을벌이 이셩보다 경ᄒᆞ리라
근실ᄒᆞᆫ 너희들이 그곳에 드러감은
면양(綿羊)이 일희즁에 드러감과 일반이니
ᄇᆡ암의 지혜롬과 합됴(鴿鳥)의 유슌ᄒᆞᆷ을
본밧아 실힝ᄒᆞ고 수다ᄒᆞᆫ 악인들을 삼가고 삼갈지라
악인이 너희들을 공회와 회당으로
잡아다가 형벌ᄒᆞ고 방ᄇᆡᆨ들과 이군압헤
ᄭᅳ을녀 잡혀가셔 이방인 가온ᄃᆡ셔 증거ᄒᆞ야 말ᄒᆞ리니
너희들이 잡혀갈제 엇더케 ᄃᆡ답ᄒᆞᆯ가 념려ᄒᆞ지 말지어다
그ᄯᅢ에 말ᄒᆞᆯ것을 텬부의 셩신ᄭᅴ셔 ᄀᆞᄅᆞ쳐 주시리라
ᄉᆞ랑ᄒᆞᄂᆞᆫ 너희들이 내일흠을 밋음으로
다수한 악인의게 뮈움을 만히밧아
부ᄌᆞ와 형뎨간에 살육ᄭᆞ지 ᄉᆡᆼ기리니

---

213) 우졉(寓接) : 우거(寓居).

ᄭᅳᆺ날ᄭᆞ지 견ᄃᆡᄂᆞᆫ쟈 구원을 엇으리라
이셩에셔 핍박ᄒᆞ면 뎌셩으로 피히가라
이스라엘 모든셩을 쳔답(踐踏)ᄒᆞ지 못ᄒᆞ야셔 인ᄌᆞ가 림ᄒᆞ리라
뎨ᄌᆞ가 션ᄉᆡᆼ보다 엇더케 우월ᄒᆞ며
노복(奴僕)이 쥬인보다 엇더케 존귀ᄒᆞ랴
뎨ᄌᆞ가 션ᄉᆡᆼᄀᆞᆺ고 종이쥬인 ᄀᆞᆺ게되면 족ᄒᆞ여 ᄒᆞᆯ지니라
집쥬인을 ᄀᆞᄅᆞ쳐셔 바일세붑 이라ᄒᆞ면
그집안 사ᄅᆞᆷ이야 닐너셔 무엇ᄒᆞ리
그러나 뎌희들을 두려워 말지어다
셰상에 ᄀᆞᆷ초인것 드러나셔 알게됨은 하ᄂᆞ님의 공의니라
그런즉 너희들은 유암(幽暗)즁에 드른말을 광명즁에 젼파ᄒᆞ고
귀속으로 드른만을 옥상에셔 반포ᄒᆞ라
육신은 죽이어도 령혼은 못죽이ᄂᆞᆫ
무능력ᄒᆞᆫ 사ᄅᆞᆷ들을 두려워 ᄒᆞ지말고
육신과 령혼ᄭᆞ지 디옥불에 멸ᄒᆞ시ᄂᆞᆫ
텬상의 하ᄂᆞ님만 두려워 ᄒᆞᆯ지어다
ᄒᆞᆫ푼돈에 팔고사ᄂᆞᆫ 공즁의 ᄂᆞᄂᆞᆫ새도
허락ᄒᆞ지 안으시면 ᄒᆞᆫ마리도 샹ᄒᆞᆷ업고
너희들의 머리털도 일일이 혜시ᄂᆞ니
너희들은 념려말나 ᄎᆞᆷ세보다 귀ᄒᆞ니라
누구던지 사ᄅᆞᆷ압헤 나를안다 증거ᄒᆞ면
나도텬부 압헤서셔 뎌를안다 ᄒᆞ려니와
누구던지 사ᄅᆞᆷ압헤 나를안다 아니ᄒᆞ면
나도텬부 압헤서셔 뎌를부인 ᄒᆞᆯ지니라
이제내가 강림ᄒᆞᆷ은 화평케ᄒᆞᆯ 목뎍으로 온것이 아니로라

병긔를 니리켜셔 부ᄌᆞ모녀 고부간에 불화케홀 목뎍이니
그런즉 이셰샹에 서로원슈 되ᄂᆞᆫ쟈가
먼곳에 잇지안코 ᄒᆞᆫ집안에 잇ᄂᆞ니라
부모와 ᄌᆞ녀들을 나보다 ᄉᆞ랑홈이 합당ᄒᆞ지 아니ᄒᆞ고
십ᄌᆞ가를 질머지고 좃차오지 안ᄂᆞᆫ쟈도 합당ᄒᆞ지 아니ᄒᆞ고
제싱명을 앗기ᄂᆞᆫ쟈 도로혀 일흘지며
나위ᄒᆞ야 셰샹에셔 그싱명을 일ᄂᆞᆫ쟈ᄂᆞᆫ 후일에 차즈리라
너희영졉 ᄒᆞᄂᆞᆫ쟈ᄂᆞᆫ 나를영졉 ᄒᆞᄂᆞᆫ쟈요
나를영졉 ᄒᆞᄂᆞᆫ쟈ᄂᆞᆫ 날보내신 아바지를 영졉ᄒᆞᄂᆞᆫ 쟈이니라
션지쟈의 일홈으로 션지쟈를 영졉ᄒᆞ면 션지쟈의 샹을밧고
의인의 일홈으로 의인을 영졉ᄒᆞ면
의인의 밧을샹을 맛당히 밧을지며
뎨ᄌᆞ의 일홈으로 쇼ᄌᆞ즁 ᄒᆞ나의게
ᄒᆞᆫ그릇 링슈라도 ᄉᆞ랑ᄒᆞ야 주ᄂᆞᆫ쟈ᄂᆞᆫ
쟝릭의 엇을샹을 단뎡코 엇으리라
십이뎨ᄌᆞ 명ᄒᆞ시고 그곳에셔 발졍(發程)[214] ᄒᆞ샤
각셩으로 ᄃᆞᆫ니시며 도를젼파 ᄒᆞ시니라

37. 셰례요한 치명가(致命歌) 마가6 : 14~16, 21~29

예수의 일홈소릭 ᄉᆞ방에 젼파ᄒᆞ니
헤롯[215]왕도 소문듯고 신하ᄃᆞ려 ᄒᆞᄂᆞᆫ말이

---

214) 발정(發程) : 길을 떠남.

215) 헤롯 : 유대의 왕(?B.C.73~B.C.4). 친로마 정책을 펴 유대 왕국을 발전하게 하였으나, 예루살렘 성전과 극장을 건축하여 무거운 세금을 부과하고 폭정을 일삼았다. 그리스도의 탄생을 두려워하여 베들레헴의 두 살 이하의 유아를 모조

셰례요한 다시살아 이러ᄒᆞᆫ 긔ᄉᆞ이젹 힝ᄒᆞᆫ다고 말ᄒᆞ더라
이때맛참 헤롯왕의 탄신이 도라오니
대부이며 쳔부장과 갈닐니 귀인들이 연셕에 릭참(來參)ᄒᆞᆫ다
어엇분ᄯᆞᆯ 헤로듸아 드러와 춤을추니
만좌(滿座)ᄒᆞᆫ 귀빈들이 뉘아니 즐겨ᄒᆞᆯ가
헤롯왕의 거동보소 깃븜을 못이긔어
녀ᄌᆞ를 불너세고 대담ᄒᆞ며 ᄒᆞᄂᆞᆫ말이
네소원이 무엇이냐 젼국의 반이라도 허ᄒᆞ야 줄터이니
엇더ᄒᆞᆫ 것이던지 의려(疑慮)[216]말고 청구ᄒᆞ라
녀ᄌᆞ가 이말듯고 졸디에 상막ᄒᆞ야
무엇을 청구ᄒᆞᆯ지 알수가 업슴으로
모친의게 바로가셔 문의ᄒᆞᆫ 그결과로
요한의 머리버혀 달나고 청구ᄒᆞ엿다
헤롯왕이 근심ᄒᆞ나 밍셰를 발ᄒᆞ엿고
연셕에 안즌쟈의 면목에 거리끼어
사ᄅᆞᆷ을 보내여셔 요한의 머리버혀
소반에 담아다가 녀ᄌᆞ의게 내여주니 어미의게 젼ᄒᆞ니라
요한의 뎨ᄌᆞ들이 이긔별을 드러알고
시톄를 달나ᄒᆞ야 평안히 장ᄉᆞᄒᆞ다

38. 오병이어가(五餠二魚歌) 마가6 : 3~44

뎨자들이 도라와셔 ᄌᆞ긔의 힝ᄒᆞᆫ일을 ᄌᆞ세히 보고ᄒᆞ니

리 죽였다고 한다. 재위 기간은 기원전 37년~기원전 4년이다.
216) 의려(疑慮) : 의심하여 염려함.

‘예수말숨 ᄒᆞ시기를 사람이 너무만하
음식을 먹을틈도 엇기심히 어려우니
죵용ᄒᆞᆫ곳 차자가셔 잠간 쉬이리라ᄒᆞ고
ᄒᆞᆫ가지로 ᄇᆡ에올나 갈닐니 마즌편 한젹ᄒᆞᆫ곳 차자갈제
거긔모힌 무리들이 이젹보기 위ᄒᆞ야셔 갓가히 나아온다
뎌희들을 둘너보며 불샹히 녁이심은
목쟈가 업ᄂᆞᆫ양과 형편이 ᄀᆞᆺ흠이라
ᄒᆞᆫ뎨ᄌᆞ가 엿ᄌᆞ오ᄃᆡ ᄇᆡ인들 져문날에
만코만ᄒᆞᆫ 뎌무리를 먹일수가 업ᄉᆞ오니
각촌과 각셩으로 명ᄒᆞ야 보내쇼셔
예수ᄭᅴ셔 닐ᄋᆞᆫ말숨 너희들이 먹을것을 관비ᄒᆞ야 ᄂᆞᆫ화주라
그뎨ᄌᆞ가 엿ᄌᆞ오ᄃᆡ 우리의게 잇ᄂᆞᆫ것은
ᄯᅥᆨ덩어리 다섯ᄀᆡ와 물고기 두 마리라
만히모힌 이무리를 고로히 먹이랴면
넉넉ᄒᆞ게 사쟌코ᄂᆞᆫ 먹일수가 업ᄂᆞᆫ이다
예수ㅣ ᄀᆞᆯᄋᆞ샤ᄃᆡ 여긔모힌 무리들을
여러ᄯᅦ를 ᄂᆞᆫ호아셔 잔디우에 안게ᄒᆞ라
뎨ᄌᆞ들이 명을밧고 ᄇᆡᆨ명식 안게ᄒᆞ니
예수ᄭᅴ셔 오병이어(五餠二魚) 가지시고 츅샤(祝謝)ᄒᆞᆫ후
ᄯᅥᆨ덩이를 션참ᄯᅦ어 뎨ᄌᆞ의게 돌나주어
각인압헤 버려노코 물고기 두 마리도 그법대로 ᄂᆞᆫ화주니
만히모힌 무리들이 슬토록 먹은후에
ᄯᅥ러진 부스럭이 광쥬리 열둘속에 ᄀᆞ득히 담겨잇고
부녀들과 유ᄋᆞ외에 ᄯᅥᆨ을먹은 남ᄌᆞ들이 오천인에 니르더라

39. ᄒᆡ샹답보가(海上踏步歌) 마태14 : 22~36

우리쥬 예수ᄭᅴ셔 우리들을 보내랴고
뎨ᄌᆞ들 직촉ᄒᆞ야 몬져ᄇᆡ로 보내시니 모힌무리 흣허졋다
예수ᄂᆞᆫ 산샹으로 ᄯᅡ로가셔 긔도ᄒᆞ며
져녁ᄣᅢ가 되기ᄭᆞ지 거긔혼자 계시더니
광풍이 대작(大作)ᄒᆞ야 바다가에 ᄆᆡ인ᄇᆡ가 풍랑에 요동ᄒᆞᆫ다
깁흔밤 ᄉᆞ경량에 예수ᄭᅴ셔 ᄒᆡ샹으로 평디ᄀᆞᆺ치 ᄇᆞᆲ고오니
뎨ᄌᆞ들이 ᄇᆞ라보고 ᄭᆞᆷ작놀나 ᄒᆞᄂᆞᆫ말이
요물이 온다ᄒᆞ며 무셔워셔 소ᄅᆡᄒᆞᆫ다
예수ᄭᅴ셔 닐ᄋᆞ샤ᄃᆡ 너희들은 안심ᄒᆞ고 두려워 ᄒᆞ지말나
베드로가 ᄃᆡ답ᄒᆞᄃᆡ 당신이 쥬시어든
나도ᄯᅩᄒᆞᆫ 물우흐로 거러오라 명ᄒᆞ쇼셔
거러오라 명ᄒᆞ시니 베드로 ᄇᆡ에ᄂᆞ려
예수ᄭᅴ로 나가랴고 흉용ᄒᆞᆫ 파도우로
평디ᄀᆞᆺ치 나가다가 ᄲᆞ져드러 가게되니
소ᄅᆡ질너 ᄒᆞᄂᆞᆫ말이 쥬여나를 구ᄒᆞ쇼셔
와락손을 내밀어셔 붓잡으라 명ᄒᆞ시며
당장에 닐ᄋᆞᆫ말ᄉᆞᆷ 밋ᄂᆞᆫ마ᄋᆞᆷ 젹은쟈여
의심ᄒᆞ지 말나ᄒᆞ고 ᄇᆡ우에 오르시니 풍랑이 쉬ᄂᆞᆫ지라
ᄇᆡ에잇ᄂᆞᆫ 사ᄅᆞᆷ들이 절ᄒᆞ며 하ᄂᆞᆫ말이
우리쥬 션ᄉᆡᆼ님은 젼능ᄒᆞ신 하ᄂᆞ님의 아ᄃᆞᆯ이라 닐ᄏᆞᆺ더라
거긔잇ᄂᆞᆫ 사ᄅᆞᆷ들이 예수인줄 ᄭᆡᄃᆞᆺ고셔
ᄉᆞ방의 병쟈들을 예수ᄭᅴ로 다려오니
예수의 옷가라도 ᄆᆞᆫ지기만 ᄀᆞᆫ구ᄒᆞ야 ᄆᆞᆫ진쟈ᄂᆞᆫ 다낫더라

40. ᄉᆡᆼ명량식가(生命糧食歌) 요한6 : 22~7 : 1

이튼날 ᄒᆡ변에셔 건너편을 ᄇᆞ라보니
물우에 일쳑어션 한가ᄒᆞ게 ᄆᆡ어잇고
예수와 뎨ᄌᆞ들은 어ᄃᆡ간지 모르겟다
ᄃᆡ베랴 바다가에 두어쳑 적은ᄇᆡ가
이젹본 무리들을 무수히 싯고왓다
ᄉᆞ면을 ᄉᆞᆲ혀보니 예수와 뎨ᄌᆞ들의 간곳을 모름으로
ᄇᆡ를ᄐᆞ고 예수차자 가버나움 으로가셔
바다뎌편 언덕에셔 맛나보고 ᄒᆞᄂᆞᆫ말이
랍비여 어ᄂᆞᄯᅢ에 이곳에 와계시오
예수ᄭᅴ셔 닐ᄋᆞ샤ᄃᆡ 진실노 닐ᄋᆞ노니
여긔모힌 구즁들이 긔ᄉᆞ이젹(奇事異蹟) 본ᄭᆞᄃᆞᆰ에
내게오지 아니ᄒᆞ고 ᄯᅥᆨ먹기 위ᄒᆞ야셔 내게로 왓ᄂᆞ니라
이셰샹의 썩을량식 위ᄒᆞ야 슈고말고
업서지지 안을량식 위ᄒᆞ야 슈고ᄒᆞ라
인ᄌᆞ가 이량식을 너희의게 줄것이니
너희들은 하ᄂᆞ님의 인(印)마진쟈 ㅣ이니라
뎌희가 뭇ᄌᆞ오ᄃᆡ 엇더케 우리들이
영원량식 목뎍삼고 하ᄂᆞ님일 ᄒᆞ오릿가
예수ㅣ ᄀᆞᆯᄋᆞ샤ᄃᆡ 하ᄂᆞ님의 보내이신
ᄃᆡ표쟈를 밋ᄂᆞᆫ것이 하ᄂᆞ님 일홈이니라
뎌희들이 ᄯᅩ무르ᄃᆡ 셩경에 닐ᄋᆞ기를
우리의 조샹들이 광야에 잇슬ᄯᅢ에
만나를ᄂᆞ리서셔 먹이엇다 ᄒᆞᆫ것ᄀᆞᆺ치

지금도 이젹들을 뵈여밋게 ᄒᆞ옵쇼셔
예수ㅣ ᄀᆞᆯᄋᆞ샤ᄃᆡ 진정으로 닐ᄋᆞ노니
하ᄂᆞᆯ에셔 ᄂᆞ린량식 모세가 ᄆᆞ옴대로 준줄노 아지말나
아바지 하ᄂᆞ님이 하ᄂᆞᆯ에셔 ᄎᆞᆷ량식을 너희의게 주셧ᄂᆞ니
주시ᄂᆞᆫ 그량식이 이셰샹 사ᄅᆞᆷ의게 ᄉᆡᆼ명이 되ᄂᆞ니라
뎨ᄌᆞ가 엿ᄌᆞ오ᄃᆡ 쥬여ᄒᆞᆼ샹 이량식을 우리의게 주옵쇼셔
예수ㅣ ᄀᆞᆯᄋᆞ샤ᄃᆡ 나ᄂᆞᆫ곳 이셰샹의 ᄉᆡᆼ명의 량식이니
내게로 오ᄂᆞᆫ쟈ᄂᆞᆫ 주리지 아니ᄒᆞ고
와셔나를 밋ᄂᆞᆫ쟈ᄂᆞᆫ 영원무궁 ᄒᆞ기ᄭᆞ지 ᄇᆡ곱ᄒᆞ지 안ᄋᆞ리라
내가젼에 너희ᄃᆞ려 ᄀᆞᆫ졀히 닐ᄋᆞ기를
젼에ᄂᆞ린 하ᄂᆞᆯ량식 모세가 주지안코
하ᄂᆞ님 아바지가 신령ᄒᆞᆫ 량식으로
너희모든 무리의게 주셧다 ᄒᆞ엿ᄂᆞ니
ᄉᆡᆼ명의 이량식은 ᄒᆞᄂᆞᆯ노셔 ᄂᆞ림으로
이량식을 먹ᄂᆞᆫ쟈ᄂᆞᆫ ᄇᆡ곱흐지 아니하고
나를밋ᄂᆞᆫ 사ᄅᆞᆷ들은 목ᄆᆞ르지 안으리라
이젼에도 너희ᄃᆞ려 ᄀᆞᆫ졀히 닐ᄋᆞ기를
너희들은 날보고도 안밋ᄂᆞᆫ다 ᄒᆡᆺ거니와
하ᄂᆞ님 아바지가 나의게 주신쟈ᄂᆞᆫ 내게로 올것이오
내게오ᄂᆞᆫ 사ᄅᆞᆷ들을 결단코 거두어셔 일일이 밧으리라
내가여긔 강림ᄒᆞᆷ은 내ᄯᅳᆺ대로 ᄒᆡᆼ치안코
날보내신 쥬ᄯᅳᆺ대로 ᄒᆡᆼᄒᆞ랴 ᄒᆞᆷ이로라
내게붓쳐 주신쟈ᄂᆞᆫ ᄒᆞ나도 ᄇᆞ리잔코
이셰샹 ᄆᆞ지막날 부활ᄒᆞ게 ᄒᆞ시리니
이것이 날보내신 아바지의 본ᄯᅳᆺ이오

쯧날에 니르러는 다시살아 날지니라
ᄌᆞ긔가 하놀에셔 ᄂᆞ려온 량식이라
ᄒᆞᄂᆞᆫ말에 ᄃᆡᄒᆞ야셔 다수ᄒᆞᆫ 유대인이 격분ᄒᆞ야 ᄒᆞᄂᆞᆫ말이
이사ᄅᆞᆷ이 누구인고 요셉의 아ᄃᆞᆯ되ᄂᆞᆫ 예수가 그가아닌가
뎌가이제 엇지ᄒᆞ야 하놀에셔ᄂᆞ려왓다 언감히 말ᄒᆞᄂᆞᆫ고
예수ㅣ ᄀᆞᆯᄋᆞ샤ᄃᆡ 이일에 ᄃᆡᄒᆞ야셔 분내지 말지어다
날보내신 아바지가 잇끄을지 안으시면
내게로 나올쟈가 ᄒᆞ나도 업스리니
나의게로 오ᄂᆞᆫ쟈ᄂᆞᆫ ᄆᆞ지막 심판날에 다시살아 날지니라
션지칙에 닐넛스ᄃᆡ 이후날에 뎌희들이
하ᄂᆞ님의 어진교훈 밧으리라 ᄒᆞ엿스니
그말솜을 신텽(信聽)[217] ᄒᆞ고 ᄇᆡ호고저 ᄒᆞᄂᆞᆫ쟈ᄂᆞᆫ 내게로 나오리니
아바지를 본사ᄅᆞᆷ이 이셰샹에 누구인고
하ᄂᆞ님끠 나온쟈만 아버지를 본쟈니라
진졍으로 닐ᄋᆞ노니 나를밋ᄂᆞᆫ 사ᄅᆞᆷ의게 영ᄉᆡᆼ이 잇ᄂᆞ니라
나ᄂᆞᆫ곳 이세샹에 ᄉᆡᆼ명의 량식이니
너희의 조샹들은 젹막ᄒᆞᆫ 광야에셔
만나썩을 먹엇스나 얼마살다 죽엇지만
하놀에셔 ᄂᆞ려오ᄂᆞᆫ 이량식을 먹ᄂᆞᆫ쟈로
죽지안케 ᄒᆞ시리니 나ᄂᆞᆫ곳 하놀노셔 ᄂᆞ려온 량식이라
내가주ᄂᆞᆫ 이량식을 내살노 알지어다
셰인의게 ᄉᆡᆼ명으로 주노라 ᄒᆞ시더라
유대인이 이말듯고 의론이 분분ᄒᆞ야

217) 신청(信聽) : 믿고 곧이들음.

서로보며 ᄒᆞ는말이 이사ᄅᆞᆷ이 엇지ᄒᆞ야
ᄌᆞ긔살을 우리의게 주어먹게 ᄒᆞ겟ᄂᆞ냐
예수ㅣ ᄀᆞᆯᄋᆞ샤ᄃᆡ 진졍으로 닐ᄋᆞ노니
인ᄌᆞ의 살과피를 마시고 먹는쟈는
ᄆᆞ음속에 영싱복을 츙만히 엇게되고
ᄆᆞ지막 심판날에 부활을 엇으리니
먹을만ᄒᆞᆫ 내살이오 마실만ᄒᆞᆫ 내피니라
나의살과 나의피와 샹관(相關)되는 쟈의게는
뎌도나의 안에잇고 나도뎌의 안에잇서
일톄(一體)를 일우ᄂᆞ니 아바지를 인ᄒᆞ야셔
내가사는 것과ᄀᆞᆺ치 내살내피 먹는쟈도 나로ᄒᆞ야 살지니라
나의살과 나의ᄑᆡ는 하놀에셔 ᄂᆞ려주신 싱명의 량식이니
너희의 조상들의 먹고죽은 량식과는 대단히 다르니라
뎨ᄌᆞ들이 이말듯고 서로안자 의론ᄒᆞᄃᆡ
그뜻이 이샹ᄒᆞ니 누가알아 듯겟ᄂᆞ냐
ᄒᆞ는줄을 알으시고 뎌희ᄃᆞ려 닐ᄋᆞᆫ말숨
너희들이 이말숨을 듯기슬혀 ᄒᆞ는도다
너희들 목젼(目前)에셔 인ᄌᆞ가 본쳐(本處)으로
다시올나 가게되면 엇더케 ᄒᆞ랴ᄂᆞ냐
싱명은 신(神)에잇고 육신은 무용(無用)이라
이제닐ᄋᆞᆫ 나의말은 신이오 싱명이나
너희즁에 이말숨을 밋지아니 ᄒᆞ는쟈가 ᄒᆞ나이 잇ᄂᆞ니라
이말숨 ᄒᆞ시기는 예수씌셔 처음브터
밋지아니 ᄒᆞ는쟈가 그즁에 누구이며
인ᄌᆞ를 잡아줄쟈 누구인지 아심이라

다시말ᄉᆞᆷ ᄒᆞ시기를 하ᄂᆞ님 아바지의
부르신쟈 아니고ᄂᆞᆫ 내게로 올사ᄅᆞᆷ이 ᄒᆞ나도 업ᄂᆞ니라
이말ᄉᆞᆷ을 ᄆᆞᆺ치시니 뎌희들이 물너가고 ᄯᆞ라오지 아니ᄒᆞᆫ다
열두뎨ᄌᆞ 불너셰고 은근히 닐ᄋᆞᆫ말ᄉᆞᆷ
너희들도 날ᄇᆞ리고 ᄯᅥ날ᄆᆞᄋᆞᆷ 싱겻ᄂᆞ냐
시몬이라 일홈ᄒᆞᄂᆞᆫ 베드로가 ᄃᆡ답ᄒᆞᄃᆡ
영싱ᄒᆞᄂᆞᆫ ᄎᆞᆷ리치가 우리쥬ᄭᅴ 잇ᄉᆞ오니
우리가 쥬ᄇᆞ리고 뉘게로 가오릿가
우리들은 이왕브터 쥬ᄭᅴ셔 하ᄂᆞ님의
거룩ᄒᆞ신 쟈인줄을 깁히밋고 아ᄂᆞ이다
예수ㅣ ᄀᆞᆯᄋᆞ샤ᄃᆡ 내가너희 열두사ᄅᆞᆷ 턱ᄒᆞ지 안앗ᄂᆞ냐
그러나 너희즁에 ᄒᆞᆫ사ᄅᆞᆷ은 마귀니라
이말ᄉᆞᆷ ᄒᆞ신ᄯᅳᆺ은 가룟유다 닐옴이니
열둘즁의 ᄒᆞ나으로 예수잡아 줄쟈더라
이후브터 예수ᄭᅴ셔 갈닐니로 ᄃᆞᆫ니시고
유대로 아니감은 모해ᄒᆞᆷ을 앏이러라

41. 바리ᄉᆡ인칙망가 마태15 : 1~20

이ᄣᅢ를 당ᄒᆞ야셔 바리ᄉᆡ 교인들과 셔긔관 몃사ᄅᆞᆷ이
예수압헤 나아와셔 질문ᄒᆞ야 ᄒᆞᄂᆞᆫ말이
션싱님의 뎨ᄌᆞ들이 음식을 먹을ᄣᅢ에
손을씻지 아니ᄒᆞ야 쟝로의 유젼(遺傳)ᄒᆞᆫ말 범ᄒᆞᆷ은 엇짐이뇨
ᄃᆡ답ᄒᆞ야 ᄀᆞᆯᄋᆞ샤ᄃᆡ 외식ᄒᆞᄂᆞᆫ 무리들아
이사야가 너희들을 지목ᄒᆞ야 닐ᄋᆞᆫ말에

이ᄇᆡᆨ셩이 입설노ᄂᆞᆫ 나를존경 ᄒᆞ지마ᄂᆞᆫ
속ᄆᆞ음을 보량이면 나를멀니 ᄒᆞᄂᆞᆫ도다
사ᄅᆞᆷ의 명ᄒᆞᆫ말을 도(道)라ᄒᆞ며ᄀᆞᄅᆞ치니
나를슝봉 ᄒᆞᄂᆞᆫ것은 허망ᄒᆞ고 허망ᄒᆞ야 다만의문(儀文) 뿐이로다
너희들이 엇지ᄒᆞ야 유젼의 말슴으로
하ᄂᆞ님의 완젼ᄒᆞ신 계명을 폐ᄒᆞᄂᆞᆫ고
하ᄂᆞ님이 닐넛스ᄃᆡ 네부모를 공경ᄒᆞ라
부모를 훼방ᄒᆞᄂᆞᆫ쟈ᄂᆞᆫ 죽으리라 ᄒᆞ셧거늘
너희ᄂᆞᆫ 이말슴에 대단히 위반ᄒᆞ야 부모의게 ᄒᆞᄂᆞᆫ말이
내가지금 부모압헤 유익ᄒᆞ게 드릴물건
ᄒᆞᄂᆞ님 아바지ᄭᅴ 밧드러 드렷슨즉
부모의게 안드려도 관계치 안타ᄒᆞ야
썩어질유젼으로 우리쥬 하ᄂᆞ님의 계명을 폐ᄒᆞ도다
이말슴을 ᄆᆞᆺ치시고 ᄯᅩ다시 닐ᄋᆞ샤ᄃᆡ
듯ᄂᆞᆫ쟈ᄂᆞᆫ ᄭᆡᄃᆞ르라 입으로 드러가ᄂᆞᆫ
여러 가지 식물들이 사ᄅᆞᆷ을 더럽게ᄒᆞᆯ 능력이 업지마ᄂᆞᆫ
입으로 나아오ᄂᆞᆫ 샤특ᄒᆞᆫ 온갖것이
모든우리 인류들을 더럽게 ᄒᆞᄂᆞ니라
예수의 데ᄌᆞ들이 나아와 엿ᄌᆞ오ᄃᆡ
바리ᄉᆡ 교인들이 쥬의ᄒᆞ신 이말슴을 듯기슬혀 ᄒᆞᄂᆞ이다
예수ㅣ ᄀᆞᆯᄋᆞ샤ᄃᆡ 하ᄂᆞ님 아버지의
심으지 아니ᄒᆞ신 가라지 ᄀᆞᆺᄒᆞᆫ것은
ᄲᅮ리채 ᄲᅠᆸ히ᄂᆞ니 그대로 ᄇᆞ려두라
뎌희들은 쇼경이나 인도쟈가 되엿스니
쇼경이 인도쟈로 쇼경을 인도ᄒᆞ면

둘이다 구덩이에 빠지고야 말지니라
베드로ㅣ 엿ᄌᆞ오ᄃᆡ 이비유를 우리의게 ᄀᆞᄅᆞ쳐 주옵쇼셔
예수ㅣ ᄀᆞᆯᄋᆞ샤ᄃᆡ 너희들이 아직ᄭᆞ지 ᄭᆡᄃᆞᆺ지 못ᄒᆞᄂᆞ냐
사ᄅᆞᆷ의 입속으로 드러가ᄂᆞᆫ 식울들은
ᄇᆡ속으로 드러가셔 되로ᄯᅩᆺ나 ᄇᆞ리ᄂᆞᆫ줄 ᄭᆡᄃᆞᆺ지 못ᄒᆞᄂᆞ냐
입에셔 나ᄂᆞᆫ것은 ᄆᆞ음에셔 나오ᄂᆞ니
이것이 사ᄅᆞᆷ들을 더럽게 ᄒᆞᄂᆞ니라
그결국을 보량이면 악념살인 악독이며 도적황언 비방이라
이러ᄒᆞᆫ 모든것이 사ᄅᆞᆷ을 더럽히고
손안씻고 먹ᄂᆞᆫ것은 사ᄅᆞᆷ을 더럽히게 ᄒᆞᆯ능력이 업ᄂᆞ니라

42. 수로보니게녀ᄌᆞ병유가(病癒歌) 마태15 : 21~28

우리쥬 예슈ᄭᅴ셔 거긔셔 ᄯᅥ나가샤
두로시돈 디경으로 드러가 계실ᄯᅢ에
가나안 녀인ᄒᆞ나 그곳에셔 나오면셔
소릐질너 ᄒᆞᄂᆞᆫ말이 다윗의 ᄌᆞ손이여 날불상히 넉이쇼셔
ᄉᆞ랑ᄒᆞᄂᆞᆫ 나의ᄯᆞᆯ이 흉악ᄒᆞᆫ 샤귀들녀 심히고싱 ᄒᆞᄂᆞ이다
예수ᄭᅴ셔 ᄒᆞᆫ말ᄉᆞᆷ도 ᄃᆡ답ᄒᆞ지 아니ᄒᆞ니
뎨ᄌᆞ들이 나아와셔 ᄀᆞᆫ청ᄒᆞ야 ᄒᆞᄂᆞᆫ말이
우리뒤에 ᄒᆞᆫ녀인이 ᄯᆞ라오며 부르오니 물너가라 명ᄒᆞ쇼셔
ᄃᆡ답ᄒᆞ야 ᄀᆞᆯᄋᆞ샤ᄃᆡ 나를명ᄒᆞᆫ 주의ᄯᅳᆺ은
이스라엘 우리집의 일허ᄇᆞ린 양위ᄒᆞ야 보내심을 밧앗노라
녀인이 예수압헤 업드려셔 ᄒᆞᄂᆞᆫ말이 주여저를 도으쇼셔
ᄃᆡ답ᄒᆞ야 닐ᄋᆞᆫ말ᄉᆞᆷ ᄋᆞ희들의 먹을ᄯᅥᆨ을

개게던져 주ᄂᆞᆫ것이 온당치 안으니라
녀인이 겸손ᄒᆞ게 ᄃᆡ답ᄒᆞ야 엿ᄌᆞ오ᄃᆡ
주여올소 이다마ᄂᆞᆫ 개도ᄌᆞ긔 집쥬인의
상아래 ᄯᅥ러지ᄂᆞᆫ 부스럭이 먹ᄂᆞ이다
예수ㅣ ᄀᆞᆯᄋᆞ샤ᄃᆡ 녀인아 네밋음이
평ᄉᆡᆼ에 ᄆᆡᆺ친원을 일우엇다 ᄒᆞ실ᄯᅢ에 그의ᄯᆞᆯ이 나으니라

43. 롱아병유가(聾啞病癒歌) 마가7 : 31~37

두로를 리별ᄒᆞ고 데가볼니 통과ᄒᆞ야 갈닐니에 니르시니
귀먹고 어룰(語訥)ᄒᆞ야 여러ᄒᆡ 신고(辛苦)ᄒᆞᄂᆞᆫ
병쟈를 인도ᄒᆞ야 예수ᄭᅴ로 나아와셔
ᄆᆞᆫ지시기 ᄀᆞᆫ청ᄒᆞ니 그병쟈를 다리시고
죵용ᄒᆞᆫ 곳에가셔 당신의 손가락을
뎌의귀에 너흐시고 ᄯᅩᄒᆞᆫ침을 ᄇᆡ앗하셔
그혀를 ᄆᆞᆫ지시며 하놀을 우러러셔
탄식ᄒᆞ며 ᄀᆞᆯᄋᆞ샤ᄃᆡ 에바다라 말ᄒᆞ시니
그귀가 곳열니며 그혀가 곳풀녀셔 언어가 분명ᄒᆞ니
뎌희ᄃᆞ려 닐ᄋᆞ샤ᄃᆡ 아모사ᄅᆞᆷ 의게라도
말ᄒᆞ지 말나ᄒᆞ나 더욱널니 젼파ᄒᆞ니
이소문을 듯ᄂᆞᆫ쟈가 크게놀나 ᄒᆞᆫᄂᆞᆫ말이
귀먹어리 듯게되고 벙어리가 말을ᄒᆞ니 영광이라 닐ᄋᆞ더라

44. 칠병이어가(七餠二魚歌) 마가8 : 1~9

그때를 당ᄒᆞ야셔 허다ᄒᆞᆫ 무리들이

다시모혀 드럿스나 먹일것이 업는지라

예수ㅣ 뎨ᄌᆞ들을 블너셔 닐ᄋᆞ샤ᄃᆡ

뎌희가 사흘동안 나와ᄒᆞᆷᄭᅴ ᄒᆞ엿스나 먹인것이 업셧스니

만일내가 뎌희들을 굼겨셔 보내이면 로즁에셔 곤ᄒᆞ겟고

먼곳에셔 온사ᄅᆞᆷ도 업지아니 ᄒᆞᆯ지니라

뎨ᄌᆞ들이 엿ᄌᆞ오ᄃᆡ 이곳이 광야오니

어ᄃᆡ셔 떡을엇어 이만ᄒᆞᆫ 사ᄅᆞᆷ들을 ᄇᆡ부르게 ᄒᆞ리잇가

예수ㅣ ᄀᆞᆯᄋᆞ샤ᄃᆡ 너희의게 잇ᄂᆞᆫ떡이 몃덩이나 되겟ᄂᆞᆫ뇨

떡닐굽 덩어리와 두 마리 ᄉᆡᆼ션밧게 잇ᄂᆞᆫ것이 없ᄂᆞ이다

예수ᄭᅴ셔 무리들을 명ᄒᆞ야 안치시고

하ᄂᆞ님ᄭᅴ 츅샤ᄒᆞᆫ후 떡닐곱덩어리와 물고기 두마리를

뎨ᄌᆞ의게 내여주어 그압헤 노라ᄒᆞ야

일일이 ᄂᆞᆫ화주니 ᄇᆡ블니 먹은지라

부스럭이 주은것이 바굼이 닐곱속에

ᄀᆞ득히 담겨잇고 떡과고기 먹ᄂᆞᆫ쟈ᄂᆞᆫ

녀인이며 ᄋᆞ희외에 ᄉᆞ천명에 달ᄒᆞ니라

45. 이적빈척가(異蹟擯斥歌) 마태15 : 39~16 : 4

무리들을 보내시고 ᄇᆡ를타고 떠나서셔

마가단 디경으로 드러가 계시니라

바리싀 교인들과 사두긔 교인들이

일제히 나아와셔 예수를 시험ᄒᆞ야
하ᄂᆞᆯ에셔 나타나ᄂᆞᆫ 징죠를 보여지라 ᄀᆞᆫ절히 청구ᄒᆞ니
예수ㅣ ᄀᆞᆯᄋᆞ샤ᄃᆡ 너희들이 셕양텬(夕陽天)에
텬긔를 ᄉᆞᆲ혀보아 ᄇᆞᆰ은노을 ᄯᅳᆫ것보면
날됴흘줄 짐작ᄒᆞ고 일은아ᄎᆞᆷ 흐린날에
노을이 셕겻스면 날궂겟다 ᄒᆞᄂᆞ니
오ᄂᆞᆯ너희 무리들이 텬긔의 엇더ᄒᆞᆷ은 분별ᄒᆞᆯ줄 알면셔도
이시ᄃᆡ의 모든징죠 분별ᄒᆞ지 못ᄒᆞᄂᆞ냐
악ᄒᆞ고 악ᄒᆞ도다 음란ᄒᆞᆫ 이시ᄃᆡ가
징죠보랴 ᄒᆞᆫ다마ᄂᆞᆫ 녯날요나 징죠밧게 보일것이 업ᄂᆞ니라

46. 방교가(防酵歌) 마가8 : 13~21

예수ᄭᅴ셔 뎌희들을 리별ᄒᆞ고 ᄇᆡ에올나
웬편으로 향ᄒᆞ시니 뎨ᄌᆞ들이 ᄯᅳ를ᄯᅢ에
ᄒᆞᆫ덩어리 ᄯᅥᆨ외에ᄂᆞᆫ 가져오지 못ᄒᆡᆺ더라
예수ㅣ ᄀᆞᆯᄋᆞ샤ᄃᆡ 바리ᄉᆡ와 사두ᄀᆡ의 누룩을 삼가ᄒᆞ라
뎨ᄌᆞ들이 모혀안져 서로의론 ᄒᆞᄂᆞᆫ말이
우리들이 먹을ᄯᅥᆨ을 가져오지 아님으로 이말ᄉᆞᆷ을 ᄒᆞ시ᄂᆞᆫ가
예수ㅣ 알으시고 뎌희ᄃᆞ려 닐ᄋᆞᆫ말ᄉᆞᆷ
적게밋ᄂᆞᆫ 무리들아 너희들이 엇지ᄒᆞ야
먹을ᄯᅥᆨ이 업슴으로 의론이 분분ᄒᆞ냐
너희들이 아직ᄭᆞ지 ᄭᆡ닷지 못ᄒᆞ도다
ᄯᅥᆨ다섯 덩어리로 오쳔인을 ᄂᆞᆫ화주고
부스럭이 거둔것이 몃광쥬리 되던것과

ᄯᅥᆨ닐곱 덩어리로 ᄉᆞ천인을 ᄂᆞᆫ화주고
부스럭이 주은것이 몃바군이 되던것을 ᄉᆡᆼ각지 못ᄒᆞᄂᆞ냐
바야흐로 뎨ᄌᆞ들이 누룩이라 ᄒᆞᄂᆞᆫᄯᅳᆺ은
바리ᄉᆡ와 사두ᄀᆡ의 교훈을 닐옴인줄 황연히 ᄭᆡᄃᆞᆺ더라

47. 의ᄆᆡᆼ가(醫盲歌) 뎨이 마가8 : 22~26

벳새다에 니르실ᄯᅢ 엇더ᄒᆞᆫ 사ᄅᆞᆷ들이
쇼경을 인도ᄒᆞ야 예수ᄭᅴ로 나아와셔 ᄆᆞᆫ지기를 쳥ᄒᆞ거ᄂᆞᆯ
쇼경을 붓드시고 마을노 나아가샤
그눈에 침바르고 ᄆᆞᆫ지시며 무르샤ᄃᆡ 네무엇이 보이ᄂᆞ냐
쇼경이 ᄃᆡ답ᄒᆞᄃᆡ 내가모든 사ᄅᆞᆷ들의
거러가ᄂᆞᆫ 것을보니 나무ᄀᆞᆺ치 뵈ᄂᆞ이다
다시손을 안찰(按察)ᄒᆞ니 쇼경이 ᄒᆞᆫ참동안
우러러 보더니만 나아가셔 만물들을 다ᄇᆞᆰ히 보ᄂᆞᆫ지라
그사ᄅᆞᆷ을 보내시며 분부ᄒᆞ야 닐ᄋᆞᆫ말ᄉᆞᆷ
너ᄂᆞᆫ다시 그마을노 가지말나 ᄒᆞ시더라

48. 베드로의 신앙고ᄇᆡᆨ가 마태16 : 13~20

이ᄯᅢ에 예수ᄭᅴ셔 가이사랴 빌닙보 디경에 니르러셔
뎨ᄌᆞᄃᆞ려 닐ᄋᆞᆫ말ᄉᆞᆷ 이셰샹 사ᄅᆞᆷ들이 인ᄌᆞ를 뉘라더냐
뎌희가 ᄃᆡ답ᄒᆞᄃᆡ 엇더ᄒᆞᆫ 사ᄅᆞᆷ들은 셰례요한 이라ᄒᆞ고
엇더ᄒᆞᆫ 사ᄅᆞᆷ들은 예레미야 션지인가
그러치 아니ᄒᆞ면 션지쟈중 ᄒᆞ나이다 의론이 만터이다

예수ㅣ 닐ᄋᆞ샤ᄃᆡ 너희의 무리들은 나를뉘로 알앗ᄂᆞ냐
베드로ㅣ ᄃᆡ답ᄒᆞ되 그리스도 우리쥬요
살아계신 하ᄂᆞ님의 아ᄃᆞᆯ인줄 아ᄂᆞ이다
예수ㅣ ᄀᆞᆯᄋᆞ샤ᄃᆡ 시몬바 요나야
너ᄂᆞᆫ복이 잇ᄂᆞᆫ쟈라 육신으로 이런ᄯᅳᆺ을
도뎌히 알수업고 하ᄂᆞ님의 지시업시 알쟈가 업ᄂᆞ니라
내가네게 닐ᄋᆞ노니 네일홈은 베드로라
내가이 반셕우에 내교회를 셰우노니
음부의 권셰로도 이긔지 못ᄒᆞ리라
내가텬국 열쇠로써 네게주어 맛기노니
네가이 셰상에셔 죄로ᄆᆡᆫ 사ᄅᆞᆷ들은
하ᄂᆞᆯ에 잇서셔도 죄에ᄆᆡ인 사ᄅᆞᆷ이오
네가이 셰상에셔 죄를풀어 준사ᄅᆞᆷ들은
하ᄂᆞᆯ에 잇서셔도 죄에풀닌 쟈이니라
이말ᄉᆞᆷ ᄆᆞᆺ치시고 뎨ᄌᆞ들을 향ᄒᆞ야셔
경계(警戒)ᄒᆞ야 ᄀᆞᆯᄋᆞ샤ᄃᆡ 너희모든 무리들은
그리스도 오셧다고 젼파ᄒᆞ지 말지어다

49. 부활표시가 뎨일 마태16 : 21~28

이ᄯᅢ브터 예수ᄭᅴ셔 당신이 몃칠후에
예루살넴 올나가셔 쟝로와 졔ᄉᆞ장과
모든 셔긔관들의게 고난을 만히밧고
죽엇다가 삼일만에 다시 살아나실것을 비로소 표시ᄒᆞ니
베드로ㅣ 이말듯고 예수ᄭᅴ 간ᄒᆞ야왈

내쥬여 이런일은 일졀멀니 ᄒᆞ옵쇼셔
이러ᄒᆞᆫ 참혹ᄒᆞᆫ일 엇지쥬끠 밋치릿가
예수몸을 도리키샤 베드로를 도라보며
ᄎᆡᆨ망ᄒᆞ여 ᄀᆞᆯᄋᆞ샤ᄃᆡ 사단아 물너가라
오놀날 네가나를 너머지게 ᄒᆞᄂᆞᆫ도다
이제네가 엇지ᄒᆞ야 하ᄂᆞ님의 거록ᄒᆞᆫ뜻
ᄉᆡᆼ각지 아니ᄒᆞ고 사ᄅᆞᆷ의 ᄉᆞᄉᆞ(私私)뜻만 ᄉᆡᆼ각ᄒᆞᄂᆞ냐ᄒᆞ고
뎨ᄌᆞᄃᆞ려 닐ᄋᆞ샤ᄃᆡ 날ᄯᆞ르랴 ᄒᆞᄂᆞᆫ쟈ᄂᆞᆫ
육신을 억제ᄒᆞ고 ᄌᆞ긔의 십ᄌᆞ가를 짊어지고 날ᄯᆞ르라
샹하귀쳔 무론ᄒᆞ고 제ᄉᆡᆼ명을 살니랴면
도로혀 일을지나 내일을 위ᄒᆞ여셔
ᄉᆡᆼ명을 일ᄂᆞᆫ쟈ᄂᆞᆫ 찻ᄂᆞᆫ날 이잇ᄂᆞ니라
텬하를 다엇고도 그ᄉᆡᆼ명을 일ᄂᆞᆫ쟈ᄂᆞᆫ 무엇이 유익ᄒᆞ랴
귀ᄒᆞ고 귀ᄒᆞᆫᄉᆡᆼ명 무엇으로밧골소냐
인ᄌᆞ가 영광중에 아바지의 텬ᄉᆞ들과 ᄒᆞᆫ가지로 오겟스니
그ᄣᅢ에 사ᄅᆞᆷ마다 ᄒᆡᆼᄒᆞᆫ대로 밧으리라
너희게 닐ᄋᆞ노니 여긔섯ᄂᆞᆫ 사ᄅᆞᆷ중에
육신이 살아잇서 인ᄌᆞ의 강림ᄒᆞᆷ을 볼사ᄅᆞᆷ이 잇스리라

50. 산샹변화가(山上變化歌) 마태17 : 1~13

엿ᄉᆡ후에 예수끠셔 베드로 야곱요한
세사ᄅᆞᆷ을 다리시고 놉흔산에 올나가샤
뎌희들 목젼에셔 형샹을 변화ᄒᆞ니
얼골이 ᄒᆡ빗ᄀᆞᆺ고 옷이희여 광ᄎᆡ난다

이ᄯᅢ모세 엘니야가 홀연히 나타나셔 예수와 말ᄉᆞᆷᄒᆞ니
베드로ㅣ 엿ᄌᆞ오되 여긔셔 사시ᄂᆞᆫ것
우리의게 뎍당ᄒᆞ니 쟝막셋을 지으서셔
쥬와모세 엘니야가 각기살게 ᄒᆞ옵쇼셔
이러케 말ᄒᆞᆯᄯᅢ에 오쇡치운 ᄀᆞ리우며
소릐잇서 닐ᄋᆞᆫ말ᄉᆞᆷ 이ᄂᆞᆫ나의 ᄉᆞ랑ᄒᆞ고 깃버ᄒᆞᄂᆞᆫ 아ᄃᆞᆯ이라
뎌만경ᄇᆡ ᄒᆞ라ᄒᆞ니 뎌희들이 이소릐에 두려워 업드린다
예수ㅣ 나아오샤 ᄆᆞᆫ지시며 위로ᄒᆞ니
뎌희가 졍신ᄎᆞ려 눈을들어 ᄉᆞᆲ혀본즉
두션지ᄂᆞᆫ 간ᄃᆡ업고 다만예수 뿐이러라
산에ᄂᆞ려 오실ᄯᅢ에 경계ᄒᆞ야 ᄀᆞᆯᄋᆞ샤ᄃᆡ
인ᄌᆞ가 죽엇다가 살아나기 젼ᄭᆞ지ᄂᆞᆫ
너희들의 목도ᄒᆞᆫ일 사ᄅᆞᆷ압헤 젼파말나
뎨ᄌᆞ들이 뭇ᄌᆞ오ᄃᆡ 셔긔관이 엇지ᄒᆞ야
엘니야가 몬져온다 긔록ᄒᆞ엿 ᄉᆞᆸᄂᆞ잇가
예수ㅣ ᄀᆞᆯᄋᆞ샤ᄃᆡ 엘니야가 과연와셔
내게ᄃᆡᄒᆞᆫ 모든일을 회복ᄒᆞ게 ᄒᆞᆯ지니라
내가다시 닐ᄋᆞ노니 엘니야가 임의와도
너희가 몰나보고 ᄃᆡ졉아니 ᄒᆞ엿ᄂᆞ니
인ᄌᆞ도 그와ᄀᆞᆺ치 살해를 맛나리라
그ᄯᅢ에야 뎨ᄌᆞ들이 예수의 ᄒᆞ신말ᄉᆞᆷ
셰례요한 닐ᄋᆞᆷ인줄 심즁에 ᄭᆡᄃᆞᆺ더라

51. 쇼ᄋᆞ병유가(小兒病癒歌) 마가9 : 14~29

요한야곱 베드로가 무리들 잇ᄂᆞᆫ곳에
니르러셔 ᄉᆞᆲ혀보니 허다ᄒᆞᆫ 무리들이
ᄉᆞ면에 둘너선중 셔긔관의 무리들이
더부러 힐난터니 예수의 오심보고
일변으로 경겁(驚怯)ᄒᆞ야 달아와셔 문안ᄒᆞᆫ다
뎌들의게 무르샤ᄃᆡ 힐난(詰難)홈은 엇짐이뇨
ᄒᆞᆫ사ᄅᆞᆷ이 엿ᄌᆞ오ᄃᆡ 션ᄉᆡᆼ이여 제ᄌᆞ식이
벙어리 샤귀들녀 샤귀가 진누르면
어ᄃᆡ던지 걱구러져 침흘니며 니를갈아
척골이 되온지라 션ᄉᆡᆼ님의 뎨ᄌᆞᄃᆞ려
내여쏫차 달냇더니 쏫지못 ᄒᆞᄂᆞ이다
ᄃᆡ답ᄒᆞ야 ᄀᆞᆯᄋᆞ샤ᄃᆡ 밋지아ᄂᆞᆫ 이셰ᄃᆡ여
내가너희 무리들과 오래동안 ᄀᆞᆺ치잇서
만히참고 용셔홈을 너희들도 ᄋᆞᆫ바니
네아ᄃᆞᆯ을 인도ᄒᆞ야 내압흐로 다려오라
갓가히 나아오매 샤귀를 ᄭᅮ지져왈
샤귀야 나가거라 샤귀가 ᄋᆞ히몸을
오그라 들게ᄒᆞ니 ᄯᅡ우에 업더져셔 구을며 침흘닌다
아비ᄃᆞ려 무르샤ᄃᆡ 네아ᄃᆞᆯ의 병든지가 얼마나 되엿ᄂᆞ냐
아비가 ᄃᆡ답ᄒᆞᄃᆡ 어렷슬 ᄯᅢ로브터 샤귀가 죽이랴고
물과불에 던지오니 긍휼을 베프시샤
곳칠능력 계시거든 능력을 베프쇼셔
ᄃᆡ답ᄒᆞ야 ᄀᆞᆯᄋᆞ샤ᄃᆡ 나를밋ᄂᆞᆫ 쟈의게ᄂᆞᆫ

능치 못홀일이 ᄒᆞ나도 업ᄂᆞ니라
큰소리로 간구ᄒᆞᄃᆡ 내가쥬를 밋ᄉᆞ오니
내밋음은 부족ᄒᆞ나 권고(眷顧)ᄒᆞ야 주옵쇼셔
예수와 뎨ᄌᆞ들이 샤귀를 향ᄒᆞ여셔
ᄭᅮ지져 ᄀᆞᆯᄋᆞ샤ᄃᆡ 사ᄅᆞᆷ의 입과귀의
ᄌᆞ유를 방해ᄒᆞᄂᆞᆫ 샤귀야 물너가고 다시드러 가지말나
샤귀가 야단치며 ᄋᆞ희의게 달녀드러
ᄋᆞ희의 손과발을 오그라 들게ᄒᆞᆫ다
ᄋᆞ희가 긔졀ᄒᆞ니 보ᄂᆞᆫ쟈가 발ᄒᆞ기를 죽엇나 ᄒᆞᄂᆞᆫ지라
예수가 그ᄋᆞ희의 손을잡아 니르키니
뎨ᄌᆞ의 무리들이 죵용히 뭇ᄌᆞ오ᄃᆡ
우리들은 엇지ᄒᆞ야 이권능이 업ᄂᆞᆫ잇가
예수ㅣ 닐ᄋᆞ샤ᄃᆡ 진실노 닐ᄋᆞ노니
긔도를 아니ᄒᆞ면 이러ᄒᆞᆫ 샤귀들을 내여ᄶᅩᆺ지 못ᄒᆞ리라

52. 부활표시가 뎨이 마가9：30~32

그곳에셔 발졍(發程)[218]ᄒᆞ야 갈닐니를 지나시며
뎨ᄌᆞᄃᆞ려 닐ᄋᆞ샤ᄃᆡ 인ᄌᆞ를 ᄂᆞᆷ의손에
붓처줄쟈ㅣ 잇스리니 잡혀가셔 죽엇다가
장ᄉᆞᄒᆞᆫ지 뎨삼일에 다시 살아날지니라
뎨ᄌᆞ들중 이말숨을 ᄭᆡᄃᆞᆺᄂᆞᆫ쟈 ᄒᆞ나업고
심즁에 두려워셔 뭇지도 못ᄒᆞ더라

---

218) 발졍(發程) : 길을 떠남.

53. 셩뎐세가(聖殿稅歌) 마태17 : 24~27

가버나움 차자가니 셩젼세(聖殿稅)를 밧는쟈가

베드로게 닐ᄋᆞ기를 그ᄃᆡ의 션싱님은 셩뎐세를 안내ᄂᆞ냐

내신다 ᄃᆡ답하고 집으로 드러가니

예수몬져 무르샤ᄃᆡ 시몬아 네싱각에

이셰샹의 군왕들이 ᄌᆞ긔의 ᄌᆞ녀의게

관세(關稅)이나 뎡세(定稅)이나 여일히 거두ᄂᆞ냐

베드로ㅣ ᄃᆡ답ᄒᆞᄃᆡ 의인의게 밧ᄂᆞ이다

예수ㅣ ᄀᆞᆯᄋᆞ샤ᄃᆡ 그런즉 나는세를

아니낼수 잇지마는 뎌희의게 거리낌이 잇슬가 념려되니

바다가로 바로가셔 낙시를 뎐젓다가

먼져올나 오는고기 잡아내여 입을열면

돈일원이 잇스리니 나와너를 위ᄒᆞ여셔 세를내라 ᄒᆞ시더라

54. 겸손과 용셔가 마태18 : 1~35

예수집에 계실때에 뎨ᄌᆞᄃᆞ려 무르샤ᄃᆡ

너희들이 즁로(中路)에셔 다토기는 무숨일고

뎌희가 좀좀홈은 즁로에 잇슬때에 누가크뇨 홈이러라

십이뎨ᄌᆞ 불너세고 친졀히 닐ᄋᆞ샤ᄃᆡ

내가이제 말ᄒᆞ노니 머리되랴 ᄒᆞ는쟈는

인즁(人中)에 말(末)이되야 섬기는쟈 될지니라

ᄋᆞ희ᄒᆞ나 다려다가 그가온ᄃᆡ 세우시고

뎨ᄌᆞᄃᆞ려 닐ᄋᆞ샤ᄃᆡ 누구던지 무론ᄒᆞ고

나를영졉 ᄒᆞᄂᆞᆫ쟈ᄂᆞᆫ 날보내신 아바지를 영졉ᄒᆞᄂᆞᆫ 쟈이니라
요한이 엿ᄌᆞ오ᄃᆡ 우리들이 ᄉᆞᆲ혀보니
뉘가쥬의 일홈으로 샤귀ᄂᆞᆫ ᄶᅩᆺ츠면셔
우리를 멀니ᄒᆞ며 ᄯᅡ르지 안옴으로 뎌를거졀 ᄒᆞᄂᆞ이다
예수ㅣ ᄀᆞᆯᄋᆞ샤ᄃᆡ 거졀ᄒᆞ지 말지어다
내일홈을 의탁ᄒᆞ야 긔능(能)을 힝ᄒᆞ면셔
우리를 무시ᄒᆞ야 욕ᄒᆞᄂᆞᆫ쟈 업ᄂᆞ니라
너희의 무리들을 거역지 안ᄂᆞᆫ쟈ᄂᆞᆫ 나를밧ᄂᆞᆫ 쟈이니라
너희모든 사ᄅᆞᆷ들은 나의게 쇽ᄒᆞᆫ쟈라
누구던지 무론ᄒᆞ고 물ᄒᆞᆫ잔을 가져다가
마시우게 ᄒᆞᄂᆞᆫ쟈ᄂᆞᆫ 결단코 밧을샹을 일치아니 ᄒᆞᆯ터이오
나를밋ᄂᆞᆫ 쇼ᄌᆞ들노 범죄ᄒᆞ게 ᄒᆞᄂᆞᆫ쟈ᄂᆞᆫ
ᄎᆞᆯ하리 ᄆᆡ돌ᄶᅡᆨ을 뎌의목에 ᄆᆡ여달아
바다에 던지ᄂᆞᆫ것 오히려 나으리라
다수ᄒᆞᆫ ᄇᆡᆨ셩으로 죄과를 범케ᄒᆞᄂᆞᆫ
흉악ᄒᆞᆫ 이셰샹아 앙화가 잇스리라
죄를범케 ᄒᆞᄂᆞᆫ일이 업슬수ᄂᆞᆫ 업지마ᄂᆞᆫ
죄를범케 ᄒᆞᄂᆞᆫ쟈ᄂᆞᆫ 앙화를 밧으리라
네손이나 네발이나 너를죄에 ᄲᅡ치거든 ᄶᅵᆨ어셔 ᄇᆞ리어라
샹ᄒᆞ고 병신되야 영ᄉᆡᆼ길노 가ᄂᆞᆫ것이
두손두발 다가지고 ᄶᅥ지잔ᄂᆞᆫ 디옥불에
영원히 ᄲᅡ짐보다 오히려 나으리라
네눈이 너를ᄭᅬ어 죄과를 범케ᄒᆞ면 ᄲᅢ어셔 ᄇᆞ리어라
ᄒᆞᆫ눈만 가지고셔 영ᄉᆡᆼ을 엇ᄂᆞᆫ것이
두눈을 다가지고 디옥불에 ᄲᅡ짐보다 오히려 됴흐리라

쇼ᄌᆞ즁 ᄒᆞᆫ나라도 멸시ᄒᆞ지 말지어다
너희의게 닐ᄋᆞ노니 쇼ᄌᆞ들의 텬ᄉᆞ들이
하늘우에 ᄒᆞᆼ상잇서 하ᄂᆞ님 아바지의
얼골을 뵈이ᄂᆞ니 너희들은 ᄉᆡᆼ각ᄒᆞ라
엇더ᄒᆞᆫ 목양쟈가 일ᄇᆡᆨ마(리) 양쎼중에
ᄒᆞᆫ마리가 길일흐면 아혼아홉 마리양을
본쳐(本處)에 노하두고 산야를 편답(遍踏)ᄒᆞ며
길일흔 양ᄒᆞᆫ마리를 찻지아니 ᄒᆞ겟ᄂᆞ냐
만일에 찻게되면 이젼날에 일치안은
아흔아홉 마리보다 더욱ᄉᆞ랑 흠과ᄀᆞᆺ치
쇼ᄌᆞ즁의 ᄒᆞᆫ나라도 거연(遽然)히 일ᄂᆞᆫ일은
하ᄂᆞ님 아바지가 깃버아니 ᄒᆞ시ᄂᆞ니
형뎨즁에 ᄒᆞᆫ나라도 너희의게 범죄커든
그형뎨를 차자가셔 죵용히 [책?]망ᄒᆞ라
뎌가만일 도리켜셔 지은죄를 자복ᄒᆞ면
네형뎨를 구홈이오 ᄌᆞ복지 아니커든
ᄒᆞᆫ증인 두증인을 다리고 차자가서
이말뎌말 증거ᄒᆞ야 그말도 안듯거든
교회즁에 공포ᄒᆞ고 교회말도 안듯거든
이방인과 셰리쳐럼 범연히 볼지니라
내가네게 닐ᄋᆞ노니 너희가 셰상에서
죄를풀어 주ᄂᆞᆫ쟈ᄂᆞᆫ 하늘우에 잇서셔도 풀니ᄂᆞᆫ쟈 될지니라
내가다시 닐ᄋᆞ노니 너희즁에 두사ᄅᆞᆷ이
합심ᄒᆞ야 긔도ᄒᆞ면 우에계신 텬부씌셔
일우어 주시겟고 어ᄃᆡ던지 두세사ᄅᆞᆷ

내일홈을 의지ᄒᆞ야 회집(會集)ᄒᆞᄂᆞᆫ 쳐소마다
나도ᄯᅩᄒᆞᆫ 그가온ᄃᆡ ᄒᆞᆫ가지로 잇스리라
그ᄯᅢ에 베드로가 나아와셔 ᄒᆞᄂᆞᆫ말이
쥬여우리 형뎨들이 나의게 득죄ᄒᆞ면
몃번이나 샤(赦)ᄒᆞ릿가 칠ᄎᆞ(七次)ᄭᆞ지 샤ᄒᆞ릿가
예수ㅣ 닐ᄋᆞ샤ᄃᆡ 내가네게 닐ᄋᆞ노니
칠ᄎᆞ뿐 아니니라 칠십번식 칠ᄎᆞ라도 용셔ᄒᆞ여 줄지어다
비유ᄒᆞ나 드러보라 텬국은 엇더ᄒᆞᆫ고
인군(人君)이 그신하와 ᄌᆡ젼(財錢)을 회게ᄒᆞᆯ제
황금만량 빗진쟈를 불너다가 내라ᄒᆞ니 갑흘길이 업ᄂᆞᆫ지라
인군이 대노ᄒᆞ야 뎌ᄃᆞ려 ᄒᆞᄂᆞᆫ말이
몸과쳐와 ᄌᆞ식들과 잇ᄂᆞᆫ것을 다팔아셔
내금을 청장(淸帳)219) ᄒᆞ라 그신ᄒᆞ가 익걸ᄒᆞᄃᆡ
쥬여잠간 ᄎᆞᆷ으시면 몰수히 갑흐리다
불샹히 녁이어셔 빗을탕감 ᄒᆞ엿더니
신하가 나가다가 ᄌᆞ긔의게 ᄇᆡᆨ량빗진
사ᄅᆞᆷ을 붓들고셔 목을잡고 닐ᄋᆞᆫ말이
당쟝에 내돈내라 그사ᄅᆞᆷ이 업ᄃᆡ여셔
ᄋᆡ걸ᄒᆞ며 ᄒᆞᄂᆞᆫ말이 잠간만 ᄎᆞᆷ아주면 몰수히 갑흐리다
허락지 아니ᄒᆞ고 ᄌᆞ긔빗 갑기ᄭᆞ지
감옥에 구류ᄒᆞ니 동관(同官)들이 ᄆᆡᆸ게녁여
뎌의ᄒᆞ던 젼후일을 인군의게 알외인ᄃᆡ
인군이 대노ᄒᆞ야 그신하를 불너다가

219) 청장(淸帳) : 장부(帳簿)를 청산한다는 뜻으로, 빚 따위를 깨끗이 갚음을 이르는 말.

ᄭᅮ지즈며 ᄒᆞᄂᆞᆫ말이 악ᄒᆞᆫ쟈여 악ᄒᆞᆫ쟈여
네가젼에 ᄋᆡ걸키로 졍샹(情狀)이 가긍(可矜)야
탕감ᄒᆞ야 주엇스니 네가나의 긍휼지심(矜恤之心)
닛지말고 본밧음이 당연ᄒᆞᆫ 일이어ᄂᆞᆯ
엇지그리 잔인ᄒᆞ뇨 명ᄒᆞ야 옥에ᄂᆞ려 빗을도로 밧앗ᄂᆞ니
내게쇽ᄒᆞᆫ 너희들은 진심으로 형뎨죄를 용셔ᄒᆞ지 아니ᄒᆞ면
텬부도 너희의게 이와ᄀᆞᆺ지 ᄒᆞ시리라

55. 비리아젼도가 요한7 : 2~10

유대인의 직혀오ᄂᆞᆫ 장막졀(帳幕節)[220]에 갓가오니
예수의 동싱들이 예수의게 닐ᄋᆞ기를
이곳을 하직ᄒᆞ고 유대ᄯᅡ에 가서살며
뎨ᄌᆞ의 무리들노 그ᄃᆡ의 힝ᄒᆞᄂᆞᆫ일 그눈으로 보게ᄒᆞ라
일홈을 내랴ᄒᆞ면 뭇처살며 일ᄒᆞᄂᆞᆫ쟈 고금에 졀무(絶無)ᄒᆞ니
큰일을 힝ᄒᆞ랴면 셰샹에셔 나타내라
예수ㅣ ᄀᆞᆯᄋᆞ샤ᄃᆡ 그ᄃᆡ들은 이셰샹에
ᄒᆞᆼ샹살아 잇ᄂᆞᆫ동안 뮈워ᄒᆞᄂᆞᆫ 쟈업스ᄃᆡ
나ᄂᆞᆫ잠시 사ᄂᆞᆫ동안 셰인의 악ᄒᆞᆫ일을
드러내여 말홈으로 나를심히 뮈워ᄒᆞ야 해ᄒᆞ랴고 ᄒᆞᄂᆞ니라
너희들만 올나가셔 졀긔를 직히어라
나의ᄣᅢᄂᆞᆫ 멀엇스니 나ᄂᆞᆫ가지 안켓노라

---

220) 장막절(帳幕節) : 유대 인들의 삼대 명절 가운데 하나. 이스라엘 사람들이 이집트에서 나와 광야에 장막을 치고 살았던 일을 기념하는 날로, 그들의 추수 감사절이다.

이말숨 뭋치시고 갈닐니에 계시다가
당신의 동싱들이 졀긔를 직히랴고
유대로 올나간후 당신도 올나갈식
드러나게 안가시고 ᄀᆞ만히 가시니라

56. 쟝막졀가 요한11 : 11~52

졀긔를 당ᄒᆞ야셔 유대모든 사ᄅᆞᆷ들이
예수를 수식(搜索)하며 의론이 분분ᄒᆞ다
엇던이ᄂᆞᆫ 닐ᄋᆞ기를 착ᄒᆞᆫ사ᄅᆞᆷ 이라ᄒᆞ고
엇던이ᄂᆞᆫ 일ᄋᆞ기를 아니라 우리들을
미혹ᄒᆞᄂᆞᆫ 쟈라ᄒᆞ나 명빅히 지뎍ᄒᆞ야 말ᄒᆞᄂᆞᆫ쟈 업ᄂᆞᆫ것은
유대의 민즁들을 두려워 홈이러라
졀긔즁 엇던날에 셩뎐에 올나가샤 사ᄅᆞᆷ들을 ᄀᆞᄅᆞ치니
유대국 인민들이 긔히녁여 ᄒᆞᄂᆞᆫ말이
이사ᄅᆞᆷ이 자ᄋᆞ시(自兒時)로[221] 빅흔것이 업섯거놀 글을앎은 엇짐이뇨
예수ㅣ ᄀᆞᆯᄋᆞ샤ᄃᆡ 내입에셔 나ᄂᆞᆫ교훈
ᄌᆞ의로 아니ᄒᆞ고 나를보낸 아바지를 ᄃᆡ신ᄒᆞᆫ 교훈이라
하ᄂᆞ님의 거록ᄒᆞᆫᄠᅳᆺ 준힝ᄒᆞ랴 ᄒᆞᄂᆞᆫ쟈ᄂᆞᆫ
이제나의 말ᄒᆞᆫ교훈 샹뎨(上帝)ᄭᅴ로 나왓ᄂᆞᆫ지
ᄌᆞ의(自意)대로 ᄒᆞᆫ말인지 분별ᄒᆞ야 알지니라
제영광만 아ᄂᆞᆫ쟈ᄂᆞᆫ ᄌᆞ긔의 쥬의대로 교훈을 ᄒᆞ거니와
보내신 아바지의 영광만 아ᄂᆞᆫ쟈ᄂᆞᆫ

221) 자아시(自兒時)로 : 어릴 때부터.

아바지의 ᄎᆞᆷ된의를 ᄀᆞᄅᆞ쳐 젼ᄒᆞᄂᆞ니
그속에 불의ᄒᆞᆫ것 일호(一毫)도 업ᄂᆞ니라
모세가 너희의게 률법을 주엇스나
너희즁 ᄒᆞᆫ사ᄅᆞᆷ도 직히지 아니ᄒᆞ고
웨나를 해ᄒᆞ랴고 이리뎌리 ᄭᅬᄒᆞᄂᆞ냐
무리가 ᄃᆡ답ᄒᆞᄃᆡ 너ᄂᆞᆫ샤귀 들닛도다
누가너를 죽이리오 ᄃᆡ답ᄒᆞ야 ᄀᆞᆯᄋᆞ샤ᄃᆡ
내가죵죵 안식일에 병인을 곳침으로
너희모든 무리들이 격분ᄒᆞ야 ᄒᆞᄂᆞᆫ도다
내리유를 드러보라 모세가 너희의게 할례를 주엇스나
실상은 모세게로 나오지 아니ᄒᆞ고 조샹의게 나왓ᄂᆞ니
너희들이 안식일에 사ᄅᆞᆷ의게 할례줌은
모세의준 률법만 준힝코져 ᄒᆞᆷ이로다
그런즉 너희들은 외모로 판단말고 공의로 판단ᄒᆞ라
예루살넴 사ᄅᆞᆷ중에 혹쟈ᄂᆞᆫ 말ᄒᆞ기를
유대모든 무리들의 죽이랴 ᄒᆞᄂᆞᆫ쟈가 이사ᄅᆞᆷ이 아닌가
이제여긔 니르러셔 드러나게 셜명ᄒᆞ되
ᄒᆞᆫ사ᄅᆞᆷ도 말못ᄒᆞ니 관원ᄭᆞ지 이사ᄅᆞᆷ을 그리스도로 알앗ᄂᆞᆫ가
그리스도 강림ᄒᆞ면 어ᄃᆡ로 오시ᄂᆞᆫ지 아ᄂᆞᆫ쟈ㅣ 업겟지만
우리유대 사ᄅᆞᆷ은 이사ᄅᆞᆷ의 소종ᄅᆡ(所從來)[222]를 아노라 말ᄒᆞ더라
예수ᄭᅴ셔 셩뎐에셔 사ᄅᆞᆷ들을 교훈ᄒᆞ며
크게웨쳐 ᄀᆞᆯᄋᆞ샤ᄃᆡ 너희유ᄃᆡ 민즁들이
나의근본 소종ᄅᆡ를 안다고 ᄒᆞᆫ다마ᄂᆞᆫ

---

222) 소종래(所從來) : 지내 온 근본 내력.

내가나의 ᄌᆞ의대로 온것이 아니로라
인ᄌᆞ를 명ᄒᆞ야셔 탄강(誕降)ᄒᆞ게 ᄒᆞ신이ᄂᆞᆫ
텬다를 쥬직ᄒᆞᄂᆞᆫ 춤되신 신이시니
너희들은 모로지만 나ᄂᆞᆫ본릐 잘아노니
나ᄂᆞᆫ그로 쏫차나셔 보내심을 닙엇노라
뎌희가 격분ᄒᆞ야 잡고져 ᄒᆞ지마ᄂᆞᆫ
잡ᄂᆞᆫ쟈ㅣ 업ᄂᆞᆫ것은 잡힐때가 못됨이라
유대의 민즁들이 만히밋고 ᄒᆞᄂᆞᆫ말이
그리스도 오실때에 힝ᄒᆞ실 긔ᄉᆞ이져
엇지 이사름보다 더만히 힝ᄒᆞ리오
바리식 교인들이 이의론의 말을듯고
제ᄉᆞ장과 의론ᄒᆞᆫ후 잡으러 보내이니
예수ㅣ 닐ᄋᆞ샤ᄃᆡ 내가잠시 너희들과
ᄒᆞᆫ가지로 거ᄒᆞ다가 나를보낸 아바지끠
도라갈 예뎡인즉 너희들이 다시나를 차자도 못맛나고
나의잇ᄂᆞᆫ 쳐소에도 오지 못ᄒᆞᆯ지니라
유대의 민즁들이 뎌희끼리 ᄒᆞᄂᆞᆫ말이
알수업다 이사름이 어ᄃᆡ로 가겟기에
차자도 못찻ᄂᆞᆫ다 대답ᄒᆞ며 말ᄒᆞᄂᆞᆫ고
헬나에 흣허사ᄂᆞᆫ ᄌᆞ긔동족 차자가셔
헬나의 사름들을 ᄀᆞᄅᆞ쳐 보랴ᄂᆞᆫ가
날차자도 못맛나고 나잇ᄂᆞᆫ 쳐소에도
못온다 장담ᄒᆞ니 웬말인가 의심ᄒᆞ야 의론이 분분터라
졀긔즁 ᄭᅳᆺ헤날은 유명ᄒᆞᆫ 큰날이라
서셔웨쳐 ᄀᆞᆯᄋᆞ사ᄃᆡ 목마른 쟈이어든

내게와셔 마시여라 사ᄅᆞᆷ이 날밋으면
셩경에 닐옴ᄀᆞᆺ치 ᄇᆡ에셔 ᄉᆡᆼ명수가 강물ᄀᆞᆺ치 흐르리라
이와ᄀᆞᆺ치 말슴ᄒᆞᆷ은 이셰샹 신쟈의게 밧을셩신 닐옴이나
이ᄯᅢ에도 쥬의셩신 ᄂᆞ리지 아니ᄒᆞᆷ은
예수ᄭᅴ셔 아직ᄭᆞ지 영광엇지 못ᄒᆞᆷ이라
무리가 이말듯고 엇던이ᄂᆞᆫ 닐ᄋᆞ기를 션지쟈 왓다ᄒᆞ고
엇던이ᄂᆞᆫ 닐ᄋᆞ기를 그리스로 왓다ᄒᆞ며
엇던이ᄂᆞᆫ 말ᄒᆞ기를 그리스도 엇지ᄒᆞ야
갈닐니에 낫스리오 셩경이 닐ᄋᆞ기를
쥬의보낸 그리스도 다윗의 ᄌᆞ손으로
다윗고향 벧엘네헴 촌에셔 나시리라 ᄒᆞ지아니 ᄒᆞ엿ᄂᆞ냐
예수로 인ᄒᆞ야셔 변론이 분분ᄒᆞ니
잡으랴 ᄒᆞᄂᆞᆫ쟈도 감히잡지 못ᄒᆞ더라
관리들이 도라오니 제ᄉᆞ장의 무리들과
바리ᄉᆡ 교인들이 뎌희ᄃᆞ려 닐ᄋᆞ기를
잡아오지 아니ᄒᆞᆷ은 엇지ᄒᆞᆫ 리유인고
뎌희가 ᄃᆡ답ᄒᆞᄃᆡ 이셰샹에 예수처럼
구변이 됴혼쟈가 네로브터 오늘ᄭᆞ지 업슬줄노 아ᄂᆞ이다
바리ᄉᆡ 교인들이 ᄭᅮ지즈며 ᄒᆞᄂᆞᆫ말이
이제너희 무리들도 미혹을 밧앗도다
바리ᄉᆞ 교인이나 유대 모든관리즁에 밋ᄂᆞᆫ쟈가 잇나보라
우리유대 민즁들이 률법에 막ᄆᆡᄒᆞ니 져주를 밧으리라
젼에예수 차자왓던 바리ᄉᆡ인 니고데모
뎌희ᄃᆞ려 ᄒᆞᄂᆞᆫ말이 말도드러 보지안코
ᄒᆡᆼᄒᆞᆫ일도 모로고셔 죄브터 먼져줌은

우리무리 률법상에 위반이 되ᄂᆞ니라
뎌희들이 ᄃᆡ답ᄒᆞᄃᆡ 너도ᄯᅩᄒᆞᆫ 예수ᄀᆞᆺ치
갈닐니 출싱이냐 ᄌᆞ세히 샹고(詳考)ᄒᆞ라
갈닐니 쳔향(賤鄕)에셔 유명ᄒᆞᆫ 션지쟈가 출싱홀리 만무니라

57. 음부피착가(淫婦被捉歌) 요한7 : 50~8 : 11

다수ᄒᆞᆫ 군즁들이 제각기 귀가ᄒᆞ고
예수혼자 감람산에 올나가 계시다가
아참에 ᄂᆞ려와셔 셩뎐에 드러가니
빅셩들이 나오거놀 안져교훈 ᄒᆞ실때에
ᄒᆞᆫ계집이 음힝죄로 당쟝에 잡힌지라
바리식와 셔긔관이 예수ᄭᅴ로 ᄭᅳᆯ고와셔
ᄒᆞᆫ가온ᄃᆡ 세워노코 질문ᄒᆞ야 ᄒᆞᄂᆞᆫ말이
션싱이여 이계집이 음힝ᄒᆞ다 잡혓스니
모세의 률법칙에 우리를 명ᄒᆞ야셔
이런계집 맛나거든 돌노치라 ᄒᆞ엿스니
션싱의 의향에ᄂᆞᆫ 엇더케 싱각ᄒᆞ오
이와ᄀᆞᆺ치 무러봄은 예수를 시험ᄒᆞ야
송ᄉᆞ홀 빙거(憑據)[223]거리 엇고져 홈이러라
예수ᄭᅴ셔 몸을굽혀 당신의 손가락으로
ᄯᅡᆼ바닥에 글시쓰니 뎌희들이 질문홈을 긋치지 안ᄂᆞᆫ지라
예수ᄭᅴ셔 니러나샤 ᄃᆡ답ᄒᆞ야 ᄀᆞᆯᄋᆞ샤ᄃᆡ
너희즁에 누구던지 죄ᄒᆞ나도 업ᄂᆞᆫ쟈가

---

223) 빙거(憑據) : 사실을 증명할 근거를 댐. 또는 그 근거.

몬져돌노 치라ᄒᆞ고 ᄯᅩ몸을 굽히시고
손가락을 다시펴셔 ᄯᅡᆼ바닥에 글시쓰니
어룬브터 ᄋᆞ히ᄭᆞ지 낫낫치 다나가고
예수홀노 계신즁에 그계집만 남은지라
예수ㅣ 니러나샤 녀인ᄃᆞ려 닐ᄋᆞ샤ᄃᆡ
녀인아 모힌쟈가 어ᄃᆡ로 다갓ᄂᆞᆫ냐
네죄를 뎡ᄒᆞᄂᆞᆫ쟈 ᄒᆞ나도 업단말가
내쥬여 업ᄂᆞ이다 예수ㅣ ᄀᆞᆯᄋᆞ샤ᄃᆡ
나역시 너의몸에 죄를주지 아니ᄒᆞ니
가셔다시 죄의일을 범치말나 ᄒᆞ시더라

58. 예루살넴젼도가 요한8 : 12~59

예수ㅣ ᄯᅩ닐ᄋᆞ샤ᄃᆡ 나ᄂᆞᆫ곳 이셰샹에 빗초이ᄂᆞᆫ 광명이니
나를ᄯᆞ라 오ᄂᆞᆫ쟈ᄂᆞᆫ 흑암즁에 힝치안코 싱명의빗 엇으리라
바리식 교인들이 분ᄒᆞ야 ᄒᆞᄂᆞᆫ말이
네가너를 증거ᄒᆞ니 ᄉᆞᄉᆞ로 증거홈은 참되지 못ᄒᆞ니라
ᄃᆡ답ᄒᆞ야 ᄀᆞᆯᄋᆞ샤ᄃᆡ 내가나를 위ᄒᆞ여셔
ᄉᆞᄉᆞ로 증거ᄒᆞ되 내증거ᄂᆞᆫ 참되니라
그런즉 나ᄂᆞᆫ내가 어ᄃᆡ셔 나왓스며
어ᄃᆡ로 ᄯᅥ날것을 분명히 알지마ᄂᆞᆫ
너희모든 무리들은 나의오고 가ᄂᆞᆫ것을 아지 못ᄒᆞᄂᆞ니라
너희ᄂᆞᆫ 외모로써 사름을 판단ᄒᆞ나
나ᄂᆞᆫ무론 누구던지 판단치 안커니와
만일내가 판단ᄒᆞ면 그판단은 확실홈은 무슴 리유인고ᄒᆞ니

나ᄂᆞᆫ혼자 잇지안코 나를보낸 아바지가 나와ᄒᆞᆷᄭᅴ 계심이라
률법에 닐넛스되 두사ᄅᆞᆷ이 증거ᄒᆞ면 ᄎᆞᆷ되다 ᄒᆞ엿스니
나ᄂᆞᆫ 나를위ᄒᆞ여셔 증거를 ᄒᆞᄂᆞᆫ쟈요
나를보낸 아바지도 나를증거 ᄒᆞ나니라
뎌희들이 ᄯᅩ무르ᄃᆡ 이제네 아바지가
어ᄂᆞ곳에 잇단말고 ᄃᆡ답ᄒᆞ야 ᄀᆞᆯᄋᆞ샤ᄃᆡ
너희즁 내가뉜지 아ᄂᆞᆫ쟈가 업슴으로
날보내신 아바지를 아ᄂᆞᆫ쟈가 ᄒᆞ나업다
니를몬져 알앗더면 날보내신 이비지를 발서 알앗슬지니리
니말ᄉᆞᆷ은 셩뎐에셔 사ᄅᆞᆷ들을 ᄀᆞᄅᆞ칠ᄯᅢ
연보궤(捐補櫃) 압헤서셔 펼처노코 ᄒᆞ셧스나
잡ᄂᆞᆫ쟈가 업ᄂᆞᆫ것은 이세샹을 ᄯᅥ날ᄯᅢ가
니르지 못ᄒᆞᆷ이라 ᄯᅩ닐너 ᄀᆞᆯᄋᆞ샤ᄃᆡ
나ᄂᆞᆫ쟝ᄎᆞ ᄯᅥ나리니 너희들이 날찻다가
너희의 죄가온ᄃᆡ ᄌᆞ진ᄒᆞ야 쇼진되고
나의가ᄂᆞᆫ 쳐소에ᄂᆞᆫ 오ᄂᆞᆫ쟈가 업스리라
뎌희들이 ᄒᆞᄂᆞᆫ말이 ᄌᆞ긔의 가ᄂᆞᆫ곳은
너희가 못오리라 망녕되히 발론(發論)ᄒᆞ니
뎌가필시 제목숨을 ᄭᅳᆫ흐랴 ᄒᆞᆷ이로다
예수ㅣ ᄀᆞᆯᄋᆞ샤ᄃᆡ 너희의 무리들은
이죄악 셰샹에셔 출싱ᄒᆞᆫ 쟈이지만
태초브터 나ᄂᆞᆫ본시 우에셔 난쟈이라
그런즉 너희들은 이셰샹에 붓ᄒᆞᆫ쟈요
나ᄂᆞᆫ본시 이셰샹에 붓지 아니ᄒᆞᆫ쟈므로
내말이 너희들은 너희의 죄악즁에 죽으리라 ᄒᆞ엿노니

나를밋지 안ᄂᆞᆫ쟈ᄂᆞᆫ 그죄에셔 죽으리라
뎌희가 ᄯᅩ무르되 너ᄂᆞᆫ과연 누구인고
예수ㅣ ᄀᆞᆯᄋᆞ샤되 처음브터 내가네게
여러번 ᄀᆞᄅᆞ치며 만히판단 ᄒᆞ엿노라
나를보낸 아바지ᄂᆞᆫ 셩실ᄒᆞ신 신이시니
아버지ᄭᅴ 드른것을 너희의게 닐ᄋᆞ노라
예수의 이말ᄉᆞᆷ이 하ᄂᆞ님 아바지를 ᄇᆞᆰ히 ᄀᆞᄅᆞ치셧것만 ᄭᆡᄃᆞᆺ지 못
ᄒᆞ더라
예수ㅣ ᄯᅩ닐ᄋᆞ샤ᄃᆡ 너희유대 사ᄅᆞᆷ들이
인ᄌᆞ를 ᄆᆡ단후에 인ᄌᆞ가 누구인지 ᄭᆡᄃᆞ라 알터이오
ᄌᆞ의대로 힝치안코 아버지의 말ᄉᆞᆷ대로 말ᄒᆞᆫ줄도 알지니라
날보내신 아바지ᄂᆞᆫ 나와ᄒᆞᆷᄭᅴ 계시도다
하ᄂᆞ님 아바지가 나를심이 ᄉᆞ랑ᄒᆞ샤
혼자두지 아니심은 여러깃버 ᄒᆞ시ᄂᆞᆫ일 쉬지안코 힝홈이라
이말ᄉᆞᆷ ᄆᆞᆺ치시니 여럿이 밋ᄂᆞᆫ지라
임의밋은 유대인을 향ᄒᆞ야 닐ᄋᆞ샤ᄃᆡ
임의밋은 너희들아 너희가 내도안에
ᄯᅥ나지 아니ᄒᆞ면 내뎨ᄌᆞ가 될것이오
진리를 알터이니 진리가 너희들의 속박을 풀지니라
뎌희들이ᄃᆡ답ᄒᆞᄃᆡ 우리유대 사ᄅᆞᆷ들은 아브라함 ᄌᆞ손이라
ᄌᆞ초로 ᄂᆞᆷ의죵이 되지아니 ᄒᆞ엿거ᄂᆞᆯ
엇지감히 우리들을 노흐리라 말ᄒᆞᄂᆞ뇨
예수ㅣ ᄀᆞᆯ아샤ᄃᆡ 진졍으로 닐ᄋᆞ노니
죄를범ᄒᆞᆫ 사ᄅᆞᆷ들은 다죄의 죵이니라
영영히 죵된쟈ᄂᆞᆫ 하ᄂᆞ님 아버지와

ᄀᆞᆺ치잇지 못ᄒᆞᆯ지나 아ᄃᆞᆯ은 아버지와 영영ᄀᆞᆺ치 거ᄒᆞᄂᆞ니
텬부의 독싱ᄌᆞ가 너희를 노하주면 너희가 노히리라
알괘라 너희들은 아브라함 ᄌᆞ손이나
남해ᄒᆞ랴 ᄒᆞᄂᆞᆫ것은 내도가 너희속에 박히지 아님이라
내입으로 ᄒᆞᄂᆞᆫ말은 내아버지 ᄭᅴ로브터
듯고ᄒᆞᄂᆞᆫ 말이지만 너희들의 ᄒᆞᄂᆞᆫ말은
너희의 아비의게 듯고ᄒᆞᄂᆞᆫ 말이니라
뎌희가 대답ᄒᆞᄃᆡ 우리들의 아버지ᄂᆞᆫ 아브라함이라 ᄒᆞ니
예수ㅣ ᄀᆞᆯᄋᆞ샤ᄃᆡ 모든너희 무리들이
아브라함 ᄌᆞ손이면 아브라함 ᄒᆡᆼᄒᆞᆫ일을 ᄒᆡᆼᄒᆞ여야 ᄒᆞ겟거ᄂᆞᆯ
이제나를 죽이랴고 ᄭᅬᄒᆞᆷ은 엇짐이뇨
나ᄂᆞᆫ쥬의 ᄎᆞᆷ리치를 우리유대 사ᄅᆞᆷ의게 젼파ᄒᆞᄂᆞᆫ 쟈이로라
아브라함 심즁에ᄂᆞᆫ 사ᄅᆞᆷ을 해ᄒᆞ랴ᄂᆞᆫ 악의가 업섯지만
너희의 무리들은 아브라함 션ᄒᆞᆫᄯᅳᆺ을
본밧지 아니ᄒᆞ고 너희아비 악ᄒᆞᆫ일을 ᄒᆡᆼᄒᆞᄂᆞᆫ 쟈이니라
뎌희들이 이말듯고 격분ᄒᆞ야 ᄒᆞᄂᆞᆫ말이
우리유대 민족들은 음란ᄒᆞᆫ 가온ᄃᆡ셔
나온쟈가 아니엿고 우리들의 아바지ᄂᆞᆫ 하ᄂᆞ님 일위로라
예수ㅣ ᄀᆞᆯᄋᆞ샤ᄃᆡ 우에계신 하ᄂᆞ님이
너희들의 아버지면 나를 사랑ᄒᆞᆯ지니라
나ᄂᆞᆫ본ᄅᆡ 하ᄂᆞ님의 명을밧아 온쟈이오
ᄉᆞᄉᆞ로히 이셰샹에 오지아니 ᄒᆞ엿거ᄂᆞᆯ
엇지ᄒᆞ야 나의말을 알아듯지 못ᄒᆞᄂᆞ냐
너희들은 너희아비 마귀게셔 나왓스니
마귀의 ᄉᆞ욕대로 ᄒᆡᆼᄒᆞ랴 ᄒᆞᄂᆞ니라

너희의 무리들은 사ᄅᆞᆷ을 죽인쟈니
진리가 너희속에 잇슬수가 업ᄂᆞ니라
너희의 무리들은 거짓말만 ᄒᆞᄂᆞᆫ쟈니
거짓말을 ᄒᆞᄂᆞᆫ쟈의 아비라 ᄒᆞᆯ지니라
내가이제 ᄎᆞᆷ리치를 너희의게 말ᄒᆞ야도
너희들이 안밋으나 여긔모힌 무리즁에
누가나를 ᄎᆡᆨ잡을가 진리로써 말ᄒᆞ거ᄂᆞᆯ 엇지ᄒᆞ야 안밋ᄂᆞ냐
하ᄂᆞ님ᄭᅴ 쇽ᄒᆞᆫ쟈ᄂᆞᆫ 하ᄂᆞ님의 ᄒᆞ신말ᄉᆞᆷ 순히드를 것이어ᄂᆞᆯ
너희들은 안드르니 너희ᄂᆞᆫ 하ᄂᆞ님ᄭᅴ 쇽ᄒᆞᆫ쟈가 아니니라
유대인이 ᄃᆡ답ᄒᆞᄃᆡ 우리가 너를보니
사마리아 사ᄅᆞᆷ으로 샤귀가 잡혓도다
예수ㅣ ᄀᆞᆯᄋᆞ샤ᄃᆡ 너희들이 나를보고
샤귀가 잡힌쟈로 지목ᄒᆞ야 욕ᄒᆞ지만
나ᄂᆞᆫ나의 아버지를 존경ᄒᆞᄂᆞᆫ 쟈임으로
ᄌᆞ긔의 일신샹에 영광은 구찬노니
이일은 텬부ᄭᅴ셔 판단ᄒᆞ야 주시리라
진졍으로 닐ᄋᆞ노니 내말을 밋ᄂᆞᆫ쟈가
ᄉᆞ망의 큰환난을 영영보지 못ᄒᆞ리라
유대인이 ᄃᆡ답ᄒᆞᄃᆡ 네말을 드러보니 과연샤귀 들닌쟈라
우리들의 조샹되ᄂᆞᆫ 아브라함 ᄀᆞᆺ흔이도
ᄉᆞ망을 못면ᄒᆞ고 션지들도 죽엇거ᄂᆞᆯ
너ᄂᆞᆫ홀노 말ᄒᆞ기를 나의말 밋ᄂᆞᆫ쟈ᄂᆞᆫ
영원히 죽ᄂᆞᆫ해를 보지아니 ᄒᆞᆫ다ᄒᆞ니
이말이 웬말인고 우리들의 조샹되ᄂᆞᆫ
아브라함 ᄀᆞᆺ흔이도 거연히 죽엇거ᄂᆞᆯ 네가엇지 큰쟈며

션지들도 죽엇거놀 너는하샹(何嘗)[224] 누구인고

예수ㅣ 골ᄋᆞ샤ᄃᆡ 내가나의 영화롬을

스ᄉᆞ로 요구ᄒᆞ면 귀어허디(歸於虛地)[225]ᄒᆞ려니와 그러ᄒᆞ지 안으리라

아버지가 나를들어 영화롭게 ᄒᆞ시ᄂᆞ니

너희의 모로는일 나는다 아는바라

내가나의 아는것을 모른다고 말을ᄒᆞ면

나도ᄯᅩᄒᆞᆫ 거짓말을 ᄒᆞ는쟈가 될지니라

나는 처음브터알고 그말을 직혓노니

너희의 조샹되는 아브라함 ᄀᆞ흔이도

나의시ᄃᆡ 보랴ᄒᆞ여 즐거ᄒᆞ며 고ᄃᆡ타가 보고깃버 힛ᄂᆞ니라

유대인이 닐ᄋᆞ기를 너는나히 졂은쟈라

오십도 못되여셔 아브라함 보앗ᄂᆞ냐

예수ㅣ 골ᄋᆞ샤ᄃᆡ 진졍으로 닐ᄋᆞ노니

아브라함 잇기젼에 내가임의 잇섯노라

뎌희가 돌을들어 치랴고 ᄭᅬᄒᆞ거놀

예수가 피ᄒᆞ여서 셩뎐에셔 나가니라

59. 의밍가(醫盲歌) 뎨삼 요한9 : 1~41

예수ᄭᅴ셔 길가실ᄯᅢ 나면셔 눈먼쟈를 우연히 맛나시니

뎨ᄌᆞ들의 뭇는말이 랍비여 이사롬의

224) 하상(何嘗) : 근본부터 캐어 본다면.

225) 귀어허지(歸於虛地) : 버려둔 빈 땅에 돌아간다는 뜻으로, 수고롭기만 하고 헛노릇이 됨을 이르는 말.

나면셔 눈먼것이 뉘죄닛가 제죄닛가 부모의 죄니잇가
예수ㅣ ᄀᆞᆯᄋᆞ샤ᄃᆡ 이사ᄅᆞᆷ이 셰샹에셔 범죄홈도 아니엿고
그부모가 셰샹에셔 범죄홈도 아니엿고
그의게셔 하ᄂᆞ님의 힝하시ᄂᆞᆫ 권력을 드러내게 ᄒᆞ심이라
ᄯᅢ가아직 낫임으로 날보내신 이의일을 우리가 힝ᄒᆞ지만
밤이면 누구던지 일홀수 업스리니
곳내가 아직ᄭᆞ지 셰샹에 잇서셔ᄂᆞᆫ 셰샹빗치 되ᄂᆞ니라
말솜을 ᄆᆞᆺ치시고 ᄯᅡ에침을 비앗하셔
진흙에 닉이여셔 그눈에 바르시고
뎌ᄃᆞ려 닐ᄋᆞ사ᄃᆡ 실노암 못에가셔 정ᄒᆞ게 씻고오라
실노암은 번역ᄒᆞ면 봉명(奉命)ᄒᆞᆫ 뜻이더라
뎌가가셔 씨슨후에 눈이ᄇᆰ아 보ᄂᆞᆫ지라
그리웃에 사ᄂᆞᆫ쟈와 젼에보고 걸인인줄
임의아던 사ᄅᆞᆷ들이 서로맛나 ᄒᆞᄂᆞᆫ말이
안져셔 구걸ᄒᆞ던 사ᄅᆞᆷ이라고도 ᄒᆞ고
엇던이ᄂᆞᆫ 그사ᄅᆞᆷ이 아니라고 셩언(聲言)226) ᄒᆞ고
엇던이ᄂᆞᆫ 말ᄒᆞ기를 아니라 그사ᄅᆞᆷ과 ᄀᆞᆺ다고 변론홀제
눈곳침 밧은쟈가 나와셔 말ᄒᆞ기를 내로라 발명ᄒᆞ니
뎌희가 뭇ᄂᆞᆫ말이 엇지ᄒᆞ야 ᄇᆰ앗ᄂᆞ냐
그사ᄅᆞᆷ이 ᄃᆡ답ᄒᆞᄃᆡ 예수라 ᄒᆞᄂᆞᆫ이가
흙을닉여 바르면서 실노암 못에가셔
씨스라 ᄒᆞ시기에 씨셧더니 낫더이다
뎌희가 의심ᄒᆞ야 네눈을 곳친쟈가

226) 성언(聲言) : 어떤 일에 대한 자기의 입장이나 견해 또는 방침 따위를 공개적으로 발표함.

지금은 어ᄂᆞ곳에 잇ᄂᆞᆫ냐 뭇지마ᄂᆞᆫ
죵젹을 모르더니 수문(搜聞)ᄒᆞ야 차즌후에
바리식 교인의게 ᄃᆞ리고 나아가니
예수씌셔 진흙닉여 눈ᄯᅳ게 ᄒᆞ던날은 맛츰 안식일인고로
바리식 교인들이 뎌ᄃᆞ려 뭇ᄂᆞᆫ말이
네눈이 엇지ᄒᆞ야 ᄇᆞᆰ히보게 되엿ᄂᆞ냐
흙을닉여 바른후에 물에씻게 ᄒᆞ던일을
ᄌᆞ세히 셜파ᄒᆞ니 바리식 교인즁에
엇던이ᄂᆞᆫ 말하기를 이사름이 안식일을
직히지 아니ᄒᆞ니 하놀에셔 온사름이 아니라 셩언(聲言)ᄒᆞ고
엇던이ᄂᆞᆫ 말ᄒᆞ기를 죄가잇ᄂᆞᆫ 사름이면
이러ᄒᆞᆫ 긔ᄉᆞ이젹 ᄒᆡᆼᄒᆞᆯ수 업ᄃᆞᄒᆞ야 저희ᄭᅵ리 변론타가
눈머럿던 사름ᄃᆞ려 ᄯᅩ다시 뭇ᄂᆞᆫ말이
일젼에 그사름이 네눈을 ᄇᆞᆰ혓스니
네싱각에 그사름을 엇더케 녁이ᄂᆞ냐
션지쟈로 아ᄂᆞ이다 유대인의 ᄆᆞᄋᆞᆷ보소
눈ᄇᆞᆰ앗다 ᄒᆞᄂᆞᆫ말을 일졀 밋지 아니ᄒᆞ고
뎌의부모 불너다가 뎌가네 아ᄃᆞᆯ이며 ᄇᆡ안의 쇼경이뇨
지금은 엇지ᄒᆞ야 나핫ᄂᆞ냐 질문ᄒᆞ니
그부모 ᄃᆡ답ᄒᆞᄃᆡ ᄇᆡ안의 쇼경으로 츌싱ᄒᆞᆫ 내아ᄃᆞᆯ이나
지금은 엇지ᄒᆞ야 보게된지 모로겟고
누가눈을 ᄇᆞᆰ혓ᄂᆞᆫ지 아지 못ᄒᆞᄂᆞ이다
뎌의나이 쟝셩ᄒᆞ니 뎌ᄃᆞ려 무르시오 뎌가ᄃᆡ답 ᄒᆞ리이다
이ᄀᆞᆺ치 말을홈은 유대인을 두려워셔
ᄇᆞᆰ히증거 못홈이니 유대인이 결의ᄒᆞ고

예수를 지목ᄒᆞ야 그리스도라 ᄒᆞ면 회당에셔 내쫏더라
뎌희의 무리들이 눈머럿다 ᄇᆞᆰ은자를
ᄯᅩ다시 불너다가 엄중히 닐ᄋᆞᆫ말이
네눈이 ᄇᆞᆰ게됨은 하ᄂᆞ님의 영광이니
하ᄂᆞ님 씌감샤ᄒᆞ라 우리들은 뎌사ᄅᆞᆷ을
죄인인줄 알앗노라 그사ᄅᆞᆷ이 ᄃᆡ답ᄒᆞᄃᆡ
그이가 죄인인지 죄인이 아니인지
알수ᄂᆞᆫ 업지마ᄂᆞᆫ ᄒᆞᆫ가지 아ᄂᆞᆫ것은
내가이왕(已往) 압못보ᄂᆞᆫ 쇼경이 되엿더니
지금은 눈이ᄇᆞᆰ아 만물을 다보노라
뎌희들이 ᄯᅩ무르ᄃᆡ 그른즉 그사ᄅᆞᆷ이
엇더ᄒᆞᆫ 방법으로 눈을ᄯᅳ게 ᄒᆞ엿ᄂᆞ냐
뎌가ᄯᅩ ᄃᆡ답ᄒᆞᄃᆡ 내가이제 말ᄒᆞ여도
너희가 밋지안코 엇지ᄒᆞ야 ᄯᅩ뭇ᄂᆞ냐
너희들도 그의뎨ᄌᆞ 되기를 원ᄒᆞᄂᆞ냐
이말에 격분ᄒᆞ야 ᄭᅮ지즈며 ᄒᆞᄂᆞᆫ말이
너ᄂᆞᆫ그의 뎨ᄌᆞ이나 우리ᄀᆞᆺ흔 사ᄅᆞᆷ들은 모세의 뎨ᄌᆞ로라
하ᄂᆞ님이 모세의게 친히말ᄉᆞᆷ ᄒᆞ신일은
우리가 알지마ᄂᆞᆫ 이사ᄅᆞᆷ은 어ᄃᆡ로셔
왓ᄂᆞᆫ지 모로노라 뎌가ᄯᅩ ᄃᆞ답ᄒᆞᄃᆡ
긔이ᄒᆞ다 이사ᄅᆞᆷ이 내눈을 ᄇᆞᆰ혓스되
너희들이 완ᄆᆡ(頑昧)ᄒᆞ야 어ᄃᆡ로 오신인지 아지 못ᄒᆞᄂᆞᆫ도다
하ᄂᆞ님 아바지가 죄인들의 원ᄒᆞᄂᆞᆫ일
셩취ᄒᆞ게 ᄒᆞᆷ을 우리가 알거니와
셰샹창조 ᄒᆞ신후로 나면셔 눈먼쟈의

눈을뜨게 힛단말은 듯지 못ᄒᆞ엿스니
신긔ᄒᆞᆫ 이사ᄅᆞᆷ이 하ᄂᆞ님 ᄭᅴ로좃차
오지아니 ᄒᆞ셧스면 엇더케 이러ᄒᆞᆫ일
힝홀수 잇스릿가 뎌희들이 ᄃᆡ답ᄒᆞᄃᆡ
죄즁에셔 나온네가 우리ᄀᆞᆺᄒᆞᆫ 사ᄅᆞᆷ들을
감히교훈 ᄒᆞ랴ᄂᆞ냐 즉시쫏차 보내니라
예수도 그런말을 풍문에 드럿더니
그사ᄅᆞᆷ을 맛나셔셔 뎡녕히 닐ᄋᆞ샤ᄃᆡ
하ᄂᆞ님의 독싱ᄌᆞ를 밋ᄂᆞ냐 안밋ᄂᆞ냐
쥬여그가 누구신지 밋게ᄒᆞ야 주옵쇼셔
예수ㅣ ᄀᆞᆯᄋᆞ샤ᄃᆡ 네가젼에 보앗ᄂᆞ니
지금너를 ᄃᆡᄒᆞ여셔 말ᄒᆞᄂᆞᆫ쟈 ㅣ이니라
뎌가ᄯᅩ ᄃᆡ답ᄒᆞᄃᆡ 쥬여내가 밋ᄂᆞ이다
업ᄃᆡ여 절ᄒᆞ더라 예수ㅣ ᄀᆞᆯᄋᆞ샤ᄃᆡ
내가이제 션과악을 심판ᄒᆞ러 강림ᄒᆞ야
보지 못ᄒᆞᄂᆞᆫ쟈로 완연히 보게ᄒᆞ고
잘본다 ᄒᆞᄂᆞᆫ쟈로 못보게 ᄒᆞ겟노라
이ᄯᅢ에 참관ᄒᆞᄂᆞᆫ 바리식 교인들이
이말을 분히녁여 예수ᄃᆞ려ᄒᆞᄂᆞᆫ말이
우리도 눈먼쟈냐 ᄃᆡ답ᄒᆞ야 ᄀᆞᆯᄋᆞ샤ᄃᆡ
너희눈이 머럿더면 죄가아조 업스련만
너희가 본다ᄒᆞ니 죄가그져 잇ᄂᆞ니라

60. 션목가(善牧歌) 요한10 : 1~21

진졍으로 말ᄒᆞ노니 양우리의 졍문으로
드러가지 아니ᄒᆞ고 목칙(木柵)을 ᄠᅱ어넘어 드
러가ᄂᆞᆫ 사ᄅᆞᆷ들은 도젹이라 ᄒᆞᆯ지니라
양문으로 말ᄆᆡ암아 바로드러 가ᄂᆞᆫ쟈ᄂᆞᆫ
과연양의 목쟈이니 문을열고 드러가매
양도ᄯᅩᄒᆞᆫ 그소릐를 알아듯고 깃버ᄒᆞ되
타인의 목소릐ᄂᆞᆫ ᄉᆡᆼ소ᄒᆞ야 모름으로
다라난다 ᄒᆞ시더라 예수ᄭᅴ셔 이비유를
종인(從人)의게 닐ᄋᆞ시나 알아듯지 못ᄒᆞ거ᄂᆞᆯ
예수ㅣ ᄯᅩ닐ᄋᆞ샤ᄃᆡ 진졍으로 말ᄒᆞ노니
나ᄂᆞᆫ곳 양문이라 날보다 누구던지
몬져온 사ᄅᆞᆷ들은 다도젹 들임으로
양이아니 좃찻ᄂᆞ니 나ᄂᆞᆫ곳 양문이라
누구던지 물론ᄒᆞ고 내게로 말ᄆᆡ암아
드러가ᄂᆞᆫ 사ᄅᆞᆷ들은 구원을 엇을ᄲᅮᆫ아니라
드러가며 나올ᄯᅢ에 ᄭᅩᆯ을엇어 먹으리라
도젹이 오ᄂᆞᆫ것은 물건을 겁탈ᄒᆞ고
ᄉᆡᆼ명을 잔해(殘害)ᄒᆞ랴 ᄒᆞᄂᆞᆫᄭᆞᄃᆞᆰ 이어니와
이셰샹에 내가옴은 다수ᄒᆞᆫ 양무리로
ᄉᆡᆼ명을 엇게ᄒᆞ고 풍셩ᄒᆞᆫ 은총즁에
두랴고 ᄒᆞᆷ이로라 나ᄂᆞᆫ션ᄒᆞᆫ 목쟈이니
션ᄒᆞᆫ목쟈 되ᄂᆞᆫ쟈ᄂᆞᆫ ᄌᆞ긔양을 위ᄒᆞ여셔
ᄉᆡᆼ명ᄭᆞ지 ᄇᆞ리지만 품삯만 밧ᄂᆞᆫ쟈ᄂᆞᆫ

목쟈가 아닐뿐의 ᄌᆞ긔양이 안님으로
싀랑(豺狼)오ᄂᆞᆫ 것을보면 ᄇᆞ리고 다라나니
싀랑이 양을잡고 양무리를 해치리라
나ᄂᆞᆫ션ᄒᆞᆫ 목쟈이니 내양을 내가알고
양도나를 아ᄂᆞᆫ것은 비유로 말ᄒᆞ자면
아버지가 나를알고 내가우리 아바지를 아ᄂᆞᆫ것과 흡ᄉᆞᄒᆞ니
내가내양 위ᄒᆞ여셔 목숨을 ᄇᆞ렷노라
내게다른 양이잇서 이무리 가온ᄃᆡᄂᆞᆫ
들지아니 ᄒᆞ엿스나 인도ᄒᆞ야 드릴지니
뎌희도 내소릐를 깃브게 듯고와셔
ᄒᆞᆫ무리를 일우어셔 ᄒᆞᆫ목쟈의 지휘안에 편안히 잇스리라
하ᄂᆞ님 아바지가 나를ᄉᆞ랑 ᄒᆞᄂᆞᆫ것은
내가ᄯᅩᄒᆞᆫ 내싱명을 뎌위ᄒᆞ야 ᄇᆞ렷다가 차즈랴 ᄒᆞᆷ이니라
누구던지 내싱명을 ᄲᅢ아슬쟈 업자먀ᄂᆞᆫ
내ᄂᆞᆫ장ᄎᆞ 내싱명을 스ᄉᆞ로 ᄇᆞ릴지나
ᄇᆞ릴능(能)과 차즐능을 아바지ᄭᅴ 엇엇노라
유대인이 이말듯고 뎌희ᄭᅵ리 서로모혀
변론ᄒᆞ야 ᄒᆞᄂᆞᆫ말이 샤귀들녀 밋친쟈의
말드를것 업다ᄒᆞ며 혹쟈ᄂᆞᆫ 말ᄒᆞ기를
그러치 아니ᄒᆞ다 샤귀가 접ᄒᆞᆫ쟈가
엇지ᄒᆞ야 눈먼쟈의 눈을ᄯᅳ게 ᄒᆞ겟ᄂᆞ냐

61. 칠십뎨ᄌᆞ파송가 누가10 : 1~16

이후에 예수ᄭᅴ셔 칠십인을 별퇵(別擇)ᄒᆞ야

둘식둘식 보내실시 각셩과 각디방에
분과(分課)ᄒᆞ야 보내시며 뎌희의게 닐ᄋᆞ샤ᄃᆡ
츄슈ᄒᆞᆯ것 마치마ᄂᆞᆫ 일군이 희쇼ᄒᆞ니
츄슈맛ᄒᆞᆫ 쥬인의게 츄슈ᄒᆞᆯ 일군들을
만히보내 주옵쇼셔 ᄀᆞᆫ졀히 구ᄒᆞ여라
너희들을 보내임은 순ᄒᆞᆫ양을 일희ᄯᅦ에 드려보냄 ᄀᆞᆺᄒᆞᆫ지라
젼ᄃᆡ와 쥬머니와 신도가져 가지말고
로샹에셔 뉘게던지 안부도 뭇지말고
어ᄂᆞ집에 류(留)ᄒᆞ던지 그집을 츅복ᄒᆞ라
그집이 그츅복을 밧을만ᄒᆞᆫ 집이면
그츅복이 림ᄒᆞ겟고 그러치 아니ᄒᆞ면
그츅복이 너희게로 도로올줄 알지어다
그집에셔 류ᄒᆞᆯᄯᅢ에 음식을 지공(支供)커든
밧아먹고 마시여라 일ᄒᆞ고 삭밧음은
리치에 당연ᄒᆞ니 이집뎌집 가지말고
어ᄂᆞ셩에 가잇던지 공궤(供饋)[227]를 밧아가며
병인을 곳쳐주고 웨치며 말ᄒᆞ기를
텬국이 너희의게 갓가히 왓다ᄒᆞ라
너희가ᄂᆞᆫ 그셩에셔 너희를 령ᄃᆡ커든
나오며 말ᄒᆞ기를 너희셩의 몬지라도
우리의게 뭇은것을 ᄯᅥᆯ어셔 ᄇᆞ리노라
그러나 우리들이 불가불 너희의게
ᄒᆞᆫ말노 닐ᄋᆞ노니 너희들의 기ᄃᆞ리ᄂᆞᆫ

227) 공궤(供饋) : 음식을 줌.

텬국이 림ᄒᆞ엿다 분명히 닐너주라
너희다려 닐ᄋᆞ노니 이다음 심판날에
시돔도 그셩보다 형벌(을) 견ᄃᆡ기가 오히려 쉬우리라
ᄌᆡ앙을 밧을진더 고라신아 고라신아
ᄌᆡ앙을 밧을진더 벳새다야 벳새다야
너희즁에 ᄒᆡᆼᄒᆞᆫ권능 두로와 시돈에셔
일즉이 ᄒᆡᆼᄒᆡᆺ더면 더희가 발셔씨여
ᄇᆡ옷닙고 ᄌᆡ에안져 회ᄀᆡ ᄒᆞ엿스리로다
그런즉 심판날에 두로시돈 밧을형벌
너희보다 경ᄒᆞ리라 가버나움 말드러라
네가능히 하늘우에 오를ᄯᅳᆺ 십흐더야
깁고깁흔 음부(陰府)밋헤 ᄯᅮᆨ ᄯᅥ러질지니라
너희말을 듯ᄂᆞᆫ쟈는 나의말을 듯ᄂᆞᆫ쟈요
너희들을 막ᄂᆞᆫ쟈ᄂᆞᆫ 곳나를 막ᄂᆞᆫ쟈요
ᄯᅩᄒᆞᆫ나를 막ᄂᆞᆫ쟈ᄂᆞᆫ 날보신 아바지를 막ᄂᆞᆫ쟈로 알지니라

62. 션ᄒᆞᆫ 사마리아인가 누가10 : 25~37

엇더ᄒᆞᆫ 교법ᄉᆞ(教法師)가 예수ᄭᅴ 나아와셔
시험ᄒᆞ야 ᄒᆞᄂᆞᆫ말이 뭇ᄌᆞᆸ노니 션ᄉᆡᆼ이여
내가엇지 ᄒᆡᆼᄒᆞ여야 영ᄉᆡᆼ을 엇으릿가
예수ㅣ ᄀᆞᆯᄋᆞ샤ᄃᆡ 쇼ᄌᆞ야 률법ᄎᆡᆨ에
긔록ᄒᆞ야 잇ᄂᆞᆫ말ᄉᆞᆷ 무엇이라 ᄒᆞ엿ᄂᆞ냐
ᄃᆡ답ᄒᆞ야 닐ᄋᆞᆫ말이 ᄆᆞᆷ과ᄯᅳᆺ과 힘과셩품
다하고 다ᄒᆞ여셔 쥬너희 하ᄂᆞ님을

극지니히 ᄉᆞ랑ᄒᆞ고 다른사ᄅᆞᆷ ᄉᆞ랑ᄒᆞᆷ을
ᄌᆞ긔몸 ᄉᆞ랑ᄒᆞ듯 ᄒᆞ라 ᄒᆞ엿ᄉᆞᆸᄂᆞ이다
예수ㅣ 닐ᄋᆞ샤ᄃᆡ 네ᄃᆡ답이 뎍당ᄒᆞ니
그대로 힝ᄒᆞᄂᆞᆫ쟈 영싱을 엇으리라
쇼년의 거동보소 올흔테 ᄒᆞᄂᆞᆫᄆᆞᄋᆞᆷ
더욱이 분발ᄒᆞ야 ᄯᅩ다시 엿ᄌᆞ오ᄃᆡ
나의리웃 될사ᄅᆞᆷ이 어ᄂᆞ곳에 잇ᄂᆞ닛가
예수ㅣ ᄀᆞᆯᄋᆞ샤ᄃᆡ 누가 예루살렘에셔
여리고로 향ᄒᆞ다가 강도의 ᄯᅦ를맛나
의복을 벗기이고 ᄆᆡ마자 죽게되니
ᄇᆞ리고 갓ᄂᆞᆫ지라 그ᄯᅢ맛춤 제ᄉᆞ장이
그리로 지나다가 보고그져 지나가고
레위인도 거긔와셔 역시보고 그져가되
사마리아 ᄒᆞᆫ사ᄅᆞᆷ이 그곳에 니르러셔
ᄌᆞ비지심(慈悲之心) 못이긔여 압흐로 갓가히가
술과기름 바른후에 샹쳐를 싸ᄆᆡ이고
ᄌᆞ긔톳던 약ᄃᆡᄐᆡ워 려관에 ᄀᆞᆺ치가셔
챡실히 보아주고 이튼날 ᄯᅥ나갈제
돈얼마를 ᄭᅳ내여셔 려관에 붓쳐주며
신신부탁 ᄒᆞᄂᆞᆫ말이 이사ᄅᆞᆷ을 도라보소
부비(浮費)가 더만흐면 우리가 도라와셔
얼마던지 더든것은 셈ᄒᆞ리라 ᄒᆞ엿스니
세사ᄅᆞᆷ즁 엇던이가 도젹을 맛난이의
리웃이 되겟ᄂᆞ냐 교법ᄉᆞ가 ᄃᆡ답ᄒᆞᄃᆡ
구제를 잘ᄒᆞᆫ쟈가 그리웃이 되ᄂᆞ이다

예수ㅣ 갈ᄋᆞ샤ᄃᆡ 그러면 너도가셔 이일을 본밧으라

63. 마리아 문도가(聞道歌) 누가10 : 38~42

이ᄯᅢ에 예수ᄭᅴ셔 엇던촌에 드러가니
마르다라 일홈ᄒᆞᄂᆞᆫ 경건ᄒᆞᆫ 부인네가 ᄌᆞᄀᆡ집에 영접ᄒᆞᆫ다
마르다의 동싱되ᄂᆞᆫ 마리아라 ᄒᆞᄂᆞᆫ부인
예수압헤 모셔안져 예수의 ᄒᆞᄂᆞᆫ말ᄉᆞᆷ
정신ᄎᆞ려 드를ᄯᅢ에 그형되ᄂᆞᆫ 마르다ᄂᆞᆫ
슈종을 드느라고 골몰ᄒᆞ고 분주ᄒᆞ야
예수ᄭᅴ셔 ᄒᆞᄂᆞᆫ말이 쥬여오ᄂᆞᆯ 내동싱이
나혼자 ᄒᆞᄂᆞᆫ일을 도아주지 아니ᄒᆞ니
신속히 명ᄒᆞ서셔 도아주라 ᄒᆞ옵쇼셔
예수ㅣ 갈ᄋᆞ샤ᄃᆡ 마르다야 마르다야
네가지금 골몰ᄒᆞ야 근심걱졍 만흔것이
신앙 부족인줄 ᄭᅵᄃᆞᆺ지 못ᄒᆞᄂᆞ냐
마리아ᄂᆞᆫ 션ᄒᆞᆫ업(業)을 ᄐᆡᆨᄒᆞ야 가졋스니 ᄲᅢ아슬쟈 업ᄂᆞ니라

64. 긔도모범가 누가11 : 1~13

예수ᄭᅴ셔 ᄒᆞᆫ곳에셔 긔도를 ᄆᆞᆺ치시니
뎨ᄌᆞ즁에 ᄒᆞᆫ사ᄅᆞᆷ이 나아와셔 ᄒᆞᄂᆞᆫ말이
내쥬여 엿ᄌᆞᆸ노니 요한이 뎨ᄌᆞ의게
긔도 ᄀᆞᄅᆞ치심ᄀᆞᆺ치 우리의게 긔도식(式))을
ᄀᆞᄅᆞ쳐 주옵쇼셔 예수ㅣ 갈ᄋᆞ샤ᄃᆡ

너희들은 긔도ᄒᆞᆯᄯᅢ 이와ᄀᆞᆺ치 긔도ᄒᆞ라
아바지의 일흠을 거룩ᄒᆞ세 ᄒᆞ옵시며
나라이 림ᄒᆞ옵시며 우리의게 날마다
일용ᄒᆞᆯ 량식줍시고 죄를샤ᄒᆡ 줍쇼셔
우리들도 우리의게 죄지은 사ᄅᆞᆷ들을 샤ᄒᆞ엿ᄉᆞᆸᄂᆞ이다
시험에 들지말게 ᄒᆞ옵쇼셔 ᄒᆞᆯ지니라
비유로 닐ᄋᆞ샤ᄃᆡ 너희의 엇던벗이
졍밤즁에 네게와셔 ᄀᆞᆫ절히 쳥ᄒᆞ기를
친구여 ᄯᅥᆨ세개만 잠간내게 ᄭᅮ여달나
맛참벗이 원방(遠邦)에셔 나를차자 왓지마ᄂᆞᆫ
먹일ᄯᅥᆨ이 업다ᄒᆞ면 엇지ᄎᆞᆷ아 인졍간에
피로히 녁이여셔 증을내며 닐ᄋᆞ기를
문이임의 닷치엇고 아ᄒᆡ들도 누어자니
니러나셔 슈응(酬應)ᄒᆞᆯ수 업노라 ᄒᆞ겟ᄂᆞ냐
친밀ᄒᆞᆫ 졍리로도 물니칠수 업겟거든
ᄒᆞ믈며 ᄀᆞᆫ절ᄒᆞᆫ쳥 엇지ᄎᆞᆷ아 안드를가
진녕으로 닐ᄋᆞ노니 구ᄒᆞ라 주시리라
차즈라 맛나리라 닷은문을 두ᄃᆞ리라
곳열어 주시리니 ᄀᆞᆫ구ᄒᆞᄂᆞᆫ 사ᄅᆞᆷ의게 풍셩히 주시리라
차자보ᄂᆞᆫ 사ᄅᆞᆷ의게 맛나보게 ᄒᆞ시리라
문두ᄃᆞ리ᄂᆞᆫ 쟈의게 즉시열어 주시리라
너희즁 아비된쟈 아ᄃᆞᆯ이 ᄯᅥᆨ달나면 엇지ᄎᆞᆷ아 돌을주며
ᄉᆡᆼ션을 달나ᄒᆞ면 엇지ᄎᆞᆷ아 ᄇᆡ암주며
알을달나 ᄀᆞᆫ쳥ᄒᆞ면 엇지ᄎᆞᆷ아 젼갈주랴
잔악ᄒᆞ 너희들도 ᄌᆞ식의게 됴흔것을

의례히 주겟거든 ᄒᆞ믈며 텬부ᄭᅴ셔
구ᄒᆞᄂᆞᆫ 너희의게 더욱이 셩신으로 주시지 안켓ᄂᆞ냐

65. ᄎᆡᆨ망가 누가11 : 37~54

이말솜 ᄒᆞ실ᄣᅢ에 바리ᄉᆡ 교인즁에
엇던이가 나와셔 잡숩기를 쳥ᄒᆞ거ᄂᆞᆯ
그집에 드러가샤 잡수랴 ᄒᆞ시더니
잡숩기 바로젼에 손씻지 아니ᄒᆞᆷ을
뎌희들이 엿보고 이샹히 녁이거ᄂᆞᆯ
예수ㅣ ᄀᆞᆯᄋᆞ샤ᄃᆡ 바리ᄉᆡ 교인들아
너희ᄒᆞᄂᆞᆫ 일을보니 ᄇᆡ반(杯盤)것츤 잘씨스나
그속을 보량이면 제반토ᄉᆡᆨ(討索) 온갖악독
ᄀᆞ득히 싸혓도다 어리셕은 무리들아
사ᄅᆞᆷ의 것과속을 ᄆᆞᆫ드신자 쥬시니라
그런즉 네속으로 ᄌᆞ션심을 발ᄒᆞ여셔
빈민을구제ᄒᆞᆫ즉 정결ᄒᆞᆫ쟈 될지니라
앙화를 밧을진뎌 바리ᄉᆡ 교인들아
너희들의 거동보니 박하유향(薄荷油香) 채소들의
십일됴ᄂᆞᆫ 드리지만 공의(公義)를 폐지ᄒᆞ고 ᄉᆞ랑을 ᄇᆞ리도다
십일됴도 됴커니와 의와ᄉᆞ랑 힝ᄒᆞ여라
앙화가 잇슬진뎌 바리ᄉᆡ 교인이여
너희의 무리들은 회당즁슈셕(首席)에셔
뎨ᄌᆞ의게 문안밧기 깃거워 ᄒᆞᄂᆞᆫ도다
앙화가 잇슬진뎌 바리ᄉᆡ 교인이여

너희들의 모양보니 ᄇᆞᆰ고도 못ᄡᅵᄃᆞᆺᄂᆞᆫ 평토장(平土葬)[228]과 ᄀᆞᆺᄒᆞ니라
엇더ᄒᆞᆫ 교법ᄉᆞ가 예수ᄭᅴ 엿ᄌᆞ오ᄃᆡ
스승이여 이말ᄉᆞᆷ이 우리들을 ᄭᅮ지져셔 ᄒᆞᄂᆞᆫ말ᄉᆞᆷ 이니이다
예수ㅣ ᄀᆞᆯᄋᆞ샤ᄃᆡ 앙화가 잇슬진뎌 교법ᄉᆞ 무리들아
지기심히 어려운짐 사ᄅᆞᆷ의게 지우지만
너희의 무리들은 손가락 ᄒᆞ나라도 대이지 안ᄂᆞᆫ도다
앙화가 잇슬진뎌 너희의 무리들아
너희이 션지쟈의 무덤을 ᄊᆞᆺᄂᆞᆫ다만
너희의 조샹들이 무함(誣陷)ᄒᆞ야 죽엿스니
그럼으로 너희들이 너희조샹 ᄒᆡᆼᄒᆞᆫ일을
올케알고 계속ᄒᆞ야 ᄒᆡᆼᄒᆞ랴 ᄒᆞᆷ이로다
너희의 조상들은 션지쟈를 살해ᄒᆞ고
너희의 무리들은 그무덤을 ᄊᆞᆺᄂᆞ니라
하ᄂᆞ님의 지혜로온 말ᄉᆞᆷ을 드러보라
그말ᄉᆞᆷ에 닐넛스ᄃᆡ 내가이제 션지쟈와 ᄉᆞ도를 보내리니
흉악한 너희들이 더러ᄂᆞᆫ 핍박ᄒᆞ고 더러ᄂᆞᆫ 죽이리라
창세이후 션지쟈의 피흘닌 죄의갑슬
이셰ᄃᆡ가 담당ᄒᆞᄃᆡ 아벨의 피로브터
졔단과 셩뎐에셔 죄업시 살육당ᄒᆞᆫ 스가랴의 피ᄭᆞ지라
진졍으로 닐ᄋᆞ노니 반ᄃᆞ시 이셰ᄃᆡ로 담당ᄒᆞ게 ᄒᆞᆯ지니라
너희의 무리들이 지식열쇠 ᄲᅢ아서셔
너희의 무리들도 드러가지 아니ᄒᆞ고
드러가랴 ᄒᆞᄂᆞᆫ쟈도 막ᄂᆞ니라 ᄒᆞ시더라

228) 평토장(平土葬) : 봉분을 만들지 않고 평평하게 매장함. 또는 그런 장사.

거긔셔 나오실때 무수ᄒᆞᆫ 셔긔관과
바리식 교인들이 격노ᄂᆞ야 딕덕ᄒᆞ며
입에셔 나ᄂᆞᆫ말을 빅단(百端)으로 칙잡더라

66. 교훈가 누가12 : 1~59

이때에 수만군즁 모히여 쳔답(踐踏)ᄒᆞᆫ다
뎨ᄌᆞ의게 닐ᄋᆞ샤ᄃᆡ 바리식 교인들의 누룩을 조심ᄒᆞ라
다만외식 뿐이니라 ᄀᆞᆷ초여 잇ᄂᆞᆫ것이 쟝ᄎᆞ 드러날것이오
너희들이 골방에셔 귀대고 말ᄒᆞᆫ것이
놉흔 집웅우에셔 젼파ᄒᆞᆫ말 될지니라
내친구 너희의게 ᄀᆞᆫ졀히 말ᄒᆞ노니
육신만 살해ᄒᆞ고 더ᄒᆞᆯ능이 업ᄂᆞᆫ쟈를
두려워 ᄒᆞ지말고 영혼ᄭᆞ지 불가온ᄃᆡ
영원히 넛ᄂᆞᆫ쟈를 두려워 ᄒᆞᆯ지니라
또다시 닐ᄋᆞ노니 다섯 마리 참새갑시 두푼밧게 안되지만
ᄒᆞ나라도 하ᄂᆞ님이 아니니져 ᄇᆞ리시고
너희의 머리털노 력력히 헤시ᄂᆞ니
그런즉 너희들은 두려워 말지니라
너희들은 참새보다 귀ᄒᆞ지 아니ᄒᆞ냐
또다시 닐ᄋᆞ노니 누구던지 사ᄅᆞᆷ압헤
나를안다 아니ᄒᆞ면 나도우리 텬부압헤 모른다 ᄒᆞᆯ지니라
누구던지 언변으로 인ᄌᆞ를 거역ᄒᆞ면 샤ᄒᆞᆯ수ᄂᆞᆫ 잇거니와
셩신을 훼방ᄒᆞ면 샤ᄒᆞ지 못ᄒᆞ리라
사ᄅᆞᆷ의게 잇ᄭᅳᆯ니어 회당이나 법뎡압헤 가게된 경우어든

엇더케 말ᄒᆞᆯ것을 념려ᄒᆞ지 말지어다
그ᄯᅢ에 셩신ᄭᅴ셔 맛당히 말ᄒᆞᆯ것을 ᄀᆞᄅᆞ쳐 주시리라
무리즁에 ᄒᆞᆫ사ᄅᆞᆷ이 예수ᄭᅴ 엿ᄌᆞ오되
스승이여 구ᄒᆞ오니 내동싱을 인도ᄒᆞ야
나의장ᄎᆞ 엇을긔업 ᄂᆞᆫ화주라 ᄒᆞ옵쇼셔
예수ㅣ ᄀᆞᆯᄋᆞ샤ᄃᆡ 누가나로 너희들의
ᄌᆡ산을 분ᄇᆡᄒᆞᄂᆞᆫ 법관으로 세윗ᄂᆞ냐
말숨을 ᄆᆞᆺ치시고 무리ᄃᆞ려 닐ᄋᆞ샤ᄃᆡ
탐심을 물니치라 사ᄅᆞᆷ의 사ᄂᆞᆫ것이
가산이 넉넉ᄒᆞᆫᄃᆡ 잇지 안으니라ᄒᆞ고
비유로 닐ᄋᆞ샤ᄃᆡ 엇더ᄒᆞᆫ 부쟈밧헤
소출이 풍셩ᄒᆞ매 심즁에 혜오기를
나의곡식 싸하둘곳 업스니 엇지ᄒᆞᆯ고
젼에지은 젹은곡간 헐고크게 다시지어
곡식이며 물건들을 거긔 싸흐리라ᄒᆞ고
깃븜을 못이긔여 ᄌᆞ긔의 령혼ᄃᆞ려
은근히 닐ᄋᆞ기를 내령혼아 내령혼아
물건이 심히만하 여러ᄒᆡ 먹고쓸것
한이압시 싸혓스니 편히쉬자 ᄒᆞ지마ᄂᆞᆫ
하ᄂᆞ님은 닐ᄋᆞ샤ᄃᆡ 심히 어리셕은쟈여
오ᄂᆞᆯ날 밤에라도 네령혼을 불너간즉
싸하둔 그물건이 뉘것이 되겟ᄂᆞ뇨
ᄌᆞ긔를 위ᄒᆞ여셔 만흔ᄌᆡ산 싸ᄒᆞ두고
하ᄂᆞ님 아바지를 위ᄒᆞ지 안ᄂᆞᆫ쟈ᄂᆞᆫ 이와ᄀᆞᆺ치 되ᄂᆞ니라
너희의게 닐ᄋᆞ노니 ᄌᆞ긔싱명 위ᄒᆞ여셔

먹으며 닙을것을 념려ᄒᆞ지 말지어다
ᄉᆡᆼ명이 음식보다 육신이 의복보다 즁ᄒᆞ고 즁ᄒᆞ니라
가마귀를 ᄉᆡᆼ각ᄒᆞ라 심으지도 아니ᄒᆞ고
거두지도 아니ᄒᆞ고 창고도 업지마ᄂᆞᆫ 하ᄂᆞ님이 기르신다
너희ᄂᆞᆫ 새들보다 더귀하지 아니ᄒᆞ냐
너희즁에 어ᄂᆞ누가 ᄌᆞ긔의 념려로써
목숨을 일각이나 더느릴수 잇겟ᄂᆞ냐
너희들은 사ᄅᆞᆷ이라 능력이 업슴으로
지극히 적은것도 능히ᄒᆞ지 못ᄒᆞ거든
ᄒᆞ믈며 큰일에야 념려ᄒᆞ야 무엇ᄒᆞ랴
들에잇ᄂᆞᆫ ᄇᆡᆨ합화가 엇더케 자라ᄂᆞᆫ가
ᄉᆡᆼ각ᄒᆞ야 볼지어다 슈고도 아니ᄒᆞ고 방젹도 아니ᄒᆞ나
유대왕 솔노몬의 지극ᄒᆞᆫ 영화로도
화려ᄒᆞᆫ 그의복이 ᄇᆡᆨ합화만 못ᄒᆞ엿다
적게밋ᄂᆞᆫ 무리들아 오ᄂᆞᆯ잇다 ᄇᆞᆰᄂᆞᆫ날에
아궁이에 던질풀도 하ᄂᆞ님 아바지가
아름답게 ᄒᆞ시거든 ᄒᆞ믈며 너희이랴
그런즉 너희들은 음식에 ᄃᆡᄒᆞ여셔 근심ᄒᆞ지 말지어다
이것은 셰인들의 의례 ᄀᆞᆫ구ᄒᆞᆷ이니라
너희들의 아바지가 쓸것을 주시ᄂᆞ니
너희들은 그나라만 쥬야로 ᄀᆞᆫ구ᄒᆞ면
그 외의 모든것을 너희의게 더ᄒᆞ리라
쇼ᄌᆞ들아 안심ᄒᆞ라 너희하ᄂᆞᆯ 아바지가
하ᄂᆞᆯ나라 주시기를 심히깃버 ᄒᆞ시ᄂᆞ니
잇ᄂᆞᆫ것을 내여팔아 업ᄂᆞᆫ쟈를 구졔ᄒᆞ야

낡아지지 아니ᄒᆞᄂᆞᆫ 쥬머니를 예비ᄒᆞ라
하늘우에 ᄀᆞᆷ초아둔 영영ᄒᆞᆫ 보물인즉
도적이 아니오고 좀도먹지 안ᄂᆞ니라
너희보물 잇ᄂᆞᆫ곳에 ᄆᆞ음도 잇스리라
허리에 ᄯᅴ를ᄯᅴ고 등불을 켜고잇서
쥬인이 혼인집에 갓다가 도라옴을 기ᄃᆞ림과 ᄀᆞᆺ치ᄒᆞ라
와셔문을 두ᄃᆞ리면 즉시열어 줄지니라
쥬인이 도라와셔 죵의 기ᄃᆞ림을보면
뎌ᄂᆞᆫ복이 잇스리라 진졍으로 닐ᄋᆞ노니
쥬인이 ᄯᅴ를ᄯᅴ고 츙셩된 모든죵을
자리에 안치우고 위ᄒᆞ야 밧들니라
이경에나 삼경에나 로문(路文)[229]업시 림ᄒᆞ서셔
기ᄃᆞ리ᄂᆞᆫ 죵을보면 칭찬ᄒᆞ며 복주리라
너희들도 알거니와 비유컨대 집쥬인이
도적의 니를ᄯᅢ를 ᄌᆞ셰히 알앗더면
미리ᄭᅢ여 직히어셔 집을ᄯᅮᆯ코 드러오지 못ᄒᆞ게 ᄒᆞ엿스리라
그런즉 너희들도 정신ᄎᆞ려 예비ᄒᆞ라
ᄉᆡᆼ각지 아닌ᄯᅢ에 인ᄌᆞ가 오시리라
베드로ㅣ 엿ᄌᆞ오ᄃᆡ 이비유의 닐온ᄯᅳᆺ이
우리의 무리들만 ᄀᆞᄅᆞ친 ᄯᅳᆺ이닛가
여러보통 무리의게 ᄀᆞᄅᆞ친 ᄯᅳᆺ이닛가
예수ㅣ ᄀᆞᆯᄋᆞ샤ᄃᆡ 진실ᄒᆞ고 지혜잇ᄂᆞᆫ 쳥직이가 누구이뇨
신실ᄒᆞᆫ 쳥직이ᄂᆞᆫ 쥬인의 집사롬ᄭᆞ지

229) 로문(路文) : 공무로 지방에 가는 벼슬아치의 도착 예정일을 미리 그곳 관아에 알리던 공문.

다맛하 거ᄂᆞ리고 시시ᄯᅢᄯᅢ 먹을량식 ᄂᆞᆫ호아 주ᄂᆞ니라
쥬인이 니를ᄯᅢ에 그죵이 맛ᄒᆞᆫ직분
실슈안코 잘힝ᄒᆞ면 복밧을 죵이니라
진졍으로 쥬인씌셔 더ᄃᆡ 오시리라ᄒᆞ야
노비도 구타ᄒᆞ고 잘먹고 잘닙으며
술마시고 취ᄒᆞ다가 ᄉᆡᆼ각지 아닌날과
헤아리지 못ᄒᆞᆯᄯᅢ에 쥬인이 오게되면
불신쟈와 흠씌모라 염즁히 벌ᄒᆞ리라
쥬인의 뜻알면셔도 예비치 아니ᄒᆞ고
그뜻대로 안ᄒᆞᆫ죵은 중ᄒᆞᆫᄆᆡ를 마즐지나
쥬인의뜻 모름으로 마즐일 힝ᄒᆞᆫ죵은 마즐ᄆᆡ가 경ᄒᆞ리라
만히준 쟈의게ᄂᆞᆫ 만히달나 ᄒᆞᆯ것이오
특별히 더욱만히 위탁ᄒᆞᆫ 쟈의게ᄂᆞᆫ 더욱만히 차즈리라
내가ᄯᅡ에 불던지러 온일을 네아ᄂᆞ냐
내소원이 무엇인고 불이임의 붓헛더면 됴흘번 ᄒᆞ엿도다
나의몸에 밧을셰례 이압헤 놈앗스니
밧을ᄯᅢ를 기ᄃᆞ리기 엇지아니 답답ᄒᆞᆯ가
내가이제 너희의게 화평을 젼ᄒᆞ랴고
온줄노 아지말나 분징을 일우리니
ᄒᆞᆫ집안에 다섯식구 셋이둘을 공격ᄒᆞ고
둘이셋을 공격ᄒᆞ며 부ᄌᆞ간에 서로공격
모녀간에 서로공격 고부간에 서로공격
긋치지 아니리라 ᄯᅩ다시 닐ᄋᆞ샤ᄃᆡ
구름이 셔방에셔 니러남을 목도ᄒᆞ고
너희들이 닐기를 오놀날은 쇼낙비가

오리라 말ᄒᆞ노니 과연ᄒᆞᆫ 증험이오
바람이 남방으로 ᄂᆡ려나옴을 보고
너희들이 닐ᄋᆞ기를 오ᄂᆞᆯ일긔 더우리라
장담ᄒᆞ야 말ᄒᆞ나니 그도과연 그러ᄒᆞ다
외식ᄒᆞᄂᆞᆫ 무리들아 너희들이 텬디간의
긔상은 분별ᄒᆞ나 이셰샹에 나타날일 분별ᄒᆞᆯ줄 모르도다
너희들은 엇지ᄒᆞ야 올흐며 그른것을 판단ᄒᆞ지 못ᄒᆞᄂᆞ뇨
너를숑ᄉᆞ ᄒᆞᄂᆞᆫ쟈와 법뎡으로ᄒᆞᆷᄭᅴ갈ᄯᅢ
속히 ᄉᆞ화ᄒᆞ야 옥에갓침 면ᄒᆞ여라
다만일푼 호리(毫釐)라도 빗읉청장(淸帳)[230] 아니ᄒᆞ면
결단코 옥즁에셔 나오지 못하리라

67. 갈닐니인살륙가 누가13 : 1~5

이ᄯᅢ에 두어사ᄅᆞᆷ 갈닐니인 ᄉᆞ건으로
예수ᄭᅴ 엿ᄌᆞ오니 이ᄉᆞ건은 무엇인고
유대총독 빌나도[231] 유대인의 피를흘녀 ᄌᆡ물에 셕금이라
예수ㅣ 갈ᄋᆞ샤ᄃᆡ 너희들은 ᄉᆡᆼ각ᄒᆞ라
갈닐니 이사ᄅᆞᆷ의 참혹히 해밧음이
갈닐이에 두루사ᄂᆞᆫ 수다ᄒᆞᆫ 인민보다
죄악이 지즁ᄒᆞ야 그런줄노 녁이ᄂᆞ냐
아니라 너희들도 회ᄀᆡᄒᆞ지 아니ᄒᆞ면 뎌과ᄀᆞᆺ치 망ᄒᆞ리라

---

230) 청장(淸帳) : 장부(帳簿)를 청산한다는 뜻으로, 빚 따위를 깨끗이 갚음을 이르는 말.
231) 빌라도 : 26년부터 36년까지 유대를 통치한 로마 총독(?~?). 예수의 재판관으로 무죄를 알면서도 유대 인의 압력에 의하여 십자가형(刑)을 내렸다고 한다.

이젼에 실노암탑 갑자기 문허져셔
치어죽은 여둛사룸 예루살넴 사룸보다
죄악이 더만하셔 그런줄노 녁이ᄂᆞ냐
너희게 닐ᄋᆞ노니 아니라 너희들도
회긔ᄒᆞ지 아니ᄒᆞ면 뎌와ᄀᆞᆺ치 망ᄒᆞ리라
ᄯᅩ비유로 닐ᄋᆞ노니 어ᄂᆞ누가 포도원에 무화과를 심엇더니
긔한에 도라와셔 열ᄆᆡ를 구ᄒᆞ다가
ᄒᆞ나도 업슴으로 과원직힌 사룸의게
명ᄒᆞ야 닐ᄋᆞ기를 삼년이나 리왕ᄒᆞ며
과실을 구ᄒᆞ야도 ᄒᆞᆫ개도 못엇으니
찍어셔 ᄇᆞ리리라 엇지ᄒᆞ야 쓸ᄃᆡ업시
토디만 폐ᄒᆞ리오 과원직이 ᄃᆡ답ᄒᆞᄃᆡ
쥬인이여 올일년만 용셔ᄒᆞ야 주옵쇼셔
나무밋출 두루파고 거름을 너흐리니
실과가 열명됴코 안열거든 찍으쇼셔

68. 안식일치병가(安息日治病歌) 누가13 : 10~21

안식일을 당ᄒᆞ여셔 엇더ᄒᆞᆫ 회당에셔도를 ᄀᆞᄅᆞ치시더니
ᄒᆞᆫ녀인이 귀신들녀 알는지 여둛힉에
젼신이 ᄭᅩᆸ으라져 굴신(屈伸)[232]을 못ᄒᆞ거놀
보시고 닐ᄋᆞ샤ᄃᆡ 가련ᄒᆞ다 이녀인아
네가이제 병즁에셔 노혓ᄂᆞ니라 ᄒᆞ며 두손으로 안찰(按擦)ᄒᆞ니
녀인이 몸을펴고 젼능ᄒᆞ신 하ᄂᆞ님씌 영광을 돌니거놀

232) 굴신(屈伸) : 팔, 다리 따위를 굽혔다 폈다 함.

회당장이 목도ᄒᆞ고 예수가 안식일에
병곳침을 분히녁여 무리ᄃᆞ려 ᄒᆞᄂᆞᆫ말이
맛당히 일ᄒᆞᆯ날이 엿시가 넉넉ᄒᆞ니
그동안에 나아가셔 곳처돌나 ᄒᆞᆯ것이오
안식일에 병곳침은 불가ᄒᆞ다 ᄒᆞᄂᆞᆫ지라
예수ㅣ 갈ᄋᆞ샤ᄃᆡ 외식(外飾)만 ᄒᆞᄂᆞᆫ쟈여
너희들이 안식일에 마구에셔 소와라귀
풀어내여 ᄭᅳᆯ고가셔 물먹이지 안켓ᄂᆞ냐
ᄒᆞ믈며 이녀인은 아브라ᄒᆞᆷ ᄌᆞ손으로
사단의게 ᄆᆡ인지가 십팔년이 되엿거ᄂᆞᆯ
거룩ᄒᆞᆫ 안식일에 ᄆᆡ인것을 푸ᄂᆞᆫ것이
더욱됴치 아니ᄒᆞ뇨 이말ᄉᆞᆷ ᄆᆞᆺ치시매
ᄃᆡ뎍ᄒᆞᄂᆞᆫ 무리들이 붓그러워 좀좀ᄒᆞ고
그놈아지 무리들은 힝ᄒᆞ시ᄂᆞᆫ 일을보고
칭찬ᄒᆞ며 즐기더라 예수ㅣ닐ᄋᆞ샤ᄃᆡ
하ᄂᆞ님의 나라형편 무엇으로 비유ᄒᆞᆯ고
겨ᄌᆞ씨를 가져다가 밧헤ᄲᅮ려 자라나셔
큰나무를 일운후에 나ᄂᆞᆫ새가 그가지에 깃드림과 ᄀᆞᆺᄒᆞ니라
ᄯᅩ다시 닐ᄋᆞ샤ᄃᆡ 하ᄂᆞ님의 나라형편 엇더케 비유할고
누룩을 가져다가 서말가루 속에너허
누룩이 다퍼지게 ᄒᆞᄂᆞᆫ것과 ᄀᆞᆺᄒᆞ니라

69. 예수샹경가(上京歌) 뎨일 누가13 : 22~35

우리쥬 예수ᄭᅴ셔 셩과촌에 ᄃᆞᆫ니시며

도를 ᄀᆞᄅᆞ치시다가 예루살넴 ᄉᆡᆼ각ᄒᆞ고
향ᄒᆞ야 올나갈ᄉᆡ 엇던이가 뭇ᄂᆞᆫ말이
쥬여구원 엇을쟈가 엇지ᄒᆞ야 적으닛가
뎌ᄃᆞ려 닐ᄋᆞ샤ᄃᆡ 좁은문을 목뎍삼고
그리로만 드러가라 너희ᄃᆞ려 닐ᄋᆞ노니
드러가기 구ᄒᆞ여도 드러가지 못ᄒᆞᄂᆞ쟈 수업시 만흐니라
집쥬인 이니러나셔 문을ᄒᆞᆫ번 닷은후에
너희가 밧게서셔 닷은문을 두ᄃᆞ리며
쥬여쥬여 우리쥬여 우리ᄯᅳᆺ을 위ᄒᆞ여셔
열으소셔 ᄀᆞᆫ청ᄒᆞ면 필경ᄃᆡ답 ᄒᆞᄂᆞᆫ말이
나ᄂᆞᆫ너희 무리들이 어ᄃᆡ로셔 온쟈인지
모른다 ᄒᆞ실ᄯᅢ에 너희ᄂᆞᆫ 말ᄒᆞ기를
우리들은 쥬압헤셔 마시고 먹엇스며
쥬도ᄯᅩᄒᆞᆫ 우리의게 넓은길 거리에셔
텬국의 복된말ᄉᆞᆷ 젼ᄒᆞ셧다 ᄒᆞᆯ지라도
거절ᄒᆞ며 닐ᄋᆞ기를 모든악을 ᄒᆡᆼᄒᆞᆫ쟈여
나ᄂᆞᆫ너를 모르노니 ᄯᅥ나가라 ᄒᆞᆯ지니라
유명ᄒᆞᆫ 너의조상 아브라함 이삭야곱
그 외모든 션지쟈ᄂᆞᆫ 텬국에 안져잇고
너희들은 ᄶᅩᆺ겨나셔 슯히울며 니갈니라
동셔남북 으로브터 모혀드ᄂᆞᆫ 만흔무리
하ᄂᆞ님 보좌압헤 ᄒᆞᆫ가지로 안즈리니
후(後)진쟈 즁에라도 션지(先知)될쟈 잇슬지며
션지쟈 즁에라도 후진될쟈 잇ᄂᆞ니라
이말ᄉᆞᆷ을 ᄒᆞ실ᄯᅢ에 바리ᄉᆡ 교인들이

니르러셔 ᄒᆞᄂᆞᆫ말이 이곳을 ᄯᅥ나가라
헤롯왕이 너를잡아 죽이랴 ᄒᆞᄂᆞ니라
예수ㅣ 갈ᄋᆞ샤ᄃᆡ 너희ᄂᆞᆫ 바로가셔
간샤ᄒᆞᆫ 여호의게 내말을 젼ᄒᆞ기를
금일명일 량일간에 샤귀를 내여ᄶᅩᆺ고
질병을 곳치다가 뎨삼일재 되ᄂᆞᆫ날엔
내가나의 힝ᄒᆞᆯ일을 완젼히 ᄆᆞᆺ치리니
오ᄂᆞᆯ브터 모레ᄭᆞ지 맛당히 힝ᄒᆞᆯ일을
다힝ᄒᆞ겟다 ᄒᆞ라 유대국 션지쟈가
예루살넴 밧세셔ᄂᆞᆫ 죽은쟈가 업ᄂᆞ니라
예루살넴 인민들아 예루살넴 인민들아
너희들이 션지쟈를 여러번 살육ᄒᆞ고
봉명(奉命)ᄒᆞ고 온쟈ᄭᆞ지 돌을들어 치ᄂᆞᆫ도다
내가ᄒᆞᆼ샹 열심으로 너희ᄌᆞ녀 모흐기를
암ᄃᆞᆰ이 병아리를 ᄂᆞᆯ기아래 모흠ᄀᆞᆺ치
여러번 ᄒᆞ랴ᄒᆞ되 너희들이 슬타ᄒᆞ니
너희집이 멸망ᄒᆞ야 뷔인터만 ᄂᆞᆷ으리라
ᄯᅩ다시 닐ᄋᆞ노니 너희들이 말ᄒᆞ기를
우리쥬의 일홈으로 이셰샹에 오시ᄂᆞᆫ쟈
복이잇다 ᄒᆞᆯᄣᅢᄭᆞ지 나를다시 못보리라

70. 고창병유가(鼓脹病癒歌) 누가14 : 1~6

안식을 당ᄒᆞ여셔 우리쥬 예수ᄭᅴ셔
바리시 교쟝(敎長)집에 드러가 잡수실시

고창병든 사롬ᄒᆞ나 예수압헤 누엇ᄂᆞᆫᄃᆡ
무리들이 밧게서셔 엇지ᄒᆞ나 엿보거ᄂᆞᆯ
예수ᄭᅴ셔 교법ᄉᆞ와 바리싀 교인의게
말숨ᄒᆞ야 ᄀᆞᆯᄋᆞ샤ᄃᆡ 거룩ᄒᆞᆫ 안식일에
병을곳쳐 보내시고 무리ᄃᆞ려 닐ᄋᆞ샤ᄃᆡ
너희즁에 소나라귀 우물에 ᄲᅡ졋스면
누가 안식일이라고 곳건지지 안켓ᄂᆞ냐
뎌희가 이말숨을 ᄃᆡ답ᄒᆞ지 못ᄒᆞ더라

71. 바리싀인경계가 누가14 : 7~24

이날만찬 자리우에 쳐흠을 닙은쟈가
샹좌를 턱ᄒᆞ거ᄂᆞᆯ 괴심히 녁이시샤
맛대두고 닐ᄋᆞ샤ᄃᆡ 누가너를 쳥ᄒᆞ여셔 혼연에 나오거든
웟자리에 안지말나 너보다 놉흔쟈가 쳥흠을 닙엇스면
쥬인이 나아와셔 너ᄃᆞ려 닐ᄋᆞ기를
네자리를 급히비여 이사롬ᄭᅦ 주라ᄒᆞᆫ즉
네가크게 붓그러워 말셕으로 나가라리
그럼으로 삼가너ᄂᆞᆫ 쳥흠을 닙을ᄯᅢ에 말셕을 ᄎᆞ지ᄒᆞ라
너를쳥ᄒᆞᆫ 그쥬인이 나와셔 말ᄒᆞ기를
이리 올나오라ᄒᆞ면 여러사롬 모힌즁에 영광이 잇스리라
놉흔톄 ᄒᆞᄂᆞᆫ쟈ᄂᆞᆫ ᄌᆞ연히 ᄂᆞ져지고
ᄂᆞ즌톄 ᄒᆞᄂᆞᆫ쟈ᄂᆞᆫ 자연놉하 질지니라
쳥ᄒᆞ야 ᄃᆡ졉ᄒᆞᄂᆞᆫ 바리싀 교쟝의게
권면ᄒᆞ야 ᄀᆞᆯᄋᆞ샤ᄃᆡ 오찬이나 만찬이나

풍셩히 베풀거든 너희친ᄒᆞᆫ 친구이나
만흔복을 밧으리니 뎌희들은 못갑흐나
의인부활 ᄒᆞᄂᆞᆫ날에 갑흐심을 밧으리라
ᄒᆞᆷᄭᅴ먹ᄂᆞᆫ 사ᄅᆞᆷ즁에 ᄒᆞ나이 감동밧고
소ᄅᆡ놉혀 ᄒᆞᄂᆞᆫ말이 하ᄂᆞ님 나라에셔
떡을ᄯᅦ어 먹ᄂᆞᆫ쟈가 밧을복이 잇다ᄒᆞ니
예수ㅣ ᄀᆞᆯᄋᆞ샤ᄃᆡ 엇더ᄒᆞᆫ 귀인ᄒᆞᆫ분
대연을 ᄇᆡ셜ᄒᆞ고 쳥ᄒᆞᆯ쟈가 만핫더니
잔치날을 당ᄒᆞ여셔 ᄌᆞ긔집 죵을부려
ᄀᆡᆨ들의게 닐ᄋᆞ기를 진슈셩찬 ᄎᆞ렷스니
어셔와셔 참예ᄒᆞ라 ᄉᆞ의가 ᄀᆞᆫ절ᄒᆞ되
쳥ᄒᆞᆷ밧은 무리들이 일졔히 ᄉᆞ양ᄒᆞᆫ다
ᄒᆞᆫ사ᄅᆞᆷ은 말ᄒᆞ기를 다섯겨리 소를사셔
일ᄒᆞ기에 골몰ᄒᆞ니 나ᄂᆞᆫ샤졀 ᄒᆞᆫ다ᄒᆞ고
ᄒᆞᆫ사ᄅᆞᆷ은 말ᄒᆞ기를 장가를 새로드러
신정지초(新情之初)[233] 임으로 나ᄂᆞᆫ샤졀 ᄒᆞᆫ다ᄒᆞ고
그죵이 도라와셔 쥬인의게 보고ᄒᆞᆫ즉
쥬인이 대노ᄒᆞ야 죵의게 닐ᄋᆞ기를
너ᄂᆞᆫᄲᆞᆯ니 셩에가셔 거리에나 골목에나
방황ᄒᆞ며 류리ᄒᆞᄂᆞᆫ 빈한쟈와 병든자며
여러모양 병신들을 다수히 불너오라
말ᄉᆞᆷ대로 거ᄒᆡᆼᄒᆞᆫ후 쥬인의게 엿ᄌᆞ오ᄃᆡ
거룩ᄒᆞ신 쥬인이여 분부대로ᄒᆞ엿스나

233) 신정지초(新情之初) : 새로 사귀어 정이 든 지 얼마 되지 아니한 때.

놈은좌셕 잇ᄂᆞ이다 쥬인의 ᄒᆞᄂᆞᆫ말이
길과산울 겻헤가셔 사ᄅᆞᆷ들을 강권ᄒᆞ야
내집을 치우어라 너ᄃᆞ려 말ᄒᆞ노니
쳐음밧은 사ᄅᆞᆷ들은 ᄒᆞ나도 내잔치를 맛보지 못ᄒᆞ리라

72. 결심죵쥬가(決心從主歌) 누가14 : 25~35

허다ᄒᆞᆫ 무리들이 ᄒᆞᆫ가지로 힝ᄒᆞᆯᄯᅢ에
예수ㅣ 닐ᄋᆞ샤ᄃᆡ 내게로 오ᄂᆞᆫ쟈ᄂᆞᆫ
부모이나 쳐ᄌᆞ이나 형뎨이나 ᄌᆞᄆᆡ이나
ᄌᆞ긔의 ᄉᆡᆼ명보다 날더ᄉᆞ랑 아니ᄒᆞ면
나의뎨ᄌᆞ 못될지며 제십ᄌᆞ가 제가지고
나를좃지 안ᄂᆞᆫ쟈도 나의뎨ᄌᆞ 못되리라
누가탑을 싸흐랴면 싸키젼에 그경비를
예산ᄒᆞ지 안켓ᄂᆞ냐 역ᄉᆞ만 시작ᄒᆞ고
즁도이폐(中道而廢) ᄒᆞ게되면 그것을 보ᄂᆞᆫ쟈가
비우스며 닐ᄋᆞ기를 분수업ᄂᆞᆫ 뎌사ᄅᆞᆷ이
큰역ᄉᆞ를 시작ᄒᆞ고 못ᄆᆞᆺ친다 ᄒᆞᆯ지니라
이인군이 뎌인군과 ᄀᆡ젼(開戰)ᄒᆞ게 될경우면
일만명 군즁으로 이만군즁 오ᄂᆞᆫ것을
엇지ᄒᆞ면 ᄃᆡ뎍(對敵)ᄒᆞᆯ가 계획ᄒᆞ지 안켓ᄂᆞ냐
당치못ᄒᆞᆯ 경우어든 ᄃᆡ뎍ᄒᆞ러 오ᄂᆞᆫ인군
아직멀니 잇슬ᄯᅢ에 ᄉᆞ신을 보내여셔 화친을 쳥ᄒᆞ여라
너희즁에 누구던지 ᄌᆞ긔의게 잇ᄂᆞᆫ것을
다ᄇᆞ리지 아니하면 내뎨ᄌᆞ가 못되리라

소곰이 됴커니와 맛이ᄒᆞᆫ번 변케되면
엇지다시 짜게ᄒᆞ랴 거름에도 슬ᄃᆡ업서
밧게내여 ᄇᆞ리리니 귀가잇서 드를쟈ᄂᆞᆫ 드르라 ᄒᆞ시더라

73. 칠십뎨ᄌᆞ 복명가(復命歌) 누가10 : 17~24

칠십인이 깃버ᄒᆞ며 도라와셔 ᄒᆞᄂᆞᆫ말이
쥬여쥬의 일홈으로 샤귀를쫏차내며
샤귀들도 우리의게 다항복 ᄒᆞ더이다
예수ㅣ ᄀᆞᆯᄋᆞ샤ᄃᆡ 사단이 하ᄂᆞᆯ노셔
번개ᄀᆞᆺ치 써러짐을 내가뎡녕 보앗노라
너희의게 권능주어 ᄇᆡ암과 젼갈들도
ᄯᅩᄒᆞᆫ능히 ᄇᆞᆲ게ᄒᆞ면 원슈들의 세력ᄭᆞ지
제어케 ᄒᆞᄂᆞᆫ날에 너희들을 해ᄒᆞᆯ쟈가
결단코 업스리라 그것은 그러치만
샤귀들의 복죵ᄒᆞᆷ만 깃거워 ᄒᆞ지말고
너희들의 셩명삼ᄌᆞ 하ᄂᆞᆯ에 긔록됨을
깃거워 ᄒᆞ라ᄒᆞ고 깃버ᄒᆞ야 ᄀᆞᆯᄋᆞ샤ᄃᆡ
하ᄂᆞ님 아바지에 텬디간에 쥬지(主宰)시니
이일을 지혜잇고 통달ᄒᆞᆫ 쟈의게ᄂᆞᆫ
언제던지 숨기시고 어린ᄋᆞ희 들의게ᄂᆞᆫ
나타내여 보이심을 무한감샤 ᄒᆞ옵ᄂᆞ니
셩실ᄒᆞ고 ᄎᆞᆷ되도다 아버지의 션ᄒᆞ신뜻
이ᄀᆞᆺ흔줄 아ᄂᆞ이다 모든 것을 아바지가
내게위탁 ᄒᆞ셧스니 아버지 ᄒᆞᆫ분외에

아ᄃᆞᆯ이 누구인지 아ᄂᆞᆫ이가 ᄒᆞ나업고
나와나의 소원대로 가ᄅᆞ친 사ᄅᆞᆷ외에
아버지가 누구신지 분명히 아ᄂᆞᆫ이가
ᄒᆞ나도 업ᄂᆞ이다 뎨ᄌᆞ들을 도라보며
ᄀᆞ만히 닐ᄋᆞ샤ᄃᆡ 너희들의 보ᄂᆞᆫ것을
보ᄂᆞᆫ눈은 복잇도다 ᄯᅩ다시 닐ᄋᆞ노니
션지자와 인군들도 너희들의 보ᄂᆞᆫ것을
보고져 ᄒᆞ엿스나 보지못 ᄒᆞ엿스며
너희들의 듯ᄂᆞᆫ것을 듯고져 ᄒᆞ엿스나 듯지못 ᄒᆞ엿ᄂᆞ니라

74. 슈뎐절가(修殿節歌) 요한10 : 22~42

예루살넴 슈뎐절(修殿節)[234]은 절긔(節氣)가 겨울이라
예수ᄭᅴ셔 셩뎐에셔 솔노몬 ᄒᆡᆼ각(行閣)[235]으로
홀노ᄇᆡ회(徘徊) ᄒᆞ시더니 유대인이 에워싸고
질문ᄒᆞ야 닐ᄋᆞᆫ말이 그ᄃᆡ가 우리의게
의심나게 ᄒᆞᄂᆞᆫ일을 언제ᄭᆞ지 ᄒᆞ랴ᄂᆞ냐
그ᄃᆡ가 기름부은 하ᄂᆞ님의 아ᄃᆞᆯ이면
명ᄇᆡᆨ히 ᄀᆞᄅᆞ치라 예수ㅣ ᄀᆞᆯᄋᆞ샤ᄃᆡ
내가이왕 너희의게 분명히 닐넛스되 밋지아니 ᄒᆞᄂᆞᆫ도다
내가나의 아버지의 일홈으로 ᄒᆡᆼᄒᆞᆫ일이
여러번 너희압헤 증거가 되엿거ᄂᆞᆯ

---

234) 수전절(修殿節) : 우상 숭배로 더럽혀진 성전을 깨끗이 하고 다시 봉헌한 것을 기념하는 절기, 유대인의 절기중에 태양력 (12월 25일 부터 8일간)으로 맨 마지막 절기.

235) 행각(行閣) : 궁궐, 절 따위의 정당(正堂) 앞이나 좌우에 지은 줄행랑.

너희가 안밋음은 나의양이 아님이니
나의게 쇽흔양은 내소릐를 알터인즉
나도뎌를 알텨이오 뎌도나를 ᄯᅡ르리라
내가임의 뎌희의게 영싱을주엇스니
뎌희ᄂᆞᆫ 영원토록 멸망치 아니ᄒᆞ고
누구던지 내손에셔 ᄲᅢ아슬쟈 업스리라
내게양을 붓쳐주신 거룩ᄒᆞ신 아바지ᄂᆞᆫ
만물보다 더크시니 아버지의 슈즁에셔 누가능히 ᄲᅢ아슬가
나와내 아바지ᄂᆞᆫ 일톄인줄 알지니라
유대인이 격분ᄒᆞ야 돌노치랴 ᄒᆞᄂᆞᆫ지라
예수ㅣ ᄀᆞᆯᄋᆞ샤ᄃᆡ 나ᄂᆞᆫ나의 아바지ᄭᅴ
무한ᄒᆞᆫ 권능밧아 여러 가지 션ᄒᆞᆫ일을 너희의게 보엿거ᄂᆞᆯ
너희들은 무슴일노 돌을들어 치랴ᄒᆞ냐
뎌희가 ᄃᆡ답ᄒᆞᄃᆡ 네가션을 힝ᄒᆞᆷ으로
돌노치랴 ᄒᆞᄂᆞᆫ것은 결단코 아니로라
우리ᄀᆞᆺᄒᆞᆫ 사ᄅᆞᆷ으로 하ᄂᆞ님 이라ᄒᆞᆷ은
춤람(僭濫)ᄒᆞᆫ 말이로다 예수ㅣ ᄀᆞᆯᄋᆞ샤ᄃᆡ
너희들의 률법칙에 너희를 ᄀᆞᄅᆞ쳐셔
신이라 ᄒᆞ셧ᄂᆞ니 성경은 언제던지
폐ᄒᆞ지 못ᄒᆞᆯ지라 하ᄂᆞ님의 명을밧은
사ᄅᆞᆷ도 신이라고 분명히 ᄒᆞ셧거든
ᄒᆞ물며 아바지ᄭᅴ 거룩케 ᄒᆞ심밧고
셰상에 림ᄒᆞᆫ쟈가 하ᄂᆞ님 아ᄃᆞᆯ이라
사ᄅᆞᆷ압헤 드러냄을 너희가 엇지ᄒᆞ야
춤람ᄒᆞ다 닐ᄋᆞᄂᆞ냐 내가 아바지의일을

능히ᄒᆞ지 못ᄒᆞ거든 나를밋지 말녀니와
그대로 ᄒᆞ엿노니 나를밋지 말지라도 힝ᄒᆞᆫ일은 밋을지라
그리ᄒᆞ면 너희들도 나의안에 아바지가
드러와 계신것과 아버지 안에역시
내가ᄒᆞᆼ샹 잇ᄂᆞᆫ줄을 ᄭᆡᄃᆞ라 알지니라
무리들이 그말듯고 잡고져 ᄒᆞᄂᆞᆫ지라
위험ᄒᆞᆷ을 면ᄒᆞ시고 요단강을 건너가셔
유대디경(地境) 다다르니 수다ᄒᆞᆫ 군즁들이
뒤를좃차 오ᄂᆞᆫ지라 예수ㅣ 그곳에셔 병인들을 곳치니라

75. 휴셔가(休書歌) 마태19 : 3~12

바리식 교인들이 예수의게 나아와셔
시험ᄒᆞ야 뭇ᄂᆞᆫ말이 이셰샹 사ᄅᆞᆷ들이
ᄉᆞ고를 인ᄒᆞ여셔 그안히를 ᄇᆞ리ᄂᆞᆫ일
올혼줄노 아ᄂᆞ잇가 예수ㅣ ᄀᆞᆯᄋᆞ샤ᄃᆡ
사ᄅᆞᆷ을 내신이가 일남일녀 ᄆᆞᆫ드시고
명ᄒᆞ야 닐ᄋᆞ샤ᄃᆡ 사ᄅᆞᆷ이 부모ᄯᅥ나
그안히 ᄇᆡ합(配合)ᄒᆞᆫ즉 두몸이 ᄒᆞᆫ몸된다 ᄒᆞ신말숨 모르ᄂᆞ냐
두몸이라 ᄒᆞᆯ지라도 합ᄒᆞ야 ᄒᆞᆫ몸이니
그럼으로 ᄒᆞᄂᆞ님의 ᄶᅡᆨ지어 주신것을
사ᄅᆞᆷ의 임의대로 ᄂᆞᆫ호지 말지니라
뎌가다시 엿ᄌᆞ오ᄃᆡ 그러면 엇지ᄒᆞ야
모세가 명ᄒᆞ기를 휴셔(休書)[236]를 써준후에

---

236) 휴서(休書) : 남자가 여자에게 주던 이혼 증서.

ᄇᆞ리라 ᄒᆞ엿ᄂᆞ뇨 예수ㅣ ᄀᆞᆯᄋᆞ샤ᄃᆡ
모세가 너희ᄆᆞᄋᆞᆷ 완악ᄒᆞᆷ을 인ᄒᆞ여셔
안희를 ᄇᆞ리ᄂᆞᆫ법 림시작뎡 ᄒᆞᆫ것이나
창셰ᄒᆞ신 처음에ᄂᆞᆫ 그런일이 업ᄂᆞ니라
내가이제 닐ᄋᆞ노니 음란ᄒᆞᆫ 연고외에
그안희를 내여쫏고 다른곳에 장가들면
음란을 힝ᄒᆞᆫ쟈요 내여ᄇᆞ린 녀인의게
장가를 드ᄂᆞᆫ쟈도 간음힝ᄒᆞᆫ 쟈이니
ᄒᆞᆫ뎨ᄌᆞ가 엿ᄌᆞ오ᄃᆡ 사ᄅᆞᆷ들이 안희의게
이런일을 힝ᄒᆞᆯ진대 출하리 장가들지
아니ᄒᆞᆷ이 됴ᄉᆞᆸ니다 예수ㅣ ᄀᆞᆯ아샤ᄃᆡ
사ᄅᆞᆷ마다 내말대로 힝ᄒᆞ지 못ᄒᆞᆯ지나
품부(稟賦)ᄒᆞ심 밧은쟈만 그대로 ᄒᆞᆯ지니라
어미의 ᄐᆡ(胎)로브터 고쟈된 쟈도잇고
사ᄅᆞᆷ이 ᄆᆞᆫ드러셔 고쟈된 쟈도잇고
텬국을 위ᄒᆞ여셔 고쟈된 쟈잇ᄂᆞ니라
내가이제 ᄒᆞᄂᆞᆫ말을 밧을만ᄒᆞᆫ 사ᄅᆞᆷ은 밧으라 ᄒᆞ시더라

76. 망양가(忘羊歌) 누가15 : 1~7

셰리와 죄인들이 말ᄉᆞᆷ을 드르랴고 갓가히 나아온다
바리ᄉᆡ 셔긔관이 원망ᄒᆞ며 칙잡기를
이사ᄅᆞᆷ의 힝동보니 죄인을 졉ᄃᆡᄒᆞ야
ᄒᆞᆷᄭᅴ음식 먹ᄂᆞᆫ도다 예수ᄭᅴ셔 뎌희의게
비유로 닐ᄋᆞ샤ᄃᆡ 너희중에 어ᄂᆞ누가

일ᄇᆡᆨ마리 양ᄯᅦ즁에 ᄒᆞᆫ마리를 일헛스면
구십구양 ᄇᆞ려두고 일흔양 ᄒᆞᆫ마리를
ᄯᅩ라셔 찻기ᄭᆞ지 ᄋᆡ쓰지 안켓ᄂᆞ냐
차즈면 즐거워셔 엇ᄀᆡ우에 둘너메고
ᄌᆞ긔집에 도라와셔 리웃친구 쳥ᄒᆞ여셔
깃버ᄒᆞ며 닐ᄋᆞ기를 일헛던양 ᄒᆞᆫ마리를
하ᄂᆞᆯ우에 계신텬부 심히깃버 ᄒᆞ시기를
회ᄀᆡ할것 ᄒᆞ나업ᄂᆞᆫ 아흔아홉 의인들을
깃버ᄒᆞᄂᆞᆫ 깃븜보다 더욱깃버 ᄒᆞ시리라

77. 망금가(忘金歌) 누가15 : 8~10

ᄯᅩ비유로 닐ᄋᆞ샤ᄃᆡ 은젼십원 가진부인
일원을 일헛스면 불을켜고 방을쓸며
엇기ᄭᆞ지 부즈런히 찻지아니 ᄒᆞ겟ᄂᆞ냐
그일원을 찻게되면 리웃친구 쳥ᄒᆞ여다
ᄌᆞ랑ᄒᆞ며 닐ᄋᆞ기를 나와ᄒᆞᆷᄭᅴ 즐거ᄒᆞ자
일흔돈을 차졋노라 ᄒᆞ지아니 ᄒᆞ겟ᄂᆞ냐
너희ᄃᆞ려 닐ᄋᆞ노니 우리가 이와ᄀᆞᆺ치
죄인ᄒᆞ나 회ᄀᆡᄒᆞ면 하ᄂᆞ님의 ᄉᆞ쟈압헤 깃븜이 될지니라

78. 탕ᄌᆞ가(蕩子歌) 누가15 : 11~32

ᄯᅩ비유로 닐ᄋᆞ샤ᄃᆡ 엇더ᄒᆞᆫ 사ᄅᆞᆷ즁에
아ᄃᆞᆯ형뎨 두엇더니 ᄒᆞ로ᄂᆞᆫ 적은아ᄃᆞᆯ

아비의게 ᄀᆞᆫ구ᄒᆞᄃᆡ 아버지의 ᄌᆡ산에셔
제가쟝ᄅᆡ 엇을분깃 지금제게 주옵쇼셔
아비가 그산업을 분깃ᄒᆞ야 주엇더라
그아ᄃᆞᆯ이 몃칠후에 엇은ᄌᆡ산 다가지고
원방으로 이ᄉᆞ가셔 죄다써셔 업시ᄒᆞ고
흉년을 당ᄒᆞ여셔 비로소 궁핍ᄒᆞ니
그디방 부쟈집에 붓치어셔 지내인다
그쥬인의 명령밧아 즘ᄉᆡᆼ치ᄂᆞᆫ 목쟝에가
도야지를 먹이더니 먹을음식 업슴으로
도야지 먹이랴고 예비ᄒᆞᆫ 콩ᄶᅥᆸ질노
츙복(充腹)[237]ᄒᆞ랴 ᄒᆞ엿슨즉 곤궁ᄒᆞᆯ사 뎌의신세 가련치 아니ᄒᆞᆫ가
이리뎌리 ᄉᆡᆼ각타가 ᄭᆡᄃᆞᆺ고 ᄒᆞᄂᆞᆫ말이
나를나흔 아버지ᄂᆞᆫ 하인도 만히잇고 량식도 유여ᄒᆞ되
오ᄂᆞᆯ날 나의육신 주려죽게 되엿도다
그런즉 결심ᄒᆞ고 부친ᄭᅴ로 도로가셔
이와ᄀᆞᆺ치 말ᄒᆞ리라 아바지여 이ᄌᆞ식이
하ᄂᆞ님과 부친젼에 지은죄 막대ᄒᆞ니
나ᄂᆞᆫ감히 지금브터 ᄌᆞ식이라 못ᄒᆞᆯ지라
품군중 ᄒᆞ나으로 녁여주심 ᄇᆞ람니다
ᄒᆞᆯ수밧게 업다ᄒᆞ고 아비집을 향ᄒᆞ여셔
부친을 차져갈ᄉᆡ 부친이 대문밧게
서셔 ᄇᆞ라보다가 ᄌᆞ식의 옴을보고
측은지심 감발(感發)ᄒᆞ야 즉시마조 내다르며

237) 충복(充腹) : 음식의 좋고 나쁨을 가리지 아니하고 고픈 배를 채움.

목을안고 입맛초니 아ᄃᆞᆯ의 ᄒᆞᄂᆞᆫ말이
아바지여 이ᄌᆞ식은 하ᄂᆞ님과 부친압헤
막대ᄒᆞᆫ 죄인이니 저ᄂᆞᆫ감히 지금브터
ᄌᆞ식이라 ᄒᆞᄂᆞᆫ말노 닐ᄏᆞ를수 업ᄂᆞ이다
부친이 죵을불너 뎨일됴코 빗난옷을
내여다가 닙혀주고 금반지를 씨어주며
됴혼신을 신긴후에 송아지를 급히잡아
굽고지져 먹인후에 깃버ᄒᆞ며 ᄒᆞᄂᆞᆫ말이
가련ᄒᆞᆫ 내아ᄃᆞᆯ은 주엇다가 살앗스며
일헛다가 엇엇노라 이ᄀᆞᆺ치 즐길ᄣᅢ에
밧게갓던 맛아ᄃᆞᆯ이 문압헤 니르러셔
춤추며 풍류ᄒᆞᄂᆞᆫ 소ᄅᆡ를 ᄒᆞᆫ참듯고
죵ᄃᆞ려 뭇ᄂᆞᆫ말이 무ᄉᆞᆷ일노 즐기ᄂᆞ뇨
죵들이 ᄃᆡ답ᄒᆞᄃᆡ 멀니갓던 당신아오
오ᄂᆞᆯ맛ᄎᆞᆷ 도라오매 당신의 부친ᄭᅴ셔
몸셩히 도라옴을 대단히 깃버ᄒᆞ야
살진소를 잡아노코 잔치를 ᄒᆞᄂᆞ이다
장ᄌᆞ(長子)의 거동보소 장ᄌᆞ의 거동보소
이일에 격분ᄒᆞ야 드러가지 아니ᄒᆞᆫ다
부친이 마조나와 드러가자 ᄀᆞᆫ쳥ᄒᆞᆫ즉
증을내며 하ᄂᆞᆫ말이 아버지여 아바지여
이ᄌᆞ식은 여러ᄒᆡ를 모시고 지낼ᄣᅢ에
명령을 어긔임이 ᄒᆞᆫ번도 업섯스나
염소삭기 ᄒᆞᆫ마리도 깃브게 내여주어
친구들과 놀게ᄒᆞᆫ일 ᄒᆞᆫ번도 업섯더니

내동싱은 불량ᄌᆞ(不良者)로 아바지의 주신ᄌᆡ산
다써셔 업시ᄒᆞ고 ᄒᆞᆯ수업서 도라오매
살진소를 잡앗스니 엇지ᄒᆞᆫ 리유닛가
부친의 ᄒᆞᄂᆞᆫ말이 아ᄃᆞᆯ아 너ᄂᆞᆫ나와
ᄒᆞᆼ샹ᄀᆞᆺ치 잇섯스니 내게잇ᄂᆞᆫ 만ᄒᆞᆫᄌᆡ산
모도다 네것이나 네동싱은 죽엇다가
다시살아온 쟈이며 일헛다가 엇은쟈라
우리가 즐거ᄒᆞᆷ이 맛당치 아니ᄒᆞ냐

79. 청직이가 누가16 : 1~18

뎨ᄌᆞᄃᆞ려 닐ᄋᆞ샤ᄃᆡ 엇더ᄒᆞᆫ 부쟈의게
ᄌᆡ산젼부 쥬관ᄒᆞᄂᆞᆫ 청직이가 잇섯더니
부쟈의 엇던친구 급히와셔 고ᄒᆞ기를
그ᄃᆡ의 만ᄒᆞᆫᄌᆡ산 청직이의 허비ᄒᆞᆷ을
아ᄂᆞ뇨 모르ᄂᆞ뇨 그말듯고 ᄭᆞᆷᄶᆞᆨ놀나
청직이를 불너다가 엄즁히 ᄒᆞᄂᆞᆫ말이
그ᄃᆡ의 불미ᄒᆞᆫ말 내귀에 드러오니
진뎍ᄒᆞᆫ ᄉᆞ실인가 문부(文簿)를 청장[238]ᄒᆞ라
과약기언(果若其言)[239] 분명ᄒᆞ면 내일을 못보리라
청직이의 거동보소 스ᄉᆞ로 헤오기를
쥬인이 내직분을 일죠에 ᄲᅢ아스면
내가쟝ᄎᆞᆺ 무엇ᄒᆞᆯ고 ᄯᆞᆼ파자니 힘이업고

238) 청장(淸帳) : 장부(帳簿)를 청산한다는 뜻으로, 빚 따위를 깨끗이 갚음을 이르는 말.
239) 과약기언(果若其言) : 과연 그 말과 같음.

문젼걸식 ᄒᆞ자ᄒᆞ니 붓그러워 엇지ᄒᆞᆯ고
ᄒᆞᆫ계교를 ᄉᆡᆼ각ᄒᆞ고 무릅치며 ᄒᆞᄂᆞᆫ말이
올타잘 되엿고나 내직분은 빼앗겨도
모든채권 쟈의게나 인심을 ᄭᅵ치리니
그리ᄒᆞ면 뎌희들이 내은혜를 모를소냐
이러케 결심ᄒᆞ고 쥬인의 채무쟈를
일일이 불너온다 몬져불러 온쟈의게
죵용히ᄒᆞᄂᆞᆫ말이 네가우리 쥬인의게
진것이 얼마이뇨 기름 ᄇᆡᆨ말이니이다
뎌ᄃᆞ려 닐ᄋᆞᄂᆞᆫ말 당장네 문부(文簿)우에
오십두(五十斗)라 쓰라ᄒᆞ고 ᄯᅩ다른 채무쟈를
불너다가 닐ᄋᆞ기를 너ᄂᆞᆫ우리 쥬인의게
진것이 얼마이뇨 밀ᄇᆡᆨ말을 젓ᄂᆞ이다
뎌ᄃᆞ려 닐ᄋᆞᄂᆞᆫ말 당쟝네 문부우에
팔십두(八十斗)라 쓰라ᄒᆞ니 쥬인이 이런일을
추후에 ᄭᆡᄃᆞᆺ고셔 스ᄉᆞ로 닐ᄋᆞ기를
ᄶᅩᆺ겨나간 쳥직이가 심ᄉᆞᄂᆞᆫ 흉악ᄒᆞ지만
지혜ᄂᆞᆫ 공교ᄒᆞ다 칭찬처럼 ᄒᆞ엿스니
셰샹에 붓흔쟈가 셰샹에셔 ᄒᆞᄂᆞᆫ일을
육안으로 보기에ᄂᆞᆫ 광명쟈(光明者)의 ᄒᆡᆼᄒᆞᆷ보다
지나친다 ᄒᆞᆯ지니라 내가네게 닐ᄋᆞ노니
셰샹의 ᄌᆡ물들은 불의에 쇽ᄒᆞᆫ쟈나
션ᄒᆞᆫ친구 교제ᄒᆞ며 션ᄒᆞ게 쓰ᄂᆞᆫ쟈ᄂᆞᆫ
영원ᄒᆞᆫ 집에가셔 됴흔ᄃᆡ졉 밧으리라
지극히 적은일에 츙셩이 잇ᄂᆞᆫ쟈ᄂᆞᆫ

큰일에도 츙셩ᄒᆞ고 지극히 적은일에
불의ᄒᆞᄂᆞᆫ 쟈ᄂᆞᆫ 큰일을 ᄒᆞᆯᄣᅢ에도 불의ᄒᆞᆫ다 ᄒᆞ시더라
너희ᄂᆞᆫ 드러보라 이셰샹에 잇ᄂᆞᆫ지물
불의에 쇽힛스나 그것을 쓰ᄂᆞᆫ쟈가 충셩되히 아니ᄒᆞ면
어ᄂᆞ누가 너희의게 춤된것을 주겟스며
ᄂᆞᆷ의것에 ᄃᆡᄒᆞ여셔 진실치 아니ᄒᆞ면
어ᄂᆞ누가 너희의게 줄것을 주겟ᄂᆞ냐
하인이 두쥬인을 셤기지 못ᄒᆞᆯ지니
이를뮈워 ᄒᆞᄂᆞᆫ쟈ᄂᆞᆫ 뎌를ᄉᆞ랑 ᄒᆞᆯ것이오
이를즁히 녁이ᄂᆞᆫ쟈 뎌를경히 녁일지니
그런즉 너희들이 하ᄂᆞ님과 셰상지물
겸ᄒᆞ야 ᄒᆞᆫ가지로 셤기지 못ᄒᆞ리라
바리식 교인들은 돈을됴하 ᄒᆞᄂᆞᆫ쟈라
이말듯고 비웃거ᄂᆞᆯ 예수ㅣ 닐ᄋᆞ샤ᄃᆡ
너희들이 사ᄅᆞᆷ압헤 스ᄉᆞ로 올타ᄒᆞ나
너희의 속ᄆᆞᄋᆞᆷ을 ᄒᆞᄂᆞ님이 아시ᄂᆞ니
이셰샹 사ᄅᆞᆷ압헤 놉힘을 밧ᄂᆞᆫ쟈ᄂᆞᆫ
하ᄂᆞ님 아바지가 크게뮈워 ᄒᆞ시도다
률법과 션지쟈가 요한ᄣᅢ에 긋침으로
지금브터 하ᄂᆞ님의 복음을 젼파ᄒᆞ니
대쇼인민 물론ᄒᆞ고 힘쓰ᄂᆞᆫ쟈 엇을ᄣᅢ라
텬디ᄂᆞᆫ 업서져도 법률의 일뎜일획(一點一劃) 업서지지 안으리니
엇더ᄒᆞᆫ 쟈이던지 그안히를 내보내고
다른ᄃᆡ로 장가가면 간음을 범ᄒᆞᆫ쟈요
내여보낸 녀인의게 장가를 드ᄂᆞᆫ쟈도

륜법상의 간음죄를 범흔쟈라 흐시더라

80. 거지 나사로가 누가16 : 19~31

엇던부쟈 흔사룸이 세마포 됴흔옷에
홍포를 썰쳐닙고 호화롭게 지내이며 날마다 연락(宴樂)[240] 흐고
엇더흔 거어지는 일홈이 나사로라
온몸에 헌데나셔 운신(運身)흐지 못홈으로
연락(宴樂)흐는 부쟈의집 대문밧게 갓다두어
부쟈의 밥상아래 써러지는 부스럭이
료긔(療飢)[241]될가 브랄째에 불샹흔 그졍경을
개도쏘흔 알앗던지 겻헤와셔 할타준다
몃날이 아니되야 성명(性命)[242]이 끈허지매
텬수가 그령혼을 불시에 밧들어셔
아브라함 품에두니 텬리(天理) 무심할가
그부쟈도 셰상에셔 쟝싱불수(長生不死) 홀수업서
죽어셔 장수흐니 음부(陰府)[243]로 느려가셔
고통을 밧을째에 눈을들어 쳐다본즉
아브라함 품가온딕 나사로가 잇는지라
소릭질너 흐는말이 아버지 아브라함
고통밧는 이죄인을 불샹히 넉이시고
나사로를 보내주샤 나사로의 손가락에

240) 연락(宴樂) : 잔치를 벌여 즐김.
241) 요기(療飢) : 시장기를 겨우 면할 정도로 조금 먹음.
242) 성명(性命) : '목숨'이나 '생명(生命)'을 달리 이르는 말.
243) 음부(陰府) : 저승. 사람이 죽은 뒤에 그 혼이 가서 산다고 하는 세상.

물ᄒᆞᆫ방울 직어다가 불ᄐᆞ듯 ᄒᆞᄂᆞᆫ혀를
차게ᄒᆞ야 주옵쇼셔 화염즁에 잇슴으로
니갈니ᄂᆞᆫ 심ᄒᆞᆫ고통 견딜수 업ᄂᆞ이다
아브라함 ᄒᆞᄂᆞᆫ말이 아ᄃᆞᆯ아 말드러라
너ᄂᆞᆫ살아 잇슬ᄯᅢ에 됴흔락을 다누렷고
나사로ᄂᆞᆫ 사ᄂᆞᆫ동안 심ᄒᆞᆫ고초 밧앗스니
그것을 긔억ᄒᆞ라 뎌ᄂᆞᆫ이제 위로밧고
너ᄂᆞᆫ고통 밧ᄂᆞ니라 그것도 그럿지만
ᄒᆞᆫ가지 층절(層節)잇서 너희와 우리ᄉᆞ이
큰굴헝244)이 막혓스니 여긔셔 너희의게
건너가랴 ᄒᆞᆯ지라도 능히가지 못할지며
뎌긔셔 우리의게 건너오랴 ᄒᆞᆯ지라도
능히오지 못ᄒᆞ리라 부쟈가 ᄋᆡ걸ᄒᆞᄃᆡ
그러면 구ᄒᆞ노니 아버지여 나사로를
내집에 보내여셔 나의형뎨 오인의게
나의일을 닐너주어 고통밧ᄂᆞᆫ 이런곳에
옴을면케 ᄒᆞ옵쇼셔 아브라함 ᄒᆞᄂᆞᆫ말이
션지쟈 모세ᄎᆡᆨ에 ᄀᆞᄅᆞ쳐 뵈엿스니
드를쟈ᄂᆞᆫ 드르리라 다시ᄋᆡ걸 ᄒᆞᄂᆞᆫ말이
그러치 안ᄉᆞᆸ니다 아브라함 아바지여
만일셰샹 사ᄅᆞᆷ즁에 죽을ᄃᆡ셔 버셔나셔
제집으로 도로가면 그가쇽이 회ᄀᆡᄒᆞᆯ줄
분명히 아ᄂᆞ이다 아브라함 ᄃᆡ답ᄒᆞᄃᆡ

244) 큰굴헝 : 큰 구렁텅이.

모세와 션지쟈의 교훈멸시 ᄒᆞᆫ사ᄅᆞᆷ은
ᄉᆞ망에셔 나온쟈가 친히권면 ᄒᆞᆯ지라도 듯지아니 ᄒᆞᆯ지니라

81. 용셔가(容恕歌) 누가17 : 1~10

예수ᄭᅴ셔 뎨ᄌᆞᄃᆞ려 말ᄉᆞᆷᄒᆞ야 ᄀᆞᆯᄋᆞ샤ᄃᆡ
죄를범케 ᄒᆞᄂᆞᆫ일이 잇기ᄂᆞᆫ 잇다마ᄂᆞᆫ
죄를범케 ᄒᆞᄂᆞᆫ쟈ᄂᆞᆫ 앙화를 밧으리라
쇼ᄌᆞ즁에 ᄒᆞ나라도 범죄케 ᄒᆞᆯ터이어든
ᄆᆡ돌작을 목에ᄆᆡ고 깁은바다 물에ᄲᅡ져 싱명을 ᄌᆞ결ᄒᆞ라
만일너희 형뎨즁에 ᄒᆞ로동안 닐곱번식
네압헤 득죄ᄒᆞ고 닐곱번 도라와셔
회ᄀᆡᄋᆞ엿다 ᄒᆞ거든 용셔ᄒᆞ야 줄지니라
뎨ᄌᆞ가 엿ᄌᆞ오ᄃᆡ 우리의 신앙심을
만하지케 ᄒᆞ옵쇼셔 예수ㅣ ᄀᆞᆯᄋᆞ샤ᄃᆡ
너희의 신앙심이 겨ᄌᆞ씨 ᄒᆞᆫ알마콤
각ᄆᆞᄋᆞᆷ에 잇섯스면 여긔잇ᄂᆞᆫ 대나무를
ᄲᅮ리ᄲᅢ여 바다우에 심기라 ᄒᆞᆯ지라도
너희말을 좃츠리라 너히즁에 어ᄂᆞ누가
부리ᄂᆞᆫ 죵이잇서 밧갈며 양치다가 집으로 도라오면
즉시안져 먹으라고 명ᄒᆞ지 아니ᄒᆞ고
먼져나의 먹을음식 예비ᄒᆞᆫ후 ᄯᅴ를ᄯᅴ고
슈죵드러 셤기다가 내가먹고 마신후에
마시고 먹으라고 ᄒᆞ지아니 ᄒᆞ겟ᄂᆞ냐
부림을 밧ᄂᆞᆫ죵이 명대로 ᄒᆡᆼᄒᆞᆫ것을

엇지샤례 ᄒᆞ겟ᄂᆞ냐 이와ᄀᆞᆺ 너희의게
내가임의 명ᄒᆞᆫ일을 임의준힝 ᄒᆞ엿거든
당연히 힝ᄒᆞᆯ본분 힝ᄒᆞᆯ줄노 싱각ᄒᆞ고
무익ᄒᆞᆫ 죵인줄노 싱각ᄒᆞᆯ ᄲᅮᆫ이니라

82. 나사로 부싱가(復生歌) 요한10：1～46

벳아니 젹은촌은 마리아와 마르다의 싱장ᄒᆞᆫ 본향(本鄕)이오
마리아ᄂᆞᆫ 누구인고 향긔로온 기름으로
쥬의머리 우에붓고 머리털노 쥬의발을 씻기던 녀인이라
그오라비 나사로가 병드러 누은고로
마리아와 마르다가 사ᄅᆞᆷ을 예수ᄭᅴ로
보내여 엿ᄌᆞ오ᄃᆡ 쥬여ᄅᆡ 림ᄒᆞ옵쇼셔
쥬의ᄉᆞ랑 ᄒᆞ옵시ᄂᆞᆫ 나사로가 병이드러
죽게 되엿ᄉᆞᆸᄂᆞ이다 예수ㅣ 드르시고
하인ᄃᆞ려 닐ᄋᆞ샤ᄃᆡ 이병에 죽지안코
하ᄂᆞ님의 큰영광을 인ᄌᆞ로 인연ᄒᆞ야
나타나게 되ᄂᆞ니라 하인을 보내시고
류ᄒᆞ시던 쳐소에셔 이틀동안 더잇다가
뎨ᄌᆞᄃᆞ려 닐ᄋᆞ샤ᄃᆡ 유대로 다시가자
뎌희들이 ᄃᆡ답ᄒᆞᄃᆡ 랍비여 듯ᄉᆞ온즉
근일에 유대인이 돌노치랴 ᄒᆞᆫ다ᄒᆞ니
엇지ᄒᆞ야 그곳으로 가시랴 ᄒᆞᄂᆞ잇가
예수ㅣ ᄀᆞᆯᄋᆞ샤ᄃᆡ 아직낫이 여섯시라
ᄇᆡᆨ쥬에 힝ᄒᆞᄂᆞᆫ쟈 너머지지 안ᄂᆞᆫ것은

빗츌보ᄂᆞᆫ ᄶᅡ둙이오 밤즁에 힝ᄒᆞᄂᆞᆫ쟈
너머지기 쉬운것은 빗츌보지 못홈이라
말ᄉᆞᆷ을 ᄆᆞᆺ치시고 ᄯᅩ다시 닐ᄋᆞ샤ᄃᆡ
나의친구 나사로가 잠이깁히 드럿스니
내가가셔 ᄭᅵ우리라 뎨ᄌᆞ들이 ᄃᆡ답ᄒᆞᄃᆡ
쥬여뎌가 누어자면 속히ᄭᅵ겟 ᄉᆞᆸᄂᆞ이다
예수의 이말ᄉᆞᆷ은 죽은것을 닐옴이나
뎨ᄌᆞ들 ᄉᆡᆼ각에ᄂᆞᆫ 잠간 자ᄂᆞᆫ말ᄉᆞᆷ으로
알아드른 모양일다 명ᄇᆡᆨ히 닐ᄋᆞ샤ᄃᆡ
나사로가 병드러셔 죽은지 오래니라
내가부러 벳아니에 진작가지 아니ᄒᆞᆫ일
너희의게 힝복됨은 너희의 무리들노
깃버ᄒᆞ랴 홈이로다 그런즉 니러나셔
그리로 가자ᄒᆞ니 듸두모라 일홈ᄒᆞᄂᆞᆫ
도마ᄂᆞᆫ 믈나듯고 동모ᄃᆞ려 ᄒᆞᄂᆞᆫ말이
우리들도 좃차가셔 ᄀᆞᆺ치죽자 말ᄒᆞ더라
벳아니에 니르시니 나사로가 발셔죽어
무덤속에 뭇친지가 사흘이 되엿스며
벳아니와 예루살넴 샹거가 갓가와셔
오리ᄯᅳᆷ 되ᄂᆞᆫ고로 유대인이 만히와셔
마르다와 마리아를 위로ᄒᆞ며 말ᄒᆞ더니
이ᄣᅢ에 마르다가 예수의 옴을듯고
영졉ᄒᆞ러 마조가고 마리아ᄂᆞᆫ 슯허ᄒᆞ며 홀노집에 안졋더라
마르다가 입을열어 예수ᄭᅴ 엿ᄌᆞ오ᄃᆡ
권능만흔 내쥬ᄭᅴ셔 이곳에 계셧더면

블상흔 내오라비 아니죽엇 스련마는
내쥬끠셔 이제라도 하느님끠 구ᄒᆞ시면
어려운 일이라도 셩취ᄒᆞᆯ수 잇ᄂᆞ이다
예수ㅣ ᄀᆞᆯᄋᆞ샤ᄃᆡ 네오라비 나사로가
다시살아 날지니라 마르다가 ᄃᆡ답ᄒᆞᄃᆡ
ᄆᆞ지막 부활ᄒᆞᆯ때 살아날줄 밋ᄂᆞ이다
예수ㅣ ᄀᆞᆯᄋᆞ샤ᄃᆡ 나ᄂᆞᆫ곳 부활이오
나ᄂᆞᆫ곳 ᄉᆡᆼ명이니 나를알고 밋ᄂᆞᆫ쟈ᄂᆞᆫ
죽어도 다시살고 살아셔 밋ᄂᆞᆫ쟈ᄂᆞᆫ
무궁세ᄃᆡ 영영토록 ᄉᆞ망의 화면ᄒᆞᆯ것을
밋ᄂᆞ냐 안밋ᄂᆞ냐 마르다 ᄃᆡ답ᄒᆞᄃᆡ
쥬여내가 밋ᄉᆞ오니 권능만흔 우리쥬ᄂᆞᆫ
그리스도 이시오 하ᄂᆞ님의 셩ᄌᆞ로서 강림ᄒᆞᆫ줄 밋ᄂᆞ이다
이말숨을 ᄆᆞᆺ친후에 그동ᄉᆡᆼ 마리아를
ᄀᆞ만히 블너내여 ᄃᆡᄃᆞ려 닐ᄋᆞ기를
션ᄉᆡᆼ님이 림ᄒᆞ서셔 너를부르신다 ᄒᆞ니
마리아가 이말듯고 황망히 니러나셔
예수끠 나아가니 예수끠셔 그마을노
드러오지 안으시고 마르다 맛난곳에 여샹히 계시더라
마리아를 위로ᄒᆞ러 유대에셔 온쟈들이
마리아의 감을보고 ᄯᆞ라가며 ᄉᆡᆼ각ᄒᆞᄃᆡ
필시슯흔 마리아가 무덤에가 곡ᄒᆞ랴고 간것이라 ᄒᆞ엿더라
이때에 마리아가 예수의 계신곳에
나가셔 현알ᄒᆞ고 그압헤 업ᄃᆡ여셔
ᄀᆞᆫ청ᄒᆞ야 ᄒᆞᄂᆞᆫ말이 쥬여여긔 계셧더면

ᄉᆞ랑ᄒᆞᄂᆞᆫ 내동싱 아니죽엇 스리이다
이ᄣᅢ에 예수ᄭᅴ셔 마리아의 우ᄂᆞᆫ것과
위로ᄒᆞᄂᆞᆫ 유대인의 슯허ᄒᆞᆷ을 둘너보고
불샹히 녁이시샤 슯허ᄒᆞ며 닐ᄋᆞ샤ᄃᆡ
어ᄂᆞ곳에 뭇어ᄂᆞ냐 마리아ㅣ ᄃᆡ답ᄒᆞᄃᆡ
쥬여와셔 보ᄋᆞᆸ쇼셔 예수ᄭᅴ셔 우르신ᄃᆡ
유대인이 닐ᄋᆞ기를 ᄌᆞ비시미 만ᄒᆞᆫ쟈라
ᄒᆞᄂᆞᆫ이도 만히잇고 엇던이ᄂᆞᆫ 말ᄒᆞ기를
뎌사ᄅᆞᆷ이 눈먼쟈의 눈을ᄯᅳ게 ᄒᆞ엿스니
나사로 죽지안케 못ᄒᆞ리오 ᄒᆞᄂᆞᆫ지라
권능만ᄒᆞᆫ 예수ᄭᅴ셔 통졀ᄒᆞᆫ ᄆᆞᄋᆞᆷ으로
무덤에 니르시니 그분묘(墳墓)ᄂᆞᆫ 셕굴이라
묘문셕을 막악거ᄂᆞᆯ 묘문의 막은돌을
옴겨노라 명ᄒᆞ시니 마리아ㅣ 엿ᄌᆞ오ᄃᆡ
쥬여뎌의 죽은지가 나흘이 되엿슨즉
시방은 내암새가 날줄노 아ᄂᆞ이다
예수ㅣ ᄀᆞᆯᄋᆞ샤ᄃᆡ 네가만일 이제라도
독실히 밋고보면 하ᄂᆞ님의 큰영광을 목도ᄒᆞᆯ수 잇ᄂᆞ니라
그ᄣᅢ에 모힌무리 묘문셕을 옴겨노니
예수ᄭᅴ셔 눈을들어 긔도ᄒᆞ야 ᄀᆞᆯᄋᆞ샤ᄃᆡ
하ᄂᆞ님 아바지여 나의말 드르심을 만만감샤 ᄒᆞᄋᆞᆸ니다
ᄒᆞᆼ샹내말 드르실줄 분명히 아ᄋᆞᆸᄂᆞ니
이ᄀᆞᆺ치 ᄀᆞᆫ구ᄒᆞᆷ은 둘너선 사ᄅᆞᆷ으로
하ᄂᆞ님 아버지가 친히나를 보내신줄 밋게ᄒᆞ랴 ᄒᆞᆷ이니라
말ᄉᆞᆷ을 ᄆᆞᆺ치시고 큰소ᄅᆡ로 부르샤ᄃᆡ

나사로야 나오너라 슈쪽을 ᄇᆡ로ᄆᆡ고
얼골은 슈건으로 싸고쌋던 나사로가
곳살아 나아오니 예수ㅣ ᄀᆞᆯᄋᆞ샤ᄃᆡ
ᄆᆡ인것을 풀어노하 ᄃᆞᆫ니게 ᄒᆞ라ᄒᆞ니
마리아를 위문ᄒᆞ러 모힌유대 사ᄅᆞᆷ들이
ᄒᆡᆼᄒᆞ신일 목도ᄒᆞ고 밋ᄂᆞᆫ쟈ㅣ 만흔지라
그즁에 엇던쟈가 예수의 ᄒᆞ신일을
바리ᄉᆡ 교인의게 자자히 닐ᄋᆞ더라

83. 피왕(避往)에브라임가 요한11 : 47~54

유대의 졔ᄉᆞ장과 바리ᄉᆡ 교인들이
공회를 모흔후에 란샹공의(爛商公議)[245] ᄒᆞᄂᆞᆫ말이
이사ᄅᆞᆷ이 민간에셔 긔ᄉᆞ이적 만히ᄒᆞ니
이것을 우리들이 엇더케 쳐치ᄒᆞᆯ고
ᄒᆞᄂᆞᆫ대로 ᄇᆞ려두면 밋을쟈도 만흘지며
로마인이 우리ᄯᅡ를 즉시점령 ᄒᆞᆯ지니라
그ᄒᆡ에 대졔ᄉᆞ쟝 가야바[246]라 ᄒᆞᄂᆞᆫ이가
무리ᄃᆞ려 ᄒᆞᄂᆞᆫ말이 너희모든 ᄇᆡᆨ셩들은 아모것도 모르도다
ᄒᆞᆫ사ᄅᆞᆷ이 만ᄇᆡᆨ셩을 위ᄒᆞ야 ᄃᆡ신죽어
우리유대 온나라이 망치안케 되ᄂᆞᆫ것이
너희의게 유익ᄒᆞᆫ줄 ᄭᆡᄃᆞᆺ지 못ᄒᆞᄂᆞᆫ냐

---

245) 난상공의(爛商公議) : 난상공론(爛商公論). 여러 사람이 모여서 충분히 의논함. 또는 그런 의논.

246) 가야바 : 예수 시대의 유대교 대제사장(?~?). 본명은 요셉으로, 대제사장 안나스의 아들이며 예수를 심판하여 사형을 결정하였다.

이러케 ᄒᆞᄂᆞᆫ말이 이해에 대제ᄉᆞ장
디위에 잇슴으로 ᄀᆡ인덕 쥬의로써
셜명ᄒᆞ지 아니ᄒᆞ고 예수가 유대국을
위ᄒᆞ야 죽으시고 유대일국 뿐아니라
ᄉᆞ방에 흣허잇ᄂᆞᆫ 하ᄂᆞ님의 ᄌᆞ녀들을
합일ᄒᆞ게 ᄒᆞᄂᆞᆫ예언 ᄌᆞ연히 되엿더라
이날브터 뎌희들이 예수를 무함ᄒᆞ야 죽이랴 ᄒᆞᄂᆞᆫ지라
유대인 가온ᄃᆡ로 다시가지 안으시고
광야근방 차자가셔 에브라임 셩에살며 뎨ᄌᆞ들과 계시더라

84. 십문동이병유가(病癒歌) 누가17 : 11~19

예수 예루살넴으로 향ᄒᆞ야 가실ᄯᅢ에
갈닐니 사마리아 가온ᄃᆡ로 지나시며
ᄒᆞᆫ마을에 드러가니 문동병쟈 열사ᄅᆞᆷ이
예수옴을 ᄇᆞ라보고 소ᄅᆡ질너 ᄒᆞᄂᆞᆫ말이
션싱이신 우리예수 긍휼히 녁이쇼셔
보시고 닐ᄋᆞ샤ᄃᆡ 제ᄉᆞ장ᄭᅴ 바로가셔 네몸을 보이어라
뎌희들이 가ᄂᆞᆫ길에 ᄭᆡᆨ긋ᄒᆞ야 지ᄂᆞᆫ지라
그즁에 ᄒᆞᆫ문동이 나흔줄 ᄭᆡᄃᆞᆺ고셔
본쳐로 도라와셔 큰소ᄅᆡ로 쥬의영광
하ᄂᆞ님ᄭᅴ 돌니면셔 예수의 발아래셔 업ᄃᆡ여 샤례ᄒᆞ니
병나흔 이사ᄅᆞᆷ은 사마리아 사ᄅᆞᆷ이라
예수ㅣ ᄀᆞᆯᄋᆞ샤ᄃᆡ ᄭᆡᆨ긋ᄒᆞᆷ을 밧은쟈가
열사ᄅᆞᆷ이 아니더냐 뎌ᄃᆞ려 닐ᄋᆞ샤ᄃᆡ

니러나셔 도라가라 네밋음이 임의너를 구원ᄒᆡᆺ다 ᄒᆞ시더라

85. 텬국셩립가(天國成立歌) 누가17 : 20~37

바리시 교인들이 예수ᄭᅴ 엿ᄌᆞ오ᄃᆡ

하ᄂᆞ님의 큰나라이 어ᄂᆞᄯᅢ에 림ᄒᆞ릿가

ᄃᆡ답ᄒᆞ야 ᄀᆞᆯᄋᆞ샤ᄃᆡ 텬국이 림ᄒᆞᄂᆞᆫ일

눈으로 볼수업서 여긔잇다 뎌긔잇다

지뎍ᄒᆞ지 못ᄒᆞ리니 텬국이 너희안에 잇ᄂᆞ니라 ᄒᆞ시더라

뎨ᄌᆞᄃᆞ려 닐ᄋᆞ샤ᄃᆡ ᄯᅢ가쟝ᄎᆞ 니르리니

너희가 인ᄌᆞ의날 ᄒᆞ로를 보랴ᄒᆞ나 보지못ᄒᆞᆯ 지니라

엇던이가 말ᄒᆞ기를 여긔뎌긔 잇다ᄒᆞ나

그말을 듯지말고 그곳에 가지말나

하ᄂᆞᆯ아래 번개불이 이곳에셔 번적ᄒᆞᆫ즉

뎌곳ᄭᆞ지 빗최ᄂᆞ니 인ᄌᆞ의 림ᄒᆞᄂᆞᆫ날

ᄯᅩᄒᆞᆫ그와 ᄀᆞᆺ흐리라 그러나 너희들은

몬져만흔 고난밧고 이세ᄃᆡ 가온ᄃᆡ셔 ᄇᆞ린바 될지니라

노아ᄯᅢ에 된것ᄀᆞᆺ치 인ᄌᆞᄯᅢ도 그러리니

노아가 방쥬(方舟)[247]우에 오르ᄂᆞᆫ 날ᄭᆞ지ᄂᆞᆫ

싀집가며 쟝가들고 먹으며 마시다가

홍슈가 니르러셔 일시에 멸ᄒᆞ엿고

롯의ᄯᅢ와 ᄀᆞᆺ흐리니 사ᄅᆞᆷ들이 ᄆᆡ매ᄒᆞ며

가옥도 건축ᄒᆞ고 심으고 거두으며

먹으며 마시다가 롯이서돔 가던날에

247) 방주(方舟) : 네모진 모양의 배. 노아의 방주.

갑자기 하늘노셔 불과류황 쏫아져셔

뭀아케 죽엿ᄂᆞ니 인ᄌᆞ 나타나ᄂᆞᆫ날에 ᄯᅩᄒᆞᆫ그와 ᄀᆞᆺ흐리라

그날을 당ᄒᆞ거든 지붕우에 잇ᄂᆞᆫ쟈ᄂᆞᆫ

가장즙물(家藏什物)[248] 취ᄒᆞ랴고 ᄂᆞ려오지 말것이오

밧가온ᄃᆡ 잇ᄂᆞᆫ쟈도 도라오지 말지니라

롯의쳐(妻)를 ᄉᆡᆼ각ᄒᆞ라 누구던지 그목숨을

구ᄒᆞ고져 ᄒᆞᄂᆞᆫ쟈ᄂᆞᆫ 도로혀 일흘지며

누구던지 그목숨을 앗기지 안ᄂᆞᆫ쟈ᄂᆞᆫ 도로혀 엇으리라

너희ᄃᆞ려 닐ᄋᆞ노니 그날밤에 두사ᄅᆞᆷ이 ᄒᆞᆫ자리에 누엇ᄂᆞᆫᄃᆡ

ᄒᆞᆫ사ᄅᆞᆷ은 다려가고 ᄒᆞᆫ사ᄅᆞᆷ은 ᄇᆞ려두며

두녀인이 ᄆᆡ를갈매 ᄒᆞᆫ녀인은 다려가고 ᄒᆞᆫ녀인은 ᄇᆞ리리라

무리들이 엿ᄌᆞ오ᄃᆡ 주여어ᄂᆞ ᄯᅢ오닛가

ᄃᆡ답ᄒᆞ야 ᄀᆞᆯᄋᆞ샤ᄃᆡ 죽엄이 싸힌곳에

ᄂᆞᆯ나드ᄂᆞᆫ 독슈리ᄯᅦ 모힌다 ᄒᆞ시더라

86. 과부신원가(寡婦伸寃歌) 누가18 : 1~8

예수ᄭᅴ셔 사ᄅᆞᆷ들노 긔도에 게으르지 아니ᄒᆞ게 ᄒᆞ랴ᄒᆞ샤

비유로 닐ᄋᆞ샤ᄃᆡ 엇던셩에 법관ᄒᆞ나

젼능ᄒᆞ신 하ᄂᆞ님도 두려워 아니ᄒᆞ고

ᄌᆞ긔의 민족의게 압제가 ᄌᆞ심(滋甚)[249]터니

그셩즁의 과부ᄒᆞ나 자조자조 ᄃᆞᆫ니면서

신원(伸寃)[250]을 ᄒᆞ여지라 여러ᄎᆞ 쳥원(請願)ᄒᆞ되

---

248) 가장즙물(家藏什物) : 집에 놓고 쓰는 온갖 살림 도구.

249) 자심(滋甚) : 더욱 심함.

ᄆᆞᆺ침ᄅᆡ 안듯다가 ᄒᆞ로ᄂᆞᆫ ᄉᆡᆼ각키를
내가비록 하ᄂᆞ님도 두려워 아니ᄒᆞ고
내눈압과 내ᄆᆞᆷ속에 무셔운것 업지마ᄂᆞᆫ
이과부가 자조자조 괴롭게 보채이니
그원슈를 갑하주어 다시오지 아니ᄒᆞ게 ᄒᆞ리라 ᄒᆞ엿슨즉
불의ᄒᆞᆫ 그법관도 과부의 부르지짐
괴로워셔 드럿거든 의로우신 하ᄂᆞ님이
당신의 ᄌᆞ녀들의 밤낫으로 긔도ᄒᆞᆷ을 드르시지 안으시랴
오래동안 ᄎᆞᆷ으시나 필경은 드르시고 속히갑하 주시리라
그러나 너희의게 ᄒᆞᆫ말노 닐ᄋᆞ노니
인ᄌᆞ가 니를때에 셰상에 밋ᄂᆞᆫ것을 보겟ᄂᆞ냐ᄒᆞ시더라

87. 바리ᄉᆡ인긔도가 누가18 : 9~14

밋음의 교만난셔 다른사ᄅᆞᆷ 멸시ᄒᆞᄂᆞᆫ
교인의게 이비유로 ᄀᆞᆫ절히 닐ᄋᆞ샤ᄃᆡ
두사ᄅᆞᆷ이 셩뎐우에 올나가 긔도ᄒᆞᆯᄉᆡ
ᄒᆞᆫ사ᄅᆞᆷ은 누구인고 바리ᄉᆡ 교인이오
ᄒᆞᆫ사ᄅᆞᆷ은 누구인고 셰관(稅關)의 셰리(稅吏)더라
교만ᄒᆞᆫ 바리ᄉᆡ인 서셔긔도 ᄒᆞᄂᆞᆫ말이
하ᄂᆞ님 아바지여 내가감샤 ᄒᆞ옵기ᄂᆞᆫ
나ᄂᆞᆫ다른 사ᄅᆞᆷ처럼 토ᄉᆡᆨ(討索)이나 불법이나
음란치 아니ᄒᆞ야 뎌셰리의 무리들과 ᄀᆞᆺ지아니 ᄒᆞ니이다
나ᄂᆞᆫᄒᆞᆼ샹 닐헤마다 두 번식 금식(禁食)ᄒᆞ고

250) 신원(伸寃) : 가슴에 맺힌 원한을 풀어 버림.

엇은것의 십일됴(十日條)를 드렷ᄉᆞᆸᄂᆞ이다 ᄒᆞ니
셰리는 멀니서셔 감히그 눈을들어
하ᄂᆞᆯ을 볼수업서 가슴치며 ᄒᆞᄂᆞᆫ말이
하ᄂᆞ님은 이죄인을 불샹히 녁이쇼셔
나ᄂᆞᆫ죄인 이니이다 통회ᄌᆞ복(痛悔自服) ᄒᆞ엿스니
그런고로 이셰리는 바리식 교인보다
의롭다 홈을엇어 집에도라 갓ᄂᆞ니라
ᄌᆞ긔를 놉히ᄂᆞᆫ쟈 반ᄃᆞ시 ᄂᆞ자지고
ᄌᆞ긔를 ᄂᆞᆽ초ᄂᆞᆫ쟈 놉하진다 ᄒᆞ시더라

88 영ᄋᆞ축복가(嬰兒祝福歌) 마가10 : 13~16

이때에 엇던사ᄅᆞᆷ이 어린ᄋᆞ희 잇ᄭᅳᆯ고
예수ᄭᅴ로 나아와셔 만지심을 ᄀᆞᆫ쳥ᄒᆞ니
뎨ᄌᆞ들이 ᄭᅮ짓거ᄂᆞᆯ 보시고 분히녁여
뎨ᄌᆞᄃᆞ려 닐ᄋᆞ샤ᄃᆡ 어린ᄋᆞ희 내게옴을 금ᄒᆞ지 말지어다
텬국에 잇ᄂᆞᆫ쟈ᄂᆞᆫ 이ᄋᆞ희와 ᄀᆞᆺᄒᆞ니라
너희에 닐ᄋᆞ노니 쟝유로쇼(長幼老小)[251] 물론ᄒᆞ고
하ᄂᆞᆯ나라 밧들기를 어린ᄋᆞ희 ᄆᆞ음으로
밧들지 안ᄂᆞᆫ쟈ᄂᆞᆫ 텬국ᄌᆞ민 못되리라
말ᄉᆞᆷ을 ᄆᆞᆺ치시고 ᄋᆞ희들을 잇ᄭᅳᆯ어
팔노안고 복비시며 권능의 손을펴셔 머리우에 언ᄌᆞ니라

---

251) 쟝유노소(長幼老小) : 어른과 어린이.

89. 청년부쟈가 마태19 : 16~30

엿더ᄒᆞᆫ 청년부쟈 예수ᄭᅴ 엿ᄌᆞ오ᄃᆡ
무ᄉᆞᆷ션을 ᄒᆡᆼᄒᆞ여야 영ᄉᆡᆼ을 엇으릿가
예수ㅣ ᄀᆞᆯᄋᆞ샤ᄃᆡ 네가이제 내게와셔
션ᄒᆡᆼ문데(善行問題) 뎨출ᄒᆞ야 무롬은 엇짐이뇨
션ᄒᆞ신이 ᄒᆞᆫ분이니 네가만일 영ᄉᆡᆼ길노
드러가기 원ᄒᆞ거든 계명을 직히어라
청년부쟈 ᄃᆡ답ᄒᆞᄃᆡ 어ᄂᆞ계명 이니잇가
예수ㅣ ᄀᆞᆯᄋᆞ샤ᄃᆡ 살인말며 간음말며
도적질 ᄒᆞ지말며 거짓증거 ᄒᆞ지말며
네부모를 공경ᄒᆞ며 다른사ᄅᆞᆷ ᄉᆞ랑ᄒᆞᆷ을
ᄌᆞ긔의 몸과ᄀᆞᆺ치 ᄉᆞ랑ᄒᆞ라 ᄒᆡᆺᄂᆞ니라
청년이 엿ᄌᆞ오ᄃᆡ 이여러 계명들을
내가다 직혓스니 아직ᄭᆞ지 부족ᄒᆞᆷ이
ᄯᅩ무엇이 잇ᄂᆞ잇가 예수ㅣ ᄀᆞᆯᄋᆞ샤ᄃᆡ
온젼ᄒᆞ야 흠이업ᄂᆞᆫ 사ᄅᆞᆷ이 되랴거든
이길노 바로가셔 잇ᄂᆞᆫ것을 다팔아셔
빈궁쟈를 구졔ᄒᆞ라 그리ᄒᆞ면 하ᄂᆞᆯ우에
보화를 싸흐리니 다시나를 좃차오라
본ᄅᆡ에 이청년은 ᄌᆡ물이 만흔고로
이말ᄉᆞᆷ을 드른후에 근심ᄒᆞ며 나가거ᄂᆞᆯ
뎨ᄌᆞᄃᆞ려 닐ᄋᆞ샤ᄃᆡ 이셰샹의 부쟈들은
텬국에 드러가기 어렵고 어렵도다
약ᄃᆡ가 침공(針孔)[252]으로 ᄯᅮᆯ코나아 가ᄂᆞᆫ것이

이셰샹의 직졍가가 텬국을 엇음보다 오히려 쉬우리라
뎨즈들이 말솜듯고 깜작놀나 말흐기를
그런즉 누가능히 구원을 엇으릿가
예수 ᄀᆞᆯᄋᆞ샤딕 사롬의 힘으로는 능히흐지 못흐지만
하느님 아버지는 무소불능 흐시니라
베드로ㅣ 엿즈오딕 우리들은 모든 것을
일즉이 다ᄇᆞ리고 내쥬를 좃츠오니
우리ᄀᆞ흔 뎨즈들은 무엇을 엇으릿가
예수ㅣ ᄀᆞᆯᄋᆞ샤딕 너희의게 닐ᄋᆞᄂᆞ니
십이문도 너희들도 인즈가 즁흥흐야
보좌에 안즐때에 각기보좌 우에안져
이스라엘 온나라의 만흔 십이지파(十二支派)들을
능히심판 홀지니라 집이나 부모이나
형뎨이나 즈믹이나 즈식이나 뎐토(田土)이나
내여ᄇᆞ린 사롬마다 빅비이나 엇는외에
영싱을 유업(遺業)으로 영영히 엇으리라
그러나 몬져된쟈 나죵될 쟈도잇고
나죵에 잇는쟈도 몬져될쟈 만흐리라

90. 포도원비유가 마태20 : 1~16

텬국은 엇더흔고 엇더흔 집쥬인이
아춤에 일즉나가 품군을 엇어다가
즈긔의 포도원에 보내임과 일반이라

252) 침공(針孔) : 바늘구멍.

품군과 약됴ᄒᆞᆯ제 ᄒᆞ로동안은 ᄒᆞᆫ푼식
주기로 작뎡ᄒᆞ야 포도원에 보낸후에
ᄉᆞ시(巳時)[253]초에 ᄯᅩ나가셔 쟝텨에셔잇ᄂᆞᆫ
무리ᄃᆞ려 ᄒᆞᄂᆞᆫ말이 너희들도 포도원에
드러가 로동ᄒᆞ면 맛당히 밧을삭을 내게셔 밧으리라
뎌희들이 그말듯고 포도원에 가ᄂᆞᆫ지라
오시(午時)[254]즁 신시(申時)[255]초에 거리에 ᄯᅩ나가셔
그와ᄀᆞᆺ치 품군들을 포도원에 보내이고
유시(酉時)[256]초에 ᄯᅩ나가셔 한가히 셧ᄂᆞᆫ쟈를
불너셔 ᄒᆞᄂᆞᆫ말이 너희들은 엇지ᄒᆞ야
온죵일 이곳에셔 한가히 서잇ᄂᆞ뇨
뎌희들이 ᄃᆡ답ᄒᆞᄃᆡ 우리를 품군으로
쓰ᄂᆞᆫ쟈ㅣ 업ᄂᆞ이다 쥬인이 일군들을
일일이 불너노코 청직이게 명령ᄒᆞ야
품군들을 불너셔 삭젼을 ᄅᆡ올ᄯᅢ에
나죵에온 사ᄅᆞᆷ부터 삭주기를 시작ᄒᆞ야
몬져온 사ᄅᆞᆷᄭᆞ지 삭젼을 분ᄇᆡᄒᆞ라
유시초에 온쟈들도 은ᄒᆞᆫ푼식 밧ᄂᆞᆫ지라
몬져온 사ᄅᆞᆷ은 더밧을줄 알앗더니
뎌희도 분별업시 일반으로 밧게되매
쥬인의 ᄒᆞᄂᆞᆫ일을 원망ᄒᆞ야 ᄒᆞᄂᆞᆫ말이

---

253) 사시(巳時) : 십이시(十二時)의 여섯째 시. 오전 아홉 시부터 열한 시까지이다.
254) 오시(午時) : 십이시(十二時)의 일곱째 시. 오전 열한 시부터 오후 한 시까지이다.
255) 신시(申時) : 십이시(十二時)의 아홉째 시. 오후 세 시에서 다섯 시까지이다.
256) 유시(酉時) : 십이시(十二時)의 열째 시. 오후 다섯 시부터 일곱 시까지이다.

우리들은 죵일토록 슈고를 무릅쓰고
더위를 밧앗거놀 쥬인은 무숨일노
나죵에 불너다가 반시일흔 사룸들과
품삭을 ᄀᆞᆺ치주니 쥬인의 ᄒᆞ눈일이
불공평 ᄒᆞ니이다 쥬인이 ᄃᆡ답ᄒᆞᄃᆡ
친구여 드러보라 내가네게 잘못홈이
일호반뎜(一毫半點)[257] 업섯노라 네가나와 은흔품삭
작뎡ᄒᆞ지 안앗ᄂᆞ냐 네삭이나 밧아가라
나죵에 온사룸을 너와ᄀᆞᆺ치 주눈것이
내뜻대로 힝홈이니 내물건을 뜻대로 쓰눈것이 불가ᄒᆞ냐
나눈션을 힝ᄒᆞ거놀 너눈깁히 원망ᄒᆞ여 악ᄒᆞ게 보눈도다
도리샹도 이와ᄀᆞᆺ하 나죵에 잇눈쟈가
몬져될 쟈도잇고 몬져잇눈 사룸들도 나죵될쟈 잇ᄂᆞ니라

91. 부활표시가 뎨삼 마가10 : 32~34

예루살넴 ᄇᆞ라보며 향ᄒᆞ야 가눈길에
예수ㅣ 압서힝 ᄒᆞ시니 뎨ᄌᆞ들은 의심ᄒᆞ고
좃차가눈 무리들은 위험ᄒᆞ게 녁이거놀
십이뎨ᄌᆞ 모화셰고 후일에 당홀일을
셜명ᄒᆞ야 ᄀᆞᆯᄋᆞ샤ᄃᆡ 이제우리 무리들이
예루살넴 올나가면 인ᄌᆞ나를 ᄭᅳᆯ어내어
당시 졔ᄉᆞ졔장들과 셔긔관 무리의게

257) 일호반점(一毫半點) : 한 가닥의 털과 한 점의 절반이라는 뜻으로, 극히 작은 정도를 이르는 말.

즉시내여 붓치리니 죽이기로 결안(決案)[258]ᄒᆞ고
이방 사람의게준즉 릉욕(凌辱)ᄒᆞ고 침ᄇᆞᆺ흐며
채찍으로 ᄯᅡ리다가 십ᄌᆞ가에 붓치리니
죽은지 뎨삼일에 다시살아 날지니라

92. 부졍당요구가 마가10 : 35~45

세베대의 두아ᄃᆞᆯ은 야고보와 요한이라
그어미와 공모(共謀)ᄒᆞ고 예수ᄭᅴ 엿ᄌᆞ오ᄃᆡ
션싱이여 우리들이 무엇을 구ᄒᆞ던지
일우어 주옵쇼셔 예수ㅣ ᄀᆞᆯᄋᆞ샤ᄃᆡ
너희가 내게옴은 무엇을 원ᄒᆞᆷ이뇨
뎌희가 엿ᄌᆞ오ᄃᆡ 쥬ᄭᅴ셔 영광으로
텬국에 계실ᄯᅢ에 우리형뎨 올니서셔
쥬의보좌 좌우편에 안게ᄒᆞ여 주옵쇼셔
예수ㅣ ᄀᆞᆯᄋᆞ샤ᄃᆡ 너희의 구ᄒᆞᄂᆞᆫ것
너희가 못ᄭᆡᄃᆞᆺ고 청구ᄒᆞᄂᆞᆫ 청구로다
내홀노 마시ᄂᆞᆫ잔 너희의 무리들이 엇지능히 마시리오
내홀노 밧ᄂᆞᆫ셰례 너희의 무리들이 엇지능히 밧으리오
뎌희가 ᄃᆡ답ᄒᆞᄃᆡ 능히 ᄒᆞ겟ᄉᆞᆸᄂᆞ이다
예수ㅣ 닐ᄋᆞ샤ᄃᆡ 마시ᄂᆞᆫ 나의잔과
밧ᄂᆞᆫ나의 고싱셰례 너희들도 밧게스나
인ᄌᆞ의 좌우편에 안게ᄒᆞᄂᆞᆫ 그권리ᄂᆞᆫ
내게잇지 아니ᄒᆞ니 누구를 위ᄒᆞ여서

---

258) 결안(決案) : 안건을 결정함.

예비ᄒᆞ야 두섯던지 ᄐᆡᆨᄒᆞᆫ쟈가 잇ᄂᆞ니라
열뎨ᄌᆞ가 이말듯고 요한과 야고보를
ᄒᆞᆫᄒᆞ야 비웃거ᄂᆞᆯ 예수ㅣ 불너다가
리유로 닐ᄋᆞ샤ᄃᆡ 이방(異邦)의 인군들은
ᄌᆞ긔의 ᄇᆡᆨ셩들을 억지로 쥬관ᄒᆞ고
존귀ᄒᆞᆫ 사ᄅᆞᆷ들이 권셰를 잡ᄂᆞᆫ줄은
너희도 알거니와 너희들 가온ᄃᆡᄂᆞᆫ
그러치 아니ᄒᆞ니 너희즁에 누구던지
놉흐랴 ᄒᆞᄂᆞᆫ쟈ᄂᆞᆫ 셤기ᄂᆞᆫ쟈 될것이오
웃듬되랴 ᄒᆞᄂᆞᆫ쟈ᄂᆞᆫ ᄂᆞᆷ의죵이 될지니라
인ᄌᆞ의 강림ᄒᆞᆷ은 셤김을 밧으랴고
원ᄒᆞ지 아니ᄒᆞ고 무리를 셤기다가
무리를 위ᄒᆞ여셔 목숨을 내려ᄇᆞ려 속죄ᄒᆞ랴 ᄒᆞᆷ이니라

93. 량ᄆᆡᆼ명목가(兩盲明目歌) 마가10 : 46~52

뎨ᄌᆞ들을 다리시고 허다ᄒᆞᆫ 무리들과
여리고에 오셧다가 여리고를 하직ᄒᆞ고 셩문으로 나가실ᄉᆡ
ᄃᆡ매오의 소ᄉᆡᆼᄌᆞ인 쇼경거지 바ᄃᆡ매오
길거리에 안졋다가 나사렛 예수ᄭᅴ셔
지나가시ᄂᆞᆫ 줄알고 크게웨쳐 ᄒᆞᄂᆞᆫ말이
다윗ᄌᆞ손 예수시여 나와ᄀᆞᆺ흔 병신죄인 불상히 녁이쇼셔
무리들이 ᄭᅮ지즈며 좀좀ᄒᆞ라 위협ᄒᆞ되
뎌가더욱 소ᄅᆡ질너 ᄀᆞᆫ구ᄒᆞ야 ᄒᆞᄂᆞᆫ말이
다윗의 ᄌᆞ손이여 날불상히 녁이쇼셔

가는길을 멈추시고 부르라 명ᄒᆞ시니
뎨ᄌᆞ들이 명을밧고 쇼경불너 ᄒᆞᄂᆞᆫ말이
안심ᄒᆞ고 니러나라 예수부르신다 ᄒᆞ니
쇼경이 크게깃버 그옷을 내ᄇᆞ리고
신속히 니러나셔 예수ᄭᅴ 나오거ᄂᆞᆯ
예수닐너 ᄀᆞᆯᄋᆞ샤ᄃᆡ 이제네가 나를보고
무엇을 구ᄒᆞᄂᆞ뇨 쇼경이 ᄃᆡ답ᄒᆞᄃᆡ
쥬여나로 눈을ᄯᅥ셔 빗츨보게 ᄒᆞ옵쇼셔
예수ㅣ 닐ᄋᆞ샤ᄃᆡ 쇼ᄌᆞ야 도라가라
네밋음이 너의눈을 셩ᄒᆞ게 ᄒᆡᆺᄂᆞ니라
그사ᄅᆞᆷ의 눈이ᄇᆞᆰ아 예수를 좃ᄎᆞ니라

94. 삭개오가 누가19 : 1~10

예수ㅣ 여리고로 ᄃᆞᆫ녀셔 가실ᄯᅢ에
삭개오라 ᄒᆞᄂᆞᆫ쟈ᄂᆞᆫ 세리의 두목으로 루거만(累巨萬)[259] 직산가라
예수의 명셩듯고 엇더ᄒᆞᆫ 사ᄅᆞᆷ인가
볼ᄆᆞᄋᆞᆷ은 ᄀᆞᆫ절ᄒᆞ나 킈가적고 사ᄅᆞᆷ만하
볼수가업슴으로 압참으로 달려가셔
ᄲᅩᆼ나무우에 올나 갓가히 보랴홈은
예수ᄭᅴ셔 그곳으로 지나실줄 ᄋᆞᆲ이러라
예수그곳 당도ᄒᆞ샤 ᄲᅩᆼ나무를 쳐다보며
삭개오야 삭개오야 속속(速速)히 ᄂᆞ려오라
내가오늘 네집에셔 머물너야 ᄒᆞ겟노라

---

259) 누거만(累巨萬) : 매우 많음. 또는 매우 많은 액수.

뎌가급히 ᄂᆞ려와셔 깃브게 영졉ᄒᆞ니
관광(觀光)ᄒᆞᄂᆞᆫ 사ᄅᆞᆷ들이 원망ᄒᆞ여 ᄒᆞᄂᆞᆫ말이
죄인집에 드러가셔 류슉(留宿)ᄒᆞᆫ다 ᄒᆞᄂᆞᆫ지라
삭개오가 나아와셔 예수ᄭᅴ 엿ᄌᆞ오ᄃᆡ
주여내게 잇ᄂᆞᆫᄌᆡ산 졀반을 내여노하
간난ᄒᆞᆫ쟈 구제ᄒᆞ고 엇던사ᄅᆞᆷ 의게던지
토식ᄒᆞᆫ것 잇ᄉᆞ오면 ᄉᆞᄇᆡ(四倍)ᄒᆞ야 갑흐리다
예수ㅣ 닐ᄋᆞ샤ᄃᆡ 오ᄂᆞᆯ날 구원이
네집안에 니르럿다 삭개오도 아브라함 ᄌᆞ손이 될지니라
인ᄌᆞ의 힝ᄒᆞᆯ본분 길을일허 ᄇᆞ린쟈를 구원ᄒᆞ러 왓ᄂᆞ니라

95. 은 ᄒᆞᆫ 근 비유가 누가19 : 11～28

이ᄯᅢ예수 ᄉᆡᆼ각ᄒᆞᄃᆡ 지금은 예루살넴
에셔머지 아니ᄒᆞ고 뭇사ᄅᆞᆷ의 ᄉᆞ샹에도
텬국이 나타난줄 거진다 안ᄃᆞᄒᆞ야
비유로 닐ᄋᆞ샤ᄃᆡ 엇더ᄒᆞᆫ 귀인ᄒᆞᆫ분
먼디방에 나아가셔 봉작(封爵)[260]의 샹을밧고
도라오랴 결심ᄒᆞ후 그죵열을 불너세고
은열근을 달아주며 뎌희ᄃᆞ려 ᄒᆞᄂᆞᆫ말이
내가도라 오기ᄭᆞ지 부즈런히 장ᄉᆞᄒᆞ랴
그나라 ᄇᆡᆨ셩들이 쥬인을 뮈워ᄒᆞ야
사ᄅᆞᆷ식혀 ᄒᆞᄂᆞᆫ말이 귀인의 왕되ᄂᆞᆫ일
원찬노라 ᄒᆞ엿더라 봉ᄒᆞᆷ밧고 도라와셔

260) 봉작(封爵) : 제후(諸侯)로 봉하고 관작(官爵)을 줌.

은준죵을 불너다가 얼마나 리(利)엇은것
일일이 됴사홀시 첫재사룸 ᄒᆞ는말이
쥬인의 은혼근으로 쉬리(取利)[261]ᄒᆞ야 열근이나 놈겻습ᄂᆞ이다ᄒᆞ니
쥬인의 ᄒᆞ는말이 잘ᄒᆞ엿다 착ᄒᆞ죵아
네가적은 지물노써 진실ᄒᆞ게 ᄒᆞ엿스니
열고을 권셰로써 ᄎᆞ지ᄒᆞ라 명혼후에
둘재사룸 불너오니 쥬인의게 엿ᄌᆞ오ᄃᆡ
쥬인주신 은혼근이 닷근되엿 습ᄂᆞ이다
쥬인이 칭찬ᄒᆞᄃᆡ 너는이제 다섯셩을
ᄎᆞ지ᄒᆞ라 ᄒᆞ엿더니 다른죵이 니르러셔
쥬인의게 ᄒᆞ는말이 당신을 지내보니 엄준혼 사룸이라
두지아닌 것에셔도 쉬ᄒᆞ랴 ᄒᆞ는일과
심으잔은 곳에셔도 거두랴 ᄒᆞ는일을
내가임의 아는고로 쥬인의 은혼근을
슈건에 싸고싸셔 그냥여긔 두엇스니
쥬인은 보옵쇼셔 쥬인이 닐ᄋᆞ샤ᄃᆡ
악ᄒᆞ고 악혼죵아 네입에셔 나는말노
네죄를 뎡ᄒᆞ노니 이제네가 나를보고
엄혼사룸 이라ᄒᆞ야 두지아닌 곳에셔와
심으잔은 곳에셔도 쉬ᄒᆞ고 거두는줄
분명히 알앗스면 출하리 나의은을
은힝에 맛겻다가 내가도라 오는날에

261) 취리(取利) : 돈이나 곡식을 빌려 주고 그 변리(邊利)를 받음.

본젼과 변리(邊利)[262]ᄭᆞ지 병(ᄒᆞ)야 가져옴이
합당치 아니ᄒᆞ냐 하인을 명령ᄒᆞ야
은혼근을 ᄡᅢ아서셔 열근잇ᄂᆞᆫ 사ᄅᆞᆷ의게
다붓쳐 주라ᄒᆞ니 하인이 ᄃᆡ답ᄒᆞᄃᆡ
쥬인이여 뎌ᄂᆞᆫ임의 열근이 잇ᄂᆞ이다
쥬인의 ᄒᆞᄂᆞᆫ말이 너ᄃᆞ려 닐ᄋᆞ노니
무릇잇ᄂᆞᆫ 쟈의게ᄂᆞᆫ 더욱이 만히주고
오직업ᄂᆞᆫ 쟈의게ᄂᆞᆫ 잇ᄂᆞᆫ것도 ᄡᅢ아스며
나의큰 원수되야 내가왕이 되ᄂᆞᆫ것을
슬혀ᄒᆞ던 뎌희들을 내압헤셔 ᄭᅳᆯ여내야 죽이리라 ᄒᆞ시더라
이말숨을 ᄆᆞᆾ치시고 압흐로 나아가며
예루살넴 ᄇᆞ라보고 곳올나 가시니라

96. 벳아니 마리아 주고가(注膏歌) 요한11 : 55~12 : 11

유대인의 유월절이 갓가히 니른지라
졀긔젼에 각쳐사ᄅᆞᆷ 결례(潔禮)를 힝ᄒᆞ려고
예루살넴 올나가셔 예수의 계신곳을
두루차자 ᄃᆞᆫ니다가 셩뎐에셔 맛나보니
예수ㅣ 닐ᄋᆞ샤ᄃᆡ 졔사쟝 무리들과
바리식 교인들이 령을ᄂᆞ려 ᄒᆞᄂᆞᆫ말이
뎌도필경 이졀긔를 직히려 올터인즉
뎌의잇ᄂᆞᆫ 쳐소알아 고ᄒᆞ라 ᄒᆞ엿스니
너희들 ᄉᆡᆼ각에ᄂᆞᆫ 엇더ᄒᆞ뇨 ᄒᆞ시더라

262) 변리(邊利) : 남에게 돈을 빌려 쓴 대가로 치르는 일정한 비율의 돈.

유월졀 엿싀젼에 벳아니 나사로의
는촌에 니르시니 이왕에 나사로를 부활식힌 곳이러라
예수를 위ᄒᆞ야셔 잔치를 빈셜(排設)[263] ᄒᆞᆯ싀
마르다가 그말듯고 나사로와 ᄒᆞᆫ가지로
연셕에 참예ᄒᆞ니 마리아가 크게깃버
지극히 귀ᄒᆞᆫ향고(香膏)[264] ᄒᆞᆫ근을 가져다가
예수의 발에붓고 ᄌᆞ긔의 머리털노
씻고씻고 ᄯᅩ씻스니 방안에 기름향긔 ᄀᆞ득ᄒᆞ야 지는지라
뎨ᄌᆞ즁에 쥬예수를 잡아줄 가룟유다
좌즁에셔 ᄒᆞ는말이 이향고를 팔앗스면
삼빅량을 밧으리니 간난ᄒᆞᆫ쟈 구제ᄒᆞᆷ이
더욱됴치 아니ᄒᆞᆯ가 이와ᄀᆞᆺ치 ᄒᆞ는말은
구제에 ᄯᅳᆺ이업고 ᄌᆞ긔가 돈젼ᄃᆡ를
ᄒᆞᆼ샹맛ᄒᆞ 잇슴으로 도적ᄒᆞ야 쓸ᄆᆞᄋᆞᆷ이
텡즁(撑中)[265]ᄒᆞᆫ ᄭᆞ돍이라 예수ㅣ ᄀᆞᆯᄋᆞ샤ᄃᆡ
금ᄒᆞ지 말지어다 오늘날 이기름은
이후나의 장ᄉᆞ날을 위ᄒᆞ야 부음이라
간난ᄒᆞᆫ 사ᄅᆞᆷ들은 너희들과 ᄒᆞᆼ샹ᄀᆞᆺ치
잇슬수 잇지마는 나는너희 무리들과 ᄒᆞᆼ샹잇지 못ᄒᆞ리라
이ᄯᅢ에 유대민즁들이 예수만 모해ᄒᆞ러 모히지 아니ᄒᆞ고
예수ᄭᅴ셔 다시살닌 나사로ᄭᆞ지 잡아 죽이려ᄒᆞ는ᄯᅳᆺ은
나사로 ᄭᆞ돍으로 유대의 신죵쟈(信從者)[266]가 심히만하 짐이러라

263) 배설(排設) : 연회나 의식(儀式)에 쓰는 물건을 차려 놓음.
264) 향고(香膏) : 향 기름.
265) 텡중(撑中) : 화나 욕심 따위가 가슴속에 가득 차 있음.

97. 예수샹경가 뎨이 마가11 : 1~11

예루살넴 다다라서 감람산 벳바게와
벳아니에 니르러셔 두뎨ᄌᆞ를 보내시며
뎌희ᄃᆞ려 ᄒᆞᄂᆞᆫ말솜 너희압헤 마조뵈ᄂᆞᆫ
뎌마을노 드러가면 ᄆᆡ여잇ᄂᆞᆫ 어린라귀
뎡녕코 잇스리라 그라귀ᄂᆞᆫ 아직ᄭᆞ지
ᄐᆞᆫ사ᄅᆞᆷ이 업스리니 너희ᄂᆞᆫ 풀어ᄭᅳᆯ고
내게로 나아오라 만일누가 나아와셔
무엇ᄒᆞ랴ᄂᆞ냐 ᄒᆞ며 여러말노 힐문(詰問)267)거든
우리쥬 예수ᄭᅴ셔 쓰시겟다 ᄃᆡ답ᄒᆞ면 허락ᄒᆞ고 보내리라
뎨ᄌᆞ들이 가셔본즉 어린라귀 ᄒᆞᆫ마리가
엇던집 문압거리에 과연ᄆᆡ여 잇슴으로
나아가셔 풀냐ᄒᆞ니 겻헤섯던 사ᄅᆞᆷ들이
힐문ᄒᆞ며 ᄒᆞᄂᆞᆫ말이 이라귀를 가져다가
무엇에 쓰랴ᄂᆞ냐 명ᄒᆞᆫ대로 ᄃᆡ답ᄒᆞ니
즉시허락 ᄒᆞᄂᆞᆫ지라 라귀를 ᄭᅳᆯ고와셔
예수ᄭᅴ 니르러셔 ᄌᆞ긔들의 옷을버셔
라귀의 안장삼아 예수를 ᄐᆡ우니라
ᄯᆞ라오ᄂᆞᆫ 무리들은 옷을버셔 길에펴고
엇더ᄒᆞᆫ 무리들은 나뭇가지 버혀다가
길우에 펴쳐노코 압뒤로 ᄯᆞ라오며
일제히 소ᄅᆡ질너 호산나268)라 호산나라

---

266) 신종쟈(信從者) : 믿고 따르는 사람.
267) 힐문(詰問) : 트집을 잡아 따져 물음.
268) 호산나 : '구하옵나니, 이제 구원하소서'의 뜻을 가진, 하나님을 찬양하는 말.

우리쥬의 일홈으로 오시ᄂᆞᆫ이 복되도다
놉흔하놀 우에셔도 호산나라 ᄒᆞ리로다
예루살넴 니르러셔 셩뎐에 드러가샤
모든것을 보시다가 히가임의 져문후에
십이뎨ᄌᆞ 다리시고 벳아니로 가시니라

98. 무화과슈져주가(無花果樹詛呪歌) 마가11 : 12~14, 20~26

예수ㅣ 그이튼날에 벳아니를 떠나실ᄉᆡ
시쟝흠을 못이긔여 무화과 나무들의
닙사귀가 잇ᄂᆞᆫ것을 멀니서셔 ᄇᆞ라보고
밋친과실 잇나ᄒᆞ야 갓가히가 둘너보니
무셩ᄒᆞᆫ 닙만잇고 열ᄆᆡᄒᆞ나 업슬뿐외
과긔(瓜期)[269]가 멀엇거놀 나무ᄃᆞ려 ᄒᆞᄂᆞᆫ말이
네가ᄌᆞ금 이후로ᄂᆞᆫ 네열ᄆᆡ를 따먹을쟈
영원히 업스리라 이때에 뎨ᄌᆞ들이 그말숨을 드럿더니
그이튼날 아춤녁헤 벳아니를 떠나갈ᄉᆡ
무화과 남글보니 쌜희ᄭᆞ지 ᄆᆞ른지라
베드로ㅣ 긔억ᄒᆞ고 예수ᄭᅴ 엿ᄌᆞ오ᄃᆡ
션싱이여 보옵쇼셔 져주밧은 무화과슈
발셔 몰낫ᄉᆞᆸᄂᆞ이다 예수ㅣ ᄀᆞᆯᄉᆞ샤ᄃᆡ
하ᄂᆞ님을 신앙ᄒᆞ라 너희ᄃᆞ려 닐ᄋᆞ노니

신약 성경에 나오는 말로, 예수가 예루살렘에 마지막으로 입성할 때에 군중이 환영하는 뜻으로 외쳤다.

269) 과기(瓜期) : 오이 등의 열매가 익을 무렵.

누구던지 물론ᄒᆞ고 이산을 명ᄒᆞ여셔
바다로 가라ᄒᆞ고 ᄆᆞ옴에 의심업시
반ᄃᆞ시 일울줄노 밋으면 일우리라
너ᄂᆞᆫ서셔 긔도ᄒᆞᆯᄯᅢ 누구와 혐의(嫌疑)진것
잇거든 풀어주라 하ᄂᆞ님 아바지도
너희의 허물들을 즉시풀어 주시리라

99. 결뎐가(潔殿歌) 뎨이 마태21 : 12~17

이ᄯᅢ에 예수ᄭᅴ셔 셩뎐에 드러가샤
뎐안에셔 팔고사ᄂᆞᆫ 사ᄅᆞᆷ들을 내여쫏고
돈밧고ᄂᆞᆫ 쟈의상과 비둙이 파ᄂᆞᆫ쟈의
교의(交椅)[270]를 둘너업고 뎌희ᄃᆞ려 ᄒᆞᄂᆞᆫ말솜
셩경에 닐ᄋᆞ기를 내집은 하ᄂᆞ님의
긔도ᄒᆞᄂᆞᆫ 집이어ᄂᆞᆯ 너희들이 강도굴혈(掘穴)[271] ᄆᆞᆫᄃᆞᆫ다 ᄒᆞ엿도다
쇼경과 절ᄯᅮᆨ발이 셩뎐을 차자와셔
예수ᄭᅴ로 나오거ᄂᆞᆯ 권능으로 곳치시니
졔ᄉᆞ장과 셔긔관이 예수의 ᄒᆞᄂᆞᆫ일과
ᄋᆞ희들이 모혀드러 다윗의 ᄌᆞ손이여
호산나라 홈을보고 분홈을 못이긔여
예수ᄃᆞ려 ᄒᆞᄂᆞᆫ말이 ᄋᆞ희들의 ᄒᆞᄂᆞᆫ소릐
듯ᄂᆞ냐 못듯ᄂᆞ냐 예수ㅣ ᄀᆞᆯᄋᆞ샤ᄃᆡ
유치ᄒᆞᆫ ᄋᆞ희들과 졋을먹ᄂᆞᆫ 영ᄋᆞ들의

270) 교의(交椅) : 의자03(椅子).
271) 굴혈(窟穴) : 소굴(巢窟).

입으로 ᄒᆞᄂᆞᆫ찬미 진실ᄒᆞ다 ᄒᆞ신말솜 닑지 못ᄒᆞ엿ᄂᆞ냐
이말솜을 ᄆᆞᆺ치시고 뎌희들을 리별ᄒᆞ고
벳아니에 니르러셔 조심ᄒᆞ며 계시니라

100. 졔ᄉᆞ장등의 질문가 마가11：27~33

예루살넴 ᄯᅩ가서셔 셩뎐(聖殿)에 드러가샤
홀노빙회 ᄒᆞ시더니 졔ᄉᆞ장과 셔긔관과
쟝로들이 나아와셔 질문ᄒᆞ야 닐ᄋᆞᆫ말이
누가네게 권능주어 이러ᄒᆞᆫ 긔ᄉᆞ이젹
힝하게 ᄒᆞ엿ᄂᆞ냐 예수ㅣ ᄀᆞᆯᄋᆞ샤ᄃᆡ
나도ᄯᅩᄒᆞᆫ ᄒᆞᆫ말노써 너희의게 무르리니
너희먼져 ᄃᆡ답ᄒᆞ면 나도무솜 권세로써
이런일 힝ᄒᆞᆫ것을 은휘(隱諱)[272]안코 닐ᄋᆞ리라
요한의 쥰셰례가 하놀노 온것이냐
사롬으로 온것이냐 뎌희가 ᄉᆡᆼ각ᄒᆞᄃᆡ
하놀노셔 왓다ᄒᆞ면 요한을 엇지ᄒᆞ야
밋잔ᄂᆞ냐 ᄒᆞᆯ것이오 사롬으로 왓다ᄒᆞ면
요한을 무리들이 션지쟈로 지목ᄒᆞ니
둘너선 ᄇᆡᆨ셩들이 가외(可畏)[273]라 ᄉᆡᆼ각ᄒᆞ고
예수ᄭᅴ ᄃᆡ답ᄒᆞᄃᆡ 우리ᄂᆞᆫ 모르노라
예수ㅣ ᄀᆞᆯᄋᆞ샤ᄃᆡ 나도무솜 권셰로써
긔ᄉᆞ이젹 힝ᄒᆞᄂᆞᆫ일 닐ᄋᆞ지 안켓노라

---

272) 은휘(隱諱) : 꺼리어 감추거나 숨김.
273) 가외(可畏) : 두려워할 만함.

101. 순명가(順命歌) 마태21 : 28~32

너희의 무리들은 이말을 싱각ᄒᆞ라
엇더ᄒᆞᆫ 사ᄅᆞᆷ의게 두아ᄃᆞᆯ이 잇섯ᄂᆞᆫᄃᆡ
쟝ᄌᆞ의게 ᄒᆞᄂᆞᆫ말이 아ᄃᆞᆯ아 오ᄂᆞᆯ날에
포도원에 드러가셔 일ᄒᆞ라 분부ᄒᆞᆫ즉
부명(父命)[274]을 거역타가 조곰후에 뉘웃쳐서 포도원에 드러가니
ᄎᆞᄌᆞ의게 나아가셔 우와ᄀᆞᆺ치 분부ᄒᆞᆫ즉
가겟노라 말만ᄒᆞ고 가지아니 ᄒᆞ엿스니
두아ᄃᆞᆯ즁 어ᄂᆞ아ᄃᆞᆯ 부명(父命)내로 ᄒᆡᆼᄒᆞᆫ샤뇨
뎌희가 ᄃᆡ답ᄒᆞᄃᆡ 맛아ᄃᆞᆯ 이니이다
예수ㅣ ᄀᆞᆯᄋᆞ샤ᄃᆡ 너희ᄃᆞ려 닐ᄋᆞ노니
셰리와 챵기들도 너희보다 텬국으로
먼져드러 갈지니라 요한이의 의도로
너희의게 나왓거ᄂᆞᆯ 너희ᄂᆞᆫ 안밋으되
셰리와 챵기들은 거진다 밋엇스며
너희들은 긔ᄉᆞ이젹 친히목도 ᄒᆞ면셔도 죵시(終是)밋지 안ᄂᆞᆫ도다

102. 악농부비유가(惡農夫比喩歌) 마태21 : 33~46

ᄯᅩᄒᆞᆫ비유 드러보소 엇더ᄒᆞᆫ 농쟝쥬인
포도원을 붓처노코 산울노 두른후에
즙짜ᄂᆞᆫ 틀을두고 망ᄃᆡᄭᆞ지 지어노코
농부의게 셰(稅)로주고 타국으로 나갓다가

274) 부명(父命) : 아버지의 명령.

과긔(瓜期)[275]가 림박ᄒᆞ매 ᄌᆞ긔의 모든죵을
농부의게 파견ᄒᆞ야 동산에 나ᄂᆞᆫ과실 밧으랴 ᄒᆞ엿더니
농부들이 모의ᄒᆞ고 죵들을 잡아내여
더러ᄂᆞᆫ 란타(亂打)ᄒᆞ고 더러ᄂᆞᆫ 살륙ᄒᆞ고 더러ᄂᆞᆫ 돌노치니
쥬인이 다른죵을 다수히 파송ᄒᆞᆫ즉
농부들이 니러나셔 젼과ᄀᆞᆺ치 ᄒᆞᄂᆞᆫ지라
쥬인의 ᄆᆞᄋᆞᆷ속에 내아ᄃᆞᆯ을 보내이면
공경ᄒᆞᆯ줄 ᄉᆡᆼ각ᄒᆞ고 즉시파견 ᄒᆞ엿더니
농부들이 니러나셔 아ᄃᆞᆯ오ᄂᆞᆫ 것을보고
서로모의 ᄒᆞᄂᆞᆫ말이 이제오ᄂᆞᆫ 뎌사ᄅᆞᆷ은
쟝ᄅᆡ 긔업(基業)[276] 엇을쟈니 죽이고 그유업(遺業)을
다ᄎᆞ지 ᄒᆞ자ᄒᆞ고 포도원 밧겻흐로
ᄭᅳ을어 내여다가 참혹ᄒᆞ게 죽엿스니
쥬인이 니를ᄯᅢ에 흉악ᄒᆞᆫ 농부들을
엇더케 ᄒᆞ겟ᄂᆞ뇨 뎌희들이 ᄃᆡ답ᄒᆞᄃᆡ
흉악ᄒᆞᆫ 농부들을 ᄆᆞᆰ아케 진멸ᄒᆞ고
포도원을 ᄲᅢ아사셔 다른농부 의게주어
ᄯᅢ를ᄯᆞ라 여ᄂᆞᆫ과실 거두게 ᄒᆞ리이다
예수ㅣ ᄀᆞᆯᄋᆞ샤ᄃᆡ 쟝인(匠人)[277]의 ᄇᆞ린돌이
집모통이 요긴ᄒᆞᆫ돌 텬연히 일운것은
우리쥬의 권능이오 우리눈에 보기에도

275) 과기(瓜期) : 열매가 익을 때.
276) 기업(基業) : 대대로 물려 내려오는 재산과 사업.
277) 장인(匠人) : 장색(匠色). 예술가의 창작 활동이 심혈을 기울여 물건을 만드는 것과 같다는 뜻으로, 예술가를 두루 이르는 말.

긔이ᄒᆞ다 ᄒᆞ신말ᄉᆞᆷ 긔록ᄒᆞ야 잇ᄂᆞ니라
예수의 이비유가 ᄌᆞ긔들을 닐ᄋᆞᆷ인줄
분명히 아ᄂᆞᆫ고로 잡을ᄆᆞᄋᆞᆷ ᄀᆞᆫ절ᄒᆞ나
ᄇᆡᆨ셩을 두려워셔 감히잡지 못ᄒᆞ더라

103. 왕ᄌᆞ의 청연가(請宴歌) 마태22 : 1~14

예수ㅣ 다시 뎌희의게 텬국의 비유로써
풀어닐너 ᄀᆞᆯᄋᆞ샤ᄃᆡ 인군이 그아ᄃᆞᆯ의
혼인잔치 ᄇᆡ셜(排設)[278]ᄒᆞ고 만흔죵을 파송ᄒᆞ야
ᄀᆡᆨ들을 청ᄒᆞ야도 오지아니 ᄒᆞᄂᆞᆫ고로
다른죵을 파송ᄒᆞ며 분부ᄒᆞ야 닐ᄋᆞᆫ말이
우양을 잡아노코 진슈셩찬 ᄎᆞ렷스니
오ᄂᆞᆯ날 이혼연(婚宴)[279]에 참예(參預)ᄒᆞ라 ᄒᆞ엿더니
드른테도 아니ᄒᆞ고 ᄌᆞ긔일만 도라보아
밧헤가ᄂᆞᆫ 쟈도잇고 가취(嫁娶)[280]ᄒᆞᄂᆞᆫ 쟈도잇고
엇더ᄒᆞᆫ 불량쟈ᄂᆞᆫ 죵을잡아 릉욕(凌辱)ᄒᆞ고
심지어 죽엿스니 인군이 대노ᄒᆞ야
군ᄉᆞ를 파견ᄒᆞ야 살인쟈를 진멸ᄒᆞ고
그셩을 불살오고 죵ᄃᆞ려 닐ᄋᆞᆫ말이
아ᄃᆞᆯ의 혼인잔치 발셔예비 ᄒᆞ엿스나
이왕의 사ᄅᆞᆷ들은 합당치 아니ᄒᆞ니

---

278) 배설(排設) : 연회나 의식(儀式)에 쓰는 물건을 차려 놓음.
279) 혼연(婚宴) : 혼인 잔치.
280) 가취(嫁娶) : 시집가고 장가듦.

큰거리에 나아가셔 누구를 맛나던지 일일이 다려오라
죵들이 명령듯고 큰길에 나아가셔
악ᄒᆞᆫ쟈나 션ᄒᆞᆫ쟈나 보ᄂᆞᆫ대로 다려오니
비로소 혼인좌석 ᄀᆞ득ᄒᆞ야 졋ᄂᆞᆫ지라
인군이 크게깃버 ᄀᆡᆨ을보러 나올때에
ᄒᆞᆫ사ᄅᆞᆷ이 혼연례복(婚宴禮服) 닙지아니 ᄒᆞ엿거ᄂᆞᆯ
뎌ᄃᆞ려 ᄒᆞᄂᆞᆫ말이 친구여 엇지ᄒᆞ야
혼연례복 닙지안코 여긔참예 ᄒᆞ엿ᄂᆞ냐
그손이 붓그러워 아모말도 업ᄂᆞᆫ지라
인군이 대노ᄒᆞ야 하인의게 닐ᄋᆞᆫ말이
슈죡을 결박ᄒᆞ야 깁흔옥에 던지어라
거긔셔 슯히울며 니갈니라 ᄒᆞ엿스니
쳥ᄒᆞᆷ을 밧은쟈가 처음에ᄂᆞᆫ 만치마ᄂᆞᆫ
ᄐᆡᆨᄒᆞᆷ을 닙은쟈ᄂᆞᆫ 적으니라 ᄒᆞ시더라

104. 셰납시험가(稅納試驗歌) 마태22 : 15~22

바리싀 교인들이 물너가셔 의론ᄒᆞᄃᆡ
엇지ᄒᆞ면 묘ᄒᆞᆫ말노 예수를 ᄎᆡᆨ잡을고
만반으로 궁리ᄒᆞᆫ후 ᄌᆞ긔의 뎨ᄌᆞ들과
헤롯[281]의 무리들을 예수ᄭᅴ 보내여서
공순히 뭇ᄂᆞᆫ말이 션ᄉᆡᆼ님은 ᄎᆞᆷ되시샤

281) 헤롯 : 유대의 왕(?B.C.73~B.C.4). 친로마 정책을 펴 유대 왕국을 발전하게 하였으나, 예루살렘 성전과 극장을 건축하여 무거운 세금을 부과하고 폭정을 일삼았다. 그리스도의 탄생을 두려워하여 베들레헴의 두 살 이하의 유아를 모조리 죽였다고 한다. 재위 기간은 기원전 37년~기원전 4년이다.

하ᄂᆞ님 아바지의 춤도리를 ᄀᆞᄅᆞ치며
이모취인(以貌取人)282) 아니ᄒᆞ고 사ᄅᆞᆷ을 편벽(偏僻)되히
보지아니 ᄒᆞᄂᆞᆫ줄노 우리가 아ᄂᆞ이다
션싱님의 ᄉᆡᆼ각에ᄂᆞᆫ 가이사게 셰밧침이
합당ᄒᆞᆫ 일이닛가 불가ᄒᆞᆫ 일이닛가
예수가 뎌희들의 악ᄒᆞᆷ을 알으시고
ᄃᆡ답ᄒᆞ야 ᄀᆞᆯᄋᆞ샤ᄃᆡ 외식(外飾)283)ᄒᆞᄂᆞᆫ 너희들아
나를시험 ᄒᆞᄅᆞᄂᆞ냐 셰밧칠돈 내게뵈라
돈ᄒᆞᆫ푼을 가져오니 예수ㅣ ᄀᆞᆯᄋᆞ샤ᄃᆡ
이돈에 잇ᄂᆞᆫ것이 뉘화샹(畵像)과 뉘글이냐
뎌희가 ᄃᆡ답ᄒᆞᄃᆡ 가이사의 것이니이다
예수ㅣ ᄀᆞᆯᄋᆞ샤ᄃᆡ 가이사의 것이어든
가이사게 돌니이고 하ᄂᆞ님의 것이어든
하ᄂᆞ님끠 돌니어라 뎌희들이 이말듯고 괴이히 녁이더라

105. 사두ᄀᆡ의 부활시험가(復活試驗歌) 누가20 : 27~40

부활이 업다ᄒᆞᄂᆞᆫ 사두ᄀᆡ 교인몃치
예수ᄃᆞ려 뭇ᄂᆞᆫ말이 션싱이여 션지모세
률법으로 우리의게 ᄀᆞᄅᆞ쳐 ᄒᆞ신말솜
사ᄅᆞᆷ이 형이죽고 안ᄒᆡᄂᆞᆫ 살앗스나
ᄌᆞ식이 업게되면 그동ᄉᆡᆼ이 그안ᄒᆡ를
형위ᄒᆞ야 ᄃᆡ신엇어 ᄃᆡ(代)니으라 ᄒᆞ엿스니

282) 이모취인(以貌取人) : 겉양으로 사람을 취함.
283) 외식(外飾) : 겉치레.

가량 칠형뎨가잇서 맛이 취ᄒᆞ엿다가
ᄌᆞ식이 업시죽고 둘재가 그안희를
취ᄒᆞ야 안희삼아 ᄯᅩᄒᆞᆫᄌᆞ식 업시죽고
세재도 그러ᄒᆞ야 닐곱이 무ᄌᆞ(無子)ᄒᆞ고
그후에 그녀인도 셰샹을 ᄲᅥ낫슨즉
칠인이 제안희로 ᄒᆞᆫ번식 취힛스니
ᄆᆞ지막 부활ᄯᅢ에 뉘안희가 되리잇가
예수ㅣ ᄀᆞᆯᄋᆞ샤ᄃᆡ 이셰샹 사ᄅᆞᆷ들은
쟝가들고 싀집가되 오직뎌 셰샹에나
죽은쟈 가온ᄃᆡ셔 부활을 엇ᄂᆞᆫ쟈ᄂᆞᆫ
쟝가도 아니들고 싀집도 아니가며
죽지도 아니ᄒᆞ야 텬ᄉᆞ와 동등(同等)이오
하ᄂᆞ님의 아ᄃᆞᆯ이라 부활을 의론컨대
모세의 힝극편에 거록ᄒᆞ신 하ᄂᆞ님을
아브라함 이삭야곱 다만이 세사ᄅᆞᆷ의
하ᄂᆞ님 이시라고 분명히 닐넛스니
죽은쟈의 하ᄂᆞ님은 결단코 아니시오
살아셔 밋ᄂᆞᆫ쟈의 하ᄂᆞ님이 되시ᄂᆞ니
이셰샹 인류들은 하ᄂᆞ님을 의지ᄒᆞ야
일반이 사ᄂᆞ니라 셔긔관 두어사ᄅᆞᆷ 그말솜을 탄복ᄒᆞ고
그후에ᄂᆞᆫ 감히다시 질문치 못ᄒᆞ더라

106. 률법박ᄉᆞ의 계명시험가 마가12:28~34

셔긔관 ᄒᆞᆫ사ᄅᆞᆷ이 와셔변론 ᄒᆞᆷ을듯고

응구쳡ᄃᆡ(應口輒對)[284] ᄒᆞᄂᆞᆫ일에 권능계신 줄을알고
련ᄒᆞ야 뭇ᄂᆞᆫ말이 여러 가지 계명즁에
첫재가 무에닛가 예수ㅣ ᄀᆞᆯᄋᆞ샤ᄃᆡ
첫재ᄂᆞᆫ 이것이니 드르라 이스라엘
쥬ᄂᆞᆫ 하ᄂᆞ님이시니 독일무이(獨一無二)[285] ᄒᆞ신쟈라
ᄆᆞᆷ과ᄯᅳᆺ과 힘과셩품 다ᄒᆞ고 다ᄒᆞ여셔
쥬너희 하ᄂᆞ님을 ᄉᆞ랑ᄒᆞ라 ᄒᆞ셧스며
둘재ᄂᆞᆫ 이것이니 다른사ᄅᆞᆷ ᄉᆞ랑ᄒᆞᆷ을
ᄌᆞ긔의몸 ᄉᆞ랑ᄒᆞᆷ과 ᄀᆞᆺ치ᄒᆞ라 ᄒᆞ엿스니
이에셔 더큰계명 ᄯᅩ다시 업ᄂᆞ니라
셔긔관이 엿ᄌᆞ오ᄃᆡ 션싱말슴 듯ᄉᆞ오니
과연우리 하ᄂᆞ님은 다만ᄒᆞᆫ분 뿐이시라
ᄒᆞ신말슴 올소이다 다른신이 업ᄉᆞ온즉
ᄆᆞᆷ과ᄯᅳᆺ과 힘다ᄒᆞ야 하ᄂᆞ님을 ᄉᆞ랑ᄒᆞ고
다른사ᄅᆞᆷ ᄉᆞ랑키를 제몸ᄀᆞᆺ치 ᄒᆞᄂᆞᆫ일이
희싱의 온몸동이 살오ᄂᆞᆫ 졔ᄉᆞ보다
나은줄노 아ᄂᆞ이다 예수ᄭᅴ셔 그사ᄅᆞᆷ의
지혜롭게 ᄃᆡ답ᄒᆞᆷ을 보시고 ᄀᆞᆯᄋᆞ샤ᄃᆡ
너ᄂᆞᆫ쥬의 나라에셔 멀지아닌 쟈이로다
그후브터 사ᄅᆞᆷ들이 감히뭇지 못ᄒᆞ더라

---

284) 응구첩대(應口輒對) : 묻는 대로 거침없이 대답함.
285) 독일무이(獨一無二) : 유일무이(唯一無二). 오직 하나뿐이고 둘도 없음.

107. 예수의 반문가(反問歌) 마태22 : 40~46

바리ᄉᆞ 교인(教人)들이 만히모혀 잇슬ᄯᅢ에
예수ᄭᅴ셔 뎌희의게 ᄒᆞᆫ말노 무르샤ᄃᆡ
너희들의 ᄉᆡᆼ각에ᄂᆞᆫ 오시ᄂᆞᆫ 그리스도
엇더ᄒᆞᆫ 사ᄅᆞᆷ이며 엇던이의 ᄌᆞ손이뇨
뎌희들이 ᄃᆡ답ᄒᆞᄃᆡ 다윗ᄌᆞ손 이니이다
예수ㅣ ᄀᆞᆯᄋᆞ샤ᄃᆡ 그러면 엇지ᄒᆞ야
녯적에 다윗왕이 셩신감동 ᄒᆞᆷ을밧아
그리스도 ᄀᆞᄅᆞ쳐셔 닐ᄋᆞᆫ바 그말ᄉᆞᆷ에
쥬ᄭᅴ셔 내쥬의게 말ᄉᆞᆷᄒᆞ야 ᄀᆞᆯᄋᆞ샤ᄃᆡ
너ᄂᆞᆫ나의 올흔편에 평안히 좌뎡ᄒᆞ야
구뎍(仇賊)286)들을 네발야래 두기ᄭᆞ지 기ᄃᆞ리라
ᄒᆞ셧다 ᄒᆞ엿스니 일직이 다윗왕이
그리스도 ᄀᆞᄅᆞ쳐셔 쥬라고 ᄒᆞ엿슨즉
엇지ᄒᆞ야 그리스도 다윗ᄌᆞ손 되겟ᄂᆞ냐
그말을 ᄃᆡ답ᄒᆞ쟈 그즁에 ᄒᆞ나업고
그날브터 아모말도 감히뭇지 못ᄒᆞ더라

108. 위션자의 ᄒᆡᆼ위 지뎍가(指摘歌) 마태23 : 1~39

그ᄯᅢ에 예수ᄭᅴ셔 우리들과 뎨ᄌᆞ의게
말ᄉᆞᆷᄒᆞ야 ᄀᆞᆯᄋᆞ샤ᄃᆡ 셔긔관 무리들과
바리시 교인들은 모세위에 안졋스니

286) 구적(寇賊) : 원수(怨讐).

그런고로 너희의게 무엇ᄒᆞ라 명ᄒᆞ던지
듯기ᄂᆞᆫ 드를지나 뎌희의 ᄒᆞᄂᆞᆫ일을
본밧지ᄂᆞᆫ 말지어다 뎌희들은 말만ᄒᆞ고
힝ᄒᆞ지ᄂᆞᆫ 아니ᄒᆞ고 무거워셔 지지못ᄒᆞᆯ
크고만ᄒᆞᆫ 짐으로써 ᄂᆞᆷ의게 지우면셔
ᄌᆞ긔ᄂᆞᆫ ᄒᆞᆫ손가락도 움직이지 아니ᄒᆞ며
ᄌᆞ긔의 모든일을 ᄂᆞᆷ의게 보이랴고
ᄎᆞᄂᆞᆫ경문(經文) 크게ᄒᆞ며 옷단을 넓게ᄒᆞ고
회당에셔 놉ᄒᆞᆫ자리 잔치집에 샹좌(上座)이며
져자에셔 문안밧기 션싱이란 칭호듯기
심히깃버 ᄒᆞᄂᆞ니라 그러나 너희들은
션싱이라 ᄒᆞᄂᆞᆫ칭호 일졀듯지 말지어다
션싱오직 ᄒᆞᆫ분이니 곳그리스도 이시오
너희의 무리들은 모도다 형뎨니라
이셰샹에 잇ᄂᆞᆫ쟈를 아바지라 ᄒᆞ지말나
너희들의 아바지ᄂᆞᆫ 오직ᄒᆞᆫ분 뿐이시니
하ᄂᆞᆯ우에 계시니라 스승이라 ᄒᆞᄂᆞᆫ칭호
일졀밧지 말지어다 스승도 ᄒᆞᆫ분이니 그리스도 ㅣ시니라
너희즁에 머리된쟈 너희하인 될것이오
제가저를 놉히ᄂᆞᆫ쟈 ᄌᆞ연히 ᄂᆞ자지고
스ᄉᆞ로 ᄂᆞᆽ초ᄂᆞᆫ쟈 ᄌᆞ연놉ᄒᆞ 질지니라
앙화가 잇슬진뎌 눈업ᄂᆞᆫ 쇼경되여
ᄂᆞᆷ을인도 ᄒᆞᄂᆞᆫ쟈여 너희들의 ᄒᆞᄂᆞᆫ말이
누구던지 셩뎐ᄆᆡᆼ셔(聖殿盟誓)유쇽(遺俗) 헐후(歇后)[287] ᄒᆞ거니와
셩뎐으 금(金)ᄆᆡᆼ셔(盟誓)ᄂᆞᆫ 직히라 명령ᄒᆞ니

너희들은 우밍(愚氓)[288]이오 쇼경이라 ᄒᆞᆯ지로다

엇던것이 큰것이뇨 금을크게 녁이ᄂᆞ뇨

금을거록 ᄒᆞ게ᄒᆞᄂᆞᆫ 뎐을크게 녁이ᄂᆞ뇨

ᄯᅩᄒᆞᆫ너희 ᄒᆞᄂᆞᆫ말이 누구던지 제단밍셔

유쇽헐후 ᄒᆞ거니와 제단의 례물밍셔 직히라 명령ᄒᆞ니

너희의 무리들은 쇼경이라 ᄒᆞᆯ지로다

엇던것이 큰것이뇨 례물이 큰것이뇨

례물을 거록케ᄒᆞᆫ 제단이 큰것이뇨

그런고로 닐ᄋᆞ노니 제단을 ᄀᆞᄅᆞ쳐셔

밍셰ᄒᆞᄂᆞᆫ 사ᄅᆞᆷ들은 셩뎐과 그가온ᄃᆡ

계신이를 ᄀᆞᄅᆞ쳐셔 밍셔를 ᄒᆞᄂᆞᆫ쟈요

하ᄂᆞᆯ을 ᄀᆞᄅᆞ쳐셔 밍셔를 ᄒᆞᄂᆞᆫ쟈ᄂᆞᆫ

하ᄂᆞ님의 보좌이며 보좌우에 안ᄌᆞᆫ이를

분명히 ᄀᆞᄅᆞ쳐셔 밍셔를 ᄒᆞᆷ이니라

ᄋᆞᆼ화가 잇슬진뎌 외식하ᄂᆞᆫ 셔긔관과 바리ᄉᆡ교인이여

박하(薄荷) 회향(茴香)[289] 근치(芹菜)[290]에셔 십일됴를 드리지만

률법에 ᄀᆞ장즁ᄒᆞᆫ 인(仁), 의(義), 신(信) 세가지ᄂᆞᆫ 힝ᄒᆞ지 안ᄂᆞᆫ도다

십일됴도 ᄒᆞ려니와 인의신(仁義信)도 직히여라

캄캄ᄒᆞᆫ 쇼경으로 ᄂᆞᆷ을인도 ᄒᆞᄂᆞᆫ쟈여

---

287) 헐후(歇后) : 대수롭지 아니함.

288) 우맹(愚氓) : 우민(愚民). 어리석은 백성.

289) 회향(茴香) : 산형과의 여러해살이풀. 높이는 1~2미터이며, 잎은 깃 모양이다. 7~8월에 노란 꽃이 가지 끝에 복산형(複繖形) 화서로 피고 열매는 원기둥 모양의 골돌과로 향기가 있다. 열매로는 기름을 짜거나 향신료, 약재로 쓴다. 남유럽이 원산지로 온대 지방에 널리 분포한다.

290) 근채(芹菜) : 미나리.

갈다귀[291]는 걸너먹고 약듸는 삼키도다

앙화(殃禍)가 잇슬진뎌 외식하는 셔긔관(書記官)과 바리식교인이여

잔이며 소반거족 씩긋ᄒᆞ게 씻지마는

그안을 보량이면 졔반토식(諸般討索) 졔반불의(諸般不義) ᄀᆞ득히 싸혓도다

캄캄ᄒᆞ야 압못보는 바리식 교인들아

잔과소반 씨슬때에 안을씨셔 졍케ᄒᆞ면 거족ᄭᆞ지 졍(淨)ᄒᆞ리라

앙화가 잇슬진뎌 외식하는 셔긔관과 바리식교인이여

희칠ᄒᆞ야 쑴인분묘(墳墓) 것흐로 보기에는

심히 아름답지마는 그속을 보량이면

썩은뼈와 졔반오예(汚穢)[292] ᄀᆞ득히 잇ᄂᆞ니라

너희가 것흐로는 올흔것을 보이지만

속에는 간샤악독 ᄀᆞ득히 싸혓도다 앙화가 잇슬진뎌

외식하는 셔긔관과 바리식 교인들아

너희가 션지쟈와 의인의 분묘들을

슈리ᄒᆞ며 ᄒᆞᄂᆞᆫ말이 만일우리 무리들이

넷시듸에 낫셧더면 우리는 조샹처럼

션지쟈를 무함ᄒᆞ야 피흘니는 모계(謀計)즁에

불참ᄒᆞ엿겟다 ᄒᆞ니 너희들은 션지쟈를

죽인쟈의 ᄌᆞ손됨을 ᄌᆞ증(自證)ᄒᆞ는 것이니라

너희는 조샹들의 악ᄒᆞᆫ량(量)을 어서칙라

291) 깔따구 : 깔따굿과의 곤충을 통틀어 이르는 말. 몸의 길이는 5mm 이하이며, 모기를 닮았다. 애벌레 시기의 수생종(水生種)을 장구벌레라고 한다. 우리나라 전국에 걸쳐 분포한다.

292) 오예(汚穢) : 지저분하고 더러움. 또는 그런 것.

독샤ᄀᆞᆺ흔 너희들아 엇더케 디옥심판
면ᄒᆞᆯ수 잇겟ᄂᆞ냐 내가이제 너희의게
션지쟈와 지혜쟈와 셔긔관을 보내노니
잡아 죽이기도ᄒᆞ고 십ᄌᆞ가에 못도박고
회당으로 잡아다가 채찍질도 ᄒᆞᆯ것이오
이셩에셔 뎌셩으로 ᄶᅩᆺᄂᆞᆫ쟈도 잇스리니
디구상 의인들의 원통ᄒᆞᆫ 피흘닌죄가
너희게로 다몰니ᄃᆡ 아벨293)의 피로브터
셩뎐과 졔단에셔 죽인 바락야의 아ᄃᆞᆯ 세가랴294)의 피ᄭᆞ지라
너희의게 닐ᄋᆞ노니 그런일이 현세ᄃᆡ에 보복이 될지니라
악ᄒᆞ도다 예루살넴 악ᄒᆞ도다 예루살넴
션지쟈를 살륙ᄒᆞ고 네게보낸 션지쟈를 돌을들어 치ᄂᆞᆫ도다
내가ᄒᆞᆼ샹 열심으로 너희ᄌᆞ녀 모흐기를
암ᄃᆞᆰ이 병아리를 ᄂᆞᆯ긔아래 모흠ᄀᆞᆺ치
여러번 ᄒᆞ랴ᄒᆞ되 너희들이 원찬으니
너희집이 황무ᄒᆞ야 필경터만 ᄂᆞᆷ으리라
너희의게 닐ᄋᆞ노니 너희가 이제브터
내쥬의 일홈으로 임의강림 ᄒᆞ신이가
복되도다 ᄒᆞᆯᄣᆡᄭᆞ지 나를보지 못ᄒᆞ리라

---

293) 아벨 : 구약 성경 창세기에 나오는 인물. 아담과 이브의 둘째 아들로, 신앙이 두터워 신에게 어린양을 제물로 바치고 신의 뜻을 따랐으나 이를 질투한 형 카인에게 살해당했다.

294) 세가랴 : 스가랴. 기원전 6세기 후반 히브리의 예언자(?~?).

109. 과부의 연보가(捐補歌) 마가12 : 41~44

예수끠셔 연보궤(捐補櫃)를 디(對)ᄒᆞ야 안즈서셔
무리가 연보궤에 돈던짐을 보실때에
과부들도 던지는중 쇠젼두푼 집어너니
엽젼으로 ᄒᆞᆫ푼이라 예수끠셔 뎨ᄌᆞ들을
불너셔 닐ᄋᆞ샤디 너희ᄃᆞ려 닐ᄋᆞ노니
가난ᄒᆞᆫ 뎌과부가 연보궤에 너흔것이
여러사름 너흠보다 더욱만타 ᄒᆞ리로다
이제다른 ᄉᆞ람들은 쓰고놈은 가온디셔
얼마씀 너헛지만 이과부는 극빈(極貧)ᄒᆞᆫ즁
ᄌᆞ긔의 연명(延命)홀것 몰수(沒數)히[295] 다내여셔 너헛다 ᄒᆞ시더라

110. 헬나인의 청견가(請見歌) 요한12 : 20~36

유월졀이 림박(臨迫)ᄒᆞ니 례비하러 오는자즁
헬나인 두어명이 갈닐니 벳새다인
빌닙의게 나아와셔 ᄀᆞᆫ절히 ᄒᆞ는말이
우리들이 쥬예수를 보고져 ᄒᆞᄂᆞ니다
빌닙이 안드레게 그말을 ᄒᆞ엿더니
안드레가 니러나셔 빌닙과 홈끠가셔
예수끠 엿ᄌᆞ온디 예수ㅣ 골ᄋᆞ샤디
인ᄌᆞ의 엇을영광 때가임의 되엿도다
진졍으로 닐ᄋᆞ노니 썩어지면 싹이나고

295) 몰수(沒數)히 : 전부.

싹이ᄎᆞᄎᆞ 자란후에 결실이 만흐리니
제싱명을 앗기ᄂᆞᆫ쟈 도로혀 일흘지나
셰상에셔 그싱명을 앗기지 안ᄂᆞᆫ쟈ᄂᆞᆫ 영싱을 엇으리라
날셤기랴 ᄒᆞᄂᆞᆫ쟈ᄂᆞᆫ 나를ᄯᆞ라 올지어다
나의거쳐 ᄒᆞᄂᆞᆫ곳에 날셤기ᄂᆞᆫ 사ᄅᆞᆷ들도 ᄒᆞᆫ가지로 잇스리니
사ᄅᆞᆷ이 날셤기면 하ᄂᆞ님 아바지가 귀히 녁이실지니라
내ᄆᆞ옴이 박절ᄒᆞ니 무ᄉᆞᆷ말을 ᄒᆞ겟ᄂᆞ뇨
아바지여 구원ᄒᆞ샤 절박ᄒᆞᆫ 나의ᄣᅢ를
면케ᄒᆞ야 주옵쇼셔 그러나 내가이제
이ᄣᅢ를 위ᄒᆞ여셔 온줄노 아ᄂᆞ이다
아버지여 당신일홈 영화롭게 ᄒᆞ옵쇼셔
하ᄂᆞᆯ에 소ᄅᆡ잇서 크게웨쳐 닐ᄋᆞ기를
내가임의 내아ᄃᆞᆯ을 영화롭게 ᄒᆞ엿스니
ᄯᅩ다시 영화롭게 ᄒᆞ리라 ᄒᆞᄂᆞᆫ지라
그ᄣᅢ겻헤 섯던무리 듯고서로 ᄒᆞᄂᆞᆫ말이
뢰셩이라고도 ᄒᆞ고 엇던이ᄂᆞᆫ 닐ᄋᆞ기를
텬ᄉᆞ가 ᄀᆞᆺ치잇서 말ᄒᆞᆫ다고 ᄒᆞᄂᆞᆫ지라
예수ㅣ ᄀᆞᆯᄋᆞ샤ᄃᆡ 이소ᄅᆡᄂᆞᆫ 날위ᄒᆞ야
난줄노 아지말고 너희들을 위ᄒᆞ여셔
난줄노 알지어다 지금은 이셰상의
심판이 니름으로 이셰상의 큰인군이
축츌을 당ᄒᆞ리라 내가이제 셰상에셔
들니면 사ᄅᆞᆷ들을 내게로 잇글니라
이러케 말ᄉᆞᆷᄒᆞᆷ은 엇더케 죽을것을 미리 ᄀᆞᄅᆞ치심이라
무리가 뭇ᄂᆞᆫ말이 률법에 닐ᄋᆞ기를

하ᄂᆞ님의 그리스도 영영산다 하엿거놀
인ᄌᆞ가 엇지ᄒᆞ야 반ᄃᆞ시 들니리라
수ᄎᆞ말솜 ᄒᆞ시오니 인ᄌᆞᄂᆞᆫ 누구닛가
예수ㅣ ᄀᆞᆯᄋᆞ샤ᄃᆡ 아직은 얼마동안
너희의 무리즁에 ᄇᆞᆰ은빗치 잇스리니
ᄇᆞᆰ은빗치 잇ᄂᆞᆫ동안 광명ᄒᆞ게 힝하여셔
어두움이 너희의게 림(臨)치안케 ᄒᆞᆯ지어다
어두울ᄃᆡ 힝ᄒᆞᄂᆞᆫ쟈 갈바를 모르리라
아직ᄭᆞ지 너희의게 ᄇᆞᆰ은빗치 잇슬때니
그빗츨 밋고가라 그리ᄒᆞ면 광명쟈(光明者)가 되리라 ᄒᆞ시더라

111. 유대인의 반항가(反抗歌) 요한12 : 36~50

이말솜을 ᄆᆞᆺ치시고 떠나가 숨으시다
예수ᄭᅴ셔 긔ᄉᆞ이적 만히 힝ᄒᆞ셧지마ᄂᆞᆫ
모도밋지 아니ᄒᆞ니 이ᄂᆞᆫ션지 이사야의
긔록ᄒᆞᆫ 예언말솜 일우랴 ᄒᆞ심이라
그예언에 닐넛스ᄃᆡ 쥬여우리 전ᄒᆞᄂᆞᆫ말
밋을쟈가 누구이며 쥬의권능 누구의게
보엿ᄂᆞ냐 ᄒᆞ엿스니 뎌희의 무리들은
밋으랴 ᄒᆞᆯ지라도 밋을수 업게됨도
이사야의 닐온말솜 응케ᄒᆞ랴 ᄒᆞ심이라
그예언에 닐넛스ᄃᆡ 쥬ᄭᅴ셔 그의눈을
못보게 ᄒᆞ셧스며 쥬ᄭᅴ셔 그의ᄆᆞ옴을
완악ᄒᆞ게 ᄒᆞ신것은 뎌희눈이 능히보고

뎌희몸이 씨ᄃᆞ라셔 뉘우쳐셔 도리키면
내가혹 고쳐줄가 두렵다 ᄒᆞ엿스니
이는션지 이사야가 쥬의영광 목도ᄒᆞ고
우리쥬를 ᄀᆞᄅᆞ쳐셔 임의말ᄒᆞᆫ 것이더라
그러나 관원즁에 밋는쟈가 만치ᄆᆞᆫ는
드러나게 밋고보면 바리식 교인들이
회당에셔 쏫차낼가 두려워셔 말못ᄒᆞ니
사ᄅᆞᆷ의게 밧는영광 하ᄂᆞ님의 영광보다 뎌됴케 녁임이라
예수ㅣ 무리압헤 소릐질너 ᄀᆞᆯᄋᆞ샤ᄃᆡ
나를밋는 사ᄅᆞᆷ들은 날보내신 아바지를 밋고공경 ᄒᆞ는쟈요
나를보는 사ᄅᆞᆷ들은 날보내신 아바지를 친히보는 쟈이니라
나는곳 참빗츠로 이셰샹에 림ᄒᆞᆫ쟈니
나를밋는 사ᄅᆞᆷ들은 캄캄ᄒᆞᆫ 흑암즁에
잇지안케 되려니와 내말 듯고셔도
직히지 안는쟈는 쟝ᄎᆞ죄를 밧겟스나
내가뎡죄(定罪)[296] 아니리니 이셰샹을 내손으로
뎡죄(定罪)ᄒᆞ지 아니ᄒᆞ고 구원ᄒᆞ러 옴이로라
나를멀니 져ᄇᆞ리고 내말듯지 안는쟈를
누가뎡죄 ᄒᆞᆯ고ᄒᆞ니 이제나의 ᄒᆞ던말이
ᄆᆞ지막 심판날에 곳뎡죄 ᄒᆞᆯ지니라
내가이제 ᄒᆞ는말도 ᄌᆞ의(恣意)대로 ᄒᆞ지아니ᄒᆞ고
나를보낸 아바지의 닐ᄋᆞ신 말ᄉᆞᆷ대로 젼함이라 ᄒᆞ시더라

---

296) 정죄(定罪) : 죄가 있다고 단정함.

112. 직림표시가(再臨表示歌) 마태24 : 1~51

셩뎐을 하직ᄒᆞ고 ᄯᅥ나셔 가실ᄯᅢ에
뎨ᄌᆞ들이 ᄯᅡ라오며 셩뎐의 화려홈을
ᄀᆞᄅᆞ쳐 보이거놀 답ᄒᆞ야 ᄀᆞᆯᄋᆞ샤ᄃᆡ
너희들이 이셩뎐을 눈으로 본다마ᄂᆞᆫ
진졍으로 닐ᄋᆞ노니 ᄒᆞᆫ돌이 ᄒᆞᆫ돌우에
텹(疊)노히지 아니ᄒᆞ고 다문허질 지니라
예수ㅣ 감람산에 안져셔 쉬이시니
ᄯᅡ라온 뎨ᄌᆞ들이 갓가히 나아와셔
죵용히 뭇ᄌᆞ오ᄃᆡ 내쥬여 어ᄂᆞᄯᅢ에
이런일이 잇겟스며 쥬ᄭᅴ셔 림ᄒᆞ심과
이셰샹 마지막날 무숨징죠 잇스릿가
우리의게 닐ᄋᆞ쇼셔 ᄃᆡ답ᄒᆞ야 ᄀᆞᆯᄋᆞ샤ᄃᆡ
너희들은 조심ᄒᆞ야 사ᄅᆞᆷ의게 미혹홈을 일졀밧지 말지어다
그ᄯᅢ에 사ᄅᆞᆷ들이 내일홈을 의탁ᄒᆞ고
다들와셔 ᄒᆞᄂᆞᆫ말이 나ᄂᆞᆫ곳 맛당히올 그리스도라ᄒᆞ야
셰샹의 인류들은 미혹ᄒᆞ게 ᄒᆞᆯ지니라
이곳과 뎌곳에셔 젼징이 나리라ᄒᆞᆫ
풍셜(風說)297)이 날지라도 두려워 말지어다
여러 가지 이러ᄒᆞᆫ일 반ᄃᆞ시 잇슬지나
셰샹ᄭᅳᆺ츤 아직ᄭᆞ지 못될줄노 알지어다
ᄇᆡᆨ셩들이 니러나셔 ᄇᆡᆨ셩ᄭᅵ리 서로치며
나라들이 니러나셔 나라ᄭᅵ리 서로치고

297) 풍설(風說) : 풍문(風聞). 바람처럼 떠도는 소문.

흉년의 ᄌᆡ앙이며 디동(地動)의 괴변(怪變)들이
여긔뎌긔 잇스리니 그러ᄒᆞᆫ 모든일이 ᄌᆡ란의 시작이라
그ᄯᅢ에 사ᄅᆞᆷ들이 너희들을 잡아주어
환난즁에 집어너코 ᄉᆡᆼ명을 죽이리니
너희밋ᄂᆞᆫ 무리들이 내일홈을 위ᄒᆞ여셔
이셰샹 ᄇᆡᆨ셩의게 뮈워ᄒᆞᆷ을 밧으리라
그ᄯᅢ에 여러사ᄅᆞᆷ 나를크게 뮈워ᄒᆞ야
합심ᄒᆞ야 잡아주고 위(僞)션쟈 니러나셔
사ᄅᆞᆷ들을 미혹ᄒᆞ고 악ᄒᆞᆫ것이 셩ᄒᆞᆷ으로
허다ᄒᆞᆫ 사ᄅᆞᆷ들의 ᄋᆡ졍이 식을지나
ᄭᅳᆺ날ᄭᆞ지 견디ᄂᆞᆫ쟈 구원을 엇으리니
셩결ᄒᆞᆫ 텬국복음 온셰샹에 젼파되야
허다ᄒᆞᆫ ᄇᆡᆨ셩의게 일반증거될 연후에 ᄭᅳᆺ날이 니르리라
그럼으로 너희들은 다니엘의 예언ᄒᆞᆫ바
멸망식힐 뮈운문건(文件) 졍결ᄒᆞᆫ 셩디우에
셧ᄂᆞᆫ것을 목도커든 그글을 닑ᄂᆞᆫ쟈ᄂᆞᆫ
ᄌᆞ세히 알지니라 그런ᄯᅢ가 니르거든
유대에 잇ᄂᆞᆫ쟈ᄂᆞᆫ 산으로 도망ᄒᆞ고
지붕에 잇ᄂᆞᆫ쟈ᄂᆞᆫ 집안물건 슈습ᄒᆞ러
ᄂᆞ려오지 말것이오 밧가온ᄃᆡ 잇ᄂᆞᆫ쟈ᄂᆞᆫ
그옷을 취ᄒᆞ랴고 도라오지 말지니라
이러ᄒᆞᆫ 환난날에 잉부(孕婦)[298]와 유모(乳母)의게
더욱화가 밋츠리니 너희긔도 힘닙어셔

298) 잉부(孕婦) : 임부(姙婦). 아이를 밴 여자.

겨울이나 안식일에 도망ᄒᆞᆷ을 면케ᄒᆞ라
환난의 큰일이니 창셰ᄒᆞ신 이후브터
젼무후무(前無後無)ᄒᆞᆫ 날이라 지난의 긘시일을
감치아니 ᄒᆞ엿더면 구원을 엇을쟈가
ᄒᆞᆫ사ᄅᆞᆷ도 업슬지나 ᄐᆡᆨᄒᆞᆫ쟈를 위ᄒᆞ여셔
그날을 감하리라 그날에 사ᄅᆞᆷ들이
너희의게 닐ᄋᆞ기를 볼지어다 그리스도
여긔잇다 뎌긔잇다 ᄒᆞᆯ지라도 밋지말나
그ᄯᅢ거짓 그리스도 거짓 션지쟈의무리
긔ᄉᆞ이적 나타내여 ᄐᆡᆨᄒᆞ신 쟈의게도
미혹(迷惑)ᄒᆞᆯ수 잇게되면 죡히미혹 ᄒᆞᆯ지니라
내가너희 무리의게 이제미리 말ᄒᆞ노니
사ᄅᆞᆷ들이 닐ᄋᆞ기를 우리의 그리스도
들에잇다 ᄒᆞᆯ지라도 나아가지 말것이오
방에잇다 ᄒᆞᆯ지라도 결코밋지 말지어다
번개가 동편에셔 번젹번젹 니러나셔
셔편에 보임ᄀᆞᆺ치 인ᄌᆞ의 강림(降臨)ᄒᆞᆷ이 맛치이와 ᄀᆞᆺ흐리니
죽엄이 싸힌곳에 독슈리가 모히리라
대환난이 니를ᄯᅢ에 태양빗치 흑암(黑暗)ᄒᆞ고
태음(太陰)299)이 빗츨일코 별들이 ᄯᅥ러지고
텬샹이 진동ᄒᆞ며 인ᄌᆞ의 림ᄒᆞᆯ징죠 하늘에셔 나타나고
ᄯᅡ에잇는 ᄇᆡᆨ셩들이 부르지져 ᄋᆡ통ᄒᆞᆯᄯᅢ
인ᄌᆞ가 나타나셔 권셰와 영광으로

299) 태음(太陰) : 달(月)을 태양에 상대하여 이르는 말.

구름ᄐᆞ고 강림ᄒᆞ야 텬ᄉᆞ를 보내여셔
라발을 크게불어 동셔남북 ᄉᆞ방에셔 턱ᄒᆞᆫ쟈를 모호으되
하놀이편 에셔브터 뎌편ᄭᅡ지 모호리라
무화과 나무비유 닛지말고 긔억ᄒᆞ라
가지가 부드럽고 닙사귀가 나오거든
녀름된줄 앎과ᄀᆞᆺ치 이셰상에 긔록ᄒᆞᆫ바
모든징죠 보이거든 인ᄌᆞ가 대문압헤 니른줄 알지어다
너희의게 말ᄒᆞ노니 이셰ᄃᆡ가 지내기젼 이일이 일우리라
텬디ᄂᆞᆫ 업서져도 내말은 언제던지 업서지지 안으리리
그날과 그시간은 아ᄂᆞᆫ쟈가 ᄒᆞ나업서
아돌과 텬ᄉᆞ라도 아지못홀 것이오
아바지만 아시ᄂᆞ니 노아의 날과ᄀᆞᆺ치
인ᄌᆞ의 림홀날도 ᄯᅩᄒᆞᆫ그러 홀지니라
홍슈젼의 사롬들이 먹으며 마시ᄂᆞᆫ일
여상히 ᄒᆞ야가며 쟝가들며 싀집감을
노아가 방쥬안에 피ᄒᆞ야 드러가던 날ᄭᅡ지 ᄒᆞ엿스되
홍슈가 니르러셔 몱아케 멸홀줄을 ᄭᆡ닷지 못홈ᄀᆞᆺ치
인ᄌᆞ의 강림홈도 역시그와 ᄀᆞᆺ호리라
그ᄣᆡ에 두사롬이 밧헤셔 로동홀제
ᄒᆞᆫ사롬은 다려가고 ᄒᆞᆫ사롬은 ᄇᆞ려두며
두사롬이 매를갈제 ᄒᆞᆫ사롬은 다려가고 ᄒᆞᆫ사롬은 ᄇᆞ리리니
그럼으로 경셩(警醒)300) ᄒᆞ라 어ᄂᆞ날에 너희쥬가
홀연히 림홀것을 아지못홀 지니라

300) 경성(警醒) : 정신을 차려 그릇된 행동을 하지 않도록 타일러 깨우침.

만일에 집쥬인이 어느밤 어느시에
도적올줄 알낭이면 씨여셔 ᄌᆞ긔집을
못뚤케 힛스리니 너희들도 예비ᄒᆞ라
ᄉᆡᆼ각지 못홀ᄯᆡ에 인ᄌᆞ가 림ᄒᆞ리라
누가 진실무망(眞實無妄)ᄒᆞ고 지혜로온 죵이되야
그쥬인이 온가뎡을 젼부다 위임ᄒᆞ야
ᄯᆡ를ᄯᆞ라 먹을량식 난호ᄂᆞᆫ 칙임ᄭᆞ지
능히감당 ᄒᆞ겟ᄂᆞ뇨 쥬인이 림홀ᄯᆡ에
직임을 션힝ᄒᆞ면 그죵이 칭찬밧고
온집안에 잇ᄂᆞᆫ긔업 맛ᄒᆞ쥬관 홀지니라
악ᄒᆞᆫ죵의 ᄉᆡᆼ각에ᄂᆞᆫ 기ᄃᆞ리ᄂᆞᆫ 나의쥬인
더듸더듸 온다ᄒᆞ야 ᄌᆞ긔의 동모들을
무수히 란타(亂打)ᄒᆞ며 서로먹고 마시다가
뜻ᄒᆞ지 아닌날과 ᄉᆡᆼ각지 아닌ᄯᆡ에
쥬인이 ᄂᆞ르러셔 혹독히 ᄯᆞ린후에
외식(外飾)301)ᄒᆞᄂᆞᆫ 무리들과 ᄒᆞᆫ곳에 닛게ᄒᆞᆫ즉
거긔셔 슯히울며 니갈니라 하시더라

113. 십쳐녀가(十處女歌) 마태25 : 1~13

텬국은 열쳐녀가 등불을 켜셔들고
신랑을 영졉ᄒᆞ러 나아감과 흡ᄉᆞᄒᆞ니
그쳐녀 열명즁에 다섯쳐녀 미련ᄒᆞ고 다섯쳐녀 슬긔잇다
미련ᄒᆞᆫ 쳐녀들은 등불을 가졋스나 기름예비 아니ᄒᆞ고

301) 외식(外飾) : 겉치레.

슬긔잇는 쳐녀들은 그릇에 기름ᄭᅳ지
넉넉히 예비ᄒᆞ고 등불을 가졋더니
신랑의 림ᄒᆞ는일 더ᄃᆡ고 더딤으로
열쳐녀가 졸며잘ᄉᆡ 미련ᄒᆞᆫ 다섯쳐녀
슬긔잇는 쳐녀의게 청구ᄒᆞ야 닐ᄋᆞᆫ말이
우리의 가진등불 다꺼지게 되엿스니
너희들의 가진기름 우리의게 ᄂᆞᆫ화주라
슬긔잇는 쳐녀들이 ᄃᆡ답ᄒᆞ야 ᄒᆞᄂᆞᆫ말이
이것을 ᄂᆞᆫ화주면 우리와 너희들의
요긴히 쓰ᄂᆞᆫ일에 둘다부족 ᄒᆞᆯ터이니
기름파ᄂᆞᆫ 집에가셔 너희쓸것 사라ᄒᆞ니
기름사러 간동안에 신랑이 왓슴으로
기름예비 ᄒᆞᆫ던쟈ᄂᆞᆫ 신랑을 영졉ᄒᆞ야
혼연에 드러가고 문이임의 닷친지라
그후에 다른쳐녀 ᄯᅩ와셔 ᄒᆞᄂᆞᆫ말이
쥬여쥬여 우리의게 문을열어 주옵쇼셔
ᄃᆡ답ᄒᆞ야 닐ᄋᆞ샤ᄃᆡ 너희의게 닐ᄋᆞ노니
나ᄂᆞᆫ너희 무리들을 모른다 ᄒᆞᆯ것이니
그런고로 ᄭᆡᆯ지어다 그일자와 그시간을 아ᄂᆞᆫ쟈가 업ᄂᆞ니라

114. 은(銀) 비유가 마태25 : 14~19

텬국은 엇더ᄒᆞᆫ고 맛치엇던 ᄌᆡ산가가
다른곳에 나갈ᄯᅢ에 죵들을 불너다가
ᄌᆞ긔의게 잇ᄂᆞᆫ것을 맛김과 일반이라

직조와 정도(程度)ᄯᅡ라 ᄒᆞ나는 금닷량즁(重)
ᄒᆞ나는 금두량즁 하ᄂᆞᆫ는 금ᄒᆞᆫ량즁
붓처주고 ᄯᅥ낫더니 닷량즁을 밧은쟈는
바로가셔 장ᄉᆞᄒᆞ야 닷량즁을 리남기고
두량즁을 밧은쟈도 바로가셔 장ᄉᆞᄒᆞ야
두량즁을 남겻스되 ᄒᆞᆫ량즁을 밧은쟈는
즉시가셔 ᄯᅡᆼ을파고 쥬인의 주던금을
파뭇어 두엇더니 챠실히 오랜후에
쥬인 도라와셔 죵을불너 회계(會計)ᄒᆞᆯᄉᆡ
닷량즁을 주셔ᄉᆞᆸ기 내가ᄯᅩ 닷량즁을
더남겻 ᄉᆞᆸᄂᆞ이다 쥬인의 ᄒᆞᄂᆞᆫ말이
네가잘 ᄒᆞ엿도다 신실ᄒᆞ고 착ᄒᆞᆫ죵아
네가임의 적은일에 신실ᄒᆞ게 ᄒᆞ엿슨즉
내가더욱 만흔것을 네손에 맛기리니
드러와셔 네쥬인의 즐거움을 누리어라
두량즁을 밧은쟈도 나아와셔 ᄒᆞᄂᆞᆫ말이
내쥬여 임으내게 두량즁을 주셧기에
내가ᄯᅩ 두량즁을 더남겻 ᄉᆞᆸᄂᆞ이다
쥬인의 ᄒᆞᄂᆞᆫ말이 네가잘 ᄒᆞ엿도다
신실ᄒᆞ고 착ᄒᆞᆫ죵아 네가임의 적은일에
신실ᄒᆞ게 ᄒᆞ엿슨즉 내가더욱 만흔것을
제손에 맛기리니 드러와셔 네쥬인의 즐거움을 누리어라
ᄒᆞᆫ량즁을 밧은쟈도 나아와셔 ᄒᆞᄂᆞᆫ말이
주의셩졍 알거니와 각박ᄒᆞᆫ 사ᄅᆞᆷ이라
심으지 아닌ᄃᆡ셔 거두랴 ᄒᆞᄂᆞᆫ것과

혯치지 아닌디셔 모호랴 ᄒᆞᄂᆞᆫ줄을
내가뎡녕 아ᄂᆞᆫ고로 두려워 나아가셔
ᄯᅡᆼ을파고 쥬의금을 파뭇어 두엇ᄉᆞᆫ즉
본젼만 밧으쇼셔 쥬인이 ᄃᆡ답ᄒᆞᄃᆡ
게으르고 악ᄒᆞᆫ죵아 심으지 아닌ᄃᆡ와
헤치지 아닌ᄃᆡ셔 모호랴 ᄒᆞᄂᆞᆫ줄을
네가뎡녕 알앗거든 내돈을 취리(取利)ᄒᆞᄂᆞᆫ
사ᄅᆞᆷ의게 주엇다가 내가곳 도라올ᄯᆡ
본젼과 변리이나 밧게ᄒᆞᆷ이 올찬으냐
게으른 죵의게셔 ᄒᆞᆫ량즁을 ᄲᅢ아사셔
열냥즁 가진쟈게 즉시붓쳐 줄지니라
누구던지 물론ᄒᆞ고 잇ᄂᆞᆫ쟈ᄂᆞᆫ 만히주어
더욱풍죡 ᄒᆞ게ᄒᆞ고 업ᄂᆞᆫ쟈ᄂᆞᆫ 잇ᄂᆞᆫ것도
ᄆᆞᆰ아케 ᄲᅢ스리니 쓸ᄃᆡ업ᄂᆞᆫ 악ᄒᆞᆫ죵을
외변흑암(外邊黑暗) ᄒᆞᆫ곳으로 멀니축츌 ᄒᆞᆯ터인즉
영원히 그곳에셔 슯히울며 니갈니라

115. 심판일예고가 마태25 : 31~46

인ᄌᆞ가 영광으로 텬ᄉᆞ들과 ᄒᆞᆷᄭᅴ올ᄯᆡ
빗나고 영화로운 보좌우에 좌뎡ᄒᆞ야
텬ᄒᆞ만민 모하노코 제각기 분별키를
목쟈가 면양(綿羊)산양(山羊) 분별ᄒᆞᆷ과 ᄀᆞᆺ치ᄒᆞ야
면양은 올흔편에 산양은 외인편에
구별ᄒᆞ야 노흔후에 인군이 입을열어

올은편에 잇는쟈를 도라보며 ᄒᆞᄂᆞᆫ말솜
아바지씌 복을밧을 너희들은 나아와셔
셰샹창조 할때브터 너희들을 위하여셔
예비ᄒᆞᆫ 이나라를 유업(遺業)으로 ᄎᆞ지ᄒᆞ라
내가젼에 주릴때에 너희들이 먹엿스며
내가젼에 목ᄆᆞ를때 네가물을 주엇스며
내가손이 되엿슬때 네가션ᄃᆡ(善待) ᄒᆞ엿스며
내가벌거 버슬때에 네가옷을 닙혓스며
내가병 드럿슬때에 네가도라 보앗스며
내가옥에 가쳣슬때 네가친히 차자와셔
위문ᄒᆞ고 갓ᄂᆞ니라 의인들이 ᄃᆡ답ᄒᆞᄃᆡ
쥬여우리 무리들이 언제쥬의 주리심을
공궤(供饋)[302]ᄒᆞ야 드렷스며 언제병이 드셧슬때
션ᄃᆡᄒᆞ야 드렷스며 언제벌거 버스실때
옷을드려 닙혓스며 언제병이 드셧을때
위로ᄒᆞ야 드렷스며 언제옥에 가쳣슬때
가셔뵈엿 숩ᄂᆞ이가 인군이 ᄃᆡ답ᄒᆞᄃᆡ
너희의 게닐ᄋᆞ노니 너희들이 나의형뎨
적은쟈 ᄒᆞ나의게 이ᄀᆺ치 힝ᄒᆞᆫ것이
내게힝홈 이라ᄒᆞ고 왼편에 잇는쟈를
도라보며 닐ᄋᆞ샤ᄃᆡ 져주밧을 너희들은
즉시나를 써나가셔 마귀와 ᄉᆞ쟈들을
위ᄒᆞ야 예비ᄒᆞᆫ바 영원ᄒᆞᆫ 불속으로

302) 공궤(供饋) : 음식을 줌.

셜니드러 갈지니라 내가몹시 빈곱흘때
너희가 먹을것을 주지아니 ᄒᆞ엿스며
내가목이 ᄆᆞ를때에 물을아니 주엇스며
내가긱이 되엇슬때 몹시박대 ᄒᆞ엿스며
내가벌거 버섯슬때 옷을주지 아니ᄒᆞ고
병이드러 누은때와 옥에가쳐 잇슬때에
위문아니 힛ᄂᆞ니라 뎌희들이 딕답하딕
주여우리 무리들이 어ᄂᆞ때에 내쥬끠셔
주리심을 당ᄒᆞ거나 갈ᄒᆞ심을 당ᄒᆞ거나
나그내 되셧거나 벌거벗게 되셧거나
무숨병이 드셧거나 옥에갓치 셧ᄂᆞ잇가
인군이 딕답ᄒᆞ딕 너희의게 닐ᄋᆞ노니
적은쟈 ᄒᆞ나의게 힝ᄒᆞ지 아니홈이
내게힝치 아님이라 뎌희들은 영벌(永罰)밧고
오직뎌 의인들은 영싱을 엇으리라

116. 모살협의가(謀殺協議歌) 마태26 : 1~5, 14~16

이말숨을 ᄆᆞᆺ치시고 뎨ᄌᆞ의게 닐ᄋᆞ샤딕
이틀이 지나가면 곳유월절(逾越節)[303]인줄은 너희들도 아는바니
인ᄌᆞ(人子)[304]가 잡혀가셔 십ᄌᆞ가에 죽으리라

303) 유월절(逾越節) : 이스라엘 민족이 이집트에서 탈출한 일을 기념하는 유대교의 축제일. 하늘의 천사가 밤중에 이집트의 각 집의 맏아들을 죽일 때, 이스라엘 사람들의 집에는 어린 양의 피를 문설주에 발랐기 때문에 그대로 지나가서 재앙을 받지 않은 일을 기념한 데서 유래한다.

304) 인자(人子) : 사람의 아들. 예수 자신을 이르는 말. 구세주의 초월성과 동시에

그ᄯᆡ 졔ᄉᆞ졔쟝들과 ᄇᆡᆨ셩의 쟝로들이

당시의 대졔ᄉᆞ쟝 가야바[305]라 ᄒᆞᄂᆞᆫ쟈의

아문(衙門)[306]에 모히여서 궤계(詭計)[307]로 잡아다가

죽이라 의론ᄒᆞᆯ식 엇던이ᄂᆞᆫ 말ᄒᆞ기를

민요(民擾)[308]날ᄭᆞ 두려우니 결단코 졀긔(節期)에ᄂᆞᆫ

못ᄒᆞᆫ다 말ᄒᆞ더라 이ᄯᆡ십이 뎨ᄌᆞ즁에

가롯유다라 ᄒᆞᄂᆞᆫ쟈 졔ᄌᆞ졔쟝 의게가셔

은근 ᄒᆞᄂᆞᆫ말이 예수를 내가잡아

너희의게 보내리니 얼마나 주랴ᄂᆞ냐

뎌희들이 은삼십을 져울에 달아주니

유다가 그ᄯᆡ브터 예수잡아 보낼일에 긔회를 엿보더라

117. 유월절예비가(逾越節豫備歌) 마가14 : 12~16

무교병(無酵餠)[309]을 먹ᄂᆞᆫ첫날 곳유월절 양(羊)잡ᄂᆞᆫ날

뎨ᄌᆞ의 무리들이 예수ᄭᅴ 엿ᄌᆞ오ᄃᆡ

우리가 어ᄃᆡ가셔 션ᄉᆡᆼ님과 ᄒᆞᆫ가지로

예비ᄒᆞᆫ 유월절을 잡숩게 ᄒᆞ리잇가

예수그 뎨ᄌᆞ즁에 두사ᄅᆞᆷ을 보내시며

그 인간성을 강조한 이름이다.

305) 가야바 : 예수 시대의 유대교 대제사장(?~?). 본명은 요셉으로, 대제사장 안나스의 아들이며 예수를 심판하여 사형을 결정하였다.

306) 아문(衙門) : 관원들이 정무를 보는 곳을 통틀어 이르는 말.

307) 궤계(詭計) : 간사하게 남을 속이는 꾀.

308) 민요(民擾) : 민란(民亂).

309) 무교병(無酵餠) : 누룩을 넣지 않고 만든 빵. 유대 인들이 출애굽의 수난과 하나님의 은혜를 기념하기 위하여 유월절 다음 날부터 7일 동안 만들어 먹는다.

분부ᄒᆞ야 ᄀᆞᆯᄋᆞ샤ᄃᆡ 셩즁으로 드러가면
항아리에 물을기러 가지고 가ᄂᆞᆫ쟈를
뎡녕히 맛나리니 그뒤를 ᄯᆞ르다가
뎌가어ᄂᆞ 집에던지 드러감을 목도커든
즉시그집 쥬인을 불너셔 닐ᄋᆞ기를
쥬의분부 ᄒᆞ신말솜 내가나의 뎨ᄌᆞ들과
ᄒᆞᆫ가지로 유월졀을 먹을만ᄒᆞᆫ 샤쳐(私處)[310]방이
잇ᄂᆞ냐 무러보라 그리ᄒᆞ면 그사ᄅᆞᆷ이
광활ᄒᆞᆫ 다락방의 셜비ᄒᆞᆷ을 보이리니
거긔셔 우리잔치 예비ᄒᆞ라 ᄒᆞᄂᆞᆫ지라
뎨ᄌᆞ들이 분부듯고 셩즁(城中)으로 드러가셔
예수의 분부하신 말솜대로 응ᄒᆞᆫ고로 유월졀(逾越節)[311]을 지내니라

118. 유월절연가(逾越節宴歌) 누가22 : 14~18

졀일(節日)[312]이 당도ᄒᆞ니 예수ᄭᅴ셔 ᄉᆞ도(使徒)[313]들과
좌셕을 ᄒᆞᆷᄭᅴᄒᆞ고 말솜ᄒᆞ야 ᄀᆞᆯᄋᆞ샤ᄃᆡ
내가해를 밧기젼에 너희들과 ᄒᆞᆫ가지로

---

310) 사처(私處) : 개인이 사사로이 거처하는 곳.

311) 유월절(逾越節) : 이스라엘 민족이 이집트에서 탈출한 일을 기념하는 유대교의 축제일. 하늘의 천사가 밤중에 이집트의 각 집의 맏아들을 죽일 때, 이스라엘 사람들의 집에는 어린 양의 피를 문설주에 발랐기 때문에 그대로 지나가서 재앙을 받지 않은 일을 기념한 데서 유래한다.

312) 절일(節日) : 한 철의 명절.

313) 사도(使徒) : 예수가 복음을 널리 전하기 위하여 특별히 뽑은 열두 제자. 베드로, 안드레, 야고보, 요한, 빌립, 바돌로매, 도마, 마태, 알패오의 아들 야고보, 다대오, 가나안의 시몬, 가룟 유다를 이른다.

이유월졀을 먹ᄂᆞᆫ일을 심히 원ᄒᆞ엿노라
너희ᄃᆞ려 닐ᄋᆞ노니 유월졀 이잔치를
하ᄂᆞ님 나라에셔 먹을ᄯᅢ 되기ᄭᆞ지
다시먹지 안으리라 즉시잔을 밧으시고
길히축샤 ᄒᆞᆫ신후에 명ᄒᆞ야 ᄀᆞᆯᄋᆞ샤ᄃᆡ
이잔을 가져다가 너희ᄭᅵ리 ᄂᆞᆫ호아라
너희ᄃᆞ려 닐ᄋᆞ노니 지금브터 이후에ᄂᆞᆫ
텬국이 림ᄒᆞ기젼 디시이 포도즙을 마시지 안으리라

119. 뎨ᄌᆞ의 분징가 누가22 : 24~30

뎨ᄌᆞ의 무리즁에 누가뎨일 이냐ᄒᆞᄂᆞᆫ
분징이 니러낫다 예수ㅣ ᄀᆞᆯᄋᆞ샤ᄃᆡ
이방풍쇽 보량이면 권셰를 쥬관(主管)ᄒᆞ야
ᄇᆡᆨ셩을 치리(治理)ᄒᆞ며 은혜를 베프ᄂᆞᆫ쟈
디위놉흔 인군이나 너희의 무리들은 그러치 아니ᄒᆞ야
그즁에 큰사ᄅᆞᆷ은 적은사ᄅᆞᆷ 될것이오
령슈(領袖)[314]가 된사ᄅᆞᆷ은 셤기ᄂᆞᆫ쟈 ᄀᆞᆺ흘지니
음식먹ᄂᆞᆫ 쟈가크냐 슈죵드ᄂᆞᆫ 쟈가크냐
음식을 먹ᄂᆞᆫ쟈가 크기ᄂᆞᆫ 크다마ᄂᆞᆫ
나ᄂᆞᆫ너희 즁에잇서 슈죵쟈(隨從者)와 ᄀᆞᆺ흐니라
내가시험 당ᄒᆞᆯ동안 너희의 무리들이
ᄒᆞᆫ가지로 ᄒᆞ엿스니 내가장ᄎᆞ 나라으로
너희들을 분봉(分封)[315]ᄒᆞᄃᆡ 하ᄂᆞ님 아바지가

---

314) 영수(領袖) : 여러 사람 가운데 우두머리.

나를 봉(封)ᄒᆞ심과ᄀᆞᆺ치 너희의 무리들노
내나라에 ᄀᆞᆺ치살며 세상에셔 ᄒᆞᆷᄭᅴ먹고
내보좌에 동참ᄒᆞ야 이스라엘 열두지파 죡히치리(治理) ᄒᆞᆯ지니라

120. 셰죡가(洗足歌) 요한13 : 1~20

유월졀 젼긔ᄒᆞ야 예수ᄭᅴ셔 이셰상을
하직ᄒᆞ고 아바지ᄭᅴ 도라가실 됴흔시긔
니른줄 알으시고 당신의게 쇽ᄒᆞᆫ빅셩
ᄀᆞᆫ졀히 ᄉᆡᆼ각ᄒᆞ고 ᄭᅳᆺᄭᆞ지 ᄉᆞ랑ᄒᆞᆯ제
마귀가 틈을ᄐᆞ서 예수를 잡아줄ᄆᆞᄋᆞᆷ을
시몬의 소ᄉᆡᆼᄌᆞ인 가룟유다 ᄆᆞᄋᆞᆷ속에 드러가잇섯더라
하ᄂᆞ님 아바지가 만물을 당신손에
임의붓처 주신일과 하ᄂᆞ님 ᄭᅴ로브터
이셰상에 오셧다가 하ᄂᆞ님 아바지ᄭᅴ
도라갈ᄯᅢ 되신줄을 분명히 알으시고
만찬을 잡숩다가 자리에셔 니러나샤
닙엇던옷 버스시고 슈건으로 동이신후
대야에 물을ᄯᅥ다 뎨ᄌᆞ의 발씻기시고
동이신 슈건으로 졍ᄒᆞ게 씻기실ᄉᆡ
ᄎᆞᄎᆞ시몬 베드로의 발을졍히 씻기시니
베드로 엿ᄌᆞ오ᄃᆡ 내쥬여 나의발을
웨씻겨 주ᄂᆞ잇가 예수ㅣ ᄀᆞᆯᄋᆞ샤ᄃᆡ
지금나의 ᄒᆞᄂᆞᆫ일을 네가아지 못ᄒᆞ지만

315) 분봉(分封) : 중국에서, 천자가 땅을 나누어서 제후를 봉하던 일.

후일에ᄂᆞᆫ 알지니라 베드로ㅣ 엿ᄌᆞ오ᄃᆡ
영영토록 나의발을 씻기지ᄂᆞᆫ 못ᄒᆞ리다
예수ㅣ ᄀᆞᆯᄋᆞ샤ᄃᆡ 내가이제 너의발을
씨셔주지 아니ᄒᆞ면 결단코 너와나와
샹관(相關)이 업스리라 베드로ㅣ 엿ᄌᆞ오되
나의쥬여 ᄇᆞ라노니 발만씻지 마옵시고
나의손과 머리ᄭᆞ지 다씨셔 주옵쇼셔
예수ㅣ ᄀᆞᆯᄋᆞ샤ᄃᆡ 임의목욕 ᄒᆞᆫ사ᄅᆞᆷ은
발만졍히 씻더리도 젼신이 다졍ᄒᆞ니라
너희들이 ᄭᆡᆨ긋ᄒᆞ나 다ᄭᆡᆨ긋지 안타ᄒᆞ니
이와ᄀᆞᆺ치 말ᄉᆞᆷᄒᆞᆷ은 당신을 잡아줄쟈
누구인지 아심이라 뎌희발들 씻기시고
옷닙고 다시안자 뎌희ᄃᆞ려 닐ᄋᆞ샤ᄃᆡ
내가이제 발씻긴일 너희가 ᄭᆡᄃᆞᆺᄂᆞ냐
너희들이 나를보고 션싱이라고도 ᄒᆞ며
쥬라고도 ᄒᆞᄂᆞᆫ말이 ᄎᆞᆷ으로 뎍당ᄒᆞ다
나ᄂᆞᆫ곳 쥬도되고 션싱도 되ᄂᆞᆫ고로
너희발을 씻셧스니 너희들도 내가이제
너희의게 힝ᄒᆞᆷᄀᆞᆺ치 힝ᄒᆞ게 ᄒᆞᆷ이로라
ᄯᅩ너희게 닐ᄋᆞ노니 죵된쟈 샹뎐보다
더놉지 못ᄒᆞᆫ줄을 알고준ᄒᆡᆼ ᄒᆞᄂᆞᆫ쟈ᄂᆞᆫ
과연복이 잇스리라 너희들을 다ᄀᆞᄅᆞ쳐
말ᄒᆞᆫ것이 아니로다 나의ᄐᆡᆨᄒᆞᆷ 밧은쟈ᄂᆞᆫ
내가다 아ᄂᆞᆫ바니 셩경에 닐ᄋᆞ기를
나주ᄂᆞᆫ쩍 먹ᄂᆞᆫ쟈가 발굼치를 도리켜셔

나를찬다 ᄒᆞᄂᆞᆫ말솜 과연응험(應驗) ᄒᆞ엿도다
이일이 일우기젼 너희의게 닐ᄋᆞ노니
내가보낸 사ᄅᆞᆷ을 션히ᄃᆡ졉 ᄒᆞᄂᆞᆫ쟈ᄂᆞᆫ
나를ᄃᆡ졉 ᄒᆞᄂᆞᆫ쟈요 나를ᄃᆡ졉 ᄒᆞᄂᆞᆫ쟈ᄂᆞᆫ
날보내신 아바지를 ᄃᆡ졉ᄒᆞᄂᆞᆫ 쟈이니라

121. 지뎍(指摘)유다가 요한13 : 21~35

이말솜을 맛치시고 ᄆᆞᄋᆞᆷ이 졀박ᄒᆞ샤
증거ᄒᆞ야 ᄀᆞᆯ아샤ᄃᆡ 진실노 닐ᄋᆞ노니
너희즁의 ᄒᆞᆫ사ᄅᆞᆷ은 나를잡아 줄쟈니라
뎨ᄌᆞ의 무리들이 서로보며 의심ᄒᆞ야
누구를 말ᄒᆞᆷ인지 아지못 ᄒᆞᄂᆞᆫ지라
참예한 좌셕상에 특별ᄒᆞᆫ 뎨ᄌᆞᄂᆞᆫ
우리쥬의 ᄉᆞ랑ᄒᆞᆷ을 ᄀᆞ쟝만히 밧ᄂᆞᆫ쟈라
쥬의품을 의지ᄒᆞ야 갓가히 안졋거ᄂᆞᆯ
베드로ㅣ 눈짓ᄒᆞ야 그이가 누구인지
급히알아 보라ᄒᆞᆫᄃᆡ 도라보며 뭇ᄌᆞ오ᄃᆡ
쥬여그가 누구닛가 예수ㅣ ᄀᆞᆯᄋᆞ샤ᄃᆡ
내가이제 ᄯᅥᆨᄒᆞᆫ조각 ᄶᅵ여줄쟈 ㅣ라ᄒᆞ고
즉시ᄯᅥᆨ을 ᄶᅵ여다가 시몬의 소ᄉᆡᆼᄌᆞ(所生子)인
가룟유다의게 주니 유다가 밧은후에
사단이 그속으로 즉시드러 갓ᄂᆞᆫ지라
유다ᄃᆞ려 닐ᄋᆞ샤ᄃᆡ 네ᄒᆞᆯ일 을쇽히ᄒᆞ라
참셕ᄒᆞᆫ 사ᄅᆞᆷ즁에 예수의 ᄒᆞ신말솜

ᄭᆡᄃᆞᆺ지 못ᄒᆞ더라 유다ᄂᆞᆫ 돈젼ᄃᆡ를
맛ᄒᆞ잇ᄂᆞᆫ ᄭᆞ닭으로 스ᄉᆞ로 ᄉᆡᆼ각키를
절긔(節期)의 쓸물건을 사라고 ᄒᆞ심인가
간난ᄒᆞᆫ ᄇᆡᆨ셩들을 구졔하라 ᄒᆞ심인가
그ᄌᆞᆺ치 ᄉᆡᆼ각하고 즉시밧게 나아가니
그ᄯᅢᄂᆞᆫ 밤이더라 예수ㅣ ᄀᆞᆯᄋᆞ샤ᄃᆡ
인ᄌᆞ가 영광엇고 하ᄂᆞ님 아바지도
인ᄌᆞ로 인ᄒᆞ여셔 텬샹텬하 큰영광을
지금엇으 시러니와 당신을 위ᄒᆞ서서
인ᄌᆞ를 놉히들어 영화롭게 ᄒᆞ시리라
쇼ᄌᆞ들아 아직ᄭᆞ지 내가너희 무리들과
ᄒᆞᆫ가지로 잇거니와 내가만일 ᄯᅥ나가면
너희들이 날차자도 내가가셔 잇ᄂᆞᆫ곳에
못오리라 닐ᄋᆞᆫ말을 젼에유대 인의게도
임의말 ᄒᆞ엿거니와 지금도 말ᄒᆞ노라
새로온 계명으로 너희의게 명ᄒᆞ노니
피ᄎᆞ간에 ᄉᆞ랑ᄒᆞᆷ을 내가이제 너희무리
ᄉᆞ랑ᄒᆞ듯 ᄒᆞᆯ지어다 너희가 ᄉᆞ랑하면
그것을 보ᄂᆞ쟈가 너희의 무리들을 내뎨ᄌᆞᅟᅵᆫ줄 알지니라

122. 셩찬례창립가(聖餐禮創立歌) 마태26 : 26~29

만찬들 먹을ᄯᅢ에 예수ᄯᅥᆨ을 가지시고
ᄯᅦ어셔 뎨ᄌᆞ의게 주시며 ᄀᆞᆯ아샤ᄃᆡ
밧아셔 먹으어라 이제내가 ᄯᅦ인ᄯᅥᆨ은

곳나의 몸이니라 ᄯᅩ잔을 가지시고
츅사(祝謝)ᄒᆞᆫ후 뎌희의게 주시며 닐ᄋᆞ샤ᄃᆡ
너희가 ᄒᆞᆫ갈ᄀᆞᆺ치 이잔을 마시어라
언약ᄒᆞᄂᆞᆫ 나의피니 이셰샹 만민들의
죄샤ᄒᆞ기 위ᄒᆞ여셔 특별히 흘닌피라
너희의게 닐ᄋᆞ노니 내아바지 나라에셔
새로ᄶᅡ낸 포도즙을 너희들과 ᄒᆞᆫ가지로
마시ᄂᆞᆫ날 되기ᄭᆞ지 내가다시 너희들과 마시지 아니리라

123. 베드로의 부인가(否認歌) 누가22 : 31~38

시몬아 시몬아 사단이 너희들을
아모됴록 사로잡아 밀ᄭᅡ부ᄂᆞᆫ 것과ᄀᆞᆺ치
ᄭᅡ불냐 ᄒᆞ지마ᄂᆞᆫ 내가ᄒᆞᆼ샹 너위ᄒᆞ야
ᄀᆞᆫ절히 긔도ᄒᆞ야 너희들의 밋ᄂᆞᆫᄆᆞ음
변치안케 ᄒᆞᆯ터이니 너ᄂᆞᆫᄒᆞᆫ번 도리킨후
네형뎨를 굿게ᄒᆞ라 베드로ㅣ 엿ᄌᆞ오ᄃᆡ
쥬여나ᄂᆞᆫ 쥬와ᄒᆞᆷᄭᅴ 옥에라도 ᄀᆞᆺ치ᄒᆞ고
죽기라고 ᄀᆞᆺ치ᄒᆞ랴 결심ᄒᆞ엿 숩ᄂᆞ이다
예수ㅣ ᄀᆞᆯᄋᆞ샤ᄃᆡ 베드로야 베드로야
너ᄃᆞ려 닐ᄋᆞ노니 오ᄂᆞᆯ날 ᄃᆞᆰ울기젼
세 번나를 모른다고 네입으로 말ᄒᆞ리라
ᄯᅩ다시 닐ᄋᆞ노니 내가젼에 너희들을
젼ᄃᆡ(纏帶)316)와 쥬머니와 신도업시 보낼ᄯᅢ에

316) 전대(纏帶) : 돈이나 물건을 넣어 허리에 매거나 어깨에 두르기 편하도록 만든

부족홈이 업섯ᄂᆞ냐 ᄌᆞ금위시(自今爲始)317) ᄒᆞ여셔ᄂᆞᆫ
쥬머니 잇ᄂᆞᆫ쟈ᄂᆞᆫ 쥬머니를 예비ᄒᆞ고
젼ᄃᆡ가 잇ᄂᆞᆫ쟈ᄂᆞᆫ 젼ᄃᆡ를 예비ᄒᆞ고
환도(還刀)가 잇ᄂᆞᆫ쟈ᄂᆞᆫ 옷을팔아 환도사라
너희ᄃᆞ려 닐ᄋᆞ노니 셩경에 닐넛스ᄃᆡ
이셰샹 사ᄅᆞᆷ들이 죄인의 ᄒᆞᆫ동류로
녁엿다 ᄒᆞᄂᆞᆫ말ᄉᆞᆷ 내몸에 응ᄒᆞ리니
나를ᄀᆞᄅᆞ친 말ᄉᆞᆷ이 반ᄃᆞ시 일우리라
뎌희들이 엿ᄌᆞᄋᆞᄃᆡ 나의쥬여 지금여긔
환도둘이 잇ᄂᆞ이다 예수ㅣ ᄀᆞᆯᄋᆞ샤ᄃᆡ 족ᄒᆞ다ᄒᆞ시더라

124. 예수의 유언가 요한14 : 1~16

너희들은 ᄆᆞ음으로 근심ᄒᆞ지 말지어다
하ᄂᆞ님을 밋엇스니 ᄯᅩ나를 밋을지라
내아바지 계신집에 잇슬곳이 만흔것을
너희들도 아ᄂᆞᆫ바니 내가가셔 너희들의
영영히 잇슬곳을 예비ᄒᆞ고 다시와셔
너희의 무리들을 내게로 영졉ᄒᆞ야
나의거쳐 ᄒᆞᄂᆞᆫ곳에 너희의 무리들도
ᄒᆞᆼ샹잇게 ᄒᆞᆯ터이니 내가이제 가ᄂᆞᆫ곳을
너희들도 알지니라 도마가 ᄃᆡ답ᄒᆞᄃᆡ
쥬여쥬의 가ᄂᆞᆫ곳도 우리가 모로거ᄂᆞᆯ

자루. 주로 무명이나 베로 폭이 좁고 길게 만드는데 양 끝은 트고 중간을 막는다.
317) 자금위시(自今爲始) : 지금부터 시작하다.

길을엇지 알니잇가 예수ㅣ ᄀᆞᆯᄋᆞ샤ᄃᆡ
나ᄂᆞᆫ누구 인고ᄒᆞ니 너희들의 길도되고
진리요 싱명이니 나를의뢰 아니ᄒᆞ고
아바지ᄭᅴ 갈사ᄅᆞᆷ은 ᄒᆞ나도 업스리라
나를발셔 알앗더면 내아바지 하ᄂᆞ님이
누구인지 알터이니 이제브터 너희들이
아바지 하ᄂᆞ님을 알뿐더러 보ᄂᆞ니라
빌닙이 엿ᄌᆞ오ᄃᆡ 나의쥬여 아바지를
보게ᄒᆞ야 주옵쇼셔 그리ᄒᆞ면 우리들이
만죡ᄒᆞ겟 ᄉᆞᆸᄂᆞ이다 예수ㅣ ᄀᆞᆯᄋᆞ샤ᄃᆡ
빌닙아 내가너와 오래동안 잇섯스되
나를아지 못ᄒᆞᄂᆞ냐 나를친히 본사ᄅᆞᆷ은
아버지를 봄이어ᄂᆞᆯ 엇지ᄒᆞ야 아바지를
보여달나 말ᄒᆞᄂᆞ뇨 태초브터 나ᄂᆞᆫᄒᆞᆼ샹
아바지의 안에잇고 아바지ᄂᆞᆫ 나의안에
계신것을 안밋ᄂᆞ냐 너희ᄃᆞ려 닐ᄋᆞ기를
내가무ᄉᆞᆷ 일에던지 ᄌᆞ의대로 아니ᄒᆞ고
하ᄂᆞ님 아바지가 내안에 계심으로
그런일을 힝ᄒᆞᆷ이라 ᄒᆞ지아니 ᄒᆞ엿ᄂᆞ냐
그런즉 나ᄂᆞᆫ본시 아바지의 안에잇고
하ᄂᆞ님 아바지ᄂᆞᆫ 내안에 계신줄노
깁히밋고 ᄒᆞᆼᄒᆞ여라 밋지아니 ᄒᆞ겟거든
힝ᄒᆞᄂᆞᆫ 일을보고 뎌도ᄯᅩᄒᆞᆫ 힝ᄒᆞᆯ지며
이보다 더큰일도 ᄯᅩᄒᆞᆫ능히 힝ᄒᆞ리니
나ᄂᆞᆫ쟝ᄎᆞᆺ 아바지ᄭᅴ 도라갈줄 알지어다

너희가 내일홈으로 무엇을 구ᄒᆞ던지
내가시ᄒᆡᆼ ᄒᆞᆯᄭᆞᄃᆞᆰ은 하ᄂᆞ님 아바지가
아ᄃᆞᆯ노 말ᄆᆡ암아 영광엇게 ᄒᆞᆷ이니라
너희가 내일홈으로 업ᄃᆡ여 ᄀᆞᆫ구ᄒᆞ면
내가시ᄒᆡᆼ ᄒᆞᆯ터이니 나를ᄉᆞ랑 ᄒᆞᄂᆞᆫ쟈ᄂᆞᆫ
내계명을 직히리라 내가하ᄂᆞᆯ 아바지ᄭᅴ
ᄀᆞᆫ절히 긔도ᄒᆞᆫ즉 하ᄂᆞ님 아바지가
ᄯᅩ다른 보혜ᄉᆞ(保惠師)[318]를 너희의게 보내주샤
너희들과 영원토록 ᄀᆞᆺ치잇게 ᄒᆞ시리니
진리의 신이시나 이셰샹의 사ᄅᆞᆷ을이
밧지아니 ᄒᆞᄂᆞᆫ것은 볼수업슬 뿐아니라
아지못ᄒᆞᆷ 이로되 너희들은 아ᄂᆞᆫ것은
너희와 ᄒᆞᆫ가지로 계서셔 보호ᄒᆞ며
ᄆᆞ옴속에 계심인즉 내가너희 무리들을
지금ᄯᅥ나 갈지라도 고ᄋᆞ와 ᄀᆞᆺ치녁여
ᄇᆞ리지 아니ᄒᆞ고 강림ᄒᆞ야 밧으리라
이셰샹이 조곰후에 다시나를 못볼지나
너희의 무리들은 나를뎡녕 볼것이오
나ᄂᆞᆫ부활 ᄒᆞᆯ터인즉 너희의 무리들도
ᄯᆞ라부활 ᄒᆞᆯ지니라 나ᄂᆞᆫ영원 무궁토록
너희안에 잇슬것을 너희가 알지니라
나의계명 준ᄒᆡᆼᄒᆞ야 직히ᄂᆞᆫ 사ᄅᆞᆷ들은
나를 ᄉᆞ랑ᄒᆞ야 진리의 모든 것을 나타나 보이리라

---

318) 보혜사(保惠師) : 성령(聖靈).

가롯인 유다외에 다른유다 엿ᄌᆞ오ᄃᆡ
쥬여 우리들의게ᄂᆞᆫ 나타나 보이시고
셰샹 사ᄅᆞᆷ들의게ᄂᆞᆫ 나타내지 아니ᄒᆞ니
엇지ᄒᆞᆫ 일이릿가 예수ㅣ ᄀᆞᆯᄋᆞ샤ᄃᆡ
나를ᄉᆞ랑 ᄒᆞᄂᆞᆫ쟈가 나의말을 직힐지니
내아바지 하ᄂᆞ님도 심히ᄉᆞ랑 ᄒᆞ실지며
우리도 나아와셔 뎌와ᄒᆞᆷᄭᅴ ᄒᆞᆯ터이나
나를ᄒᆞᆼ샹 멀니ᄒᆞ고 ᄉᆞ랑ᄒᆞ지 안ᄂᆞᆫ쟈ᄂᆞᆫ
나의말을 거역ᄒᆞ야 텽죵(聽從[319])ᄒᆞ지 안ᄂᆞᆫ쟈니
내게셔 드른말을 텽죵치 아니ᄒᆞᆷ이
나를보낸 아바지의 말ᄉᆞᆷ을 거역ᄒᆞᆷ과
일반이라 ᄒᆞᆯ지니라 내가아직 너희들과
셰샹에 ᄀᆞᆺ치잇서 ᄒᆞᆫ말노써 닐ᄋᆞ노니
보혜ᄉᆞᄂᆞᆫ 셩신(聖神)이라 하ᄂᆞ님 아바지가
다만나의 일ᄒᆞᆷ으로 이셰샹에서 보내리니
셰샹의 모든것을 너희의게 ᄀᆞᄅᆞ쳐셔
나의닐ᄋᆞᆫ 모든말을 다긔억케 ᄒᆞ시리라
내가이제 평안으로 너희의게 ᄭᅵ치노니
내가나의 평안으로 너희의게 주ᄂᆞᆫ것은
이셰샹이 줌과ᄀᆞᆺ치 내가너희 무리의게
주ᄂᆞᆫ것이 아니로라 너희들은 ᄆᆞᄋᆞᆷ속에
근심도 ᄒᆞ지말고 두려워도 말지다
내가이제 ᄯᅥ낫다가 너희게로 온단말을

319) 청종(聽從) : 이르는 대로 잘 듣고 좇음.

너희들이 드럿ᄂᆞ니 나를ᄉᆞ랑 하엿더면
내가나의 아바지ᄭᅴ 도라가게 되ᄂᆞᆫ일을
너희들이 ᄆᆞᄋᆞᆷ으로 크게깃버ᄒᆞᆯ ᄭᆞᄃᆞᆰ은
하ᄂᆞ님 아바지가 나보다 크신줄을
ᄭᆡᄃᆞ라 앎이니라 내가미리 닐너줌은
이일이 일울ᄯᅢ에 너희의 무리들도
ᄆᆡᆺ게ᄒᆞ랴 ᄒᆞᆷ이로라 이제브터 이후로ᄂᆞᆫ
너희의 무리들과 만히말치 아니리라
이셰샹의 권셰잇ᄂᆞᆫ 인군이 올터이나
내게샹관 업ᄂᆞ니라 오직나의 ᄒᆞᆯ본분은
아바지를 ᄉᆞ랑함과 아바지의 명령대로
직혀준 ᄒᆡᆼᄒᆞᄂᆞᆫ일을 이셰샹 사ᄅᆞᆷ들노
알게ᄒᆞᆯ ᄎᆡᆨ임이니 우리들은 니러나셔 ᄀᆞᆺ치가자 ᄒᆞ시더라
15장 : 나ᄂᆞᆫᄎᆞᆷ 포도슈(葡萄樹)요 내아바지 하ᄂᆞ님은 포도원 농부시라
내게붓ᄒᆞᆫ 가지들이 과실을 안ᄆᆡ즈면
내아바지 하ᄂᆞ님이 곳찍어 ᄇᆞ리시고
과실ᄆᆡᆺᄂᆞᆫ 가지들만 ᄇᆡ양(培養)ᄒᆞ야 과실들을
만히ᄆᆡᆺ게 ᄒᆞ시리라 지금은 너희들이
내게셔 드른말노 다셩결 ᄒᆞ엿스니
너희의 무리들은 내안에 잇슬지라
나ᄯᅩᄒᆞᆫ 지금브터 너희안에 잇스리니
포도나무 원줄기에 붓지아닌 가지들은
ᄌᆞ연히 과실들을 ᄆᆡ즐수 업슬지라
너희의 무리들이 내안에 잇게되면
그것과 ᄀᆞᆺᄒᆞ리라 나ᄂᆞᆫ곳 포도슈요

너희들은 지엽(枝葉)[320]이니 뎌희는 나의안에
나는곳 뎌희안에 피추서로 잇게되면
밋치는 과실들이 심히풍셩 ᄒᆞ려니와
내게셔 끈허지면 이것뎌것 아모것도
일울수가 업스리라 사룸이 나의안에
잇지아니 ᄒᆞ게되면 내여ᄇᆞ린 가지들이
ᄆᆞ른것 ᄀᆞᆺ흐리니 사람이 주어다가
불에던져 살울지라 너희의 무리들이
나의안에 ᄒᆞᆼ샹잇고 내말이 너희안에
ᄯᅥ나지 안케되면 소원대로 청구ᄒᆞ라
범ᄉᆞ에 일우겟고 너희가 과실들을
풍셩히 밋침으로 내아바지 하ᄂᆞ님을
영화롭게 ᄒᆞᆯ것이니 곳나의 뎨ᄌᆞ니라
하ᄂᆞ님 아바지가 나를ᄉᆞ랑 ᄒᆞ심ᄀᆞᆺ치
내가ᄯᅩᄒᆞᆫ 너희들을 극진히 ᄉᆞ랑ᄒᆞ니
너희는 내ᄉᆞ랑안에 평안히 거ᄒᆞ여라
너희의 무리들이 내계명을 직혀가면
내풍셩ᄒᆞᆫ ᄉᆞ랑안에 ᄒᆞᆼ샹편히 거ᄒᆞ기를
맛치내가 아바지의 계명을 준힝ᄒᆞ야
아바지의 ᄉᆞ랑안에 잇슴과 ᄀᆞᆺ흐리라
내가이제 이와ᄀᆞᆺ치 너희의게 닐너줌은
나의속에 잇는깃븜 ᄯᅩ너희 안에잇서
츙만ᄒᆞ게 ᄒᆞᆷ이로라 너희서로 ᄉᆞ랑ᄒᆞᆷ을

---

320) 지엽(枝葉) : 식물의 가지와 잎.

내가이제 너희무리 ᄉᆞ랑ᄒᆞ듯 ᄒᆞᆯ지어다
이ᄂᆞᆫ나의 계명이라 사ᄅᆞᆷ이 친ᄒᆞᆫ벗을
위ᄒᆞ야 그ᄉᆡᆼ명을 앗기지 아니ᄒᆞ면
더큰ᄉᆞ랑 업ᄂᆞ니라 내명대로 ᄒᆡᆼᄒᆞᄂᆞᆫ쟈
곳나의 친구이니 이제브터 이후로ᄂᆞᆫ
너희들을 죵이라고 닐ᄏᆞᆺ지 아니리니
죵이라 ᄒᆞᄂᆞᆫ쟈ᄂᆞᆫ 그쥬인의 ᄒᆡᆼᄒᆞᄂᆞᆫ일
아지못ᄒᆞᆷ 이니라 그런즉 너희들을
친구라 부르노니 아바지ᄭᅴ 드른것을
다너희 무리의게 알게ᄒᆞ엿 슴이니라
너희가 먼져나를 션턱하지 아니ᄒᆞ고
내가먼져 너희들을 션턱ᄒᆞ야 세움이니
너희의 가ᄂᆞᆫ곳에 과실이 ᄆᆡᆺ게ᄒᆞ고
ᄆᆡᆺ츤과실 영영토록 업서지지 안케ᄒᆞ야
내가나의 일흠으로 하ᄂᆞ님 아바지ᄭᅴ
무엇을 구하던지 아바지가 너희의게 다주시게 ᄒᆞᆯ지니라
내가이제 이것으로 너희의게 명령ᄒᆞ야
너희들이 피ᄎᆞ간에 ᄉᆞ랑ᄒᆞ라ᄒᆞ엿노라
너희들이 세샹압헤 뮈워ᄒᆞᆷ을 당ᄒᆞ거든
스ᄉᆞ로 ᄉᆡᆼ각키를 우리모든 사ᄅᆞᆷ들이
뮈워ᄒᆞᆷ을 밧기젼에 나를먼져 뮈워ᄒᆞᆫ줄 분명히 알지니라
너희의 무리들이 이셰샹에 븟혓스면
셰샹이 너희들을 동류로 녁이어셔
ᄉᆞ랑ᄒᆞᆯ 터이로되 너희ᄂᆞᆫ 이셰샹에
븟지아니 ᄒᆞᆯ뿐더러 임의나의 턱ᄒᆞᆷ밧아

만흔죄악 셰상에셔 나오게 ᄒᆞ신고로
셰상이 너희들을 다뮈워 ᄒᆞᄂᆞ니라
젼에내가 너희ᄃᆞ려 노복된쟈 쥬인보다
더크지 못ᄒᆞ다고 닐ᄋᆞᆫ말을 긔억ᄒᆞ라
이셰샹 사ᄅᆞᆷ들이 나를핍박 ᄒᆞ얏슨즉
너를핍박 ᄒᆞᆯ터이오 나의말을 직혓슨즉
너희말을 직히리라 그러나 사ᄅᆞᆷ들이
내일홈을 위ᄒᆞ여셔 모든일에 핍박ᄒᆞᆷ은
날보내신 아바지를 아지못ᄒᆞᆷ 이니라
내가지금 ᄂᆞ려와서 말치아니 ᄒᆞ엿더면
너희죄가 업겟지만 지금은 너희죄를
핑계ᄒᆞᆯ수 업슬지라 나를뮈워 ᄒᆞᄂᆞᆫ쟈ᄂᆞᆫ
내아바지 하ᄂᆞ님을 뮈워ᄒᆞᄂᆞᆫ 쟈이니라
내가너희 즁에잇서 사ᄅᆞᆷ으로 못ᄒᆞᆯ권능
힝치아니 ᄒᆞ엿더면 너희모든 사람들이
죄가 업스려니와 지금은 너희들이
나와내 아바지를 보고도 뮈워ᄒᆞ니
엇지죄가 업스리오 셩경에 닐ᄋᆞ기를
뎌무리가 연고업시 나를뮈워 ᄒᆞᆫ단말을
응ᄒᆞ게 ᄒᆞᆷ이니라 거룩ᄒᆞ신 보혜ᄉᆞ(保惠師)[321]ᄂᆞᆫ
진리의 신이시니 아바지 ᄭᅴ로브터
나오신 신이시니라 나ᄂᆞᆫ그 즁보(中保)[322]되야

321) 보혜사(保惠師) : 성령(聖靈).
322) 중보(中保) : 두 사람 사이에서 일이 성사되도록 주선하는 사람. 예수 그리스도가 한 일. 하나님과 인간의 관계를 회복하기 위하여 인류의 죄를 지고 십자가

너희의게 보내리니 이셰샹에 림ᄒᆞ시면
나를증거 ᄒᆞ실지며 너희들도 증거홈은
처음브터 나와홈ᄭᅴ ᄒᆞ심이라 ᄒᆞ시더라
6장 : 내가너희의 무리들이 쟝ᄎᆞ죄에 ᄲᅡ질것을
면ᄒᆞ게 ᄒᆞ랴ᄒᆞ야 이와ᄀᆞᆺ치 말ᄒᆞ노라
너희들을 회당에셔 ᄶᅩᆺ차낼쟈 잇슬지며
시긔가 림박ᄒᆞᆫ즉 너희를 죽이ᄂᆞᆫ쟈
ᄆᆞᄋᆞᆷ속에 ᄉᆡᆼ각키를 이와ᄀᆞᆺ치 ᄒᆞᄂᆞᆫ것이
하ᄂᆞ님 존경ᄒᆞᄂᆞᆫ 일이라 ᄒᆞᄂᆞᆫ것은
나와내 아바지를 모로ᄂᆞᆫ 연고ㅣ니라
이런말을 너희의게 ᄌᆞᆫ절히 닐너줌은
시긔가 박두ᄒᆞ면 나의미리 닐ᄋᆞᆫ말을
긔억ᄒᆞ라 홈이로다 그러나 처음에ᄂᆞᆫ
내가이말 아니홈은 너희의 무리들과
ᄒᆞᆫ가지로 잇슴이라 지금내가 날보내신
하ᄂᆞ님ᄭᅴ 갈지라도 어ᄃᆡ로 가ᄂᆞ냐고
뭇ᄂᆞᆫ쟈가 업ᄂᆞ도다 이말을 ᄇᆞᆰ힘으로
너희의 ᄆᆞᄋᆞᆷ속에 근심이 ᄀᆞ닥ᄒᆞ나
실샹으로 말ᄒᆞ노니 나의ᄯᅥ나 가ᄂᆞᆫ것이
너희의게 유익이라 ᄯᅥ나지 아니ᄒᆞ면
보혜ᄉᆞ가 너희의게 림ᄒᆞ지 아니ᄒᆞ고
내가만일 ᄯᅥ나가면 너희게로 림ᄒᆞ리니
보혜ᄉᆞ가 ᄅᆡ림(來臨)ᄒᆞ야 죄와의와 심판으로

에서 보혈을 흘리고 죽은 일을 이른다.

셰상을 칙(責)ᄒᆞ리라 죄라홈은 무엇인고
나를밋지 아님이오 의라홈은 무엇인고
내가나의 아버지ᄭᅴ 도라가게 되ᄂᆞᆫ고로
나를다시못봄이오 심판(審判)은 무엇인고
권셰잡은 셰상왕이 큰심판을 밧음이라
내가아직 여러일노 너희모든 사ᄅᆞᆷ의게 닐온것이 잇지마ᄂᆞᆫ
지금은 너희들이 감당ᄒᆞ지 못ᄒᆞ리라
그러나 진리이신 셩신이 니르서셔
모든리치 가온ᄃᆡ로 션히인도 ᄒᆞ실ᄯᅢ에
당신의 ᄆᆞᄋᆞᆷ대로 인도ᄒᆞ지 아니ᄒᆞ고
아바지ᄭᅴ 드른대로 우리의게 말솜ᄒᆞ고
ᄯᅩ모든 쟝ᄅᆡ일노 너희의게 닐ᄋᆞ리라
셩신이 나를들어 영화롭게 홀것이오
내도리를 드러내여 너희의게 닐ᄋᆞ라
미구에 너희들이 나를보지 못ᄒᆞ겟고
미구(未久)[323]에 너희들이 다시나를 볼지니라
뎨ᄌᆞ들이 이말솜을 의심ᄒᆞ고 ᄒᆞᄂᆞᆫ말이
미구에 날못보고 미구에 날보리라 말솜홈은 엇짐이뇨
예수ᄭᅴ셔 뭇ᄂᆞᆫ뜻을 알으시고 ᄀᆞᆯ아샤ᄃᆡ
미구에 날못보고 미구에 날보리라
ᄒᆞᄂᆞᆫ말에 의심나셔 이ᄀᆞᆺ치 뭇ᄂᆞᆫ도다
진졍으로 닐ᄋᆞ노니 너희들은 통곡ᄒᆞ고
심히슯허 ᄒᆞ려니와 이셰샹은 ᄒᆞᆫ가지로 즐거워 홀것이오

323) 미구(未久) : 얼마 오래지 아니함.

너희들은 근심ᄒᆞ나 너희들의 근심걱졍 즐거움이 될지니라
녀인이 림산(臨産)[324]ᄒᆞᆫ즉 심히근심 ᄒᆞᄂᆞᆫ것은 그ᄯᆡ가 니름이오
ᄒᆡ산ᄒᆞᆫ즉 괴로움을 다시ᄉᆡᆼ각 아니ᄒᆞᆷ은
사ᄅᆞᆷ이 이셰상에 남을깃버 ᄒᆞᆷ이니라
지금당ᄒᆞᆫ 일노보면 족히근심 ᄒᆞ겟스나
내가다시 너희들을 볼ᄯᆡ가 잇스리니 즐거운것 뿐이리라
너희의 즐거움을 ᄲᆡ아슬쟈 누구인고
그ᄯᆡ에ᄂᆞᆫ 너희들이 나ᄃᆞ려 무ᄉᆞᆷ말을 무를것이 업스리라
진졍으로 닐ᄋᆞ오니 너희들이 아바지ᄭᅴ
무엇을 구ᄒᆞ던지 내일홈을 인ᄒᆞ여셔 허락ᄒᆞ야 주시리라
지금ᄭᆞ지 너희들이 내일홈을 인ᄒᆞ여서 구ᄒᆞᆫ것이 업셧스나
이제브터 구ᄒᆞ여라 구ᄒᆞ면 엇으리니
너희들의 즐거움이 ᄒᆞᆼ샹츙만 ᄒᆞᆯ지니라
이젼에ᄂᆞᆫ 비유로써 너희의게 닐넛스나
미구에 ᄯᆡ가되면 다시ᄂᆞᆫ 비유로써
닐ᄋᆞ지 아니ᄒᆞ고 아바지의 오묘ᄒᆞᆫ뜻 알기쉽게 말ᄒᆞ리라
그ᄯᆡ에ᄂᆞᆫ 너희들이 내일홈을 의지ᄒᆞ야
범ᄉᆞ에 직졉으로 아바지ᄭᅴ 구ᄒᆞ리니
나ᄂᆞᆫ너희 위ᄒᆞ여셔 아바지ᄭᅴ 구ᄒᆞ겟다 말ᄒᆞ지 아니ᄒᆞᆷ은
너희의 무리들이 임의나를 ᄉᆞ랑ᄒᆞ고
아바지가 보낸나를 확실히 밋음으로
아바지가 친히너를 ᄉᆞ랑ᄒᆞ신 ᄭᆞ닭이라
나ᄂᆞᆫ 아바지로좃차 셰샹에 온쟈이나

324) 임산(臨産) : 임부가 해산할 때를 맞이함.

하ᄂᆞ님 아바지씌 가노라 ᄒᆞ시거ᄂᆞᆯ
뎨ᄌᆞ들이 엿ᄌᆞ오ᄃᆡ 지금에 니르러ᄂᆞᆫ
명ᄇᆡᆨ히 말하시고 비유로 아니ᄒᆞ니
우리들이 지금이야 아지 못ᄒᆞ시ᄂᆞᆫ것
업ᄂᆞᆫ줄 알겟ᄉᆞᆸ고 사ᄅᆞᆷ들이 내주의게
무러볼일 업ᄂᆞᆫ줄도 분명히 아ᄂᆞᆫ고로
우리들이 하ᄂᆞ님씌 좃차옴을 밋나이다
예수ㅣ ᄀᆞᆯᄋᆞ샤ᄃᆡ 너희의 무리들이
지금이야 날밋ᄂᆞ냐 ᄯᅢ가곳 니르리니 지금이 그ᄯᅢ이라
너희들이 흣허져셔 각귀기쳐(各歸其處)[325] ᄒᆞᆯ것이오
나를혼자 ᄂᆞᆷ겨두나 혼자잇지 아니ᄒᆞ니
아바지 하ᄂᆞ님이 나와ᄒᆞᆷ씌 계시리라
너희의게 이말ᄒᆞᆷ은 ᄒᆞᆼ샹나를 힘닙어셔
깃브고 평안ᄒᆞᆷ을 엇게ᄒᆞ랴 ᄒᆞᆷ이로라
셰샹에 잇슬ᄯᅢ에 너희의 무리들이
환란을 맛날지라 안심ᄒᆞ고 지내여라
내가곳 이셰샹을 이겻노라 ᄒᆞ시더라

125. 예수의 긔도가 요한17 : 1~26

이말ᄉᆞᆷ을 ᄆᆞᆺ치시고 거연(遽然)[326]히 눈을들어
하ᄂᆞᆯ을 쳐다보며 긔도ᄒᆞ야 ᄀᆞᆯ아샤ᄃᆡ
하ᄂᆞ님 아바지여 ᄯᅢ가 니르럿ᄉᆞ오니

325) 각귀기쳐(各歸其處) : 제각기 그 자리로 돌아감.
326) 거연(遽然) : 갑자기. 문득.

아ᄃᆞᆯ을 나타내여 영화롭게 ᄒᆞ옵쇼셔
아ᄃᆞᆯ노 인연ᄒᆞ야 아버지를 영화롭게
ᄒᆞ게ᄒᆞ야 주ᄋᆞᆸ쇼셔 아바지 하ᄂᆞ님은
만유에 권셰로써 아ᄃᆞᆯ의게 주셧스니
이ᄂᆞᆫ 아바지의 주신모든 사ᄅᆞᆷ의게
아ᄃᆞᆯ노 영ᄉᆡᆼ복(永生福)을 주게ᄒᆞᆷ 이니이다
영ᄉᆡᆼ이라 ᄒᆞᄂᆞᆫ것은 다만홀노 ᄒᆞ나이신
하ᄂᆞ님을 아ᄂᆞᆫ것과 하ᄂᆞ님의 보내신바
그리스도 쥬예수를 ᄋᆞᆲ이영ᄉᆡᆼ 이니이다
거록ᄒᆞ신 아바지가 나의게 맛긴일을
오ᄂᆞᆯ날에 셩취ᄒᆞ야 아바지를 이셰상에
영화롭게 ᄒᆞ엿습고 아버지가 셰상에셔
내게주신 사ᄅᆞᆷ의게 아바지의 큰일홈을
나타내엿 ᄉᆞ오니 내게주신 사ᄅᆞᆷ들은
본ᄅᆡ브터 아바지ᄭᅴ 영원히 쇽ᄒᆞᆫ쟈라
내게붓처 주셧스매 뎌희들은 아바지의
말ᄉᆞᆷ을 직히엿고 거록ᄒᆞ신 아바지가
내게주신 모든것이 모도아바지 의게로
말ᄆᆡ암은 것인줄 뎌희들도 아옵ᄂᆞ니
하ᄂᆞ님 아바지가 내게주신 말ᄉᆞᆷ들을
뎌희게도 주심으로 나의근본 소죵ᄅᆡ(所從來)[327]가
아바지로 나온줄을 ᄎᆞᆷ으로 알앗스며
하ᄂᆞ님 아바지가 친히나를 보내심도 밋엇ᄉᆞ옵ᄂᆞ이다

327) 소종래(所從來) : 지내 온 근본 내력.

내가이제 뎌희들을 위ᄒᆞ야 빌뿐이오
이셰샹을 위ᄒᆞ여셔 비는것이 아니오라
내게주신 사ᄅᆞᆷ들을 위ᄒᆞ야 비옵ᄂᆞ니
뎌희는다 아바지ᄭᅴ 속ᄒᆞᆫ쟈 로소이다
나의게 잇는것은 아바지의 것이오며
아바지ᄭᅴ 잇는것은 다내것 이온즁에
뎌희들을 인연ᄒᆞ야 영화를 엇ᄂᆞ이다
지금나는 이셰샹에 더잇지 아니ᄒᆞ고
아바지ᄭᅴ 가겟스나 뎌희의 무리들은
이셰샹에 잇겟스니 거룩ᄒᆞ신 아바지여
내게주신 사ᄅᆞᆷ들을 아바지의 일홈으로
영영히 보호ᄒᆞ샤 ᄒᆞ나이 되옵기를
우리들이 ᄒᆞ나됨과 ᄀᆞᆺ치ᄒᆞ야 주옵쇼셔
내가뎌희 무리들과 ᄒᆞᆫ가지로 잇슬ᄯᅢ에
아바지의 주신쟈를 아바지의 일홈으로
보젼ᄒᆞ야 직힌즁에 멸망밧을 악ᄒᆞᆫᄌᆞ식
ᄒᆞ나만 일흔것은 ᄎᆞᆷ되신 셩경말ᄉᆞᆷ 응케ᄒᆞ랴 ᄒᆞᆷ이니다
지금내 아바지ᄭᅴ 도라갈일 셜명ᄒᆞᆷ은
뎌희들이 셰샹에셔 나의준 즐거움이
ᄆᆞ음속에 흡죡ᄒᆞ야 만케ᄒᆞ랴 ᄒᆞᆷ이니다
내가내 아바지의 거룩ᄒᆞᆫ 말ᄉᆞᆷ으로
뎌희의게 주엇스매 셰샹이 뎌희들을
ᄒᆞᆫᄒᆞ고 뮈워ᄒᆞ니 이는뎌희 무리들이
이셰샹에 안붓흠이 맛치내가 이셰샹에 붓지아님 ᄀᆞᆺ흠이라
아바지 하ᄂᆞ님이 뎌희들을 셰샹에셔

떠나게 ᄒᆞ시기를 비옵는것 아니오라
보젼ᄒᆞ샤 악ᄒᆞᆫ곳에 들지안케 ᄒᆞ시기를 ᄀᆞᆫ절히 비ᄂᆞ이다
뎌희들이 이셰샹에 부쇽(附屬)ᄒᆞ지 아닌것이
곳내가 이셰샹에 붓지아님 ᄀᆞᆺ습니다
뎌희들을 진리로써 거룩ᄒᆞ게 ᄒᆞ옵쇼셔
아바지의 주신말슴 진리인줄 아ᄂᆞ이다
하ᄂᆞ님 아바지가 곳나를 이셰샹에
ᄂᆞ려보내신 것ᄀᆞᆺ치 나도뎌희 무리들을
이셰샹에 보내엿고 뎌희들을 위ᄒᆞ여셔
니제내가 나의몸을 거룩ᄒᆞ게 ᄒᆞᄂᆞᆫ것도
뎌희의 무리들노 진리의 거룩ᄒᆞᆷ을
엇게ᄒᆞ랴 ᄒᆞᆷ이니다 내가이 사ᄅᆞᆷ들만
위ᄒᆞ야 빌지안코 뎌희들의 젼도듯고
날밋ᄂᆞᆫ 사ᄅᆞᆷᄭᆞ지 위ᄒᆞ야 비옵ᄂᆞ니
뎌희의 무리들노 ᄒᆞ나이 되게ᄒᆞ샤
하ᄂᆞ님 아바지ᄂᆞᆫ 내안에 거ᄒᆞ시고
나ᄂᆞᆫ나의 아바지의 안에잇ᄂᆞᆫ 것과ᄀᆞᆺ치
뎌희의 무리들도 우리안에 잇게ᄒᆞ샤
아바지 하ᄂᆞ님의 날보내신 깁ᄒᆞᆫᄯᅳᆺ을
이악ᄒᆞᆫ 셰샹으로 밋게ᄒᆞ야 주옵쇼셔
아바지 하ᄂᆞ님이 내게주신 큰영광을
내가뎌희 의게주어 ᄒᆞ나되게 ᄒᆞ옵기를
나와밋 아바지의 ᄒᆞ나됨과 ᄀᆞᆺ게ᄒᆞ야
나ᄂᆞᆫ뎌의 안에 잇고 아바지 하ᄂᆞ님은
내안에 계심으로 이제다 뎌희들노

온젼ᄒᆞᆷ을 일우어셔 ᄒᆞ나이 되게ᄒᆞ야
셰샹으로 아바지의 날보내심 알게ᄒᆞ고
ᄯᅩ우리 아바지가 뎌희ᄉᆞ랑 ᄒᆞ시기를
나를ᄉᆞ랑 ᄒᆞ신것과 다름업시 ᄒᆞ신것을
알게ᄒᆞ야 주옵쇼셔 하ᄂᆞ님 아바지여
내게주신 사ᄅᆞᆷ들도 내가가셔 잇ᄂᆞᆫ곳에
ᄒᆞᆷᄭᅴ잇기 원ᄒᆞ옴은 뎌희의 무리들노
아바지 하ᄂᆞ님이 내게주신 큰영광을
보게ᄒᆞ랴 ᄒᆞᆷ이오니 챵셰젼 아바지가
나를크게 ᄉᆞ랑ᄒᆞ신 영광인줄 아ᄂᆞ이다
의로우신 아바지여 셰샹이 아바지를
아지 못ᄒᆞᆯ지라도 나ᄂᆞᆫ임의 알앗스며
아바지가 날보내심 뎌희들도 아나이다
내가내 아바지의 거룩ᄒᆞ신 일홈으로
알게ᄒᆞ엿 숩거니와 더욱알게 ᄒᆞᆯ필요ᄂᆞᆫ
태초브터 ᄒᆞᆼ샹나를 ᄉᆞ랑ᄒᆞ신 그ᄉᆞ랑이
뎌희들 안에잇고 나도ᄯᅩᄒᆞᆫ 뎌희안에 잇게ᄒᆞᆷ 이니이다

126. 겟세마네가 마태26 : 30, 36~46

하ᄂᆞ님을 찬미ᄒᆞ고 감람산(橄欖山)[328]을 ᄇᆞ라보며
압흐로 가시니라 이때에 예수ᄭᅴ셔

328) 감람산(橄欖山) : 이스라엘 예루살렘 동쪽에 있는 해발 814미터의 산. 예수가 자주 와서 기도를 올렸으며, 그의 승천도 이 산정에서 이루어졌다고 한다. 원래는 올리브가 무성하였다고 하여 올리브 산이라고도 한다.

뎨ᄌᆞ들과 ᄒᆞᆫ가지로 겟세마네[329] 다다라셔
말솜ᄒᆞ야 ᄀᆞᆯ아샤ᄃᆡ 너희의 무리들은
이곳에 안젓스라 나ᄂᆞᆫ이제 뎌긔가셔
열심긔도 ᄒᆞ겟노라 여러말노 닐ᄋᆞ신후
그뎨ᄌᆞ 베드로와 셰베대의 두아ᄃᆞᆯ을
다리고 가실ᄯᅢ에 졀박ᄒᆞ고 ᄋᆡ통ᄒᆞ샤
말솜ᄒᆞ야 ᄀᆞᆯ아샤ᄃᆡ 지금은 내ᄆᆞᄋᆞᆷ이
지극히 졀박ᄒᆞ야 거의죽을 디경이니
너희들은 여긔잇서 나의경셩(警醒) ᄒᆞᆷ과ᄀᆞᆺ치
경셩ᄒᆞᆯ 지어다ᄒᆞ고 압흐로 나아가샤
얼골을 ᄯᅡ에대고 긔도ᄒᆞ야 ᄀᆞᆯ아샤ᄃᆡ
하ᄂᆞ님 아바지여 이잔을 나의게셔
면케ᄒᆞᆯ수 잇삽거든 면ᄒᆞ야 주옵소셔
그러나 내원대로 시힝ᄒᆞ지 마옵시고
하ᄂᆞ님 아바지의 ᄯᅳᆺ대로 ᄒᆞ옵쇼셔
뎨ᄌᆞ의게 도라오니 곤ᄒᆞ야 자ᄂᆞᆫ지라
베드로를 일ᄭᆡ우며 말솜ᄒᆞ야 ᄀᆞᆯᄋᆞ샤ᄃᆡ
네가나와 ᄒᆞᆫ가지로 만치못ᄒᆞᆫ 이시간도
ᄭᆡ여잇지 못ᄒᆞᄂᆞ냐 ᄭᆡ여셔 긔도ᄒᆞ야
시험에 들지말나 ᄆᆞᄋᆞᆷ에ᄂᆞᆫ 원이로되 육신이 약ᄒᆞ니라
두번재 다시나가 긔도ᄒᆞ야 ᄀᆞᆯ아샤ᄃᆡ
하ᄂᆞ님 아바지여 만일내게 오ᄂᆞᆫ잔을
마시지 안코셔ᄂᆞᆫ 면치못ᄒᆞᆯ 경우어든

329) 겟세마네 : 예루살렘의 동쪽 감람산 기슭에 있는 동산. 예수가 처형되기 전날 최후의 기도를 한 곳으로 유명하다.

하ᄂᆞ님 아바지의 작뎡ᄒᆞ신 셩의대로
일우어지다 ᄒᆞ고 그곳으로 다시오샤
뎨ᄌᆞ의 무리들이 곤ᄒᆞᆫ눈을 못이긔여
자ᄂᆞᆫ것을 보옵시고 거긔셔 나아가샤
세 번재 아바지ᄭᅴ 열심긔도 ᄒᆞ시기를
젼과ᄀᆞᆺ치 ᄒᆞ신후에 무리의게 다시가샤
말솜ᄒᆞ야 ᄀᆞᆯ아샤ᄃᆡ 이제ᄂᆞᆫ 너희들이 편히자고 쉴지어다
시긔(時期)가 박두ᄒᆞ니 인ᄌᆞ가 죄인의게
잡힘을 당ᄒᆞ리라 니러나셔 ᄒᆞᆷᄭᅴ가자
나를 잡아줄사ᄅᆞᆷ이 갓가히 왓ᄂᆞ니라

127. 유다반역가(叛逆歌) 요한18 : 2~12

예수 겟세바네에셔 뎨ᄌᆞ의 무리들과 자조자조 모히시니
예수잡을 유다역시 그곳을 알엇더라
유다가 군ᄉᆞ들과 뎨ᄉᆞ장의 무리이며
바리식 교인들의 관쇽(官屬)들을 불너다가
등(燈)과 홰[330]와 병긔(兵器)들고 일졔히 오ᄂᆞᆫ지라
예수ᄭᅴ셔 당ᄒᆞᆯ일을 다미리 알으시고
나아가며 ᄀᆞᆯ아샤ᄃᆡ 너희모든 사ᄅᆞᆷ들의
찻ᄂᆞᆫ쟈가 누구이뇨 나사렛 예수로라
예수ᄭᅴ셔 나오시며 내로라 말ᄒᆞ실ᄯᆡ
잡아줄 가룟유다 뎌희들과 섯ᄂᆞᆫ지라
예수와락 나서시니 뎌희들이 ᄶᅡᆷ작놀나

330) 홰 : 횃불.

주춤주춤 물너나며 업더 지는지라
다시무러 ᄀᆞᆯ아샤ᄃᆡ 찻는쟈가 누구이뇨
나사렛 예수로라 예수ㅣ ᄀᆞᆯᄋᆞ샤ᄃᆡ
내가임의 너희ᄃᆞ려 내로라 ᄒᆞ엿스니
나를잡아 가랴거든 여긔섯는 사ᄅᆞᆷ들의
가는것을 용납ᄒᆞ라 내가젼에 말ᄒᆞᆷᄀᆞᆺ치
하ᄂᆞ님 아바지가 내게주신 사ᄅᆞᆷ즁에
ᄒᆞᆫ사ᄅᆞᆷ도 일찬앗다 긔록ᄒᆞ신 말ᄉᆞᆷ대로 되고야만 말지니라
군ᄉᆞᄯᅦ와 쳔부쟝과 유대인의 관쇽들이
달녀드러 결박ᄒᆞ니 그ᄯᅢ시몬 베드로가
환도ᄒᆞ나 잇는지라 집에셔 쓱ᄲᅢ내여
대졔ᄉᆞ의 죵을쳐셔 올흔귀를 ᄶᅡᆨ갓스니
그죵은 누구인고 말고라 ᄒᆞᄂᆞᆫ쟈라
베드로를 도라보며 말ᄉᆞᆷᄒᆞ야 ᄀᆞᆯ아샤ᄃᆡ
혈긔로 쓰는칼을 집에도로 ᄭᅩᆺ자두라
아바지의 주신잔을 내가엇지 ᄉᆞ양ᄒᆞ고 마시지 안켓ᄂᆞ냐

128. 예수의 피심가(被審歌) 마태26 : 57~27 : 1

예수잡은 무리들이 ᄭᅳ을고 나아가셔
당시의 대졔ᄉᆞ쟝 가야바331)의게 가니
셔긔관과 쟝로들이 그곳에 모힌지라
이ᄯᅢ에 베드로는 뒤로멀니 ᄯᆞ라와셔

331) 가야바 : 예수 시대의 유대교 대제사장(?~?). 본명은 요셉으로, 대제사장 안나스의 아들이며 예수를 심판하여 사형을 결정하였다.

대제ᄉᆞ장 가야바의 아문(衙門)332)에 드러가셔
관쇽겻헤 안자잇서 결말을 보랴더니
비ᄌᆞ(婢子)333)ᄒᆞ나 나아와셔 베드로의게 ᄒᆞᄂᆞᆫ말이
너도ᄯᅩᄒᆞᆫ 갈닐니인 예수와 샹죵(相從)ᄒᆞᄂᆞᆫ
사ᄅᆞᆷ이라 ᄒᆞᄂᆞᆫ지라 베드로ㅣ 사ᄅᆞᆷ압헤
모르ᄂᆞᆫ 모양으로 ᄃᆡ답ᄒᆞ야 닐ᄋᆞᆫ말이
네가이제 ᄒᆞᄂᆞᆫ말을 아지못 ᄒᆞᆫ다ᄒᆞ고
문압헤 다다르니 다른비ᄌᆞ ᄯᅩ나오며
무리압헤 ᄒᆞᄂᆞᆫ말이 나보기에 이사ᄅᆞᆷ도
예수와 ᄒᆞᆫ가지로 ᄃᆞᆫ니던 쟈라ᄒᆞ니
베드로ㅣ 모른다고 ᄆᆡᆼ셰ᄒᆞ야 닐ᄋᆞᆫ말이
나ᄂᆞᆫ본ᄅᆡ 그사ᄅᆞᆷ을 아지도 못ᄒᆞ노라
오래지 아니ᄒᆞ야 겻헤섯던 사ᄅᆞᆷ들이
베드로게 ᄒᆞᄂᆞᆫ말이 너도과연 그당이니
네말ᄒᆞᄂᆞᆫ ᄉᆞ토리가 너를증거 ᄒᆞᄂᆞ니라
베드로ㅣ 져주ᄒᆞ고 ᄆᆡᆼ셰ᄒᆞ며 ᄒᆞᄂᆞᆫ말이
당초에 그사ᄅᆞᆷ은 아지도 못ᄒᆞ노라
이와ᄀᆞᆺ치 말ᄒᆞᆯᄯᅢ에 ᄃᆞᆰ이곳 우ᄂᆞᆫ지라
그제야 베드로가 예수의 말슴즁에
ᄃᆞᆰ이곳 울기젼에 세 번모른다 ᄒᆞ리라
ᄒᆞ신말슴 긔억ᄒᆞ고 밧그로 나아가셔 통곡ᄒᆞ며 뉘웃더라
졔ᄉᆞ장과 온공회가 거짓증거 지어내여
예수를 무함(誣陷)334)할시 증거인은 만히와도

332) 아문(衙門) : 관원들이 정무를 보는 곳을 통틀어 이르는 말.
333) 비자(婢子) : 여자 종.

증거를 못ᄒᆞ더니 조곰후에 두사ᄅᆞᆷ이
나와셔 ᄒᆞᄂᆞᆫ말이 이사ᄅᆞᆷ이 이젼브터
우리의게 말ᄒᆞ기를 내가이제 이셩뎐을
다헐고 사흘만에 짓겟다 ᄒᆞ더이다
대졔ᄉᆞ가 니러나셔 예수ᄃᆞ려 뭇ᄂᆞᆫ말이
아모ᄃᆡ답 못ᄒᆞᄂᆞ냐 이사ᄅᆞᆷ의 ᄒᆞᄂᆞᆫ증거
진실노 그러ᄒᆞ뇨 예수좀좀 ᄒᆞ시거ᄂᆞᆯ
대졔ᄉᆞ장 ᄒᆞᄂᆞᆫ말이 오ᄂᆞᆯ날 내가네게
살아계신 하ᄂᆞ님ᄭᅴ ᄆᆡᆼ셰ᄒᆞ라 명ᄒᆞ노니
과연 하ᄂᆞ님의아ᄃᆞᆯ 그리스도 이어든
우리의게 말ᄒᆞ여라 예수ㅣ ᄀᆞᆯᄋᆞ샤ᄃᆡ
네가말 ᄒᆞ엿도다 ᄒᆞᆫ말노 닐ᄋᆞ노니
인ᄌᆞ가 이후날에 권능만히 계신쟈의
올흔편에 안즌것과 구름ᄐᆞ고 오ᄂᆞᆫ것을 너희들이 볼지니라
대졔ᄉᆞ장 대노ᄒᆞ야 ᄌᆞ긔옷을 ᄶᅵ즈면셔
무리ᄃᆞ려 ᄒᆞᄂᆞᆫ말이 이사ᄅᆞᆷ이 내압헤셔
ᄎᆞᆷ람(僭濫)[335]ᄒᆞᆫ말 ᄒᆞ엿스니 여러 가지 다른증거
더구ᄒᆞᆯ 필요업다 여긔모힌 너희귀로
ᄎᆞᆷ람ᄒᆞᆫ말 드럿스니 ᄉᆡᆼ각에 엇더ᄒᆞ뇨
뎌희들이 ᄃᆡ답ᄒᆞᄃᆡ 죽여업시 ᄒᆞᄂᆞᆫ일이
당연ᄒᆞ니 이다ᄒᆞ고 얼골에 침배트며
주먹으로 란타ᄒᆞ고 손길을 느리어셔
ᄲᅣᆷ을치며 ᄒᆞᄂᆞᆫ말이 여바라 그리스도야

---

334) 무함(誣陷) : 없는 사실을 그럴듯하게 꾸며서 남을 어려운 지경에 빠지게 함.
335) 참람(僭濫) : 분수에 넘쳐 너무 지나침.

네가 션지쟈라ᄒᆞ니 이제너를 치ᄂᆞᆫ쟈가 누구인지 알겟ᄂᆞ냐
그잇흔날 새벽녁케 졔ᄉᆞ쟝 무리들과
ᄇᆡᆨ셩의 쟝로들이 ᄒᆞᆫ가지로 모의ᄒᆞᆫ후 죽이기로 결뎡ᄒᆞ다

129. 빌나도젼 피심가(被審歌) 요한18 : 28~38

예수를 잇그을고 가야바[336]를 경유(經由)ᄒᆞ야
법뎡(法廷)에 다다르니 이ᄯᅢᄂᆞᆫ 새벽이라
뎌희ᄂᆞᆫ 볍뎡안에 드러가지 아니ᄒᆞᆷ은
몸을 더럽히지안코 유월절 큰잔치를
먹고져 ᄒᆞᆷ이러라 그럼으로 빌나도[337]가
밧겻뜰에 나아가셔 무리ᄃᆞ려 뭇ᄂᆞᆫ말이
이사ᄅᆞᆷ을 ᄭᅳᆯ고와셔 숑ᄉᆞ(訟事)ᄒᆞᆷ은 엇짐이뇨
뎌희가 ᄃᆡ답ᄒᆞᄃᆡ 이사ᄅᆞᆷ이 익(益)ᄒᆞᆫ일을
힝치아니 ᄒᆞ엿스면 법뎡에 ᄭᅳ을고올
리유가 업ᄂᆞ이다 빌나도 ᄯᅩ무르ᄃᆡ
너희들이 다려다가 너희들의 률법대로
ᄌᆡ판ᄒᆞᆫ 이가ᄒᆞ니라 유대인이 ᄃᆡ답ᄒᆞᄃᆡ
우리의게 ᄉᆡᆼ살지권(生殺之權)[338] 조곰도 업ᄂᆞ이다
이럼으로 빌나도가 법뎡에 드러가셔
예수ᄃᆞ려 뭇ᄂᆞᆫ말이 네가유대 인군이냐

---

336) 가야바 : 예수 시대의 유대교 대제사장(?~?). 본명은 요셉으로, 대제사장 안나스의 아들이며 예수를 심판하여 사형을 결정하였다.

337) 빌라도 : 26년부터 36년까지 유대를 통치한 로마 총독(?~?). 예수의 재판관으로 무죄를 알면서도 유대 인의 압력에 의하여 십자가형(刑)을 내렸다고 한다.

338) 생살지권(生殺之權) : 살리고 죽일 수 있는 권리.

예수ㅣ ᄀᆞᆯᄋᆞ샤ᄃᆡ 그ᄃᆡ의 ᄒᆞᄂᆞᆫ말이
ᄌᆞ의로 닐ᄋᆞᆷ이뇨 드른대로 닐ᄋᆞᆷ이뇨
빌나도 ᄒᆞᄂᆞᆫ말이 내가유대 사ᄅᆞᆷ이냐
졔ᄉᆞ장의 무리이며 모든너희 민족들이
너를내게 보냇스니 무ᄉᆞᆷ죄를 지엿ᄂᆞ뇨
예수ㅣ ᄀᆞᆯᄋᆞ샤ᄃᆡ 내나라ᄂᆞᆫ 이셰샹에
붓지아니 ᄒᆞ엿노라 만일에 내나라이
이셰샹 나라더면 내신하가 싸호아셔
니를 유대인의손에 잡히잔케 힛스리니
지금나의 갈나라ᄂᆞᆫ 셰샹나라 아니로라
빌나도ㅣ ᄯᅩ무르ᄃᆡ 그러면 네가과연
유대국 인군(人君)이냐 예수ㅣ ᄀᆞᆯᄋᆞ샤ᄃᆡ
그ᄃᆡ가 나를보고 왕으로 지목ᄒᆞ니
나ᄂᆞᆫ이를 위ᄒᆞ여셔 셰샹에 강림ᄒᆞ야
아바지의 ᄎᆞᆷ이치를 증거ᄒᆞ랴 ᄒᆞᆷ이로라
ᄎᆞᆷ리치에 쇽ᄒᆞᆫ쟈ᄂᆞᆫ 내말을 드르리라
빌나도ㅣ ᄒᆞᄂᆞᆫ말이 ᄎᆞᆷ리치가 무엇이냐
말을다 ᄆᆞᆺ친후에 다시밧게 나아와셔
무리ᄃᆞ려 ᄒᆞᄂᆞᆫ말이 내가심문 ᄒᆞ야보니 무죄ᄒᆞᆫ쟈 이더라

130. 헤롯왕젼 피심가(被審歌) 누가23 : 6~12

빌나도ㅣ 심문(審問)ᄒᆞ니 예수의 사ᄂᆞᆫ쳐소
갈닐니 디방이라 헤롯[339]왕 관할하에

339) 헤롯 : 유대의 왕(?B.C.73~B.C.4). 친로마 정책을 펴 유대 왕국을 발전하게 하

쇽ᄒᆞᆫ줄 아ᄂᆞᆫ고로 헤롯왕ᄭᅴ 보내니라
이ᄯᅢ에 헤롯왕이 예루살넴 류ᄒᆞ더니
예수의 옴을보고 일변으로 깃버홈은
소문을 익히듯고 보랴던지 오랠ᄲᅮᆫ외
이젹보기 위ᄒᆞ여셔 여러말노 무러보나
아모ᄃᆡ답 업ᄂᆞᆫ지라 졔ᄉᆞ장과 셔긔관이
일제히 느러서셔 힘써송ᄉᆞ ᄒᆞᄂᆞᆫ지라
헤롯이 락심ᄒᆞ야 군ᄉᆞ들과 ᄒᆞᆫ가지로
예수를 멸시ᄒᆞ야 긔롱(譏弄)340) ᄒᆞ며 욕ᄒᆞ다가
치쇡옷을 닙히어셔 빌나도게 환송(還送)ᄒᆞ니
헤롯과 빌나도ᄂᆞᆫ 젼에틈이 잇섯다가
이날에 니르러셔 친목(親睦)이 되엿더라

131. 빌나도젼 ᄌᆡᄎᆞ피심가(再次被審歌) 요한18 : 39, 19 : 16

빌나도가 무리압헤 공포(公布)ᄒᆞ야 닐ᄋᆞᆫ말이
유월졀 될ᄯᅢ마다 내가너희 소원ᄯᆡ라
죄인ᄒᆞ나 노하주ᄂᆞᆫ 규례가 ᄌᆞᄌᆡ(自在)341) ᄒᆞ니
오ᄂᆞᆯ날 너희들이 나ᄃᆞ려 유대왕을
노하달나 청ᄒᆞᄂᆞ냐 모혀잇ᄂᆞᆫ 무리들이
이말에 격분ᄒᆞ야 일졔히 니러나셔

였으나, 예루살렘 성전과 극장을 건축하여 무거운 세금을 부과하고 폭정을 일삼았다. 그리스도의 탄생을 두려워하여 베들레헴의 두 살 이하의 유아를 모조리 죽였다고 한다. 재위 기간은 기원전 37년~기원전 4년이다.

340) 기롱(譏弄) : 실없는 말로 놀림.

341) 자재(自在) : 저절로 있음.

이사ᄅᆞᆷ은 그만두고 출하리 바라바[342]를
노하달나 소릐ᄒᆞ니 바라바ᄂᆞᆫ 누구인고 그ᄣᅢ에 강도더라
19장 : 빌나도ㅣ 령을ᄂᆞ려 예수를 잡아내여 채ᄶᅵᆨ으로 ᄶᅡ리니라
군ᄉᆞ들이 가시역거 면류관을 ᄆᆞᆫ드러셔
머리에 씌운후에 홍포(紅袍)를 닙히이고
압헤셔 ᄒᆞᄂᆞᆫ말이 유대인의 인군이어
평안ᄒᆞ니 잇가ᄒᆞ며 손씰을 느리어셔 이ᄲᅣᆷ ᄶᅡ리더라
이ᄣᅢ에 빌나도가 다시밧게 나아가셔
무리ᄃᆞ려 ᄒᆞᄂᆞᆫ말이 보아라 이사ᄅᆞᆷ이
무죄ᄒᆞᆫ 모양이니 죽이지 말지니라
이날에 예수씌셔 가시 면류관을쓰고
홍포를 닙힌채로 법뎡에 나오시니
빌나도가 니러서셔 무리ᄃᆞ려 ᄒᆞᄂᆞᆫ말이
이사ᄅᆞᆷ을 보라ᄒᆞᆫ즉 졔ᄉᆞ장의 무리들과
허다ᄒᆞᆫ 관쇽들이 소릐질너 ᄒᆞᄂᆞᆫ말이
십ᄌᆞ가에 못박으라 십ᄌᆞ가에 못박으라
빌나도ㅣ 닐ᄋᆞ기를 너희들이 잡아다가
십ᄌᆞ가에 못박으라 내눈에 보기에ᄂᆞᆫ
무죄ᄒᆞᆫ 사ᄅᆞᆷ일다 뎌희들이 ᄃᆡ답ᄒᆞᄃᆡ
우리유대 족속들의 률법으로 볼지라도
ᄌᆞ긔가 하ᄂᆞ님의 아ᄃᆞᆯ이라 ᄒᆞ엿스니 죽일죄로 아ᄂᆞ이다
빌나도 이말듯고 두려운ᄆᆞᆷ 더욱나셔
법뎡으로 ᄯᅩ드러가 예수ᄃᆞ려 뭇ᄂᆞᆫ말이

342) 바라바 : 신약 성경에 나오는 인물. 빌라도가 예수를 재판할 때, 예수 대신 석방된 살인강도이다.

네가과연 어딕로셔 온것을 말ᄒᆞ여라
딕답ᄒᆞ지 아니ᄒᆞ니 빌나도ㅣ 또무르딕
네가웨 내압헤셔 아모말도 안ᄒᆞᄂᆞ냐
당쟝에 내가너를 노하줄 권(權)도잇고
십ᄌᆞ가에 죽일권도 잇ᄂᆞᆫ줄을 모로ᄂᆞ냐
예수ㅣ ᄀᆞᆯᄋᆞ샤딕 우에계신 아바지의
허락이 아니시면 나를잡아 해ᄒᆞᆯ권셰
도뎌히 업슬지나 나를잡아준 사ᄅᆞᆷ은
큰죄지은 쟈이니라 이럼으로 빌나도가
예수를 노흐랴고 만단으로 두호(斗護)343) ᄒᆞ니
유대인의 민즁들이 소릐질너 ᄒᆞᄂᆞᆫ말이
이사ᄅᆞᆷ을 노하주면 우리인군 가이사의
츙신이 아니니라 ᄌᆞ칭왕 이라ᄒᆞ니
가이사의 역적이오 빌나도이말듯고
예수를 ᄭᅳᆯ고나와 ᄒᆞᆫ곳에 다다르니
일홈은 박셕(薄石)344)이라 히브리 방언으로 번역ᄒᆞ면 가바다라
그곳에셔 직판셕을 크게좌기(左開) ᄒᆞ엿스니
이날은 유월절즁 예비ᄒᆞᄂᆞᆫ 날인고로
오경에 니르러셔 빌나도가 니러서며
유대의 민즁ᄃᆞ려 공포ᄒᆞ야 닐온말이
너희들의 왕을보라 소릐질너 웨치기를
업시ᄒᆞ자 업시ᄒᆞ자 십ᄌᆞ가에 못을박자
빌나오ㅣ ᄒᆞᄂᆞᆫ말이 내가이제 너희왕을

343) 두호(斗護) : 남을 두둔하여 보호함.
344) 박석(薄石) : 얇고 넓적한 돌.

십ᄌᆞ가에 못박으랴 제ᄉᆞ장이 ᄃᆡ답ᄒᆞᄃᆡ
가이사 이외에ᄂᆞᆫ 우리인군 업ᄂᆞ이다
빌나도 홀일업서 예수를 내여주어 못박으라 명ᄒᆞ니라

132. 유다 ᄌᆞ결가(自決歌) 마태27 : 3~10

이ᄣᅢ에 예수잡은 시몬아ᄃᆞᆯ 가룟유다[345]
쥬의죄 당ᄒᆞ심보고 스ᄉᆞ로 뉘웃처셔
밧앗던 은(銀)삼십을 제ᄉᆞ장과 쟝로압헤
갓다주며 ᄒᆞᄂᆞᆫ말이 무죄ᄒᆞᆫ 피팔앗스니
나의죄ᄂᆞᆫ 즁ᄒᆞ도다 뎌희가 ᄃᆡ답ᄒᆞᄃᆡ
그것이 우리의게 샹관이 무엇이뇨 네ᄒᆞᆫ일은 네당ᄒᆞ라
유다가 밧은은을 셩뎐에 내던지고
목을ᄆᆡ여 ᄌᆞ결ᄒᆞ니 제ᄉᆞ쟝의 무리들이
던지고간 은삼십을 거두며 ᄒᆞᄂᆞᆫ말이
이은은 피갑시라 금고안에 너허둠이
합당치 안타ᄒᆞ고 토기쟝의 밧흘사셔
나그내를 장ᄉᆞᄒᆞᄂᆞᆫ ᄆᆡ장디(埋葬地)가 되게ᄒᆞ니
그일홈은 피밧치라 예레미야 션지쟈의
긔록ᄒᆞᆫᄃᆡ 닐넛스ᄃᆡ 뎌희들이 은삼십을
거두어 가졋스니 팔닌쟈의 피갑시오
이스라엘 ᄌᆞ손들이 갑스로 뎡ᄒᆞᆫ쟈라
그은을 내여주어 토긔쟝의 밧산일이

---

345) 가룟유다 : 십이 사도의 한 사람. 예수를 제사장들에게 은화 30냥에 팔아넘겼으나, 뒤에 예수가 재판에서 사형을 선고받자 후회하여 자살하였다.

쥬가내게 명ᄒᆞᆫ대로 됨이라 ᄒᆞ엿더라

133. 십ᄌᆞ가헌신가(十字架獻身歌) 누가23 : 26~49

예수를 ᄭᅳᆯ고갈제 구레네[346]에 거쥬ᄒᆞᄂᆞᆫ
시몬이라 ᄒᆞᄂᆞᆫ쟈가 맛참그리 지나거ᄂᆞᆯ
십ᄌᆞ가를 ᄃᆡ신지워 예수를 좃게ᄒᆞᆫ다
이ᄯᅢ모든 ᄇᆡᆨ셩들과 가ᄉᆞᆷ치며 ᄋᆡ통ᄒᆞᄂᆞᆫ
과부들이 ᄯᅡ라오니 예수ㅣ 도라보며
말ᄉᆞᆷᄒᆞ야 ᄀᆞᆯ아샤ᄃᆡ 예루살넴 ᄇᆡᆨ셩들아
날위ᄒᆞ야 우지말고 너희와 너희들의
가련ᄒᆞᆫ ᄌᆞ녀들을 위ᄒᆞ야 울지니라
무셔운날 다다르면 사ᄅᆞᆷ들이 말ᄒᆞ기를
슈태치 못ᄒᆞᆫ이와 ᄒᆡ산치 못ᄒᆞᆫ이가
복잇다 ᄒᆞ리로다 그ᄯᅢ에 사ᄅᆞᆷ들이
산을보고 닐ᄋᆞ기를 우리우에 문허지라
언덕보고 닐ᄋᆞ기를 우리우에 덥히어셔
위엄잇ᄂᆞᆫ 쥬의얼골 피케ᄒᆞ야 달나리라
시퍼런 나무에도 이와ᄀᆞᆺ치 힝ᄒᆞ거든
황차ᄆᆞ른 나무에야 말ᄒᆞ야 무엇ᄒᆞ랴
죄인둘을 ᄭᅳᆯ어내여 예수와 ᄒᆞᆫ가지로
못박아 죽이랴고 ᄒᆡ골곳에 니르러셔
십ᄌᆞ가에 못박으니 ᄒᆞ나은 좌편이오
ᄒᆞ나은 우편이라 예수ㅣ ᄀᆞᆯᄋᆞ샤ᄃᆡ

346) 구레네 : 아프리카.

아바지여 이두도적 용셔ᄒᆞ야 주옵쇼셔
뎌희ᄂᆞᆫ 부지즁에 작죄(作罪)[347]ᄒᆞᆫ쟈ㅣ니이다
무리가 예수옷을 제비ᄲᅡᆸ아 ᄂᆞᆫ호니라
십ᄌᆞ가 우에붓친 명패(名牌)에 닐넛스ᄃᆡ
이ᄂᆞᆫ곳 유대인의 왕이라 ᄒᆞ엿더라
ᄇᆡᆨ셩들은 서로보고 관쇽의 무리들은
비우스며 ᄒᆞᄂᆞᆫ말이 뎌가ᄉᆞᆺᄒᆞᆫ 사ᄅᆞᆷ들을
만히구원 ᄒᆞ엿스니 하ᄂᆞ님의 ᄐᆡᆨᄒᆞ신바
그리스도 이어든 스ᄉᆞ로 구원ᄒᆞ라
그즁에 ᄒᆞᆫ도적은 훼방ᄒᆞ며 ᄒᆞᄂᆞᆫ말이
네가 그리스도여든 당쟝너와 우리들을
구원ᄒᆞ야 내라ᄒᆞ되 ᄒᆞᆫ도적은 그도적을
ᄭᅮ지즈며 ᄒᆞᄂᆞᆫ말이 우리들이 뎌와ᄒᆞᆷᄭᅴ
뎡죄ᄒᆞᆷ을 닙엇스니 거록ᄒᆞ신 하ᄂᆞ님이
두렵지 아니ᄒᆞᆫ뇨 우리ᄂᆞᆫ ᄒᆡᆼᄒᆞᆫ대로
합당히 밧거니와 이사ᄅᆞᆷ의 ᄒᆡᆼᄒᆞᆫ것은
언제던지 불의ᄒᆞᆷ이 일호(一毫)[348]도 업다ᄒᆞ고
예수의게 ᄀᆞᆫ구ᄒᆞᄃᆡ 예수여 비옵ᄂᆞ니
나라에 림ᄒᆞ실ᄯᅢ 나를ᄉᆡᆼ각 ᄒᆞ옵쇼셔
예수ㅣ ᄀᆞᆯᄋᆞ샤ᄃᆡ 너ᄃᆞ려 닐ᄋᆞ노니 뎡녕코 오ᄂᆞᆯ브터
네가나와 ᄒᆞᆫ가지로 락원(樂園)에 잇스리라
이ᄯᅢᄂᆞᆫ 오졍(午正)이라 미시(未時)[349]말 되기ᄭᆞ지

347) 작죄(作罪) : 죄를 지음.
348) 일호(一毫) : 한 가닥의 털이라는 뜻으로, 극히 작은 정도를 이르는 말.
349) 미시(未時) : 십이시(十二時)의 여덟째 시. 오후 한 시부터 세 시까지이다.

ᄒᆡ빗치 캄캄ᄒᆞ야 온디면이 어둡더라
예수ㅣ 형틀에서 소ᄅᆡ질너 ᄀᆞᆯ아샤ᄃᆡ
아바지여 내령혼을 졉슈ᄒᆞ옵쇼셔 ᄒᆞ고 거연히 운명ᄒᆞ니
셩소휘장 한폭판이 쑥찌어 지ᄂᆞᆫ지라
ᄇᆡᆨ부쟝이 목도ᄒᆞ고 영화를 하ᄂᆞ님ᄭᅴ
돌니며 ᄒᆞᄂᆞᆫ말이 뎡녕코 이사ᄅᆞᆷ은
의로온 쟈ㅣ라ᄒᆞ고 모혀관광(觀光)350) ᄒᆞᄂᆞᆫ쟈도
일운일을 다ᄋᆞᆲ으로 가슴치며 도라가고
예수를 아ᄂᆞᆫ쟈와 갈닐니 에셔브터
ᄯᆞ라온 녀인들은 샹거(相距)351)가 먼곳에셔 관광ᄒᆞ고 서잇더라

134. 예수 ᄆᆡ장가(埋葬歌) 요한19 : 31~42

이날은 유월절을 예비ᄒᆞᄂᆞᆫ 큰날이라
유대인이 안식일에 시톄를 십ᄌᆞ가에
두지아니 ᄒᆞ랴홈은 즁ᄒᆞᆫ날노 ᄋᆞᆲ이러라
빌나도ᄭᅴ ᄀᆞᆫ청ᄒᆞ야 ᄃᆞ리ᄲᅧ를 분질너셔
시톄를 다른ᄃᆡ로 멀니치어 달나ᄒᆞ니
군ᄉᆞ들이 달녀가셔 예수와 ᄒᆞᆫ가지로
못박힌 두도적의 다리ᄲᅧ를 분지르고
예수ᄭᅴ 니르러ᄂᆞᆫ 완연히 죽은고로
ᄃᆞ리ᄲᅧ를 아니썩고 쟝창을 빗기들어
녑구리를 쿡찌르니 피나오고 물나옴을

---

350) 관광(觀光) : 바라봄.
351) 샹거(相距) : 떨어져 있는 두 곳의 거리.

관광쟈(觀光者)[352]가 증거ᄒᆞ니 그증거가 확실ᄒᆞ다
당신의 ᄒᆞ신말슴 뎌희의 무리들노
밋게ᄒᆞ랴 ᄒᆞ심이오 셩경에 긔록ᄒᆞᆫ바
그뼈를 ᄒᆞ나라도 썩지 안으리라홈과
뎌희가 찌른쟈를 보리라 ᄒᆞᆫ말슴도
응케ᄒᆞ랴 홈이러라 이일이 일운후에
아리마대 요셉이도 예수의 뎨ᄌᆞ이나
유대인을 두려워셔 은휘(隱諱)[353]ᄒᆞ고 잇셧더니
빌나도를 가셔보고 예수의 죽은몸을
내여달나 쳥구ᄒᆞ매 즉시허락 ᄒᆞᄂᆞᆫ지라
시톄를 가져갓고 처음에 예수보러
밤에왓던 니고듸모 몰약침향 일빅근을
가지고 나아와셔 고유ᄒᆞᆫ 유대인의
장ᄉᆞᄒᆞᄂᆞᆫ 례식대로 시톄를 가져다가
극상품 세마포에 향직료를 만히너허
시톄를 싸고싸다 예수ㅣ 십ᄌᆞ가에
못박혀 죽은곳에 적은동산 ᄒᆞ나잇고
예비ᄒᆞᆫ 새셕춍(石塚)[354]이 그녑헤 잇ᄂᆞᆫ지라
이날은 유대인의 예빅ᄒᆞᄂᆞᆫ 절일(節日)[355]이라
예비ᄒᆞᆫ 새셕춍(石塚)이 갓가히 잇ᄂᆞᆫ고로 거긔장ᄉᆞ ᄒᆞ엿더라

---

352) 관광자(觀光者) : 바라보던 자.

353) 은휘(隱諱) : 꺼리어 감추거나 숨김.

354) 석총(石塚) : 돌을 쌓아 올려 만든 높은 무덤. 만주 지안 시(集安市) 일대의 토총, 고구려 고분 등이 대표적이다. 돌무지무덤, 고인돌, 돌널무덤 따위가 있다.

355) 절일(節日) : 명일(名日).

135. 분묘파슈가(墳墓把守歌) 마태27 : 62~66

장ᄉᆞ후 이튼날은 유월졀 졍일이라
졔ᄉᆞ장의 무리들과 바리식 교인들이
빌나도게 나아와셔 쳥원ᄒᆞ야 닐ᄋᆞᆫ말이
쥬여우리 유대인을 만히유혹 ᄒᆞ던쟈가
싱젼에 말ᄒᆞ기를 죽은지 사흘후면
부활ᄒᆞ겟노라 ᄒᆞᆫ말 우리귀에 경경(耿耿)[356] ᄒᆞ니
병뎡을 보내여셔 사흘동안 그분묘를
파슈ᄒᆞ야 주옵쇼셔 그의 뎨ᄌᆞ들이와셔
시톄를 도적ᄒᆞ고 빅셩의게 말ᄒᆞ기를
그가죽은 가온ᄃᆡ셔 살아난 말을내면
유혹이 이젼보다 심ᄒᆞᆯ가 ᄒᆞᄂᆞ이다
빌나도ㅣ ᄃᆡ답ᄒᆞᄃᆡ 내가너희 위ᄒᆞ여셔
슈직(守直)[357] ᄒᆞᄂᆞᆫ 군ᄉᆞ들을 즉시파송 ᄒᆞᆯ터이니
너희들은 ᄒᆞᆷᄭᅴ가셔 힘써슈직 ᄒᆞᆯ지니라
뎌희들이 급히가셔 분묘를 굿게ᄒᆞ고
돌을굴녀 인봉(印封)[358] ᄒᆞᆫ후 파슈ᄒᆞ여 잇ᄉᆞ니라

136. 녀도(女徒)의 향품예비가 마가16 : 1

안식일 다음날에 막달나 마리아와
야고보모(母) 마리아며 살노매라 ᄒᆞᄂᆞᆫ녀인

356) 경경(耿耿) : 마음에서 사라지지 않고 염려가 됨.
357) 수직(守直) : 건물이나 물건 따위를 맡아서 지킴.
358) 인봉(印封) : 봉인(封印). 공무가 끝난 뒤에 관인(官印)을 봉하여 둠.

향품을 가져다가 예수몸을 위ᄒᆞ여셔 바르랴 ᄒᆞ엿더라

137. 부활후 텬ᄉᆞ 현현가(顯現歌) 마태28 : 2~7

큰디동(地動)이 니러나며 쥬의보낸 텬ᄉᆞ들이
하늘에셔 ᄂᆞ려와셔 묘문셕(墓門石)[359]을 구을니고
그우에 안젓스니 얼골이 번개ᄀᆞᆺ고
옷빗치 눈ᄀᆞᆺ거놀 슈직ᄒᆞᄂᆞᆫ 군ᄉᆞ들이
무셔워 벌벌떨며 ᄉᆞ상(死狀)이 되엿더라
텬ᄉᆞ가 녀인ᄃᆞ려 은근히 ᄒᆞᄂᆞᆫ말이
무셔워 말지어다 십ᄌᆞ가 형틀우에
못박힌 쥬예수를 너희들이 차자온일
내가임의 알앗노니 주가여긔 안계시고
전에말솜 ᄒᆞ심ᄀᆞᆺ치 임의부활 ᄒᆞ셧스니
너희들은 여긔와셔 누으셧던 곳을보고
이길노 바로가셔 뎨ᄌᆞ의게 닐ᄋᆞ기를
쥬가죽은 가온ᄃᆡ셔 조곰젼에 부활ᄒᆞ샤
너희무리 보다면셔 갈닐니로 가셧스니
그곳에셔 너희들이 쥬를 뵈오리라ᄒᆞ라
내가임의 너희ᄃᆞ려 닐ᄋᆞᆫ말과 ᄀᆞᆺᄒᆞ니라

359) 묘문석(墓門石) : 무덤 문을 막아놓은 돌. 팔레스타인의 무덤은 우리와 달리, 수평으로 뚫린 굴에 시체를 안치하고 입구를 큰돌을 세워 막아놓았음.

138. 녀도(女徒)의 츄묘가(趨墓歌) 마가16 : 2~4

칠일지 슈일되ᄂᆞᆫ 일은아ᄎᆞᆷ 희돗을ᄣᅢ
밋ᄂᆞᆫ녀도 몃사ᄅᆞᆷ이 무덤에 니르러셔
서로안저 말ᄒᆞ기를 누가우리 위ᄒᆞ여셔
뎌긔막은 묘문셕(墓門石)을 옴겨노켓ᄂᆞ냐ᄒᆞ고
홀연히 ᄇᆞ라본즉 묘문압헤 막은돌을 발셔굴녀 노핫더라

139. 녀도(女徒)회로(回路)에 견주가(見主歌) 마태28 : 8~10

녀인의 무리들이 무셔운즁 크게깃버
무덤에셔 ᄲᆞᆯ니ᄯᅥ나 뎨ᄌᆞ의게 바로가셔
긔별을 젼ᄒᆞ랴고 다름박질 ᄒᆞ야갈ᄉᆡ
예수ᄭᅴ셔 녀인들을 먼져보고 닐ᄋᆞ샤ᄃᆡ
그동안 평안하냐 녀인들이 나아가셔
발붓잡고 경비ᄒᆞ니 예수ㅣ ᄀᆞᆯᄋᆞ샤ᄃᆡ
무셔워 ᄒᆞ지말고 나의형뎨 의게가셔
본대로 알게ᄒᆞ고 ᄯᅩ다시 닐ᄋᆞ기를
갈닐니로 급히가면 게셔 맛나리라ᄒᆞ라

140. 베드로 요한의 츄모가(趨墓歌) 요한20 : 3~10

베드로가 니러나셔 임의쥬ᄭᅴ ᄉᆞ랑밧던
그뎨ᄌᆞ와 ᄒᆞᆫ가지로 무덤에 가랴ᄒᆞ야
급히거러 달녀갈ᄉᆡ 그뎨ᄌᆞᄂᆞᆫ 먼져압서
무덤에 다다라셔 무덤속을 굽어보니

가는ᄇᆡ가 잇ᄂᆞᆫ지라 드러가지 아니ᄒᆞ고
기ᄃᆞ려셔 안젓더니 베드로가 다라와셔
무덤에 드러간즉 가는ᄇᆡ만 ᄂᆞᆷ앗ᄂᆞᆫᄃᆡ
머리를 쌋던슈건 ᄯᅡ로개켜 잇ᄂᆞᆫ지라
먼져와셔 기ᄃᆞ리던 그뎨자도 드러가셔
친히보고 밋엇스나 셩경에 긔록ᄒᆞᆫ바
죽은쟈 가온ᄃᆡ셔 살니라 ᄒᆞ신대로
밋지ᄂᆞᆫ 못ᄒᆞ면셔 집으로 도라가다

141. 막달나 마리아의 견쥬가(見主歌) 요한20 : 11~18

막달나 마리아ᄂᆞᆫ 무덤밧게 오래서셔
ᄋᆡ졀ᄒᆞ야 통곡타가 무덤속을 굽어보니
흰옷닙은 두텬ᄉᆞ가 예수시톄 잇던곳에
ᄂᆞ려와 안젓스니 ᄒᆞ나은 샹면(上面이오
ᄒᆞ나은 하면下面)이라 텬ᄉᆞ의 ᄒᆞᄂᆞᆫ말이
녀인아 웨우ᄂᆞ냐 마리아ㅣ ᄃᆡ답ᄒᆞᄃᆡ
사ᄅᆞᆷ이 어ᄂᆞ틈에 나의쥬를 가져다가
어ᄂᆞ곳에 두엇ᄂᆞᆫ지 아지못ᄒᆞᆫ다 ᄒᆞ고
그몸을 도리켜셔 예수의 서계신것
보기ᄂᆞᆫ 보지마ᄂᆞᆫ 예수신줄 모로거ᄂᆞᆯ
예수ㅣ ᄀᆞᆯᄋᆞ샤ᄃᆡ 녀인아 웨슯히울며
누구를 보랴ᄂᆞ냐 눈어둔 마리아ᄂᆞᆫ
동산직이 인줄알고 ᄃᆡ답ᄒᆞ야 닐ᄋᆞᆫ말이
당신이 쥬의시톄 옴겨다 두엇거든

어ᄂᆞ곳에 두엇다고 나의게 닐너주면
즉시가져 가겟노라 예수ㅣ ᄀᆞᆯᄋᆞ샤ᄃᆡ
마리아야 ᄒᆞ시거늘 마리아ㅣ 도리켜서
희브리 방언으로 션싱님이여 ᄒᆞ니
예수ㅣ 닐ᄋᆞ샤ᄃᆡ 날ᄆᆞᆫ지지 말지어다
내가아즉 아바지ᄭᅴ 올나가지 못ᄒᆡᆺ스니
지금너ᄂᆞᆫ ᄲᆞᆯ니가셔 나의동싱 들을보고
이ᄀᆞᆺ치 말ᄒᆞ기를 나ᄂᆞᆫ나의 아버지ᄭᅴ
곳올나 갈터이라 아바지ᄂᆞᆫ 뉜고ᄒᆞ니
너희들의 아바지요 날살니신 하ᄂᆞ님곳
너희의 무리들의 하ᄂᆞ님 이라ᄒᆞ라
막달나 마리아가 그길노 달녀가셔
뎨ᄌᆞᄃᆞ려 ᄒᆞᄂᆞᆫ말이 내가지금 우리쥬를
친히 보앗노라ᄒᆞ고 ᄒᆞ신말솜 젼ᄒᆞ더라

142. 파슈군의 회보가(回報歌) 마태28 : 11~15

녀인들이 도라갈제 슈직(守直)ᄒᆞᄂᆞᆫ 군ᄉᆞ중에
몃치셩에 드러가셔 여러 가지 지낸일을
졔ᄉᆞ장 무리의게 일일이 알게ᄒᆞ니
뎌희가 쟝로들과 ᄒᆞᆷᄭᅴ모혀 의론ᄒᆞ고
슈직ᄒᆞ던 군ᄉᆞ의게 돈을주며 ᄒᆞᄂᆞᆫ말이
너희들은 말ᄒᆞ기를 우리가 잠든틈에
예수의 뎨ᄌᆞ들이 ᄀᆞ만히 그시톄를 도적ᄒᆞ야 갓다ᄒᆞ라
만일에 이런말이 총독귀에 드러가도

우리가 말잘ᄒᆞ야 무ᄉᆞᄒᆞ게 홀지니라
군ᄉᆞ들이 돈을밧고 ᄀᆞᄅᆞ친 대로ᄒᆞ니
그말이 이날ᄭᆞ지 유대에 퍼지니라

143. 엠마오 로ᄎᆞ(路次)에 이문도(二門徒)의 견주가(見主歌)

누가24 : 13~35

이날에 두졔ᄌᆞ가 ᄒᆞᆫ촌(村)에 드러가니
그촌일홈 엠마오[360]라 예루살넴에셔 샹거(相距)[361]
이십오리 가량이니 그간모든 일운일을
말ᄒᆞ며 가ᄂᆞᆫ길에 부활ᄒᆞ신 예수ᄭᅴ셔
갓가히 니르시샤 ᄒᆞᆫ가지로 힝ᄒᆞ시나
두뎨ᄌᆞ의 눈을ᄀᆞ려 희미ᄒᆞ게 ᄒᆞ심으로
알아보지 못ᄒᆞ거ᄂᆞᆯ 예수ㅣ 닐ᄋᆞ샤ᄃᆡ
너희가 길가면셔 무솜일을 말ᄒᆞᄂᆞ냐
두사ᄅᆞᆷ이 말솜듯고 거름을 뎡지(停止)ᄒᆞ고
슯흔빗을 씌엿스니 ᄒᆞᆫ사ᄅᆞᆷ은 글노파[362]라
ᄃᆡ답ᄒᆞ야 닐ᄋᆞᆫ말이 아마네가 예루살넴
ᄒᆞᆫ구셕에 류(留)홈으로 근일의 큰ᄉᆞ건을
듯지 못홈이로다 ᄯᅩ무러 골아샤ᄃᆡ
무솜일이 잇섯ᄂᆞ뇨 글노파 ᄃᆡ답ᄒᆞᄃᆡ

360) 엠마오 : 예루살렘의 서북쪽 6km 지점에 있던 마을. 예수가 부활한 뒤 두 제자를 만난 곳으로 유명하다.

361) 상거(相距) : 서로 떨어진 거리.

362) 글노파 : 글로바.

하ᄂᆞ님과 사ᄅᆞᆷ압헤 말과일을 무론ᄒᆞ고
권능만흔 션지쟈곳 나사렛 싱쟝이신
예수의 ᄉᆞ건이라 졔ᄉᆞ쟝과 관원들이
죽이기로 결단ᄒᆞ고 내여주어 십ᄌᆞ가에 못박아 죽인지라
우리ᄂᆞᆫ 이사ᄅᆞᆷ이 이스라엘 구원쟈가 되기만 ᄇᆞ랏더니
이에ᄃᆡᄒᆞᆫ 모든일이 일운지가 사흘이라
녀ᄌᆞ중 ᄒᆞᆫ사ᄅᆞᆷ이 무덤에 니르러셔
시톄가 업ᄂᆞᆫ것을 목도ᄒᆞ고 도라와셔
우리의게 닐ᄋᆞ기를 텬ᄉᆞ가 나타나셔
부활ᄒᆞ심 증거ᄒᆞ고 ᄯᅩ우리중에 몃사ᄅᆞᆷ이
무덤에 차자가셔 부녀들의 봄과ᄀᆞᆺ치 확실히 보앗스나
아직우리 쥬예수ᄂᆞᆫ 맛나지 못ᄒᆞ엿노라
예수ㅣ ᄀᆞᆯᄋᆞ샤ᄃᆡ 우ᄆᆡᄒᆞᆫ 사ᄅᆞᆷ이여
션지쟈의 모든말ᄉᆞᆷ 잘밋지 안ᄂᆞᆫ도다
유대인의 그리스도 이러ᄒᆞᆫ 해를밧고
큰영광을 엇ᄂᆞᆫ일이 올치 아니ᄒᆞ냐ᄒᆞ고
모세의 예언이며 모든 션자쟈의말에
ᄌᆞ긔를 ᄀᆞᄅᆞ침을 ᄌᆞ세히 ᄇᆞᆰ히시며
뎌희와 동ᄒᆡᆼᄒᆞ야 신디(新地)에 도달ᄒᆞ매
예수ᄂᆞᆫ 그곳에셔 더가가랴고 ᄒᆞᄂᆞᆫ지라
두사ᄅᆞᆷ이 셥셥ᄒᆞ야 만류ᄒᆞ며 ᄒᆞᄂᆞᆫ말이
날이임의 느졋스니 우리들과 ᄒᆞᆫ가지로 류슉(留宿)ᄒᆞᆷ이 엇더ᄒᆞ뇨
류슉ᄒᆞ러 드러가셔 음식을 ᄀᆞᆺ치ᄒᆞᆯ식
ᄯᅥᆨ덩이를 가지시고 츅샤ᄒᆞᆫ후 ᄠᅦ여주매
두사ᄅᆞᆷ의 눈이ᄇᆞᆰ아 예수인줄 알앗더니 인홀불견(因忽不見)[363] ᄒᆞ

ᄂᆞᆫ지라

뎌희들이 말ᄒᆞ기를 뎌가일즉 우리의게
셩경 ᄀᆞᄅᆞ치실ᄯᅢ에 ᄯᅳ거운ᄆᆞᆷ 안나더냐
즉시로 회졍(回程)364) ᄒᆞ야 예루살넴 도로가셔
늠은열ᄒᆞᆫ ᄉᆞ도들과 ᄒᆞᆷᄭᅴ잇ᄂᆞᆫ 사ᄅᆞᆷ들의
모힌쳐소 차자가니 뎌희들도 말ᄒᆞ기를
쥬가과연 부활ᄒᆞ샤 시몬 베드로의게도
보이셧다 ᄒᆞᄂᆞᆫ지라 두사ᄅᆞᆷ도 로샹에셔
예수를 맛난일과 ᄯᅥᆨ을ᄯᅦ여 주실ᄯᅢ에
예수신줄 ᄭᆡᄃᆞ름을 분명히 말ᄒᆞ니라

144. 도마 츌타시(出他時)에 이문도(二門徒)의 견쥬가(見主歌) 누가24 : 36~49

이일을 말ᄒᆞᆯᄯᅢ에 예수친히 나타나샤
그가온ᄃᆡ 니러서셔 말솜ᄒᆞ야 ᄀᆞᆯᄋᆞ샤ᄃᆡ
평강이 너희의게 잇슬지어다 ᄒᆞ니
뎌희들이 ᄭᅡᆷ작놀나 신(神)을본줄 아ᄂᆞᆫ지라
예수ㅣ ᄀᆞᆯᄋᆞ샤ᄃᆡ 놀나셔 겁을내며
의심ᄒᆞᆷ은 엇짐이뇨 내손발을 ᄆᆞᆫ져보고
내인줄 알지어다 신이라 ᄒᆞᄂᆞᆫ것은
ᄲᅧ와살이 업지마ᄂᆞᆫ 너희ᄂᆞᆫ 나를보라
ᄲᅧ와살이 다잇노라 이말솜을 ᄆᆞᆺ치시고

363) 인홀불견(因忽不見) : 언뜻 보이다가 갑자기 없어짐.
364) 회정(回程) : 돌아오는 길에 오름. 또는 그런 길이나 과정.

슈족(手足)을 보이시니 깃븜을 못이긔어
춤인가 거짓인가 일변으로 의심ᄒᆞ며
긔이히 녁이거늘 이곳에 먹을것이 잇ᄂᆞ냐 무르시니
구은싱션 ᄒᆞᆫ토막을 즉시 드러오ᄂᆞᆫ지라
예수 ㅣ 밧으서셔 그압헤셔 잡수시고
교훈ᄒᆞ야 ᄀᆞᆯ아샤ᄃᆡ 내일즉이 너희들과
ᄒᆞᆫ가지로 잇슬ᄯᅢ에 설명ᄒᆞᆫ 바어니와
모세의 률법이며 션지쟈의 시편(詩篇)중에
날ᄀᆞᄅᆞ쳐 긔록ᄒᆞᆫ말 일일이 셩취홈이
맛당ᄒᆞ다 ᄒᆞ신후에 총명을 즉시열어
셩경의 오묘ᄒᆞᆫᄯᅳᆺ 황연히 알게ᄒᆞ고
다시말솜 ᄒᆞ시기를 경에긔록 ᄒᆞ엿스ᄃᆡ
그리스도 해를밧고 죽은지 뎨삼일에
부활ᄒᆞᆫ다 ᄒᆞᆫ말솜과 회ᄀᆡᄒᆞ고 샤죄(赦罪)홈을
그리스도 일홈으로 만방에 젼ᄑᆞᄒᆞᄃᆡ
예루살넴 으로브터 시작ᄒᆞᆫ다 ᄒᆞ엿스니
너희의 무리들은 이일에 증인이라
내아바지 하ᄂᆞ님의 임의허락 ᄒᆞ신것을
너희의게 줄것이니 너희의 무리들은
예루살넴 안에잇서 우으로셔 ᄂᆞ리시ᄂᆞᆫ 권능밧기 기ᄃᆞ리라

145. 도마견쥬가(見主歌) 요한20 : 26~29

팔일이 지난후에 뎨ᄌᆞ의 무리들이
다시방에 모혓슬ᄯᅢ 도마365)역시 잇섯더니

문이비록 닷쳣스나 예수띄셔 드러오샤
말솜ᄒᆞ야 ᄀᆞᆯ아샤ᄃᆡ 너희의 무리들은
다평안ᄒᆞ냐 ᄒᆞ고 도마ᄃᆞ려 닐ᄋᆞ샤ᄃᆡ
손가락을 내밀어셔 못자욱도 ᄆᆞᆫ져보고
녑구리도 ᄆᆞᆫ져보고 내인줄 ᄭᆡᄃᆞ르라
도마ㅣ 엿ᄌᆞ오ᄃᆡ 춤나의 쥬이시오
내하ᄂᆞ님 이니이다 예수ㅣ ᄀᆞᆯᄋᆞ샤ᄃᆡ
너ᄂᆞᆫ나를 목도ᄒᆞ고 의심업시 밋ᄂᆞᆫ다만
나를보지 못ᄒᆞ고도 존경ᄒᆞ야 밋ᄂᆞᆫ쟈ᄂᆞᆫ 더욱복이 잇스리라

146. 칠문도(七門徒)의 견쥬가 요한21 : 1~23

그후 예수띄셔 듸벨야366) 바다에셔
다시모든 뎨ᄌᆞ의게 나타나 뵈셧스니
예수 나타나신일은 아래와 ᄀᆞᆺᄒᆞ니라
시몬인 베드로며 듸두모인 도마이며
갈닐니 가나사름 나다나엘이란 쟈와
세베대의 두아ᄃᆞᆯ과 ᄯᅩ다른 뎨ᄌᆞ들이
ᄒᆞᆫ가지로 잇셧더니 베드로ㅣ ᄒᆞᄂᆞᆫ말이
지금나ᄂᆞᆫ 싱션이나 잡으러 가보랴노라
뎌희가 ᄃᆡ답ᄒᆞᄃᆡ 우리ᄀᆞᆺ치 가자ᄒᆞ고
ᄀᆞᆺ치ᄇᆡ에 올낫스나 이밤에 아모것도

365) 도마 : 십이 사도의 한 사람. 처음에는 모든 일에 매우 회의적인 태도로 임하는 사람이었으나 예수의 부활을 보고 확실한 믿음을 갖게 되었다.

366) 디베랴 : 갈릴리.

잡지 못ᄒᆞ엿더니 동방이 환ᄒᆞᆯᄯᅢ에
우리구쥬 예수ᄭᅴ셔 언덕우에 셔계시나
예수신줄 모르거ᄂᆞᆯ 예수ㅣ ᄀᆞᆯᄋᆞ샤ᄃᆡ
쇼ᄌᆞ야 너희들이 먹을것을 가졋ᄂᆞ냐
아모것도 업ᄂᆞ이다 뎌희ᄃᆞ려 닐ᄋᆞ샤ᄃᆡ
그믈을 ᄇᆡ우편에 던지면 엇으리라
말ᄉᆞᆷ대로 던졋더니 싱션ᄯᅦ가 만히드러
그믈들 수 업ᄂᆞᆫ지라 예수ᄭᅴ ᄉᆞ랑밧ᄂᆞᆫ
뎨ᄌᆞ가 먼져알고 베드로게 ᄒᆞᄂᆞᆫ말이
쥬(主)시라 ᄒᆞᄂᆞᆫ지라 이ᄯᅢ에 시몬베드로가
쥬라ᄒᆞᄂᆞᆫ 말을듯고 물노ᄯᅱ여 드러가고
다른뎨ᄌᆞ 무리들은 적은ᄇᆡ를 잡아ᄐᆞ고
그믈속에 ᄀᆞ득히든 고기를 ᄭᅳᆯ어내여
언덕우에 올나보니 숫불을 퓌엿ᄂᆞᆫᄃᆡ
싱션이며 ᄯᅥᆨ덩이가 숫불우에 노혓더라
예수ㅣ ᄀᆞᆯᄋᆞ샤ᄃᆡ 지금잡은 물고기를
조곰가져 오라ᄒᆞ니 베드로가 즉시나가
그물을 ᄭᅳᆯ어내여 언덕우에 올녀노니
그믈에든 큰고기가 일ᄇᆡᆨ오십 마리이라
그ᄀᆞᆺ치 ᄀᆞ득ᄒᆞ나 그믈이 ᄒᆞᆫ코라도 샹치아니 ᄒᆞ엿더라
예수ㅣ ᄀᆞᆯᄋᆞ샤ᄃᆡ 너희들은 여긔와셔
예비ᄒᆞᆫ 아ᄎᆞᆷ밥을 먹으라 명하시니
뎨ᄌᆞ의 무리들이 쥬이신줄 아ᄂᆞᆫ고로
당신이 뉘시닛가 하ᄂᆞᆫ쟈ㅣ 업ᄂᆞᆫ지라
예수ㅣᄯᅥᆨ을 가져다가 뎌희의게 ᄂᆞᆫ화주고

물고기도 그와ᄀᆞᆺ치 고로논화 주시니라
예수 죽은가온ᄃᆡ 다시살아 나신후에
나타나셔 보인것이 뎨ᄌᆞ의게 세 번재라
아참을 다먹은후 베드로게 닐ᄋᆞ샤ᄃᆡ
요나아둘 시몬이야 네가다른 사ᄅᆞᆷ보다
나를ᄉᆞ랑 ᄒᆞ는ᄆᆞᄋᆞᆷ 더욱이 ᄀᆞᆫ절ᄒᆞ뇨
쥬여그러 ᄒᆞ니이다 쥬을ᄉᆞ랑 ᄒᆞ는줄을
쥬님이 아ᄂᆞ이다 예수ㅣ ᄀᆞᆯᄋᆞ샤ᄃᆡ
그러면 내어린앙을 먹이리 말솜ᄒᆞ고
ᄯᅩ다시 닐ᄋᆞ샤ᄃᆡ 요나아둘 시몬이야
네가다른 사ᄅᆞᆷ보다 나를ᄉᆞ랑 ᄒᆞ는ᄆᆞᄋᆞᆷ
더욱이 ᄀᆞᆫ절ᄒᆞ뇨 쥬여 그러ᄒᆞ니이다
쥬를ᄉᆞ랑 ᄒᆞ는줄을 쥬님이 아ᄂᆞ이다
예수ㅣ ᄀᆞᆯᄋᆞ샤ᄃᆡ 그러면 내어린양을
먹이라 말솜ᄒᆞ고 세 번재 ᄀᆞᆯᄋᆞ샤ᄃᆡ
요나아둘 시몬이야 네가다른 사ᄅᆞᆷ보다
나를ᄉᆞ랑 ᄒᆞ는ᄆᆞᄋᆞᆷ 더만히 ᄀᆞᆫ절ᄒᆞ뇨
이러케 ᄒᆞ는말솜 세 번이나 ᄒᆞ심으로
베드로ㅣ 근심ᄒᆞ며 예수ᄃᆞ려 ᄒᆞ는말이
쥬여아지 못ᄒᆞ심이 ᄒᆞ나도 업ᄉᆞ온즉
쥬를ᄉᆞ랑 ᄒᆞ는줄을 쥬님이 아ᄂᆞ이다
예수ㅣ ᄀᆞᆯᄋᆞ샤ᄃᆡ 내양을 먹이어라
진졍으로 닐ᄋᆞ노니 네가젼에 어려셔는
네손으로 ᄯᅴ를묵고 임의대로 ᄃᆞᆫ녀쓰나
네가쟝ᄎᆞᆺ 로년에는 놈이너를 결박ᄒᆞ야

원치아니 ᄒᆞᄂᆞᆫᄃᆡ로 붓드러 갈지니라
이러케 말솜홈은 쟝ᄅᆡ에 베드로가
엇더케 몸이죽어 하ᄂᆞ님을 영화롭게
홀것을 보임이라 말솜을 ᄆᆞᆺ치고
베드로를 도라보며 날ᄯᆞ르라 말솜ᄒᆞ니
베드로ㅣ 숣혀본즉 예수의 ᄉᆞ랑ᄒᆞᄂᆞᆫ
뎨ᄌᆞ가 ᄯᆞ라오니 이사ᄅᆞᆷ은 누구인고
젼에만찬 먹을ᄯᅢ에 예수품에 의지ᄒᆞ야
쥬를잡아 줄사ᄅᆞᆷ이 누구닛가 ᄒᆞ던쟈라
베드로ㅣ 뭇ᄌᆞ오ᄃᆡ 내쥬여 이사ᄅᆞᆷ은
엇지되겟 ᄉᆞᆸᄂᆞ잇가 예수ㅣ ᄀᆞᆯᄋᆞ샤ᄃᆡ
내가다시 올ᄯᅢᄭᆞ지 뎌를잇게 ᄒᆞ더ᄅᆡ도
네게샹관 업ᄂᆞ니라 너ᄂᆞᆫ나를 ᄯᆞ라오라
형데들이 이말솜을 듯고서로 ᄒᆞᄂᆞᆫ말이
필연코 이뎨ᄌᆞᄂᆞᆫ 쟝ᄉᆡᆼ불ᄉᆞ(長生不死)[367] ᄒᆞᆫ다ᄒᆞ나
이말솜 ᄒᆞ신ᄯᅳᆺ은 죽지아니 ᄒᆞ리라고 닐ᄋᆞ심은 아니더라

147. 십일문도(十一門徒)의 견쥬가(見主歌) 마태28：16~20

예수의 열ᄒᆞᆫ뎨ᄌᆞ 갈닐니로 ᄂᆞ려가셔
예수의 명ᄒᆞ시던 산우에 니르러셔
예수를 맛나보고 업드려 경비ᄒᆞ나
의심ᄒᆞᄂᆞᆫ 쟈잇거ᄂᆞᆯ 예수ㅣ 나아오샤
뎌희ᄃᆞ려 닐ᄋᆞ샤ᄃᆡ 텬디간의 모든권세

367) 장생불사(長生不死) : 오래도록 살고 죽지 아니함.

모도내게 주셧스니 너희들은 나아가셔
텬하모든 빅셩들을 불너서 뎨ᄌᆞ삼아
셩부셩ᄌᆞ 셩신삼위 일홈으로 셰례주고
내가네게 명ᄒᆞᆫ것을 ᄀᆞᄅᆞ쳐 준힝ᄒᆞ고
텬하에 ᄃᆞ니면셔 복음을 젼파ᄒᆞ라
밋고셰례 밧ᄂᆞᆫ쟈ᄂᆞᆫ 구원을 엇을지며
밋지아니 ᄒᆞᄂᆞᆫ쟈ᄂᆞᆫ 뎡죄(定罪)홈을 닙을지오
나를밋ᄂᆞᆫ 쟈의게ᄂᆞᆫ 이젹(異蹟)들이 ᄯᆞ르리니
내일홈을 밧드러셔 샤귀들을 ᄶᅩᆺ차내며
방언(方言)[368]을 능통ᄒᆞ며 빈암을 붓잡으며
독ᄒᆞᆫ것을 마실지나 해를밧지 아니ᄒᆞ며
병인의게 안슈(按手)ᄒᆞᆫ즉 나으리라 하시더라

148. 승텬가(昇天歌) 누가24 : 50~53

부활ᄒᆞ신 우리예수 벳아니 월편(越便)[369]에셔
무리들을 위ᄒᆞ여셔 손을들어 복비신후
하ᄂᆞᆯ노 올나가니 무리가 경비ᄒᆞ며
깃븜을 못이긔어 예루살넴 도라와셔
셩뎐을 ᄠᅥ나잔코 우리쥬 하ᄂᆞ님을 찬숑ᄒᆞ며 즐기더라

368) 방언(方言) : 신약 시대에, 성령에 힘입어 제자들이 자기도 모르는 외국 말을 하여 이방인을 놀라게 한 말. 또는 황홀 상태에서 성령에 의하여 말해진다는, 내용을 알 수 없는 말.

369) 월편(越便) : 건너편.

149. 결말가(結末歌) 요한20 : 30~31, 21 : 24~25

예수끠셔 뎨ᄌᆞ압헤 ᄉᆞᆺᄒᆞ게 힝ᄒᆞᆫ이젹(異蹟)
요한복음 가온ᄃᆡᄂᆞᆫ 대강긔록 ᄒᆞ얏ᄂᆞ니
긔록ᄒᆞᆫ 그말ᄉᆞᆷ에 우리들의 예수ᄂᆞᆫ
그리스도 이시오 하ᄂᆞ님의 아ᄃᆞᆯ임을
분명히 밋게ᄒᆞ고 그일홈 힘닙어셔
ᄉᆡᆼ명(生命)엇게 ᄒᆞᆷ이니라 이일을 증거ᄒᆞ야
긔록ᄒᆞᆫ 사ᄅᆞᆷ들은 모도다 뎨ᄌᆞ이라
우리도 그증거가 ᄎᆞᆷ인줄 알앗노라
예수의 만흔힝젹(行跡) 일일이 다들어셔
긔록ᄒᆞ야 보랴ᄒᆞ면 한만ᄒᆞᆫ ᄉᆞ젹들을
이셰샹에 싸흘지나 셰샹이 좁으리라 아멘[370]

370) 아멘 : 기도나 찬송 또는 설교 끝에 그 내용에 동의하거나 그것이 이루어지기를 바란다는 뜻으로 하는 말.

Ⅸ. 백사겸(白士謙)의 〈회심행도가(回心行道歌)〉(1938)[371)]

1. 인생을 지으심

(1) 여호와 하나님께서 인생을 내시기전에
천지만물 먼저내여 의식거처 예비하고
하나님의 형상대로 남녀인생 지여낼때
흙을비저 육신짓코 귀한영혼 넣으셨네

(2) 주의성질 모범하야 선한양심 지으시고
생명호흡 기거동작(起居動作) 기력정신(氣力精神) 주옵시고

---

371) 박소천, 숨은 보배(경성 : 동양선교회성결교회출판부, 1938), 68-71쪽. 박소천에 따르면, 맹인전도자였던 백사겸(1860~1940)에게 49종의 노래가 있었는데, 그 가운데에서 <회심행도가>라는 책에 실린 수종의 노래를 옮겼다고 하였다. 박소천이 소개한 노래는 제2장 <인생을 지으심>, 제44장 <령혼에 불상한 사정>인데, 각각 1, 2, 3 등의 절수가 표시되어 있어, 찬송가처럼 보인다. 하지만 자세히 살펴보면, 찬송가라기보다 가사로 보아야 타당하다는 생각이 든다. 찬송가라면 각절의 음보 및 행수가 일치해야 하며, 각절은 완결된 통사구조와 의미구조를 이루고 있어야 하지만, 그렇지 않기 때문이다. 아울러, 49종의 노래가 있었다는 사실이 확실하다면, 그것들도 개신교가사일 가능성이 있으므로, 개신교가사 작품수는 앞으로 더 늘어날 수 있다. 한편, 한국 초기 기독교사를 연구하는 이덕주 목사에 의하면, 백사겸은 "100절이 넘는 찬송가를 여러 곡 만들어 경 읽던 가락으로 불러제치면 청중들이 크게 감동을 받았다"고 한다.(http : //kr.blog.yahoo.com/cyjung0103/1356.html).

귀한영혼 천한육신 선한양심 지은후에
영생복락 주셨으니 남녀인생 되었도다

(3) 하나님의 형상대로 우리인생 내신고로
결코죄로 사망없이 주와같이 영생하네

2. 령혼에 불상한 사정

(1) 뜻밖에 홀연득병(忽然得病)하야 병세는 점점 위중하니
병기운은 강하야지고 육신기운은 쇠진하야
약을쓰되 효력이없고 신앞에빌되 덕이없어
천명수한(天命壽限)[372]을 당도하야 회춘(回春)[373]치 못하고 죽는자

(2) 수재(水災)와 화재(火災)에 죽은자 자살과 오사(誤死)[374]에 죽은자
모든 사망장에 영혼이 육신세상을 영별할 때
상제명령 받은 사자가 쏜살보다 더빨리와서
죄인의 영혼 호명(呼名)하야 잠시동안에 잡어갈 때

(3) 가족친척에 우는소래 이웃남녀의 낙루(落淚)함은
심히 슬프고 처량한대 약을쓰며 구원을 한들

372) 천명수한(天命壽限) : 타고난 수명.
373) 회춘(回春) : 중한 병에서 회복되어 건강을 되찾음.
374) 오사(誤死) : 형벌이나 재앙으로 제 목숨대로 살지 못하고 비명에 죽음.

죽을인생 살아날가 천명수한을 못피하네

(4) 매일서산에 지는해와 매일동녘에 뜨는달은
일주야로 왕래를하고 무기징역에 맨죄인과
무한년(無限年) 정배(定配)간 죄인도 풀려올때가 있겠지만
지옥에가는 영혼들은 영원이 풀려날수 없네

(5) 양춘화원(陽春花園)에 고흔꽃은 광풍에 불려 떨어지되
춘절(春節)이오면 다시피고 초목과 곤충미물들도
동절냉기(冬節冷氣)에 죽였다가 춘절에다시 소생컨만
죄인은 한번죽어지면 생명부활이 아주없네

(6) 날때로 죽어질때까지 일생을 고생만하다가
음부지옥(陰府地獄)에 드러가서 영죽지 안는 버레 쏘고
유황불에 뜨거운 형벌 한없이 길게 받는 인생 가련키도
비할대없네

(7) 일국을 맨든 제왕(帝王)이며 고대관인(高臺官人)과 부자라도
구주를 관계없이 알고 구속함을 못받은자는
지옥영고(地獄永苦)를 받을테니 빈천(貧賤)한자가 주를믿고
영생복락(永生福樂) 받는자보다 오히려 심히 가련토다

(8) 세상법율 범한죄인도 받을형벌을 모면하되
지혜지식이 많은자는 지혜로써 면키도하고
거리가 먼곳 외국으로 도주하야 면키도하고

재정이많은 부자이면 벌금받처 면키도한다

(9) 소진[375]같이 언변이좋면 구재(口才)로써 면키도하고
벌문권리가 좋은사람 면하는수도 있지만은
한명이되여 별세하고 지옥에가는 영혼들이
한없이 기리받을형벌 면할방법이 아주없네

(10) 잠간되는 세상살동안 영혼이복을 구치않고
육신의복만 구하다가 영혼이 음부드러간후
육신은산에 장사하니 고요적막한 궁벽처에
묘중석상(墓中石床)에 누었으니 두견새울뿐 처량하네

(11) 뼈는썩어서 흙이되고 살은썩어서 물이되여
시내강수에 살섞은물 합수가되여 흘러가니
영웅호걸 그수얼마냐 인생육신 가련함이여
아침이슬과 안개로다 잠시있을 육신만위해
죄를짓코 영고말고서 우리인생 영생위해
죽고서 다시부활하신 예수앞에 영생하라

---

375) 소진(蘇秦) : ?~? 중국 전국시대의 책사(策士)로 종횡가(縱橫家)의 한 사람. 자는 계자(季子). 동주(東周)의 뤄양[洛陽]에서 태어나 장의(張儀)와 함께 제(齊)의 귀곡자(鬼谷子)에게 웅변술을 배웠다. 처음에는 진(秦)의 혜왕(惠王)에게 유세했으나 기용되지 않았다. 후에 연(燕)의 문후(文候)에게 기용되어 동방 6국을 설득하고 합종동맹(合從同盟)을 체결해 진에 대항했다. 공을 인정받아 조(趙)의 우안[武安 : 지금의 허베이 성(河北省)에 있음]에 봉토를 받았으나, 곧 참소를 받아 망명했다. 제에서 암살당했다고 한다.

제2부
개신교가사에 대하여

Ⅰ. 머리말

우리나라에는 문학작품을 통해 종교논쟁을 벌인 사례가 있어 이채롭다.[376] 유교가사, 불교가사, 천주가사, 동학가사 등 이른바 종교가사의 존재가 그것이다. 하지만 개신교가사(改新敎歌辭)에 대해서는 아직까지 국문학에서 논의된 바 없다. 아예 없는 것으로 알아왔기 때문이다.

개신교가사는 정말 없는 것일까? 개신교가 전래되었을 당시에는 어느 정도 포교의 자유가 주어졌고, 서구의 찬송가를 도입하였기에, 천주교와는 달리 개신교가사가 창작될 필요가 없어 창작되지 않았다는 통념들이 맞는 것일까? 그러나 개신교가사는 존재한다. 홍정수 교수가 엮어낸『한국교회음악사료집』[377]에 영인되어 실려 있는 초기 기독교신문 수록 작품 및『연산전도문서(鷰山傳道文書)』(1915년~1921년) 수록 작품들을 우선 들 수 있다. 게일 선교사가 1922년에 지은 <연경좌담(演經座談)>[378]의 149편, 백사겸의 <회심행도가(回心行道歌)> 49편 중 현전하는 2편도 개신교가사이다. 지금까지 전하는 것만 모두 170편이다.

이들 목록을 보이면 다음과 같다.

---

376) 조동일, 한국문학통사, 제4판(지식산업사, 2005), 93쪽.

377) 홍정수, 한국교회음악사료집 제1권・제2권(서울 : 장로회신학대학 교회음악연구원, 1992・1993),

378) 정길남,『개화기 국어자료집성-성서문헌 편-5』(서울 : 박이정, 1995), 133~350쪽.

개신교가사 170편의 작가별 목록

Ⅰ. 연산(鳶山) 고려위(高麗偉)의 작품

1. <지로가(指路歌)> 2. <상제애세가(上帝愛世歌)>(1915) 3. <회불급가(悔不及歌)> 4. <국화가(菊花歌)> 5. <낙원가(樂園歌)> 6. <심로가(尋路歌)> 7. <대한가(大韓歌)> 8. <팔복시(八福詩)>(1916) 9. <팔덕시(八德詩)>(1916) 10. <我의 要求>(1917) 11. <人이란 人을>(1917)

Ⅱ. 영계(靈溪) 길선주(吉善宙)의 작품

1. <추풍석음가>(1912)

Ⅲ. 오교 나준수의 작품

1. <십계가>(1912)

Ⅳ. ㅂㄷㅇ生의 작품

1. <숫자풀이>(1913)

Ⅴ. 작자 미상의 작품

1. <전도가>(1913)

Ⅵ. 치촌(痴村)의 작품

1. <사악시(四惡詩)>(1920) 2) <팔복시(八福詩)>(1920)

Ⅶ. 동강(東岡) 주병호(朱秉豪)의 작품

1. <언문전도가(諺文傳道歌)>(1921) 2. <볼찌어다 지금은 은혜 주실 때요 구원할 날이로다>(1922)

Ⅷ. 게일 목사 · 이창직의 〈연경좌담〉(1922)

1. <성보가(聖譜歌)> 2. <성탄가(聖誕歌) 제1> 3. <성탄가 제2> 4. <성탄가 제3> 5. <성탄가 제4> 박사경배(博士敬拜) 6. <성세가(聖洗歌)> 7. <시험가(試驗歌)> 8. <가나혼연가(婚宴歌)> 9. <결전가(潔殿歌) 제1> 10. 니고데모가> 11. <사마리아여인가> 12. <병자신유가(病者神癒歌)> 13. <예·수의 피축가(被逐歌) 제1> 14. <조인여어가(釣人如漁歌)> 15. <산상보훈가(山上寶訓歌) 제1> 16. <산상보훈가 제2> 17. <산상보훈가 제3> 18. <산상보훈가 제4> 19. <산상보훈가 제5> 20. <산상보훈가 제6> 21. <산상보훈가 제7> 22. <산상보훈가 제8> 23. <산상보훈가 제9> 24. <과부자부생가(寡婦子復生歌)> 25. <세례요한칭찬가> 26. <저주가(詛呪歌)> 27. <주고가(注膏歌)> 28. <농아귀축출가(聾啞鬼逐出歌)> 29. <천국비유가> 30. <파도안정가> 31. <사귀축출가> 32. <마태의 청연가(請宴歌)> 33. <야이로여아부

생가(女兒復生歌)> 34. <의맹가(醫盲歌) 제1> 35. <예수의 피축가 제2> 36. <십이제자파송가> 37. <세례요한치명가(致命歌)> 38. <오병이어가(五餠二魚歌)> 39. <해상답보가(海上踏步歌)> 40. <생명양식가> 41. <바리새인책망가> 42. <수로보니게여자병유가(病癒歌)> 43. <농아(聾啞)병유가> 44. <칠병이어가(七餠二魚歌)> 45. <이적빈척가(異蹟擯斥歌)> 46. <방교가(防酵歌)> 47. <의맹가(醫盲歌) 제2> 48. <베드로의 신앙고백가> 49. <부활표시가(復活表示歌) 제1> 50. <산상변화가> 51. <소아병유가> 52. <부활표시가 제2> 53. <성전세가(聖殿稅歌)> 54. <겸손과 용서가> 55. <비리아전도가> 56. <장막절가> 57. <음부피착가(被捉歌)> 58. <예루살렘전도가> 59. <의맹가 제2> 60. <선목가(善牧歌)> 61. <칠십제자파송가> 62. <선한사마리아인가> 63. <마리아문도가(聞道歌)> 64. <기도모범가> 65. <책망가> 66. <교훈가> 67. <갈릴리인살륙가> 68. <안식일치병가> 69. <예수상경가 제1> 70. <고창병유가> 71. <바리새인경계가> 72. <결심종주가(決心從主歌) 73. <칠십제자복명가(復命歌)> 74. <수전절가(修殿節歌)> 75. <휴서가(休書歌)> 76. <망양가(忘羊歌)> 77. <망금가(忘金歌)> 78. <탕자가(蕩子歌)> 79. <청지기가> 80. <거지나사로가> 81. <용서가> 82. <나사로부생가> 83. <피왕(被往)에브라임가> 84. <십문둥이병유가> 85. <천국성립가> 86. <과부신원가(寡婦伸寃歌)> 87. <바리새인기도가> 88. <영아축복가> 89. <청년부자가> 90. <포도원비유가> 91. <부활표시가 제3> 92. <부정당요구가(不正當要求歌)> 93. <양맹명목가(兩盲名目歌)> 94. <삭개오가> 95. <은(銀)한근비유가> 96. <베다니마리아주고가(注膏歌)> 97. <예수상경가 제2> 98. <무화과수저주가> 99. <결전가(潔殿歌) 제2> 100. <제사장들의 질문가> 101. <순명가(順命歌)> 102. <악농부비유가> 103. <왕자의 청연가> 104. <세납시험가> 105. <사두개의 부활시험가> 106. <율법박사의 계명시험가> 107. <예수의 반문가(反問歌)> 108. <위선자의 행위 지적가(指摘歌)> 109. <과부의 연보가> 110. <헬라인의 청견가(請見歌)> 111. <유대인의 반항가(反抗歌)> 112. <재림표시가> 113. <십처녀가> 114. <은비유가> 115. <심판일예고가(預告歌)> 116. <모살협의가(謀殺協議歌)> 117. <유월절예비가> 118. <유월절연가(逾越節宴歌)> 119. <제자의 분쟁가> 120. <세족가(洗足歌)> 121. <지적(指摘)유다가> 122. <성찬례창립가> 123. <베드로의 부인가(否認歌)> 124. <예수의 유언가> 125. <예수의 기도가> 126. <겟세마네가> 127. <유다반역가> 128. <예수의 피심가(被審歌)> 129. <빌나도전피심가> 130. <헤롯왕전피심가> 131. <빌나도전재차피심가> 132. <유다자결가> 133. <십자가헌신가> 134. <예

수매장가> 135. <분묘파수가> 136. <여도(女徒)의 향품예비가> 137. <부활후 천사현현가(顯現歌)> 138. <여도의 추묘가(趍墓歌)> 139. <여도회로견주가(女徒回路見主歌)> 140. <베드로요한의 추묘가> 141. <막달라마리아의 견주가> 142. <파수꾼의 회보가> 143. <엠마오로차(路次)에 이문도(二門徒)의 견주가> 144. <도마출타시에 이(二)문도의 견주가> 145. <도마견주가> 146. <칠문도의 견주가> 147. <십일문도의 견주가> 148. <승천가> 149. <결말가>

Ⅸ. **백사겸(白士謙)의 〈회심행도가(回心行道歌)〉**(1938)
1. <인생을 지으심> 2. <영혼의 불쌍한 사정>

이들 개신교가사 가운데에서 일부는 교회음악 전공자들에 의해서 이미 소개된 적이 있다. 홍정수 교수의 『한국교회음악사료집』에 이어, 거기 수록된 자료 중에서 9편을 대상으로 연구한 고미정의 논문[379], 정길남 교수의 『개화기 국어자료집성-성서문헌 편-5』에 실린 <연경좌담>[380]을 연구한 김혜영의 논문[381]이 그것이다. 하지만 홍 교수의 자료집이 교회음학사료집으로서 일반에 시판되지 않은 채 그 분야의 인사들 사이에서만 유통되고, 고미정과 김혜영의 논문도 음학석사논문이면서 신학교 학위논문이다 보니, 국문학계에서는 최근까지도 모르고 있는 실정이었다.

필자는 우연한 기회에 홍 교수의 자료집과 고민정, 김혜영의 석사논문을 보게 되었으나, 시가 전공자들이 그 후속논문을 쓸 것이라 생각해 한동안 잊고 지냈다. 최근에 다시 확인해 보니 아직도 국문학계에서는 모르고 있는 게 분명하여, 이 사실을 알려야겠다고

379) 고민정, 앵산 전도가에 관한 연구(서울 : 장로회신학대학교 대학원 교회음악과 석사논문, 2000).

380) 정길남, 『개화기 국어자료집성-성서문헌 편-5』(서울 : 박이정, 1995), 133~350쪽.

381) 김혜영, 연경좌담(演經坐談)에 대한 연구(서울 : 장로회신학대학교 교회음악대학원 석사논문, 2002).

맘먹었다.

이 글에서는, 먼저, 개신교가사에 대하여 그 동안에 음악학 분야에서 나온 연구성과를 검토하면서 그 문제점 및 한계를 지적하기로 한다. 이 글로, 국문학계에서 개신교가사에 대한 관심이 환기되고, 더 있을지도 모르는 작품들이 찾아지는 등 연구가 활성화하기를 기대한다.

Ⅱ. 개신교가사에 대한 음악학계의 연구성과와 그 문제점

1. 홍정수 교수의 경우

홍정수 교수는『한국교회음악사료집』을 엮어 냄으로써, 개인 문집 또는 초기 기독교신문 등에 산재해 있던 개신교가사들을 한데 묶어 학계에 소개하는 기여를 하였다. 특히 필사본으로 전하는 어느 개신교인의 문집을『앵산전도가(鶯山傳道歌)』라 명명하면서 이를 처음 짧게 소개하였는데, 그 글을 인용하면 다음과 같다.

> 앵산전도가(鶯山傳道歌) : '앵산'은 이 책을 지은 사람의 아호로 생각된다. 책 표지에는 千九一五. 三. 二의 연월일을 말하는 듯한 숫자가 있고, 안 표지에는 四千二百十四(五十四의 잘못 : 필자)年 四月二十九(二十七의 잘못 : 필자)日이라고 적혀 있다. 이는 1921년을 가리킨다. 이 책에는 악보가 없고 가사만 실려 있는데, 그 음악은 한국의 민요를 사용했을 것으로 짐작된다. 한문성경의 영향이 뚜렷하다(上帝, 耶蘇, 埃田, 迦南, 亞伯拉罕 등등). 4·4조로 길게 이어지는 가사는 외견상 천주교의 '天主歌辭'와 대단히 유사하지만, "멀리 멀리 갔더니"와 같은 개신교 찬송가 가사가 포함되어 있어서, 개신교인의 작품임이 분명하다. 지은이에 대해서는 밝혀진 것이 없다. 다만 속표지에 梁山郡 蜜陽郡(密陽郡의 잘못 : 필자)과 같은 지명이 있어서, 그 지방 사람이었을 것으로 짐작된다. 이

책은 1992년 9월에 장로회신학대학교 신학대학원 학생인 손정모가 장신대 교회음악원에 기증하여, 현재 그곳에 소장되어 있다.[382]

홍 교수의 해설문이 지니는 연구사적인 의의는 앞에서 말했으므로, 그 문제점 및 한계점만 지적하기로 한다.

첫째, 이 책의 제목을 잘못 소개하였다. 표지에 적힌 글자는 '鶯山'이 아니라 '鷰山'인데 잘못 읽었다. 따라서 『연산전도가(鷰山傳道歌)』로 바로잡아야 한다.

둘째, 『연산전도가(鶯山傳道歌)』 안에는 노래만이 아니라 여러 편의 잡다한 산문 자료가 함께 들어 있다. <지로가(指路歌)>, <상제애세가(上帝愛世歌)>, <회불급가(悔不及歌)>, <국화가(菊花歌)>, <낙원가(樂園歌)>, <심로가(尋路歌)>, <팔복시(八福詩)>, <팔덕시(八德詩)>, <평(評)>, <인생의 가치>, <감상잡화>, <격언잡집>, <야소(耶蘇)의 격언>, <무렴무례인(無廉無禮人)>, <잡제(雜題)>, 제목 없는 노래 <태극이 조판하니> 등이 보이기 때문이다. 이중에는 산문도 여럿 끼어 있는데, 홍정수 교수는 그 해설에서, "<멀리 멀리 갔더니>와 같은 개신교 찬송가가 포함되어 있어서, 개신교인의 작품임이 분명하다"[383]고 하여, 마치 앵산전도가가 작품 한 편의 제목이거나, 이 작품집 수록 작품 모두가 가사라고 오인할 수도 있게 하였다.[384] 이 책에는 노래만 실린 게 아니라 산문자료도 들어

382) 홍정수, 한국교회음악사료집 제2권(서울 : 장로회신학대학교 교회음악연구원, 1993), 3쪽.

383) 뒤에서 다시 서술하겠지만, 이들 작품에 천주가사의 한 징표인 '마리아', '연옥', '지당', '탁덕', '천주' 등의 표현이 안 나오는 점, 구체적인 성경의 장과 절 표시가 나오는 점을 보아, 개신교가사가 분명하다고 저자도 판단한다.

384) 저자가 보기에, <지로가(指路歌)>, <상제애세가(上帝愛世歌)>, <회불급가(悔不

있으므로 『연산전도문서(鳶山傳道文書)』가 더 어울리는 명칭이라고 생각한다.

셋째, 홍 교수는 『연산전도문서(鳶山傳道文書)』 수록된 가사들에 대해서 '개신교인의 작품'이라고만 하였지, 적극적으로 갈래 명칭을 부여하지는 않았다. 초기개신교신문에 실린 작품들에 가사 작품이 들어있다는 사실에 대해서도 언급하지 않았다.

홍정수 교수는 그 이후의 연구에서, 길선주의 음악유산에 대해 소개하면서, 개신교가사 작품인 <추풍석음가>가 어떤 악곡으로 불리었겠는지 추정하였다. 이 가사의 머리말 부분에 '청북수심가에 맞추어 부르라'는 지시가 있어, 이를 근거로 추적한 결과, 현전하는 수심가에서는 이 가사의 짜임새와 일치하는 것은 없고, 평안도 지역에서 널리 알려진 고소설 <채봉감별곡> 제 11회에 나오는 <추풍감별곡>의 한 대목과 그 가사가 일치한다는 점을 발견해, <추풍감별곡>이 <추풍석음가>의 악곡으로 이용되었다고 추정하였다.[385] 이 문제는 문학을 떠난 음악 문제이므로, 음악을 전공하는 이들 사이에서 그 타당성 여부에 대해 한 차례 검증작업이 이루어져야 하

及歌)>, <국화가(菊花歌)>, <낙원가(樂園歌)>, <심로가(尋路歌)>, <팔복시(八福詩)>, <팔덕시(八德詩)>, 제목 없는 노래 <태극이 조판하니> 등 9편은 가사, <평>은 시조, 나머지는 산문 자료들이다. 이들은 모두 국한문 혼용체로 필사되어 있다. 아울러, 『연산전도가』의 창작시기는 1915년경으로 보인다. 우선 겉표지에 "一九一五. 三"라는 표기도 나오고, <상제애세가>의 본문에 "一九一五伊往年에 上帝님의 독生子가 世界中央 猶太國에 聖神으로 사름되야"라고 나오기 때문이다. 속표지에 "四千二百五十四年 四月"이라는 표기도 나오지만, 나중에 필사자 혹은 소장자가 추가한 내용이 아닌가 한다. 맨끝의 작품에서, "대한국이 열도되니 국치와 민욕"이라는 대목이 나오는 것으로 미루어, 1910년 한일합방 이후의 소산인 것도 확실하다.

385) 홍정수, 「길선주 목사의 음악유산」, 장로회신학대학교 대학원학사안내 및 심포지움 자료집(서울 : 장로회신학대학교, 2007. 9.3), 138~139쪽.

리라고 본다. '청북수심가'의 정체에 대하여 아직 학계에서 밝혀내지 못하고 있다고 하는데, <추풍석음가>의 머리말을 근거로 그 실체 규명 작업이 본격화되어야 하리라고 본다.

홍정수 교수는 한국교회 예배음악의 성격과 역사를 다룬 글에서, <추풍석음가>, 『연산전도문서』 수록 작품, <연경좌담> 등의 개신교가사 작품들의 성격적 특징을 밝혔다. 그 결과, 이를 노래는 전통음악적 전도노래로서, '설교'를 대체하는 '대화'의 흔적을 보여준다는 점을 드러내었다.[386] 이들 작품을 목회자 혹은 전도자의 작품이라는 가설을 인정한다면, 홍정수 교수의 해석은 상당 부분 설득력이 있다고 하겠다. 『연산전도문서』에 실린 여타 산문자료들도, 설교와 전도를 위한 메모 혹은 참고자료로 볼 수 있기에 더욱 더 그렇다. 하지만, 초기개신교신문에 실린 여타의 작품들까지 그렇게 보는 데는 무리가 있다고 할 수 있다.

2. 고민정의 경우

홍정수 교수가 소개한 『한국교회음악사료집』에 실린 자료와 여태 개신교가사 작품에 대한 연구다운 연구는 고민정이 시작하였다. 석사학위논문[387]과 그 개요를 따로 소개한 글[388]이 그것이다. 고민정에 의하여 홍 교수가 묶어낸 자료집 속에 개신교가사가 있다는 사실이 좀더 명료하게 세상에 알려질 수 있는 계기가 마련되었다.

---

386) 홍정수, 제7회 소망신학포럼 발표자료집(서울 : 세계교회협력센터 국제회의장, 2007. 10. 10), 9~52쪽.

387) 고민정, 앞의 석사논문.

388) 고민정, 「개신교 가사 <앵산전도가> 연구」, 음악과 문화 4(세계음악학회, 2001).

일련의 작품들에 대해 '개신교가사'는 갈래 명칭을 부여한 것도 고미정이었다. 고민정은 『연산전도문서』에 실린 9편의 개신교가사 중에서 6편, 초기개신교신문에 실린 길선주 목사의 <추풍석음가>와 주동강의 <언문전도가>와 작자 미상의 <전도가> 등 총 9편의 표현방식을 검토한 결과를 보이는 한편, 원문에 일일이 주석을 달아 소개하였다.

하지만 고민정의 논문은 다음과 같은 한계점을 지니고 있다.

첫째, 『한국교회음악사료집』에 수록된 가사 작품 가운데에서 9편의 가사만을 개신교가사로 보아 다루었다. 그러나 필자가 검토해 본 결과, 더 많은 개신교가사가 그 안에 들어 있으며, 다른 데에도 더 있으므로, 개신교가사의 일부만 다룬 셈이다. 『연산전도문서』에서만 해도 <대한가> 등 3편의 개신교가사가 들어있는데 간과하였다.

둘째, 홍정수 교수와 마찬가지로, 『연산전도가』 혹은 『연산전도문서』 라고 불러야 올바른, 필사본 문헌을 『앵산전도가』 라 하여 계속 잘못 표기하였다.

셋째, <언문전도가>의 작자를 '주동강(朱東岡)'으로 보았는데, 다른 기록을 보면, 동강은 호이고, 본명은 '병호(秉豪)'임을 알 수 있다. 『기독신보』 1922년 1월 18일자에 "東岡 朱秉豪"로 나와 있기 때문이다.

넷째, 9개 작품의 원문 입력 및 주석 달기에서, 잘못된 곳들이 상당수 있다. 국한문 혼용으로 되어 있는 이 필사본 작품집을 판독하기 위해서는 전통적인 문장부호(교정부호)[389], 한문성경의 고유명사 표기, 초서와 약자와 변체자 등에 대한 이해가 필수적인데, 음악

389) 이복규, "우리의 옛 문장부호와 교정부호", 고문서연구 9·10(서울 : 한국고문서학회, 1996), 457-482쪽 및 류탁일, 한국문헌학연구(서울 : 아세아문화사, 1989).

전공자로서는 어느 정도 벅찼던 것으로 이해된다. 고전문학 전공자인 저자도 완벽한 판독은 어려웠으니 이해할 수 있는 일이다.

다섯째, 『연산전도문서』 원전의 서지사항을 소개한 내용에 착오가 있다. "화선지에 붓글씨로 쓰여졌으며, 크기는 가로 약 15cm, 세로 약 10.5cm"라고 하였는데, 크기가 다르다. 고민정이 말한 이 크기는 홍정수 교수가 원본을 약간 축소영인해서 출판한 상태의 크기이고, 실물의 크기는 이와 다르다. 필자가 직접 재본 결과, "가로 19.3cm, 세로 13.3cm"이며, 4군데 구멍을 뚫어서 제본하였고, 모두 40장 분량이며, 보존 상태는 매우 양호하다는 것을 알 수 있었다.

3. 김혜영의 경우

김혜영은 정길남이 엮은 『개화기 국어자료집성-성서문헌 편-5』에 실린 <연경좌담>[390]이란 개신교가사를 연구하였다.[391] 이 논문에서는 작자인 게일 목사의 약력을 소개하고, 게일이 한국 전통음악에 대해 매우 우호적인 선교사였다는 사실을 드러내어, 이 작품을 쓸 수 있는 개연성을 밝혔다.[392] 다른 선교사들의 오해를 받으면서도 이에 굴하지 않고 한국적 교회 음악을 위한 작사를 했는데, 그것이 <연경좌담>이라는 것이다.[393]

김혜영의 논문은, <연경좌담>에 대한 최초의 연구로서 다음 단계의 연구를 위한 초석을 마련한 성과였다. 이 논문을 통하여, 게일 목사가, 『신약』 사복음서의 내용(예수의 행적)을, 판소리와 비슷한

390) 정길남, 『개화기 국어자료집성-성서문헌 편-5』 (서울 : 박이정, 1995), 133~350쪽.
391) 김혜영, 앞의 논문.
392) 같은 글, 11쪽.
393) 같은 글, 13쪽.

가사 형태를 빌어, 노래로 만들었다는 사실을 알게 해 주었다. 하지만 몇 가지 아쉬움도 안고 있다.

첫째, 총 149곡 가운데에서 '별곡' 일곱 곡과 61번 <칠십제자파송가>, 113번 <십처녀가> 등 모두 아홉 편의 내용만 소개하고 검토하였다.

둘째, "들어보소"와 "거동보소" 등의 표현을 근거로, 판소리와 연결시켰는데, 이런 표현은 전통적인 가사에서도 확인되는 요소이다.

셋째, 연경좌담의 내용과 게일의 사역성경((私譯聖經)의 본문을 대조하여, 양자간에 밀접한 연관이 있다고 하였는데, 어차피 하나는 산문이요 하나는 시가이므로 똑같을 수는 없는데도 과도하게 양자간의 친연성을 드러내려 하여 부자연스럽게 여겨지는 점이 있다. 양자간의 친연성을 입증하려면, 게일 사역성경에만 나오는 특정 어휘나 표현의 목록을 제시한 다음, 이것이 <연경좌담>에도 나온다는 사실을 보여주어야만 설득력을 가질 것이다.

넷째, 표기하는 데서 더러 오류가 발견된다. 예컨대 "나의 숙석의 지원이 필한 줄로 아노라"에서 '필한'을 "筆한"으로 보아 그렇게 주석을 달았는데, '畢한(마친)'으로 보아야 옳다. 목차 소개에서도 '27번 <주고가>'의 한자표기를 '注高歌'로 하여 의미가 불통하게 하였는데, 원전대로 '注膏歌'라 적어야 옳다.

다섯째, <연경좌담>의 갈래를 개신교가사로 부르지는 않았다.

4. 김은아의 경우

김은아는 김혜영의 뒤를 이어 <연경좌담>에 대하여 다시 연구[394]하였다. 연구범위를 확대하여 149곡 전체를 다루었다. 일일이

원전을 소개한 후 현대어로 바꾸어 놓음으로써, 혹시 교회에서 음악화하고자 할 때 쉽게 이용할 수 있도록 하였다. 김은아의 연구성과에서 중요한 점을 간추리면 다음과 같다.

첫째, <연경좌담>의 가사에서 판소리의 어투와 상당히 유사한 것들을 발견할 수 있다. 분위기 묘사가 유사한 부분, 상황 묘사가 일치하는 부분 외에, "~들어보소", "~거동보소", "~하는 말이" 등 판소리의 관용적인 어투들도 곳곳에서 발견되었다. 따라서 <연경좌담>은 판소리의 틀을 가지고 썼을 것이라고 추측해 볼 수 있다.

둘째, <연경좌담>은 낭송이나 음영의 성격이 더 강해, 노래 즉 창으로 불린 것 같지는 않다고 보인다.

셋째, <연경좌담> 작품 전체에 대한 주해 작업을 하였다. 원문과 함께, 오늘의 글로 바꾸어 제시도 하고, 어려운 한자어나 고어들을 풀이하여 놓았다.

김은아의 연구에서 보이는 문제점은 다음과 같다.

첫째, <연경좌담>이 판소리의 틀을 가지고 썼을 것이라고 추정하였는데, 근거가 확실하지 않다. 판소리와 닮았다고 지적한 표현이나 묘사나 어투는, 전통적인 가사에서도 확인되는 요소이다.[395] 1900년대 『대한매일신보』의 '사회등가사'에서도 그 흡사한 표현을

---

394) 김은아, 노래복음서 연경좌담(演經座談)에 대한 연구(서울 : 장로회신학대학교 석사논문, 2003).

395) "흉악하고 분한 일 또다시 들어보소"(<거창가(1837년)>, 조동일, 한국문학통사 제4판, 서울, 지식산업사, 2005, 381쪽), "어와 세상 사람들아 이 내 말씀 들어보소", "여보시오 아낙네야 세간 들어보소"(<초당문답가>, 같은 책, 374쪽). '거동보소'라는 표현은 남의 흉을 보는 가사에서 흔하게 발견되는 표현이다. 예컨대 <이별가>에서 "은신할 곳 바이 없네 방황하는 거동 보소"(조동일, 한국문학통사 제3판, 지식산업사, 1994, 386쪽)가 그 한 예이다. 이세보의 시조에서도 "져 빅셩의 거동보소"라 하여 이런 표현이 확인된다(조동일, 앞의 책, 305쪽), 따라서 이런 표현을 판소리의 전유물이라고만 볼 수는 없다.

많이 볼 수 있다.[396] 따라서 판소리와만 상관성이 있다고 판단하는 것은 문제가 있다.

둘째, 연경좌담의 갈래를 '개신교가사'라고 부르지는 않았다. '가사체 판소리 사설'로 규정하였다.

셋째, 김혜영과 마찬가지로, 글자 표기에서 오류가 보인다. 서문의 "필ᄒᆞᆫ 줄"의 '필'을 '畢'로 풀어야 하는데, '筆'로 해석하며, <주고가(注膏歌)>의 한자표기를 '注高歌'로 적는 등의 사례가 그것이다.

396) 권오만, 개화기시가연구(서울 : 새문사, 1989), 190쪽 및 196쪽에 실린 작품들 참고. "이완용씨 드르시오---송병준씨 드르시오", "이완용씨 화상보소---이용식씨 화상보소---이재곤씨 화상보소"

III. 개신교가사로 볼 수 있는 근거

필자는 천주교가사(천주가사)와 개신교가사를 포괄하는 용어로, '기독교가사'[397]라는 용어가 필요하다고 생각한다. '기독교가사'라는 용어를 써야만, 불교가사, 도교가사, 동학가사 등과 자연스럽게 어울리기도 하려니와, 이제 개신교가사가 확인되었으니 더욱 상위 개념의 설정은 필요하다.

이렇게 보았을 때, 이 글에서 거론하는 개신교가사 작품들이나 종래의 천주가사 모두는 기독교가사라는 점에서 동질성을 갖는다. 다른 종교의 비판에 대한 응전으로서든, 기독교 교리의 대중적 포교를 목적으로 한 것이든, 결국은 기독교라는 진리체계를 독자에게 전달하고자 하는 강한 교술성 혹은 목적성을 띠고 있기 때문이다.

그런데 천주가사와 개신교가사는 어떻게 구분할 수 있을까? 지금까지는 천주교가사만 있는 줄 알았으므로 이 문제에 대한 고민은 없었으나, 이제는 해야 한다. 앞으로도 개신교가사가 더 발견될 수도 있기 때문이다. 이 문제를 풀기 위해, 천주가사 전공자인 김영수 박사의 의견을 물은 결과 다음과 같이 정리할 수 있었다. 개신교가사라고 판정할 수 있는 기준인 셈이다.

---

397) '기독교'가 천주교와 개신교를 포괄하는 용어임에도, 언제부터인지 '개신교'만을 가리키는 말인 양 많이 쓰이고 있어, 양자를 포함하는 상위개념으로 '그리스도교'라는 용어를 쓰는 게 타당할지도 모른다. 그렇게 본다면 '그리스도교가사'라고 해야 할 것이다. 이 문제에 대해 심도있는 토론이 이루어져야 하리라 본다.

첫째, 천주교 교리와 관련된 용어나 표현이 나타나지 않으면 개신교가사라고 할 수 있다. 예컨대, '칠극', '종도(사도)', '천주', '연옥', '탁덕(신부)', '지당', '성모 마리아' 등의 용어는 천주교 특유의 용어들인바, 이런 용어가 나타나지 않으면 개신교가사라고 볼 수 있다. 실제로 이번에 소개하는 작품들에서는 이런 용어는 전무하다. 예컨대 '천주' 대신 '하ᄂᆞ님'으로 표현되어 있다. 선행 연구성과[398]에 따르면, 종래의 '하느님' 혹은 '천주'에, 절대자이자 유일신의 의미를 부여하여 '하ᄂᆞ님(하나님)'이라는 새로운 용어를 만들어 사용하기 시작한 것은 1910년을 전후해서이다. 실제로 현전하는 개신교가사는 모두 1910년 이후의 작품들로서 '하ᄂᆞ님'이란 용어를 사용하고 있어, 이 사실을 확인하게 한다(더러 '上帝'라는 용어를 쓰기도 함).

둘째, 개신교 특유의 현상이 나타나면 개신교가사라 할 수 있다. 선행연구 성과에서도 이미 지적한 것처럼, <심로가>의 경우, 개신교 찬송가 가사의 일부가 그대로 나오고 있다. "멀니멀니 갓더니 悽悵ᄒᆞ고 困ᄒᆞ며 슯흐고도 외로와 定處업시 단이니 예수예수 내쥬여 곳갓가히 오소셔 쉬 ᄯᅥ나지 맙시고 父兄깃치 됩소셔"가 그것이다. 이는 천주교에는 없는, 개신교 찬송가에만 있는 내용이다.[399]

셋째, 성경의 구절을 인용하여 소개하면 개신교가사라고 볼 수 있다. <심로가>의 경우, "그 사름 擧動 보소 馬可 二章 十七節 / 나를 닐너 ᄀᆞᄅᆞ칠 졔 그 말삼에 ᄒᆞ엿스되 / 醫員의 目的되야 病든 사름 곳치ᄂᆞ니 / 우리 救主 이 길 두고 罪人을 부르시네 / 어셔 어셔

398) 옥성득, 초기 한글성경 번역에 나타난 주요 논쟁 연구(1877~1939)(서울 : 장로회신학대학교 대학원 석사논문,, 1993), 41쪽.

399) 한국 천주교측의 최초 성가집인 『죠션어셩가』(1924)에는 이런 노래가 없다고 한다(초기 한국 천주교 교회음악』의 저자인 전정임 교수의 확인).

들어가셔 病든 靈魂 곳쳐보소"라고 되어 있고, 초기개신교신문에 실린 작품들의 제목 옆에 관련 성경본문의 장과 절이 부기되어 있는데, 이는 천주교에서는 발견하기 어려운 현상이다. 일찍이 우리말로 성경이 번역되어, 누구나 성경을 자유롭게 읽고 해석하는 개신교에서나 가능한 일이기 때문이다.

넷째, 작자가 개신교 목회자이거나 신도가 확실하면 개신교가사라고 보아야 한다.

다섯째, 작자미상이라 해도, 개신교신문에 실렸으면 개신교가사라고 보아야 한다.

Ⅳ. 개신교가사가 존재할 수 있었던 배경

머리말 부분에서도 언급하였듯, 그 동안의 통념에 의하면, 개신교는 천주교와는 달리, 전래와 동시에 찬송가를 이용하였기에 개신교가사를 따로 창작할 필요가 없었다고 여겨 왔다. 하지만 이 통념 혹은 선입견은 잘못된 것이다. 왜냐하면, 민요나 가사나 시조 등 기존의 전통 우리말 음악에만 익숙해 있던 조선인에게, 7음계로 이루어져 있는 서양의 찬송가는 매우 낯선 것일 수밖에 없었을 것이고, 하루아침에 모두가 서양의 찬송가 체제로 바뀌어 적응했다고 여기는 것은 무리이다.

실제로, 초기 찬송가의 정착과정을 다룬 홍정수 교수의 연구성과에 의하면, 나이가 든 신자들을 대상으로 서양의 찬송가를 익히게 하는 것은 매우 어려운 일이었음을 알 수 있다.

> "언더우드 부인이 1888년 3월 이후 15년간의 경험에 관해 쓴 책---「상투머리 사람들 사이에서의 15년」에는 찬송가 부르기와 관련된 여러 가지 경험들이 기록되어 있다. 그녀는 여러 지방으로 전도여행을 하면서 한국인 새신자들에게 교리와 찬송가를 가르쳤다.---찬송가를 쉽게 배우지 못한 층은 나이 많은 남자들 중에 더 많았고, 나이 어린 학생들과 젊은 부인들은 그래도 잘 따라

하는 편에 속했다."[400]

"할아버지와 할머니들에게 노래를 가르친다는 것은 거의 기대 할 수 없는 것으로 보인다."[401]

전통 음악에 익숙하지 않은 어린 학생들에게는 찬송가 교육이 용이한 편이었으나, 이미 전통 음악에 길들여진 나이 든 층에게는 거의 불가능하거나 어려웠다는 것을 알려주는 내용이라 하겠다. 당연한 현상인지도 모른다. 이는 서사문학의 경우도 마찬가지였다. 고소설의 시대를 거쳐 신소설이 나오고 근대소설이 나온, 일제시기에 이르서도, 아니 광복 이후 1970년대까지도 딱지본 고소설은 물론 필사본 고소설도 유통되었다는 사실은 다 알려진 일이다. 규방가사가 지금까지 경북 일원의 할머니층에서 전승되고 있는 사실도 마찬가지 사정을 말하고 있다.

따라서, 찬송가의 시대가 되었지만, 여전히 기존의 노래문학의 관성 때문에, 민요나 가사의 틀 속에 개신교라는 새로운 컨텐츠를 담아, 이를 읊조리거나 노래한 것은 자연스러운 일이다. 이른바 개신교의 토착화를 보여준 또 하나의 사례라 하겠다.

---

400) Lillias Underwood : Fifteen Years Among the Top-Knots. Boston/New york, 1904. 홍정수, 「찬송가의 초기 정착과정」, 장신논단 11(서울 : 장로회신학대학교, 1995), 371~372쪽에서 재인용.

401) Korea Mission of the Presbyterian Church in UsA : Report of the Pyeng Yang Station 1902~1903. Presented to the Annual Meeting Held at Pyeng Yang 1903, p.55. 홍정수, 같은 글, 374쪽에서 재인용.

Ⅴ. 개신교가사의 몇 가지 특징 및 문학사적 의의

첫째, 천주교 혹은 천주가사와의 경쟁의식은 나타나지 않는다. 그러나 유교나 도교, 불교에 대한 경쟁의식은 나티난다. <심로가(尋路歌)>의 경우가 그렇다. 이 작품은 화자가 여러 곳을 여행하는 형식으로 전개된다. 처음에 가는 곳은 육체적인 쾌락을 추구하는 현장이다. 그곳이 정신을 상실하고 껍데기만 지닌 삶이라 하여 배격하고 나서 그 다음에 도달한 곳은 불교의 세계인데, "聞其名則 是也런니 考其行則 非也로다 / 堂上白髮 다 바리고 妻子소박 아조 ᄒᆞ고 / 五倫에 犯罪되고 三綱頹廢 모든 사ᄅᆞᆷ / 山中으로 들어와셔 極樂왓다 자랑ᄒᆞᆫ들 / 上帝昭昭 계시오니 身后刑罰 업슬쇼냐"라고 하여, 효도를 비롯하여 삼강오륜이라는 인간의 윤리를 저버리면 되겠느냐는 비판을 가하고 있다. 그 다음은 도교의 세계인데, "有無神仙 杳茫事를 부딕히 듯지 마소 / 한가지로 볼지라도 거진말이 젹실ᄒᆞ다 / 唐나라 李太白이 술을 잔덕 취ᄒᆞᆫ 후에 / 采石江 明月夜에 물에 ᄲᅡ져 죽은 이를 / 神仙되야 갓다 ᄒᆞᆫ덜 뉘가 能히 밋을리오"라고 하여, 신선이 되고자 하는 것이 도교의 주장에 대하여, 믿을 수 없는, 거짓 가르침이라고 비판하고 있다. 그 다음으로 도착한 유교의 세계에 대해서도, "坦坦大路 됴흔 길이 賢人君子 길이것만 / 亞次亞次 生覺

ᄒᆞ니 所望門이 전혀 업다 / 好生惡死 우리 人生 永生길이 막혀스니 / 아모리 길 됴흔들 넉넉히 갈 슈 업다"라고 하여, '永生길이 막혔으니' 안된다고 비판한다. 이래서 최종적으로 안착하는 곳이 기독교의 세계이다. "나의 몸이 포탕ᄒᆞ야 지은 罪가 만샤오나 /뎌르한 됴흔 길노 갈 슈가 이슬릿가 / --(중략)--醫員의 目的되야 病든 사ᄅᆞᆷ 곳치ᄂᆞ니 / 우리 救主 이 길 두고 罪人을 부르시네 / 어셔 어셔 들어가셔 病든 靈魂 곳쳐보소 /--(중략)--永生ᄒᆞᄂᆞᆫ 天國에서 無窮福樂 누리리다 /--(중략)-- 이리 오소 이리 오소 아모나 와도 됴소"라고 하여, 기독교야말로 복음임을 증거하고 있다.

둘째, 율격적인 파격을 보이는 경우도 있다. 이는 잡지나 신문에 수록된 천주가사에서도 많이 보이는 변형[402]이다. 1922년에 지어진 <연경좌담>에서 그런 예를 특별히 많이 볼 수 있는데, 그런 파격을 보이다가 마침내 개신교가사를 마지막으로 전통적 의미의 종교가사는 소멸되었던 것이 아닌가 여겨진다.

셋째, 원래 가사 장르는 종교가사로부터 출발했다. 불교가사인 <승원가>를 효시작으로 보는 것이 통설이기 때문이다. 그러다 유교 사대부가 가져다가 자신들의 이념과 경험과 흥취를 표현하는 수단으로 삼다가, 도교가사, 천주가사, 동학가사가 공존하면서, 종교문학으로서의 본래적 기능을 회복했다고 할 수 있다. 그런 의미에서, 천주교가사를 뒤이어 나온 또하나의 기독교가사인 '개신교가사'의 존재는, 가사의 본령이었던 종교가사의 마지막으로 모습을 보여준 갈래였다고 할 수 있다.

넷째, 모든 종교가사의 목적이 그랬던 것처럼, 개신교가사도, 일

402) 김영수, 천주가사자료집 상(서울 : 가톨릭대학교출판부, 2000), 598쪽.

반 민중에게 개신교의 교리를 쉽고도 친근하게 전달하도록 하는 데 기여를 하였다고 보인다. 그 점을 극명하게 보여주는 것이 1922년 <연경좌담>의 <서문>이다. 이 서문에 의하면, 게일과 이창직이 사복음서에 나오는 예수 그리스도의 행적을 가사 작품으로 만든 목적은 '초동목수'라도 '한번 보면' '깨닫고 기억하며' '고난시에 노래하여 위로를 얻고' '즐거울 때 불러서 낙을 얻'게 하려는 것이었다. 아마도 다른 모든 개신교가사도 마찬가지의 목적에서 창작되었다고 여겨지는바, 서양식 악곡의 찬송가와 함께, 전통 음악에 익숙한 사람들에게 개신교의 가르침을 믿게 하고 그 신앙을 유지하게 하는 게 큰 구실을 하였다고 생각한다.

다섯째, 대부분의 개신교가사들은 가창보다는 음영되지 않았을까 여겨지는데, 신문에 실린 가사 가운데 길선주 목사의 <추풍석음가>의 경우, '청북수심가 곡조에 맞추어 부르라'고 부기되어 있어, 가창되기도 했다는 것을 알 수 있다.

여섯째, 개신교가사 가운데는 교술민요인 <언문뒤풀이>와 <숫자풀이> 계열의 작품(주병호의 <언문전도가> 및 ㅂㄷㅇ生의 <숫자풀이>)도 들어 있어 주목된다. 언문뒤풀이와 숫자풀이(數謠)는, 민요에서 흔하게 발견되는 유형[403]으로서 전형적인 교술민요이다. 이는 숫기독교를 전파하기 위해서, 종래의 4음보격 노래인 교술민요 전통도 수용하고 응용하였다는 사실을 알려주기 때문이다. 교술민요에서 가사가 기원했다는 조동일 교수의 이른바 '교술민요기원설'이 타당성을 가지고 있음을 다시 한번 입증하는 사례라고 보인다. 최초의 가사인 <승원가>류의 불교가사가 창작될 때도, 민중이

403) 예컨대 임동권, 한국민요집 Ⅲ(서울 : 집문당, 1975), 747쪽에 실린 <한글요>, 757쪽의 <數謠> 등이 그것이다.

부르는 민요 가운데에서, 읊조리기에 좋은 교술민요 형식을 차용하여 불교적 메시지를 담아 가사 갈래로 승화시킨 것처럼, 개신교가사도 그런 측면이 있다는 것을 보여준다고 해석된다.

일곱째, '팔복시'란 제목으로 두 편, <팔덕시>와 <사악시> 제목으로 각각 1편이 존재하는데, 이는 천주가사에서는 발견되지 않는 것이다. 언문뒤풀이나 숫자풀이 형식은 천주가사에서도 확인되지만 이같은 유형은 개신교 특유의 것이라 하겠다.

Ⅵ. 맺음말 : 요약과 과제

앞에서 기술한 내용을 간략히 요약하고, 앞으로 해결해야 할 과제를 몇 가지 제시하는 것으로 이 글을 마무리 짓는다.

첫째, 종래의 통념과는 다르게, 엄연히 개신교가사는 있다. 현재까지 확인된 것은 총 170편이다. 그 동안, 불교가사, 유교가사, 도교가사, 천주가사, 동학가사만 거론하였으나, 개신교가사가 확인되었으니, 이제부터는 종교가사의 외연을 확대하여 다루어야 한다.

둘째, 이들 개신교가사들의 대부분은 기독교음악을 전공하는 홍정수 교수, 개화기 국어를 연구하는 정길남 교수에 의해 출판된 영인자료집 속에 포함된 채 진즉 소개되었으나, 국문학 전공자들의 눈에 띄지 않았다. 고민정, 김혜영, 김은아 등이 신학석사논문으로 그 일부를 연구하였으나, 이 논문들도 국문학들의 시야에서는 가려져 있었다. 일부 한계를 안고 있는 논문들이지만 엄연히 국문학계에서 주목하여 검토하였어야 하는데 그러지 못한 것이다. 하기야 국문학쪽에서든 그런 사례는 많다. 박순호교수소장본 고소설자료집 속에서, 우연한 기회에 <게우사(왈자타령)>의 필사본이 발견된 일이 그런 예이다.

셋째, 이 현상을 안타깝게 여긴 나머지, 필자가 자세히 살펴본 결과, 그 동안 알려진 것 외에 12편의 개신교가사 작품들이 더 있다는 것을 확인하였다. 홍정수 교수가 소개한『생산전도가』는『연산전도가』(문헌 전체의 명칭은 『연산전도문서』)로 불러야 마땅하며, 그 작가(저자)의 이름은 고려위(高麗偉)요 호는 '앵산(鶯山)'이 아니라 '연산(鳶山)'임을 밝혀 바로잡았다. 고민정의 연구에서 <언문전도가>의 작가를 '주동강(朱東岡)'이라고 밝혔으나, 다른 기록을 근거로, '주병호(朱秉豪)'가 본명이고, '동강'은 호라는 것을 새로 밝혔다.

넷째, 이들 개신교 가사는 천주가사에서만 쓰는 '천주', '성모 마리아'를 비롯한 용어들이 나타나지 않아 개신교가사임을 알 수 있다.

다섯째, 찬송가가 없던 천주교와는 달리, 초기부터 찬송가를 만들어 이용한 개신교에서 왜 개신교가사가 존재했는지, 그 배경을 밝혔다. 전통음악 혹은 전통시가에 익숙한 어른 세대에게 서양음악인 찬송가는 익히기 어려웠기에, 자연스럽게 개신교가사가 존재할 수밖에 없었다.

여섯째, 개신교가사는 천주가사 혹은 천주교를 의식하거나 경쟁하는 내용을 담고 있지는 않다. 다만 유교나 불교나 도교를 의식하면서, 기독교만이 참다운 길이라는 주장을 편 작품은 있다.

앞으로의 과제 몇 가지를 제시하면 다음과 같다.

첫째, 앞에서 거론한 대로, 개신교가사가 확인되었기에, 천주교가사와 개신교가사를 포괄하는 갈래 명칭에 대해 고민해야 한다. 상위개념의 명칭을 '기독교가사'라고 하는 게 바람직하다고 필자는 생각하는데, '기독교'가 이미 '개신교'의 대체어로 쓰이고 있으니 '그리스도교가사'라고 하자는 견해도 있을 수 있으니 논의해 봐야 한다. '천주가사'라는 명칭도 과연 타당한지 한 번 재고해야 한다. 어느 종교가사도 그 신격을 들어 표시하지 않는데, 천주교가사만 '천주'가사라고 하니 우선 형평성 면에서 문제가 있다. '천주가사'가 맞다면 개신교가사는 '하나님가사'라고 해야 형평에 맞다. 그러니 '천주교가사/개신교가사'로 하든지, '천주가사/하나님가사'라고 해야 한다. 하지만 이미 '천주가사'란 용어가 '천주교가사'란 뜻으로 자리잡았다는 점을 존중한다면, '천주가사/개신교가사'로 부르는 것도 무방할 것이다.

둘째, 개신교가사의 작가들의 자세한 인적 사항을 추적해야 한다. 예컨대 영덕군 창수면 출신의 '동강(東岡) 주병호(朱秉豪)'라든지, 연산(鳶山) 고려위(高麗偉)의 인적사항을 밝혀야 한다.

셋째, 다른 개신교가사가 더 있을 가능성이 있으므로, 초기개신교문서들을 대상으로 탐색 작업이 이루어져야 한다. 특히 백사겸의 <회심행도가>의 행방을 추적해야 한다. 모두 49편 가운데 2편만 남아 있는데, 나머지 47편이 발견되는 날이 왔으면 좋겠다.

넷째, 학제간의 연구가 필요하다. 가사의 경우, 음악이면서 문학이며, 특히 기독교문학이면서 전통문학과 연결되어 있는 영역이므로, 국문학계에서도 음악학(기독교음악학)쪽의 연구성과와 동향에 대해서도 관심을 기울여야 한다. 할 수만 있으면, 자신이 연구한 바를 핵심 전공자들에게 보내서 정보를 공유해야 한다.

다섯째, 앞으로 시가 연구자에 의해 개신교가사 작품 하나하나에 대한 분석 작업도 이루어져야 할 것이다.

참고문헌

Korea Mission of the Presbyterian Church in UsA : Report of the Pyeng Yang Station 1902~1903. Presented to the Annual Meeting Held at Pyeng Yang 1903,

Lillias Underwood : Fifteen Years Among the Top-Knots. Boston/New york, 1904.

고민정, 「개신교 가사 <앵산전도가> 연구」, 음악과 문화 4(세계음악학회, 2001).

______, 앵산 전도가에 관한 연구(서울 : 장로회신학대학교 대학원 교회음악과 석사논문, 2000).

권오만, 개화기시가연구(서울 : 새문사, 1989).

김영수, 천주가사자료집 상(서울 : 가톨릭대학교출판부, 2000),

김혜영, 연경좌담(演經坐談)에 대한 연구(서울 : 장로회신학대학교 교회음악대학원 석사논문, 2002).

옥성득, 초기 한글성경 번역에 나타난 주요 논쟁 연구(1877~1939)(서울 : 장로회신학대학교 대학원 석사논문,, 1993),

이복규, "우리의 옛 문장부호와 교정부호", 고문서연구 9·10(서울 : 한국고문서학회, 1996), 457-482쪽 및 류탁일, 한국문헌학연구(서울 : 아세아문화사, 1989).

임동권, 한국민요집 III(서울 : 집문당, 1975).

정길남, 『개화기 국어자료집성-성서문헌 편-5』(서울 : 박이정, 1995).

조규익, 「기독교와 전통시가」, 『기독교와 한국문학』 (서울 : 대한기독교서회, 1990).

조동일, 한국문학통사 제3판(서울 : 지식산업사, 1994).

______, 한국문학통사 제4판(서울 :, 지식산업사, 2005),

______, 한국문학통사, 제4판(지식산업사, 2005).

홍정수, 「길선주 목사의 음악유산」, 장로회신학대학교 대학원학사안내 및 심포지움 자료집(서울 : 장로회신학대학교, 2007. 9.3),

______, 제7회 소망신학포럼 발표자료집(서울 : 세계교회협력센터 국제회의장, 2007. 10. 10).

______, 한국교회음악사료집 제1권 · 제2권(서울 : 장로회신학대학 교회음악연구원, 1992 · 1993),

______, 한국교회음악사료집 제2권(서울 : 장로회신학대학교 교회음악연구원, 1993).

찾아보기

저자 약력

이 복 규(李福揆)

서경대 국어국문학과 교수
국제어문학회 회장
국어국문학회 전공이사 겸 편집위원
동아시아고대학회 편집위원장

주요저서 설공찬전-주석과 관련자료(시인사, 1997)
부여・고구려 건국신화 연구(집문당, 1998)
설공찬전연구(박이정, 2003)
우리 고소설 연구(역락, 2004)
중앙아시아 고려인의 구전설화(집문당, 2008) 등

이메일 bky5587@empal.com
개인홈페이지 www.bok4u.com

개신교가사

1판 1쇄 인쇄 2010년 4월 5일
1판 1쇄 발행 2010년 4월 15일

지은이 | 이 복 규
펴낸이 | 하 운 근
펴낸곳 | 學古房

주 소 | 서울시 은평구 대조동 213-5 우편번호 122-838
전 화 | (02)353-9907 편집부(02)356-9903
팩 스 | (02)386-8308
전자우편 | hakgobang@chol.com
등록번호 | 제311-1994-000001호

ISBN 978-89-6071-156-3 93230

값 : 17,000원

※파본은 교환해 드립니다.